IL A ÉTÉ TIRÉ-DU PRÉSENT OUVRAGE :

Cinquante exemplaires numérotés sur papier du Japon.

THÉATRE DE MOLIÈRE

LE PANTHÉON

DES

COMÉDIENS

— DE MOLIÈRE A COQUELIN AINÉ —

Notices Biographiques de Louis PÉRICAUD

Préface de COQUELIN AINÉ

Cent quatre-vingts portraits
reproduits d'après les documents originaux

PARIS

EUGÈNE FASQUELLE, ÉDITEUR

11, RUE DE GRENELLE, 11.

1922.

LE
PANTHÉON DES COMÉDIENS

LE PANTHÉON

DES

COMÉDIENS

— DE MOLIÈRE A COQUELIN AINÉ —

NOTICES BIOGRAPHIQUES DE LOUIS PÉRICAUD

Préface de COQUELIN AINÉ

OUVRAGE ILLUSTRÉ DE CENT QUATRE-VINGTS PORTRAITS
REPRODUITS D'APRÈS LES DOCUMENTS ORIGINAUX

PARIS

EUGÈNE FASQUELLE, ÉDITEUR

11, RUE DE GRENELLE, 11

1922

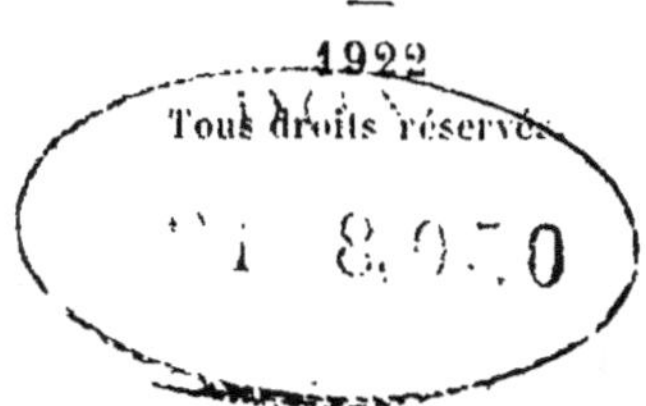

AVIS DE L'ÉDITEUR

Il y a une dizaine d'années, alors que nous commencions à rassembler les documents iconographiques du présent livre, je demandais à Coquelin aîné une préface pour ce « Panthéon des Comédiens » dont une part du profit réalisé devait — et doit encore — aller grossir le budget de la Maison de retraite fondée pour les Artistes dramatiques, à Pont-aux-Dames, par l'illustre comédien. C'est dans cette Maison, au milieu des vieux artistes, devenus ses grands enfants, qu'il s'est éteint, peu de temps après m'avoir adressé la préface ci-contre.

Ensuite, ce fut Louis Péricaud, l'auteur des notices biographiques qui disparut..., puis survint la grande guerre, suivie d'une période de difficultés matérielles, même encore aujourd'hui, presque insurmontables pour les éditeurs.

Mais voici venir le Tricentenaire de Molière, et il ne faut plus différer l'apparition de cette galerie unique comprenant les plus illustres artistes dramatiques, Molière en tête, et qui, ironie du sort, finit sur la notice biographique consacrée à l'inoubliable créateur de Cyrano, préfacier posthume du livre.

E. F., Janvier 1922.

PRÉFACE

Une préface?... J'en fis un il y a quelque vingt-cinq ans pour un livre admirable de mon regretté ami P. Delair : *Les Contes d'à présent*. Depuis je me suis reposé ; mais il me semble que j'en suis encore fatigué. « Adressez-vous, répondis-je, mon cher Fasquelle, à ceux qui savent écrire ces choses-là, à ceux qui savent faire au public de belles présentations, à ceux que le public écoute. A moi, on dira que je suis orfèvre — non en écriture, hélas ! — mais parce que je serai toujours bienveillant pour un livre sur les grands comédiens, écrit par un comédien. Ne nous devons-nous pas les uns aux autres la plus grande bienveillance ? » — « Mon cher Coq, me dit Fasquelle, vos raisons sont détestables, car on connaît votre impartialité ; mais ce livre doit être vendu au bénéfice de la Maison de retraite des vieux comédiens... fondée par vous à Pont-aux-Dames, en verte vallée du Grand-Morin... » Je ne le laissai pas achever : « On dira encore bien plus cette fois que je suis plus qu'orfèvre, mais je crois de mon devoir d'accepter. »

Et je ne le regrette plus !.. Je serai même heureux de dire tout le bien que je pense du livre si intéressant et si utile qu'a écrit Péricaud pour les gens de théâtre, auxquels s'intéressent tant de gens du monde qui aiment les œuvres d'art fouillées, fines et délicates.

Je me trompe en disant que ce livre est écrit *pour* les comédiens ; c'est *sur* les comédiens que j'eusse dû écrire. Car ce ne sont que des biographies d'artistes dramatiques célèbres, disparus pour toujours de cette grande scène du monde : une sorte de nécropole où Lekain et Gil Pérès se coudoient; véritable Panthéon artistique sous la coupole duquel l'auteur a groupé tous les Dieux et Déesses du Polythéisme théâtral.

Je me suis complu à revoir passer, dans le livre de Péricaud, tous les grands noms que ma jeune imagination d'élève comédien s'était plu à ranger parmi les plus nobles instructeurs des foules, géniaux et fantoches, tragiques et comiques, moralisateurs comme Molière, charmeurs comme Elleviou, simples amuseurs comme Déburau.

J'y ai retrouvé ceux qui ont été mes maîtres : Samson, Frédérick Lemaître, Régnier, Geffroy, Bocage, Numa, Arnal, Bouffé, Lesueur, si différents les uns des autres et si artistiquement vrais, si savants, tous d'un naturel en relief si profond... Je devrais les citer entièrement. Mais ils sont là, à l'ordre de. toujours !

Lorsque le célèbre Arlequin Dominique inscrivit sur le rideau de son théâtre le *Castigat ridendo mores*, cette belle devise de la divine Comédie, conçue par le poète Jean de Santeuil, il savait qu'il élevait la mission du comédien à la hauteur d'un sacerdoce, qu'il lui créait une chaire sacrée, qu'il faisait de l'acteur, le prêtre répandant dans les masses la parole de sagesse, de morale et de civilisation.

— Oh ! oh ! Que d'amour-propre, Monsieur le comédien, que de vanité exagérée, que d'orgueil ridicule, vont aussitôt clamer les éternels ennemis de ma chère profession, ceux qui nous dénomment ironiquement et sottement : « Histrions », « Cabotins », « M'as-tu vu ? » ou « Mentons bleus ».

Ils sont tout cela, si vous le voulez, mes chers bons messieurs, pour votre pure société de snobisme; mais alors, pourquoi les applaudissez-vous si fort, lorsque, par la passion qu'ils ont exprimée sur la scène, ils ont fait passer au travers de vous ce petit frisson d'effroi, d'amour ou de colère, dont ils se sont animés eux-mêmes pour l'interprétation du rôle qu'ils avaient à représenter?

Cette participation de vous-mêmes aux sentiments qu'ils inter-
prètent, devrait vous les rendre moins vains, ou moins mépri-
sables; car enfin, c'est un peu d'eux qui pénètre en vous; et
cette collaboration toute spirituelle devrait vous inspirer plutôt
l'indulgence que l'indignité. Il n'y a aucune vanité exagérée à

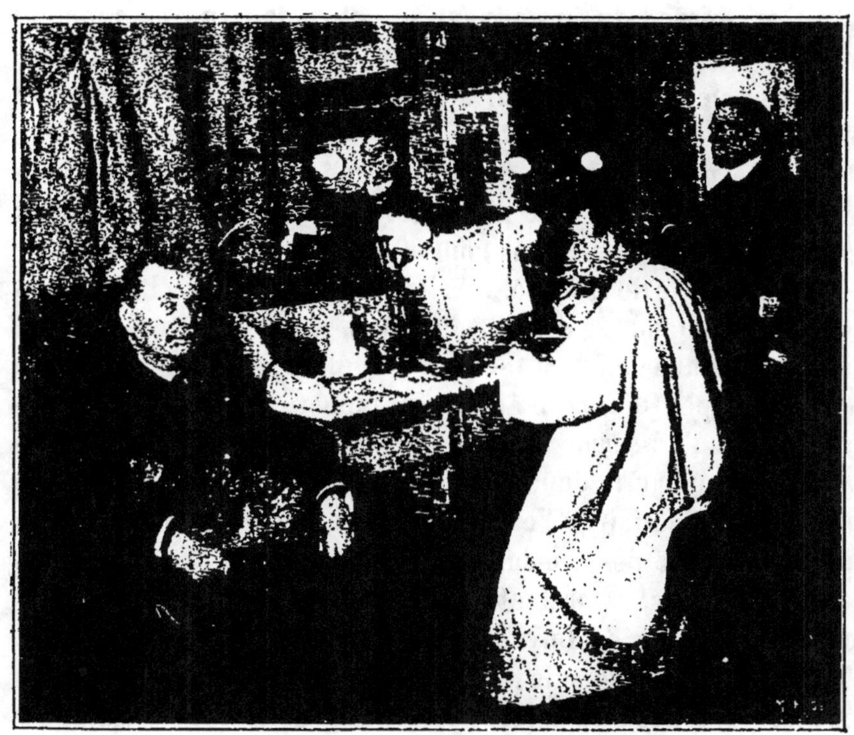

Coquelin dans sa loge au théâtre.
A sa gauche, M. Louis Péricaud.

dire haut : « Le théâtre est une grande école dont nous
sommes les moniteurs !... »

Les grands artistes, comédiens et chanteurs, dont les noms sont
cités dans le livre biographique que j'ai le plaisir de présenter
au public, ont tous été flagellés de ces moqueuses appellations.

Molière fut traité de « Vil histrion » par les Tartufes, les
Fâcheux et les Précieuses dont il reproduisait, sur la scène,
les vices, les ridicules et les sottises.

Tallemant des Réaux, le mémorialiste français, le désignait dédaigneusement « le pauvre garçon nommé Molière ». Fénelon reprochait à Molière *ses métaphores approchant le galimatias :* « Il n'écrit même pas le français », disait-il. Qui cela a-t-il atteint? L'auteur du *Tartufe* ou le Cygne de Cambrai?

Ce qui n'empêcha nullement Gœthe de dire plus tard : « Molière est si grand qu'on ne peut le relire sans un étonnement toujours nouveau. »

Et Kemble, le grand acteur anglais, de s'écrier : « Molière n'est plus à vous, Français, il est à l'Univers. »

Loin de moi la pensée de prétendre que les comédiens ne prêtent pas le flanc aux plaisanteries courantes, par certains excès d'orgueil, de mauvais goût et de suffisance bête.

Baron, l'élève de Molière, méritait assurément que l'on se moquât de lui quand, se drapant dans une morgue orgueilleuse, il disait : « Tout comédien devrait être élevé sur des genoux de reine »; et pourtant ce n'était point un sot que ce grand artiste qui, sortant d'un sermon de Massillon, et revenant à son théâtre, enthousiasmé par la douce et puissante éloquence de l'illustre prédicateur, s'écriait : « Voilà un véritable acteur, nous ne sommes nous autres que des comédiens! »

Une autre fois, sa prétention l'emportant toujours sur son bon sens, il dit au duc de Luynes : « Monseigneur, devant le roi, vous n'êtes rien, et moi je suis tout! » Ce qui fit que M. de Luynes lui répondit : « Vous êtes surtout un grand sot, monsieur Baron. »

Baron, furieux, ne trouva pas de témoins qui voulussent bien se charger de porter sa provocation au noble comte; ce que voyant, il l'attendit de nuit, dans une ruelle où il savait que fréquentait son insulteur, et il lui présenta le fer de son épée; mais M. de Luynes appela ses gens, qui l'attendaient à peu de distance, et fit rouer de coups de bâton le pauvre comédien, trop infatué de son art et de sa personnalité.

Mais je reviens à la devise de Dominique : « Châtier les mœurs en riant ». Tel était le sillon tracé, dans lequel le comédien devait conduire la charrue de Thespis.

A-t-il eu la volonté assez puissante, assez experte, pour ne pas s'écarter de la bonne voie? Certes non! La fantaisie a trop souvent terrassé la saine raison ; la parodie a trop su faire rire de la noblesse du geste ; le grotesque a trop tenté, sans cependant y parvenir, d'assassiner le beau. Mais en cela, est-il juste de frapper d'ostracisme le théâtre, et conséquemment le comédien? N'est-ce point le public lui-même qui a entraîné l'acteur vers le mauvais goût, en l'applaudissant d'exagérée façon, pour un lazzi stupide ou obscène?

Aujourd'hui, dans les music-halls, dans les concerts, sur certains petits théâtres dont c'est la spécialité, nous ne voyons que nudités dans les formes et grossièreté dans la forme. La censure ayant été abolie, châtiment de son exagération désordonnée, l'exagération de la licence a envahi les scènes dont je parle. Et les exploiteurs des dites scènes peuvent-ils être blâmés, puisque le public leur donne raison en allant s'y délecter? Assurément non! C'est le public qui fait les auteurs ; ce sont les auteurs qui font les pièces ; ce sont les pièces qui font les acteurs.

Et, s'il est, parmi ceux qui sont cités dans le *Panthéon des comédiens* certaines inégalités de caractères et de talents, il ne faut attribuer les défectuosités des moindres qu'à la valeur et à l'honnêteté du répertoire qu'ils ont été contraints de représenter.

Napoléon Ier disait de Brunet, qu'adorait l'Impératrice Joséphine : « Cet homme est trop bête. Les mots qu'il dit sont trop bêtes ; à force d'aller l'entendre, Madame, vous finirez par devenir aussi bête que les pièces qu'il joue. »

Et la bonne Joséphine osait lui répondre : « Parce que vous ne voyez que Talma et ses prétentieuses tragédies, vous ne voulez pas comprendre que l'on soit moins solennel que Néron, Tancrède ou Manlius. Prenez garde, Sire, ajoutait-elle avec malice, si je deviens bête en voyant trop Brunet, de devenir trop cruel, ou trop solennel, en voyant trop Talma. »

Talma était une perfection. La perfection! Samson, Régnier, parlant de lui, allaient encore plus loin. Je leur demandais un jour ce que Talma avait de si merveilleux? Ils me répondirent — et j'ai entendu faire la même réponse par les grands artistes qui l'avaient connu : « Toutes les perfections dans le répertoire noble ! Brunet était la perfection dans le genre naïf. »

Tiercelin fut si parfait dans *Les Savetiers* qu'on le déclarait incapable de pouvoir jouer un cordonnier.

Tout ceci n'est que pour prouver au lecteur qu'un artiste peut être grand dans le grotesque et sublime dans la sottise. Tels, José Dupuis, Gil Pérès et Lesueur, pour ne citer que quelques-uns de ceux que j'ai connus.

Voilà pourquoi je suis heureux de présenter au public ce livre construit avec des opinions justes et saines, des dates irréfutables, des anecdotes véridiques.

C'est bien le Panthéon des grands chanteurs et des grands comédiens. C'est l'honneur du Théâtre depuis près de trois cents ans ! Ce sont ses armoiries, ses hauts faits, ses gloires, écrits par un comédien et un penseur !

Péricaud est un des hommes qui connaissent le mieux et le plus le Théâtre des temps passés et modernes.

COQUELIN AÎNÉ.

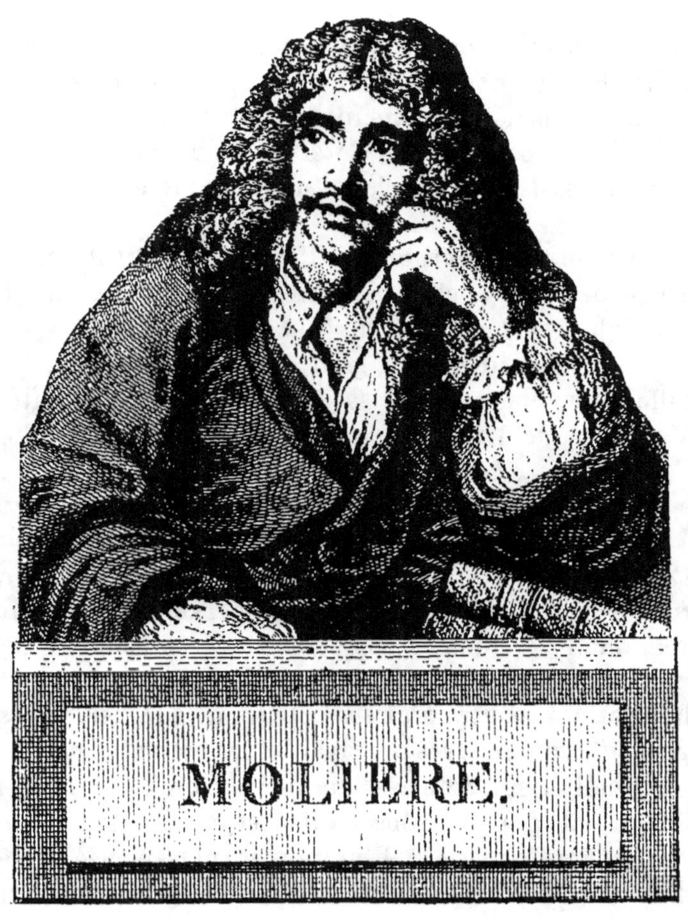

(1622 — 1673)

1622!... Date de la naissance de J.-B. Poquelin, dit MOLIÈRE.
Date de lumière!... L'art dramatique naît par lui et avec lui.
Date de la vérité au Théâtre.

L'auteur qu'il fut est incomparable.

L'acteur révéla ce que devait être un acteur!...

MOLIÈRE!... Un grand, un très grand comédien qui, le premier, osa parler *naturellement* sur la scène, ce qui le fit contester par ses contemporains qui ne comprenaient alors, dans le langage théâtral, que la boursouflure, la redondance, la cadence dans la façon de dire les vers, en un mot le système de la monotonie, du voulu, de l'exagération et du consacré.

— 1 —

Molière se mit tout à coup à parler sur le théâtre comme on parlait dans la conversation, sans enfler la voix, sans frissonner des bajoues ; on ne comprit pas cette innovation malséante, presque inconvenante, et l'on conclut que c'était là un médiocre comédien que celui qui s'avisait d'oser parler et agir comme le monde de la rue.

« Quoi !... se dirent les marquis, les fâcheux, les mal contents, les beaux seigneurs et les belles précieuses..., ce hobereau prétend parler sur ses planches comme nous sur nos tapis ! Ah ! le piètre acteur, le méchant comédien sans goût, l'insolent histrion !... »

Il ne fallut rien moins que la toute-puissante volonté de Louis XIV, pour que l'audacieux novateur ne fût bâtonné et conspué.

Nous ne prétendrons pas prouver ici que dans le genre grave Molière fut aussi complet et aussi parfait que dans le genre comique ; que son *Don Garcie de Navarre* égala dans l'exécution son *Orgon* et son *Sganarelle;* mais « ce contemplateur merveilleux, ce peintre de la nature humaine », comme l'appelèrent les très honnêtes de ses contemporains, apporta sur la scène le résultat de ses incisives et précises observations, contraignit ses acteurs à jouer leurs personnages simplement, comme il les concevait et les écrivait ; et, avec sa puissante originalité, son intarissable verve, son comique génial et irrésistible, il sut, dans les rôles qu'il interpréta, passer du doux au grave, de la bouffonnerie à l'émotion la plus élevée, à l'éloquente simplicité, avec une incontestable supériorité de maîtrise.

Molière fut un très grand comédien, malgré les dires de certains de son époque.

Parce qu'au théâtre, le naturel est tout.

1673 !... Date de sa mort !... Mais ses cendres se sont répandues sur le front de tous ceux qui ont fait du théâtre, comme la langue de flamme du Saint-Esprit apparut sur le front des apôtres appelés à perpétuer la Divinité de leur maître.

De MOLIÈRE date le *Théâtre actuel.*
Il est le grand ancêtre des comédiens et des auteurs dramatiques.

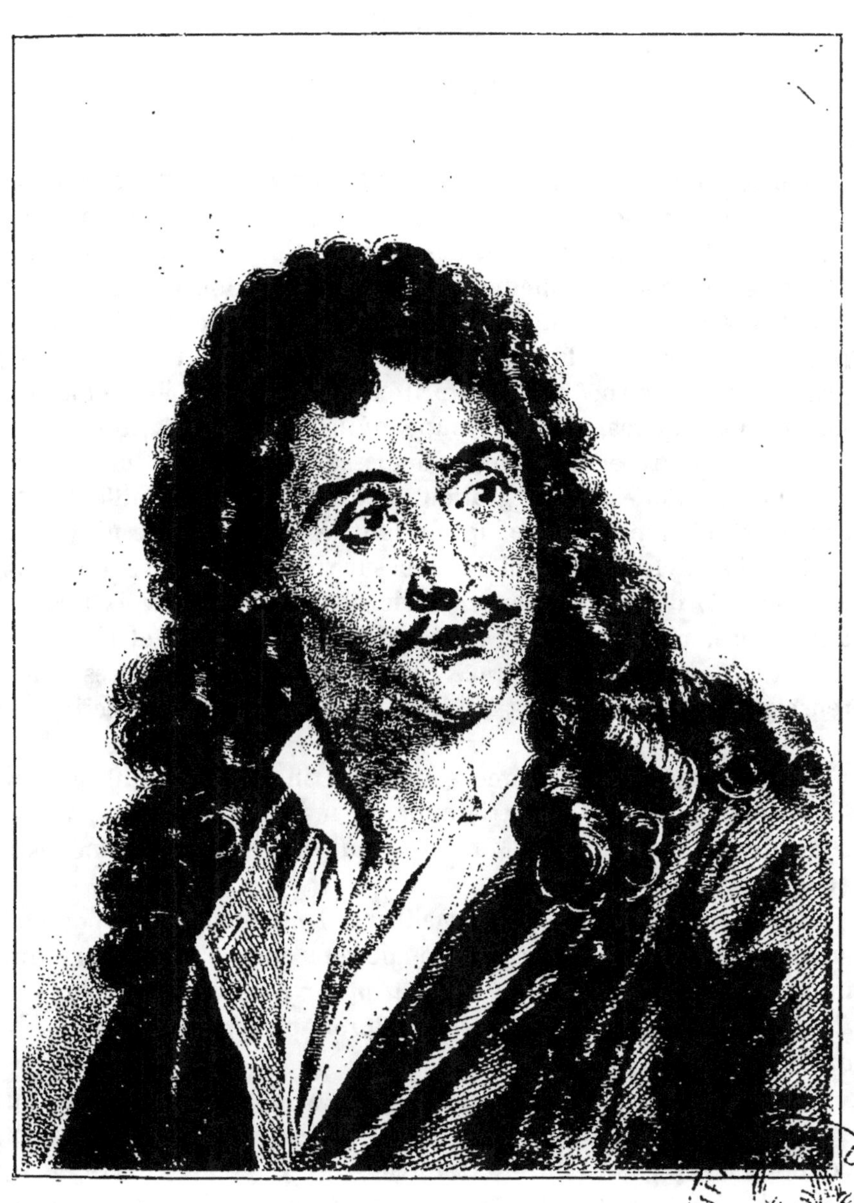

MOLIÈRE.

BARON

(1653 — 1729)

Boyron, dit *Baron*, que nous intitulerons *Baron I*er, pour le distinguer de Bouchené-Baron, son très amusant homonyme moderne des Variétés, est né en 1653, des œuvres d'un comédien de talent et d'une charmante comédienne de l'Hôtel de Bourgogne.

A treize ans, il fut engagé dans la petite troupe de M. le Dauphin, que dirigeait la veuve Raisin. Molière lui reconnut de grandes qualités théâtrales, le prit en forte amitié, lui donna des leçons et l'engagea dans sa troupe, où il remplaça Floridor.

Baron n'était encore qu'un adolescent, plein de naturel, de charme, et doué d'une grande distinction. « Une taille haute, souple et bien prise ; une figure dont la beauté sévère n'excluait ni la joie, ni le plaisir, ni la douceur ; quelque chose de mâle, d'imposant, de fier, de tendre et de passionné ; une voix forte et amoureuse, molle et flexible ; une diction facile, nette et précise » : tel est le portrait qu'en a tracé Louis Lurine, qui tenait ces exacts renseignements d'ancêtres à lui, ayant pu connaître et écrire sur Baron.

Molière apprit à son jeune élève le latin et le grec ; il le familiarisa avec Térence et Aristophane ; malheureusement pour ce comédien si distingué, le Maître ne put lui enseigner la modestie et la simplicité.

Ce fut toujours un fat, « orgueilleux et moqueur, insupportable en ses prétentions », et ses contemporains purent l'entendre dire impudemment : « *On voit tous les cent ans un César ou un Alexandre ; il en faut deux mille pour créer un Baron, et, depuis Roscius, je ne connais que moi.* »

Il n'était pourtant point sot, cet acteur de tant de talent, qui avait carrosse, livrée, et disait : *Mes gens !* en parlant de ses valets, comme l'eût pu faire un Montmorency.

Louis XIV, froissé de tant de suffisance, lui dit un jour : « Baron, je vous retirerai jusqu'au souvenir de m'avoir plu. »

Ce à quoi l'orgueilleux impudent répondit : « Et moi, plus puissant que Votre Majesté, je me retirerai du théâtre jusqu'à l'espérance de lui plaire encore. »

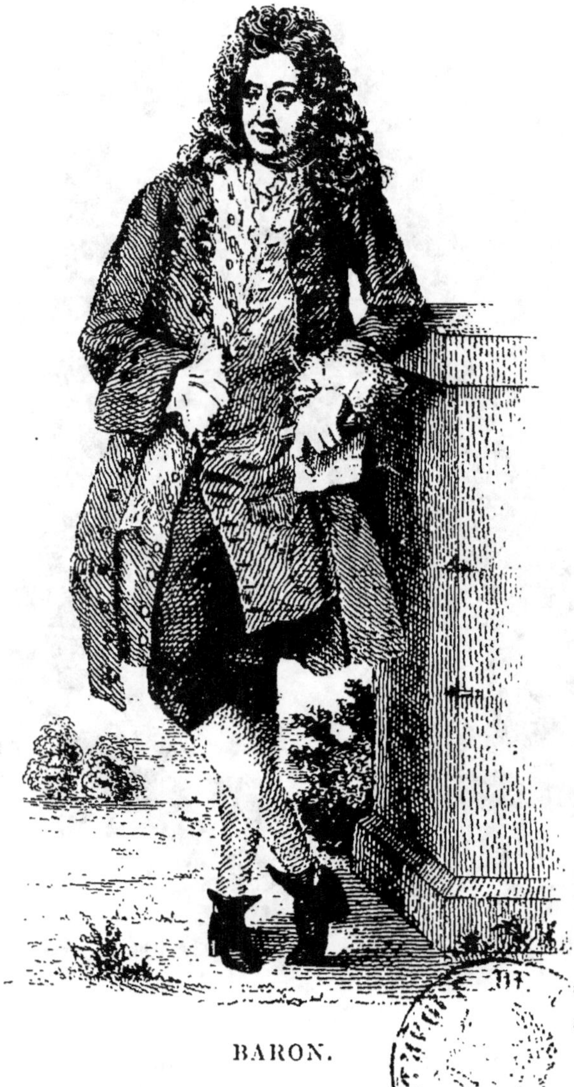

BARON.

1.

Louis XIV sourit et continua de le protéger.

Sa fatuité était aussi vaine que sotte. A une grande dame, qui

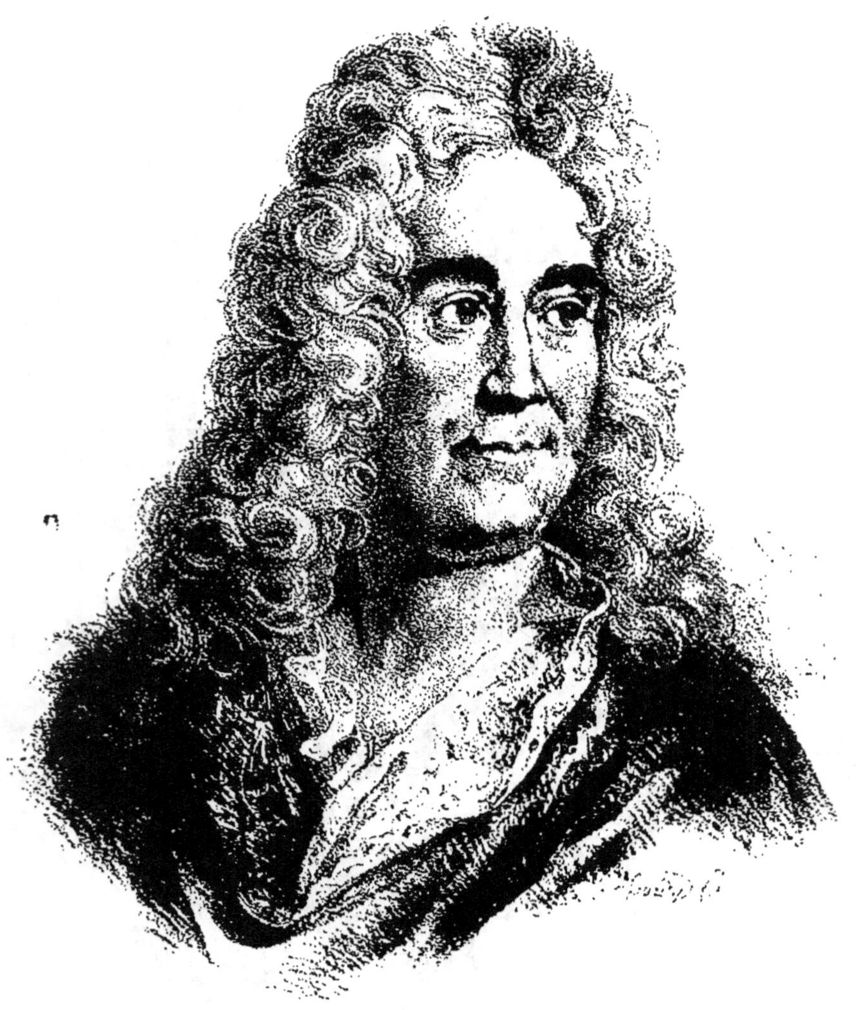

BARON.

lui écrivait pour lui demander « l'aumône d'un peu d'amour », il répondait : « Belle dame, j'ai mes pauvres ».

Michel Baron mourut en 1729, en disant : « *Dieu détruit en moi l'une de ses œuvres les plus parfaites !* »

ADRIENNE LECOUVREUR

(1692—1730)

Mlle *Lecouvreur* était champenoise; de là, sans doute, le côté
capiteux de son talent et de son existence. Le terroir parlait en
elle. Baptisée *Adrienne* par le curé de Damery, près Épernay, le
5 avril 1692. Son père, ouvrier chapelier, vint à Paris, exercer sa
profession et alla se loger dans les entours de la Comédie-Française.
On laissait la jeune fille du chapelier pénétrer, à son gré, dans l'in·
térieur du théâtre.

Elle en prit le goût en humant l'air des coulisses.

Il y avait alors, rue Garancière, un hôtel appartenant à la Prési-
dente Le Jay. Cette grande dame, fort amateur de comédie, avait
fait construire en son hôtel une petite salle de spectacle, dans laquelle on représentait force tragédies. Ce fut sur cette scène minuscule que s'essaya la jeune Adrienne.

Ces messieurs de la Comédie, jaloux de leur privilège, obtinrent
que cette salle de spectacle fût fermée, comme « leur faisant
déloyale concurrence »; et, sur résistance de la jolie Adrienne et de
ses compagnes, la prison du Couvent du Temple ouvrit ses portes
en leur faveur et les referma, à triples verrous, sur les aimables
récalcitrantes.

Cette sorte de prison monacale avait pour grand prieur un certain seigneur de Vendôme, lequel s'éprit follement de la sémil-
lante Adrienne; à ce point, qu'il fit organiser en son Temple même
une gracieuse salle de spectacle ; et que ces demoiselles de l'hôtel Le
Jay purent s'y distraire et s'y exercer à leur aise.

Une captivité pour peccadilles ne dure pas éternellement;
quelque temps après, Mlle Adrienne, ayant recouvré sa liberté,
signa son premier engagement avec le théâtre de Strasbourg, sur
la scène duquel elle débuta en mars 1756, avec un succès tel que
le bruit en arriva, par la bouche de M. Kinglin, premier magis-
trat de la ville, jusqu'à Paris. M. Kinglin fut — hâtons-nous de le
dire — le père d'une fille qu'Adrienne mit au monde, en cette
cité d'Alsace.

Le 14 mai 1717, fortement protégée, Adrienne Lecouvreur débutait, « par ordre », à la Comédie-Française, d'abord dans *Électre*, la
tragédie de Crébillon, puis dans la *Bérénice* de Racine.

Ce fut alors, que Maurice de Saxe s'éprit éperdument de cette
belle et majestueuse tragédienne qui, par le ton naturel de sa diction, rejetant la mélopée monotone de Mlle Duclos et des autres
tragédiens de cette époque, apportait dans l'art du théâtre une
transformation complète.

Voltaire s'était fortement pris de passion pour cette superbe
actrice. Voltaire avait alors vingt-cinq ans ; il aima de grand amour
cette révolutionnaire en art dramatique, et lui fit dans une assez

médiocre tragédie, *Artémise,* un rôle fort beau, qu'Adrienne joua admirablement. C'est à travers elle que l'on applaudissait le futur auteur de *Candide.*

En 1721, M. de La Mothe-Houdard lui fit créer le rôle d'*Antigone,* dans *Les Macchabées;* elle reprit ensuite le rôle de *Zarès,* dans *Esther,* et créa, de MM. Pralard et Seguineau, le personnage de *Pélopée,* dans un *Égisthe* très quelconque.

Puis, en 1723, vinrent les créations de *Quitterie* dans *Basile et Quitterie,* de M. de Mondorge; une *Nitétis,* tragédie de Danchet; et, dans une seconde pièce de M. de La Mothe-Houdard, *Inès de Castro,* le rôle de *Constance.*

En 1724, Voltaire fit de nouveau spécialement pour elle *Hérode et Marianne.*

En 1725, le même Voltaire écrivit encore, pour « l'ange qu'il idolâtrait », *L'Indiscret,* pièce dans laquelle il lui donna le rôle d'*Hortense.* Mais ce rôle était de composition légère et gracieuse, et Adrienne Lecouvreur ne réussit jamais beaucoup dans les rôles demandant de la légèreté, ou de la gaieté.

En 1726, elle créa *Angélique* dans *Le Talisman; Éliante* dans *Le Français à Londres; Éricie* du *Pirrhus,* de Crébillon, et *Amarillis* de *Pastor Fido,* de l'abbé Pellegrin.

En 1727, dans *La Surprise de l'amour,* elle joua la *Marquise.*

Ses dernières créations furent, en 1728, *Angélique* des *Fils Ingrats;* la *Comtesse* des *Amants déguisés;* enfin, en 1730, *Ino* dans *Ino et Mélicerte* et *Léonide* de *Calisthène.*

Quand Maurice de Saxe fut nommé duc de Courlande, l'amour de la tragédienne pour le vainqueur de Fontenoy était tel, qu'elle engagea ses diamants et son argenterie pour 40,000 livres, et parvint à lui faire accepter le tout, malgré la source impure de cette fortune, gagnée « avec son corps » plus qu'avec son talent.

Elle fit son légataire universel le marquis d'Argental qui l'avait, comme Voltaire et Maurice de Saxe, aimée passionnément.

Elle mourut le 20 mars 1730, à trente-huit ans, à la suite d'une maladie qui ne la tint que trois jours au lit. On attribua cette mort, presque subite, à un empoisonnement et l'on accusa hautement la duchesse de Bouillon d'un sinistre crime, inspiré, disait-on, par la jalousie.

Le curé de Saint-Sulpice, l'abbé Languet, un sinistre intransigeant de cette époque, refusa au cadavre de la grande tragédienne l'inhumation en terre sainte. Ce qui fait que le corps fut emporté de nuit, par les soins d'un ami, M. de l'Aubinière, et enterré en un terrain vague, où se trouve maintenant située la maison qui forme l'angle des rues de Bourgogne et de Grenelle et qui porte le numéro 119.

Le 6 prairial an V (25 mai 1797), les Comédiens Français obtinrent l'autorisation d'exhumer les restes de cette grande artiste et de les enterrer « dans le local affecté par la loi aux sépultures ».

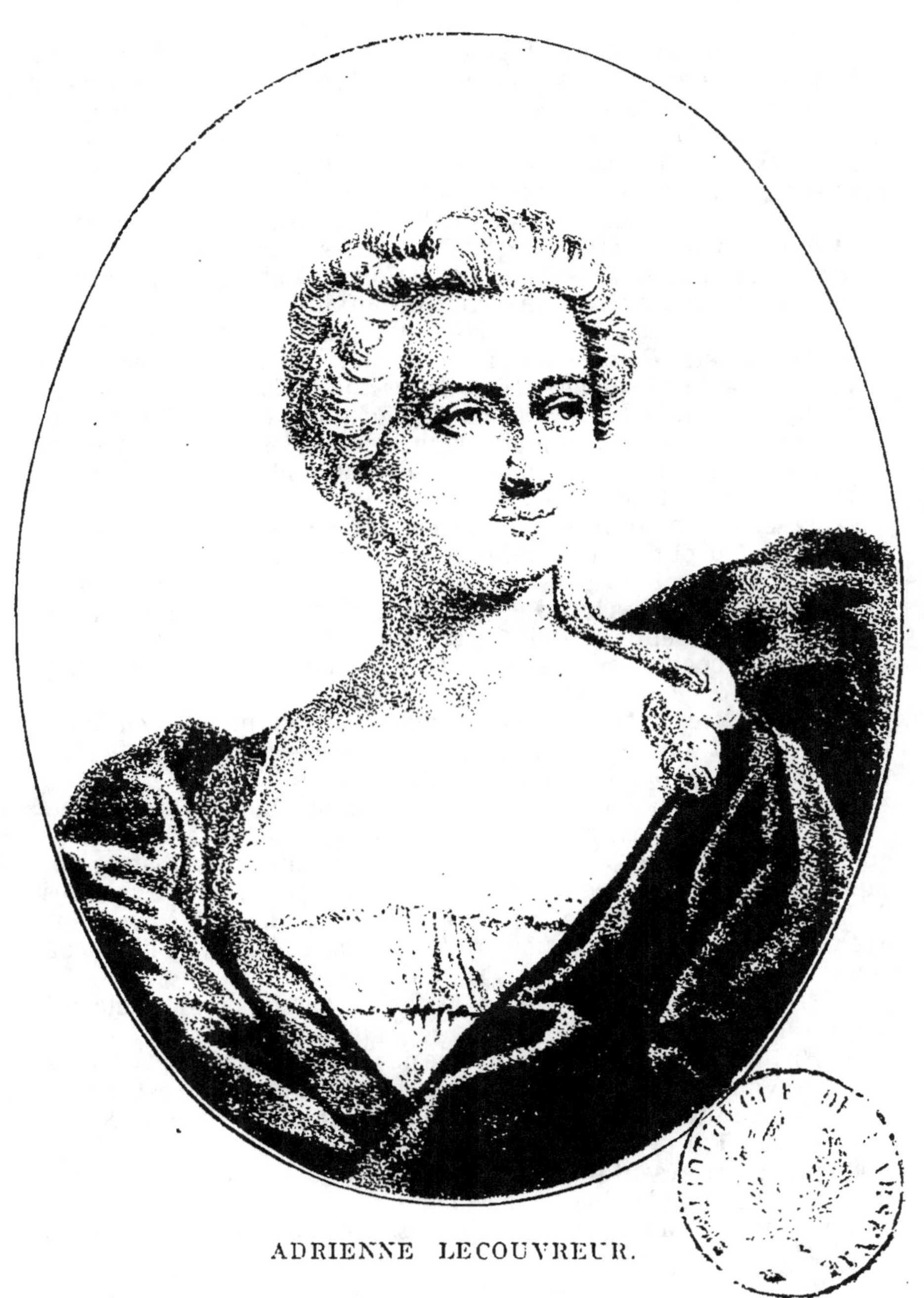

ADRIENNE LECOUVREUR.

PRÉVILLE

(1721 — 1800)

Préville est le créateur de *Figaro*, et ce titre seul suffirait à sa gloire.

Il naquit à Paris le 17 septembre 1721, rue des *Mauvais-Garçons*, derrière la salle des Comédiens-Français, et reçut son éducation première à l'abbaye Saint-Antoine. Son véritable nom était *Dubus*.

Sur l'argent très mince qu'il recevait, il trouvait le moyen d'économiser assez pour aller aux petits théâtres du boulevard.

Il se sauva de la maison paternelle, dans laquelle on voulait le contraindre à être prêtre, et, dénué de toutes ressources, pour vivre servit de manœuvre à des maçons. À force de chercher, il parvint enfin à entrer cinquième clerc chez un notaire.

Un soir de richesse, la fantaisie le prit d'aller à la Comédie-Française. Il vit jouer *Poisson*, à qui, plus tard, il devait succéder. Cette soirée décida de sa carrière. Il sortit fasciné, ébloui ; et, dès le lendemain, alla demander à *Dehesse*, « l'un des meilleurs acteurs de la Comédie-Italienne », de vouloir bien lui donner des conseils. Dehesse consentit. Le jeune homme lui avait plu, par la liberté de ses allures et la singularité de son langage.

Préville, à peine dégrossi par les leçons de son professeur, partit en province et obtint de nombreux succès à Dijon, Rouen, Strasbourg, Lyon, où il osa sans argent s'improviser directeur. Rien ne l'effrayait. Il y avait en lui de ce Figaro qui devait l'illustrer plus tard.

Enfin, le 20 septembre 1753, revenu à Paris, il débutait à la Comédie-Française par le rôle de *Crispin* dans *Le Légataire*, et y obtenait un énorme succès.

« Pendant trente-trois années, Préville s'est montré le comédien le plus parfait qui eût encore paru sur la scène française », écrivit un de ses contemporains, quand il mourut.

Jamais il ne manqua d'être le personnage qu'il devait représenter.

Après avoir pris sa retraite, à l'âge de soixante ans, il reparut quelques fois sur le Théâtre-Français, pour tirer d'embarras ses camarades, atteints dans leurs recettes, lors des premières années de la Révolution. Mais sa tête se troubla et s'affaiblit à ce point que, le 23 pluviose an III, jouant *Le Mercure Galant*, il dit à son neveu qui l'accompagnait dans la coulisse :

« Il est tard ; nous voici dans la forêt, vois-tu comme elle est noire, rentrons vite.

— Eh ! non, mon oncle, répondit le neveu ; c'est le décor qui vous trompe. Vous traversez la scène pour aller changer de costume.

— Tu as raison, fit Préville revenant à lui, ne me quitte pas, malgré tout, j'ai peur. »

Quand la représentation fut terminée, il dit : « C'est bien fini ! Je ne jouerai jamais plus la comédie. »

Il mourut à Beauvais, à soixante-dix-neuf ans. Il était membre de l'Institut.

Le préfet de l'Oise, M. de Combry, fit élever un monument sur sa tombe. Juste tribut de tant de gloire et de tant d'honnêteté.

— 10 —

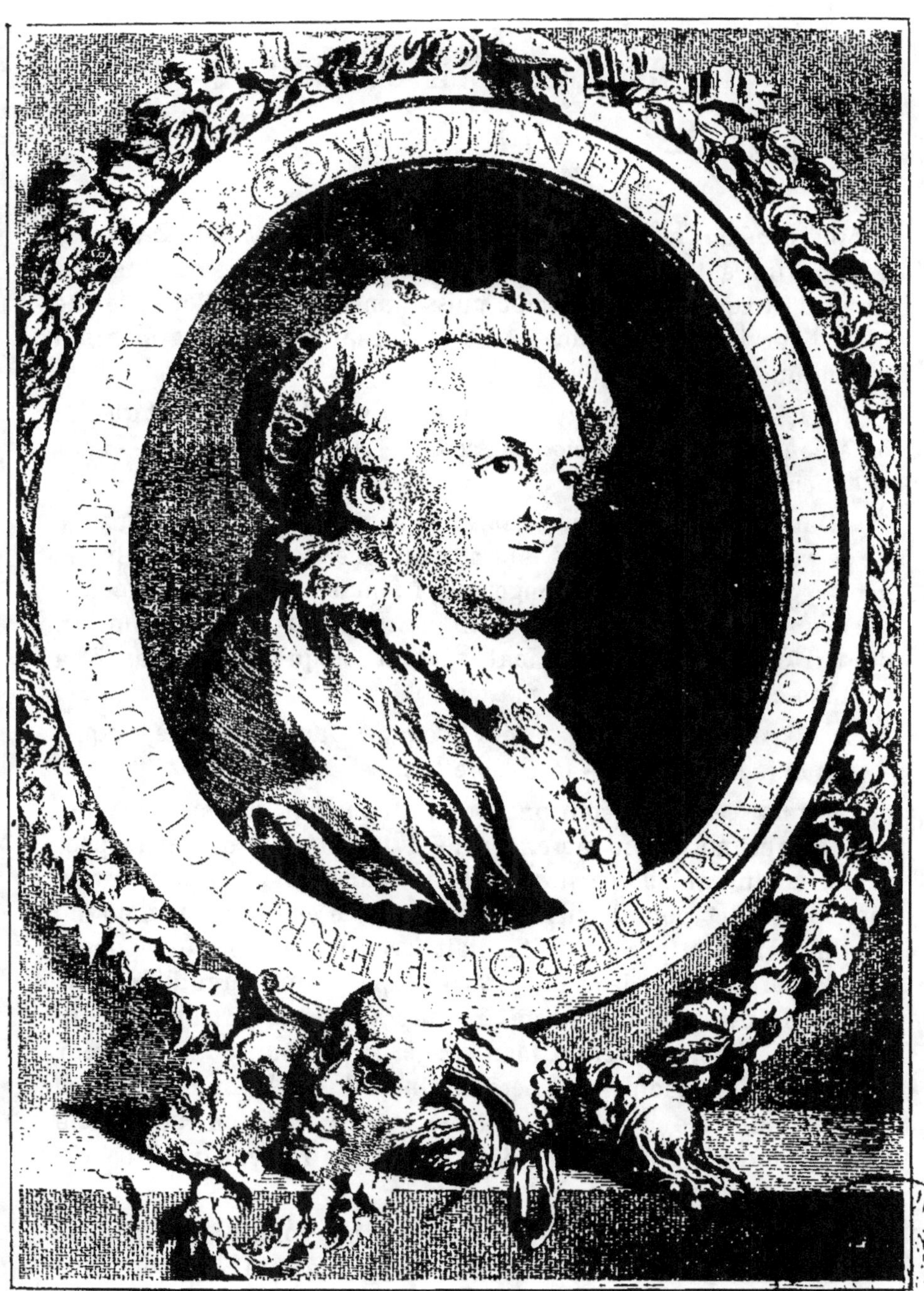

PRÉVILLE.

Rôle de Crispin dans *Le Légataire universel*,

— 11 —

MADEMOISELLE CLAIRON

(1723—1802)

Mlle, *Clairon*, née *Claire-Joseph Léris*, dite *Hippolyte Legris de Latude*, qui sut se mettre en avance sur les progrès au Théâtre, progrès auxquels elle participa puissamment, devait l'être, même quand survint sa naissance; car c'est à sept mois que sa mère lui donna nuitamment le jour.

Voici, sur sa première apparition en la vie, l'étrange récit qu'elle en a conté dans des *Mémoires*, écrits — a-t-elle prétendu — par elle-même.

« Dans la petite ville où je suis née — Condé, — il était d'usage de se rassembler, en temps de carnaval, chez les plus riches bourgeois pour y danser et manger des friandises. Le curé lui-même, avec une bonhomie tout évangélique, présidait à ces solennités, dont il doublait l'entraînement, surtout lorsqu'il avait changé sa soutane contre un habit de masque. »

Ce fut en une de ces soirées d'agapes familiales que naquit — toujours à son dire — la célèbre actrice.

« J'étais si chétive, continue-t-elle, qu'on crut que je ne vivrais pas, et que ma grand'mère, femme d'une piété vraiment respectable, voulut qu'on me portât sur-le-champ à l'église, recevoir mon passeport pour le ciel. Mon grand-père et la sage-femme me conduisirent à la paroisse. Elle était fermée. Une voisine répondit que le curé et le bedeau étaient au souper d'un marguillier, dont elle dit le nom. On m'y porta. Le curé habillé en Arlequin et son vicaire en Gille, trouvèrent mon danger si pressant qu'ils jugèrent n'avoir pas un moment à perdre. On prit sur le buffet tout ce qui pouvait être utile au baptême, on fit taire un moment le violon, on dit les paroles requises, et l'on me ramena baptisée à la maison. »

Or, tout ce récit n'est qu'une fantaisie mensongère, née dans le cerveau baroque et très vaniteux de la célèbre artiste, dans l'unique but d'apporter une originalité quelconque à sa très banale naissance.

— 12 —

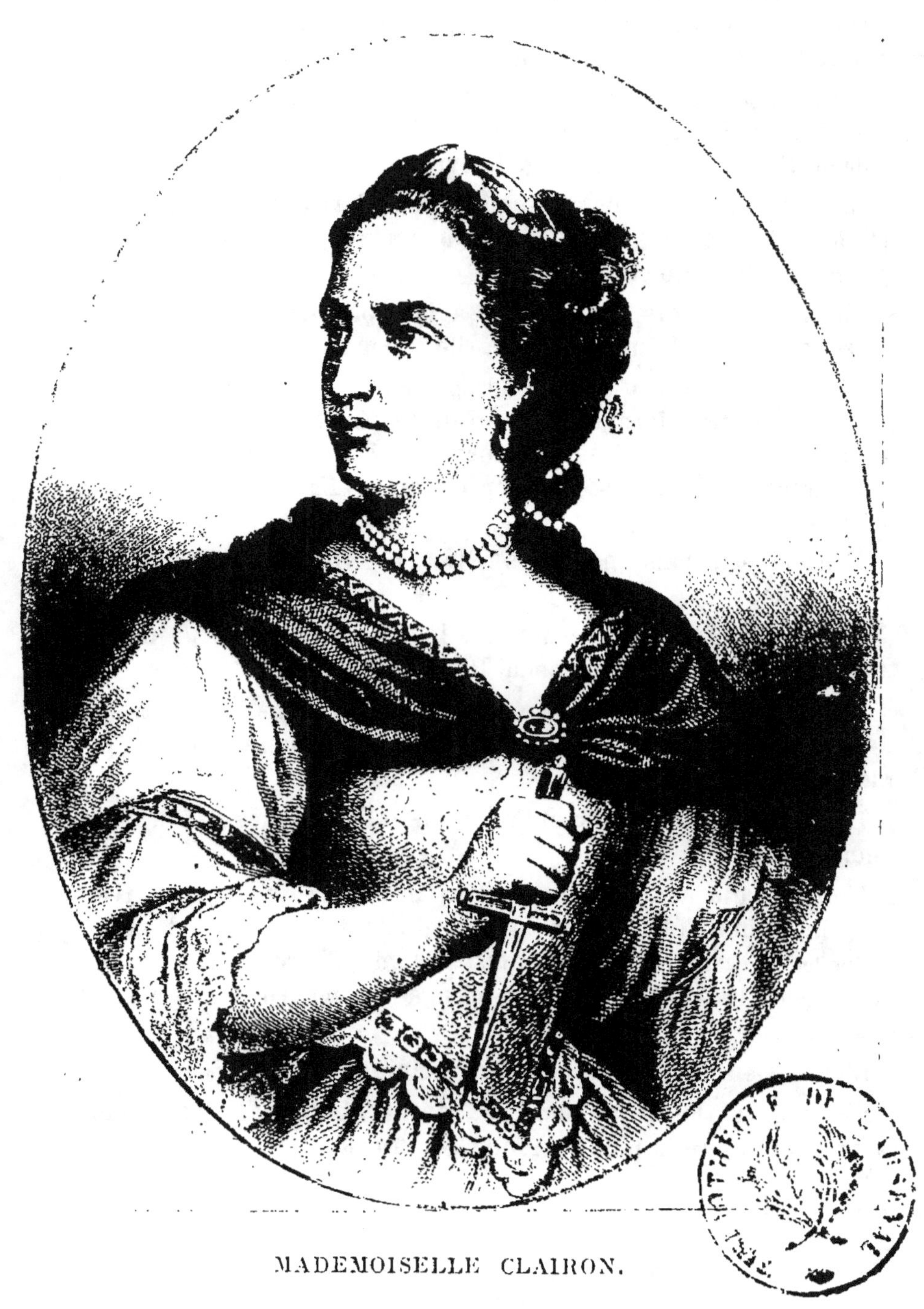

MADEMOISELLE CLAIRON.

Elle était fille. illégitime, de François-Joseph-Désiré Legris, *Sergeant* de la mestre de camp du régiment de Mailly, et de Marie-Claire Scana-Piecq, surnommée *Clairon*, de son nom de Claire.

Notre héroïne débuta en province sous le surnom de sa mère, puis vint à Paris, où elle parut à l'Opéra en mars 1743, dans le rôle de *Vénus*, d'*Hésione*. tragédie lyrique.

Mais elle comprit, heureusement pour l'art dramatique, que le chant ne la laisserait qu'à un rang fort inférieur, et c'est à la première place qu'elle prétendait parvenir.

Elle obtint alors de débuter à la Comédie-Française et, le 19 septembre de la même année, elle y parut dans *Phèdre*.

« Dès les premiers vers qu'elle prononça, on l'admira. Il semblait qu'une transformation complète se fût accomplie. Sa petite taille avait disparu et sa physionomie piquante avait emprunté un caractère de majesté peu ordinaire. » (*Extrait d'une note de Méténier.*)

D'Alembert, dans une de ses lettres, a écrit : « Clairon était une philosophe. »

Ses amours furent fameuses ; elle joua pendant dix-sept années, auprès du Margrave d'Anspach, le rôle de sa favorite.

Elle fut avec Lekain la réformatrice du costume au théâtre et, dans *L'Orphelin de la Chine*, parut pour la première fois sans paniers et en costume chinois.

L'étonnement fut grand et l'on entendit l'assistance clamer : « Où allons-nous ? »

Voltaire, qui avait cinquante-cinq ans, alors qu'elle n'en avait que vingt-cinq, s'était fortement épris d'elle. Il l'appelait : *Ma Claironnette*. Il écrivait : « Consentez, oh ! ma Claironnette, à vivre quelques jours pour moi, et je m'engage à mourir toute ma vie pour vous. »

L'aima-t-elle?... On croit en être certain.

Elle mourut le 20 janvier 1802, dans l'obscurité la plus complète et la misère la plus profonde. *Sic transit...*

MADAME FAVART

(1727 — 1772)

Elle naquit en Avignon, baptisée sous les noms de *Marie-Justine-Benoîte du Ronceray;* elle débuta à Paris, sous celui de Demoiselle *de Chantilly*. Elle conquit sa grande gloire sous celui de Dame *Favart*.

Son père devint musicien du roi Stanislas, souverain des Duchés de Bar et de Lorraine, dont la cour siégeait à Nancy. Son beau-père fut l'inventeur des « échaudés », cette légère pâtisserie qu'af-fectionne particulièrement le petit oiseau des îles Canaries connu sous l'appellation de serin.

En 1744, c'est-à-dire âgée de dix-sept ans — elle est née en 1727, — bien stylée, bien enseignée, très pourvue en l'art du chant, sa mère l'amena à Paris, et la fit débuter à l'Opéra-Comique.

Sa vogue fut immense, et son succès devint tel que l'Opéra et la Comédie-Française — théâtres tout-puissants alors — parvinrent, à la date du 12 décembre 1745, et de par autorité royale, à faire fermer l'Opéra-Comique, où triomphait Mlle de Chantilly, devenue épouse légitime de *Charles-Simon Favart,* auteur dramatique.

A ce moment, le maréchal Maurice de Saxe combattait en Bel-gique et venait de remporter sur les Anglais une éclatante victoire, près le village de Fontenoy.

Ce grand homme de guerre s'était follement épris, à Paris, des charmes de Mlle de Chantilly, et n'avait pas vu sans dépit son mariage s'effectuer avec le sieur Favart.

Le vaillant maréchal, avant son départ de Paris, avait adressé à son adorée des vers, confectionnés par un poéticule à gages — car le bon maréchal parlait fort mal la langue française dont il ne connaissait guère que les grossièretés et les jurons. — Ces vers, les voici :

> Adieu, divinité, du Parterre adorée,
> Faites le bien d'un seul et les désirs de tous ;
> Et puissent vos amours égaler la durée
> De la tendre amitié que mon cœur a pour vous.

Maurice de Saxe conçut alors l'idée de former une troupe de comédiens, pour charmer ses loisirs, pendant qu'il guerroyait dans les Flandres, et d'en confier la direction au mari de celle qu'il ado-rait, espérant ainsi attirer près de lui la Demoiselle de Chantilly devenue Dame Favart.

En fin matois qu'il était, l'avisé mari accepta ; mais il se garda bien d'amener sa femme avec lui. Cela ne faisait guère le jeu de l'amoureux, qui fit tant auprès du mari Charles-Simon Favart, que celui-ci se décida péniblement à faire venir de France sa femme, et qu'il lui fit jouer deux pièces nouvelles de sa composition, *Le Prix de Cythère* et *Les Amours grivois,* le lendemain même de la victoire de Rocoux, survenue en 1746.

Plus épris que jamais, Maurice de Saxe voulut conquérir de force la jeune épouse, comme il conquérait les villes ; mais il avait affaire à une vertu très sincèrement amoureuse de son mari, qui préféra s'enfuir à Bruxelles, en la compagnie d'ycelui que de céder aux brutalités du bouillant triomphateur. Le maréchal, furieux, voulut faire emprisonner l'infortuné Favart, qui à son tour s'enfuit et se réfugia à Strasbourg, où il demeura longtemps caché dans une cave, chez un curé de ses amis. Là, il se mit à peindre des éventails, à la lueur d'une chandelle. Il fallait vivre !

Mme Favart demeura épouse fidèle et aimante. De Bruxelles, elle écrivait à son pauvre persécuté : « On me menace qu'on va me faire beaucoup de mal ; moi, je m'en moque. J'irais de grand cœur demander l'aumône avec toi. S'il ne nous est pas possible de rester ici, nous nous en irons finir nos jours tranquillement dans l'étranger, unis par l'amour et par l'amitié. »

Rentrée au Théâtre-Italien, le maréchal la fit enlever et, la résistance de la charmante actrice persistant, parvint à la faire enfermer dans un couvent des Andelys d'abord, d'Angers ensuite. Ces odieuses persécutions ne cessèrent qu'à la mort de Maurice de Saxe, survenue le 30 novembre 1750.

Alors, l'année suivante, la gracieuse comédienne put rentrer à Paris, en la compagnie de son fort heureux mari, qui composa pour elle le plus brillant répertoire dont elle fit la gloire, ainsi que la sienne.

Citons : *Bastien et Bastienne* — dans ce rôle de *Bastienne,* elle osa paraître en habits de bure et en sabots grossiers, alors que jusqu'à ce jour, les rôles de paysannes avaient toujours été vêtus en bergères trumeau, délicatement poudrées, — *Ninette à la Cour, Annette et Lubin, La Fée Urgèle, Les Trois Sultanes, Le Coq du village, La Chercheuse d'esprit* et tant d'autres.

Elle joignait à son talent de chanteuse ceux de très fine comédienne et de danseuse exquise. Dans *Les Trois Sultanes,* elle se montrait sous ces différents aspects.

Ce fut une grande artiste, épouse loyale et femme d'esprit.

Elle mourut en 1772, après une longue et douloureuse maladie.

Elle eut un fils, *Charles Favart,* qui, comme son père, fut auteur dramatique et, comme sa mère, comédien, sans parvenir à égaler l'un et l'autre.

Il avait débuté au Théâtre-Italien en 1779, et fut accueilli avec bienveillance, quoique médiocre.

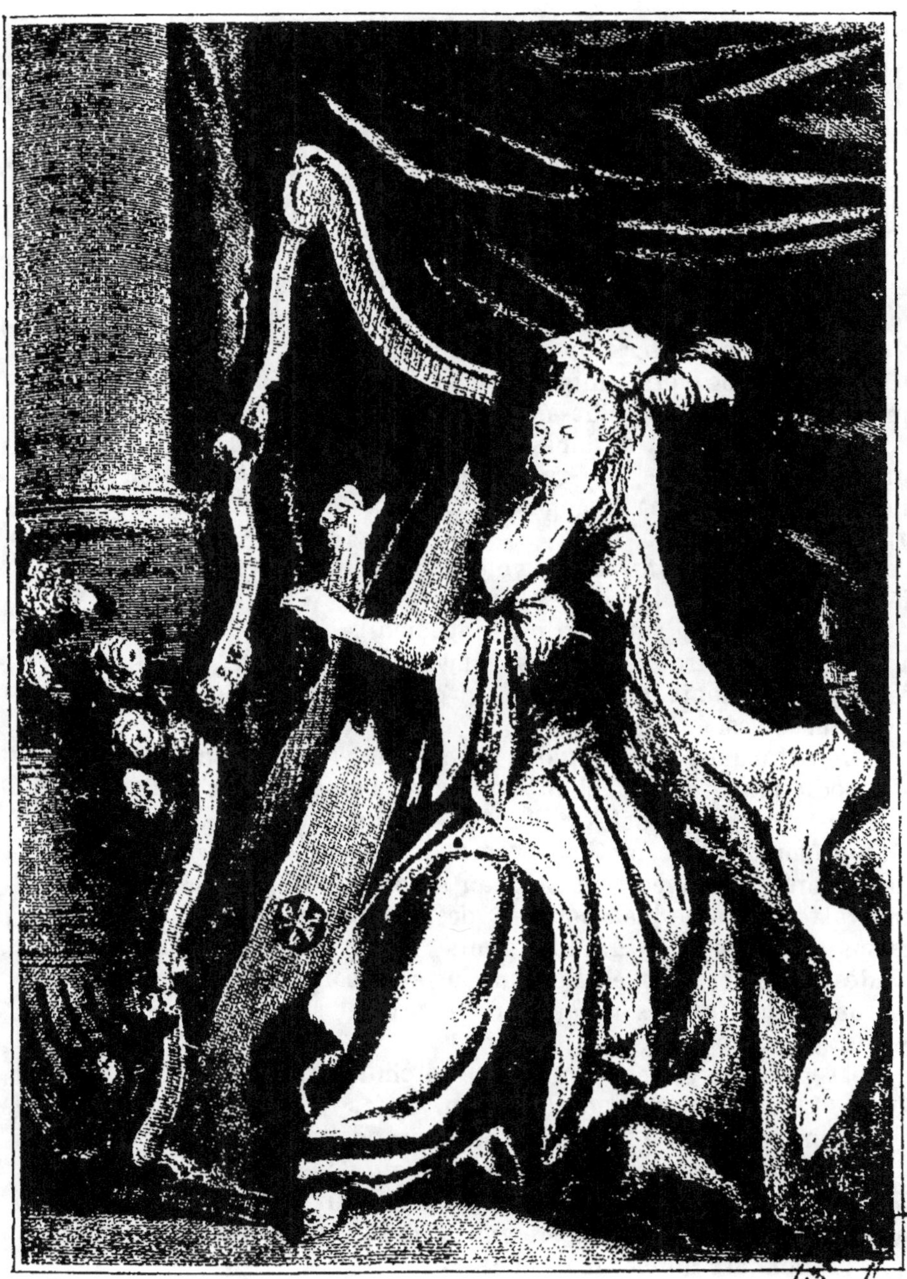

MADAME FAVART.
Rôle de Roxelane dans *Les Trois Sultanes*.

— 17 —

H.-L. LEKAIN

(1728 — 1778)

La supériorité de Talma sur *Lekain* était la beauté, car Talma fut beau et Lekain laid. Talma était doué d'une voix merveilleuse, éclatante, sonore, celle de Lekain était rugueuse, âpre, caverneuse ; Talma était de taille élevée, Lekain était court et trapu.

« Lekain était né, écrit un de ses contemporains, avec une figure désagréable, une voix rauque, une taille courte, épaisse, de celles qu'on pardonnerait à peine à un valet de comédie. »

Arriver au théâtre, et dans le Noble emploi, après Dufresne, qui était l'élégance même, et Granval, que l'on nommait « le suprême du beau », était d'une étrange audace. Lekain eut cette audace et triompha.

Ce fut par le travail et la volonté qu'il parvint à vaincre ses défauts naturels.

Je lis encore ceci sur ce grand tragédien :

« On finit par trouver, sous son masque hideux, des traits dont l'optique diminuait la laideur, et qu'elle rendait même favorables à certains rôles. »

Il inventa dans l'art tragique la diction vraie, à la place de la psalmodie monotone, du chant « mesuré, compassé », en usage jusqu'alors, malgré les justes railleries de Molière.

Le premier, il réforma le costume. Les *rois* et les *tyrans* étaient alors représentés avec « un chapeau surmonté de grandes plumes, une vaste perruque bien poudrée, des bas rouges roulés jusqu'au-dessus du genou, de grands gants jaunes montant jusqu'aux coudes, avec des franges d'or ; un juste-au-corps gris-brun doublé de rouge, des franges rouges, brodé en or et serré d'une écharpe rouge ».

C'est ainsi qu'étaient représentés Achille, Thésée, Auguste et Néron. Le costume était de tradition.

Lekain le ramena à de plus exactes proportions.

De son véritable nom, il s'appelait *Cain*. On le baptisa *Henri-Louis;* il est né à Paris, en 1728 ; il y mourut en 1778, la veille du jour où son bienfaiteur et ami Voltaire y revenait glorieux, après de longues années d'absence.

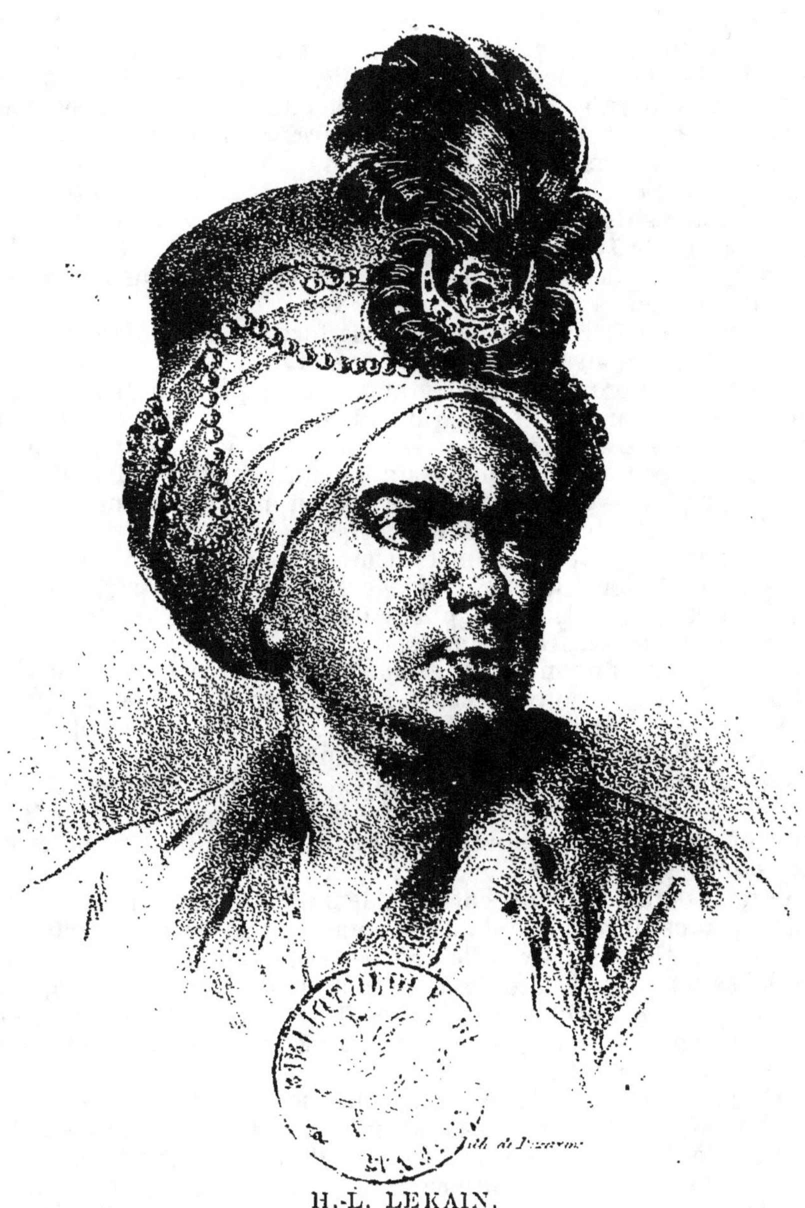

H.-L. LEKAIN.

MOLÉ

(1734 — 1802)

Molé, né à Paris en 1734, d'une famille peu fortunée, ne voulut être ni sculpteur, ni peintre, comme l'était son père. Il devint d'abord clerc de notaire, comme Préville, puis commis des finances. C'est dans ce dernier emploi qu'il prit le goût d'aller au spectacle, et, captivé, se mit à jouer sur des théâtres d'amateurs, aux côtés de Lekain, qui commençait également sa carrière théâtrale.

Bien qu'il n'eût pas vingt ans, il obtint, par la protection des Gentilshommes de la Chambre, de pouvoir débuter à la Comédie-Française ; et, le 7 novembre 1754, il se montrait pour la première fois dans les rôles de *Britannicus*, et d'*Otinde* dans *Zénéïde*, comédie de Cahùzac.

Jugé trop inexpérimenté, il partit se fortifier en province, et ne revint à Paris qu'au bout de cinq années.

Ses succès, alors, devinrent grands ; à ce point qu'en octobre 1766, atteint par une très grave fluxion de poitrine, il faillit passer de vie à trépas ; et, chaque soir, quand le Semainier venait annoncer le spectacle du lendemain — ainsi que le voulait l'usage à cette époque, — le parterre se levait en masse et demandait le bulletin de santé de son acteur favori.

Et, chaque soir, le Semainier disait solennellement, après les trois saluts à la loge du Roi, à la loge de la Reine — qu'ils fussent ou non présents, — puis au public : « Messieurs, notre camarade Molé est toujours en grande faiblesse. »

Enfin, on put annoncer qu'il allait mieux ; mais les médecins déclarèrent que la convalescence serait longue et que le pauvre comédien devait boire, pour rétablir ses forces très affaiblies, les vins les meilleurs et les plus réconfortants.

« L'ordonnance fut bientôt publique. On visita toutes les caves ; deux cents courriers furent dépêchés à la Bourgogne et au Bordelais, et, dans le même jour, Molé reçut deux mille bouteilles de vins de toutes les espèces. »

Son talent était tout de charme et de finesse, mais se rapprochait beaucoup plus du ton simple de la comédie que de la violence de la tragédie. Il jouait avec le même succès l'emploi comique et l'emploi sérieux. Une note de M. de Manne dit : « Avec l'âge, son talent gagnait en profondeur. Il avait, malgré les années, conservé une figure aimable, une physionomie douce et souriante, un son de voix qui allait au cœur. »

Il s'était marié en 1769, avec une de ses camarades de la Comédie, Mlle d'Epinay ; il la perdit en 1782, et en conçut une profonde douleur. Comme on lui conseillait de se remarier, pour apporter une diversion à son chagrin, il répondit : « Jamais !... Je rendrais ma seconde femme trop malheureuse, en souvenir de ma première. »

Il fut de l'Académie Française, et mourut le 11 décembre 1802, à l'âge de soixante-huit ans.

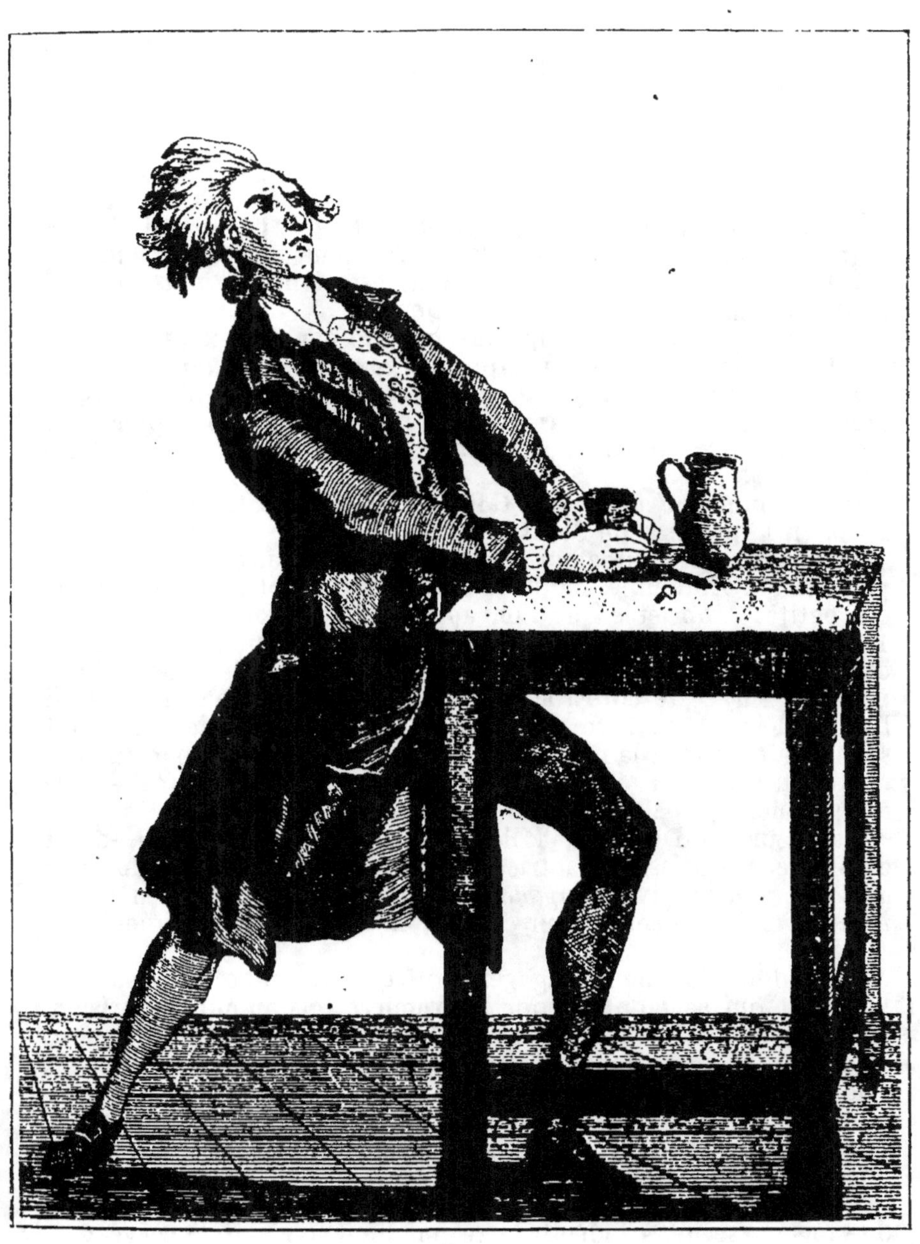

MOLÉ.

DUGAZON

(1746 — 1809)

Dugazon était Marseillais; et, s'il ne l'avait pas été, il eût été digne de l'être. Jamais faconde ne fut plus abondante; jamais exaltation ne fut plus outrée; jamais esprit ne fut plus porté à l'enthousiasme, comme à l'exagération.

Son grand talent fut trop souvent gâté par des excès d'excentricités, qu'aujourd'hui nous appelons *cascades,* ou *charges.*

Dugazon fut le plus grand *cascadeur* de son époque. Il avait l'esprit vif, la verve intarissable, la répartie incisive et preste, et ne reculait devant aucune considération pour arriver à produire un « effet ».

Il se nommait *Jean-Henry Gourgaud.* Il est né le 15 novembre 1746, en la paroisse de Saint-Ferréol.

Son père, alors directeur des hôpitaux militaires de Marseille, possédait à Endoume, banlieue de la capitale phocéenne, une de ces petites propriétés que l'on appelle « cabanon » et, dans les 145 mètres de terrain qui l'entouraient, le bonhomme avait semé du vert gazon, qu'il entretenait amoureusement, le plus qu'il le pouvait, sur cette côte rocheuse, exposée au terrible mistral. Il l'avait décorée du titre de *Villa du Gazon.* De là, le nom dont s'empara plus tard le fils, Jean-Henry Gourgaud, pour paraître sur un théâtre. C'est à Marseille que cela m'a été conté, par des gens qui n'étaient pas Marseillais.

La sœur de Dugazon, Mlle Françoise-Rose Gourgaud, avait embrassé la profession d'actrice. Elle avait épousé un frère du *Diou de la Danse,* le divin *Angiolo Vestris;* et c'est sous le nom de *Mme Vestris* que cette sœur débuta, en 1768, à la Comédie-Française.

Très influente, elle fit engager son frère, qui cabotinait en province, et qui se montra pour la première fois au public parisien, le 29 avril 1771, dans les rôles de *Crispin,* du *Légataire universel,* et de *Lord Houzey,* dans *Le Français à Londres.* Ces débuts furent éclatants et lui conquirent de suite la grande faveur du parterre.

Malheureusement, Dugazon péchait par le manque absolu de retenue et de goût. Sa propension à la charge gâtait ses réelles qualités de comédien.

Il le savait, promettait de se corriger, mais ne pouvait résister, une fois en scène, à l'idée bizarre qui lui traversait le cerveau et lui faisait lancer une monstruosité.

Les deux *Figaro,* du *Barbier* et du *Mariage,* ne lui furent pas très favorables. S'il possédait la verve, il manquait de la profondeur nécessaire à l'exécution de ces deux rôles colossaux. Dans *Les*

Originaux, il composa deux scènes, celles du *Maître de danse* et du *Maître d'italien*, qui furent pour lui deux triomphes. Le genre grotesque était son élément.

Dans le *Bernardille* de *La Femme juge et partie*, il devenait de tout premier ordre.

Les caricatures lui étaient beaucoup plus favorables que les rôles de sérieuse composition.

En 1789, il embrassa les idées révolutionnaires, avec l'exaltation qu'il avait apportée dans tous les actes de sa vie. Ce fut lui qui entraîna son élève Talma à rompre, en 1791, avec la Comédie - Française, et qui s'en alla fonder le *Théâtre de la République*, en la compagnie dudit Talma et de sa sœur, Mme Vestris.

Il devint l'aide de camp de Santerre, le célèbre brasseur qui commandait, en 1793, la garde nationale de Paris, et prit grande part aux terribles événements de cette époque révolutionnaire ; ce qui lui valut, par la suite, certaines mortifications partant de ce parterre qui l'avait tant adoré, qui l'admirait encore, mais tenait cependant à le châtier de ses extravagances politiques.

Un soir qu'on le huait, il s'avança sur la rampe et dit à ceux qui l'outrageaient : « Ce n'est plus le comédien, c'est l'homme qui vous parle, et vous défie de venir chez lui lui répéter vos injures. »

On se tut, et l'on finit par l'applaudir chaleureusement.

En 1807, il se retira du théâtre, et alla habiter, dans le Loiret, le village de Sandillon.

Il y mourut le 11 octobre 1809. Il avait soixante-trois ans.

RÔLE DE SCAPIN

HENRY GOURGAUD DUGAZON.

Pour l'intérêt de l'art et des jeunes acteurs
Il succomba trop tôt ; et par un vain caprice
De son vivant il eut beaucoup de détracteurs
Ce ne fut qu'à sa mort qu'on lui rendit justice.

Dugazon - Scapin

DAZINCOURT
(1747—1809)

Le créateur de *Figaro*, dans *Le Mariage de Figaro!...* Joseph-Jean-Baptiste Albouy, dit *Dazincourt*, est, comme Dugazon, enfant de Marseille. Son acte de naissance porte cette indication tout au moins étrange : né et baptisé le 15 décembre 1747, fils *naturel et légitime* de..., etc.

Le jeune homme fut élevé chez les Pères Oratoriens. Il devint, à dix-neuf ans, secrétaire du maréchal de Richelieu, qui gouvernait la province, suivit le duc à Paris, et joua la comédie de société, en la noble compagnie de MM. de Sabran, de Gouffier, et autres jeunes seigneurs très énamourés de l'art dramatique.

Il partit furtivement à Bruxelles et, sous les auspices du comédien d'Hannetaire, l'auteur des *Observations sur l'art du comédien*, il débuta, en 1772, par le rôle de *Crispin* dans *Les Folies amoureuses*. Ce fut alors qu'il choisit le nom de Dazincourt.

Le prince de Ligne, reconnaissant en lui toute l'étoffe d'un comédien de race, sollicita du maréchal de Richelieu l'entrée de son protégé à la Comédie-Française. Le maréchal, qui n'avait aucunement à se louer du brusque abandon de son secrétaire, répondit cependant : « Ce qu'on m'a dit du talent de Dazincourt me fait oublier l'ingratitude d'Albouy. »

Dazincourt débuta donc sur le noble théâtre, le 21 novembre 1776, et fut reçu, en 1777, comme Pensionnaire; puis comme Sociétaire à part entière l'année suivante.

La création du *Mariage de Figaro*, rôle de *Figaro*, en 1784, mit le comble à sa réputation.

Dazincourt donna des leçons de diction à la reine Marie-Antoinette, laquelle, on le sait, aimait fort jouer la comédie.

En 1793, prévenu à l'avance de l'arrestation générale, qui allait avoir lieu, des Comédiens Français, il refusa de fuir, se déclarant « lâche s'il abandonnait ses camarades ».

Il resta prisonnier onze mois aux Madelonnettes, et ce fût le coup d'État du 9 thermidor qui le vint rendre à la liberté.

Le 19 janvier 1803, jouant *Pasquin*, il reçut un violent coup de sifflet pour s'être permis la plaisanterie de vider un flacon entier de fleur d'oranger sur son mouchoir, parodiant ainsi l'action de son maître. Dazincourt, interdit d'abord, se reprit et, s'avançant vers le public, dit: « Je vous prie de remarquer, messieurs, que je ne fais que me conformer à la tradition du grand Préville. Je me souviens même que cet inimitable artiste ajoutait ceci à cette tradition... » Il tordit alors le mouchoir et en exprima l'eau sur la tête du souffleur; puis, continuant : « ...et qu'il était applaudi par tout ce qu'il y avait de spectateurs spirituels en France. » La salle entière éclata en très vifs applaudissements.

Napoléon le nomma directeur du théâtre de la Cour impériale à Erfurt.

Il mourut à Paris, le 28 mars 1809, après trente et une années passées à la Comédie-Française.

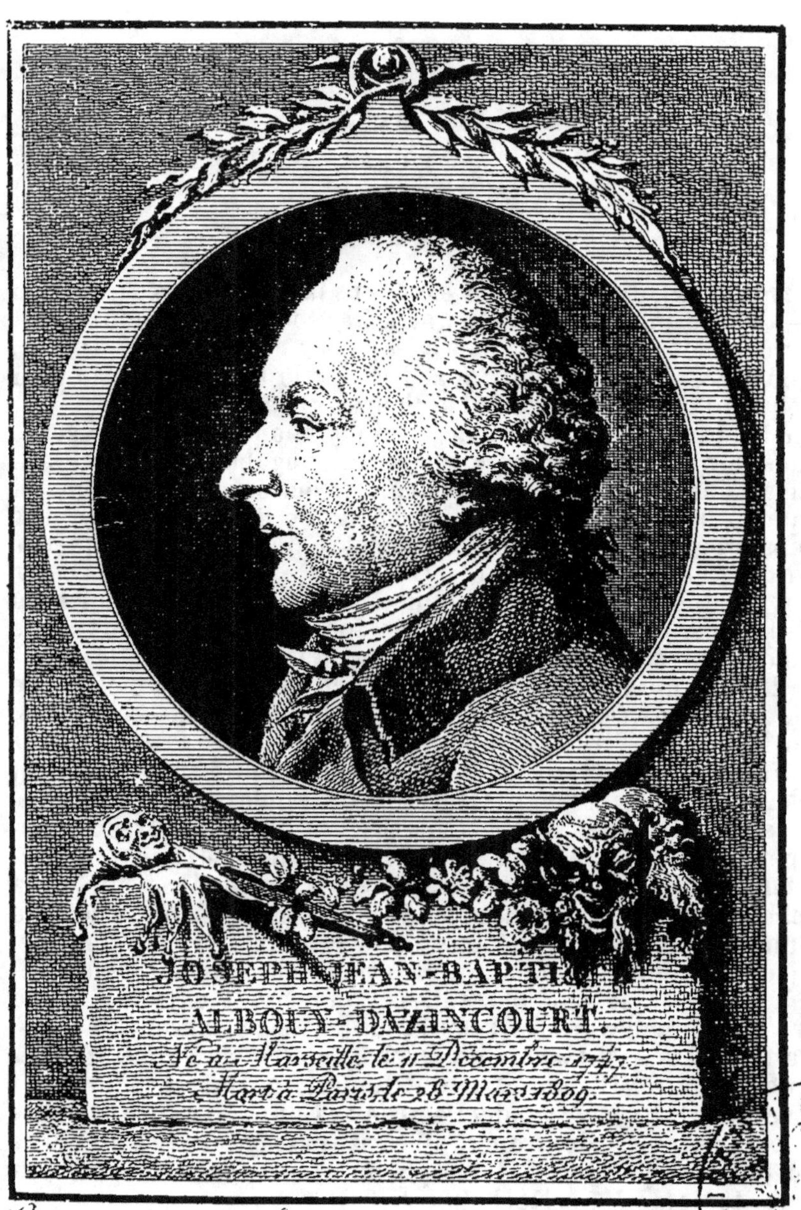

Gravé par Robert De Launay de la Société des Sciences et Arts de Rouen.

DAZINCOURT.

DE LA RIVE

(1747—1827)

Jean Mauduit, dit *Larive*—et à certains instants de sa vie : *de La Rive*, — est un enfant de l'Aunis, né à La Rochelle, le 6 août 1747. Son père tenait commerce d'épiceries, sur « le quai de la Rive », d'où plus tard Jean Mauduit, quand il prit le théâtre, tira le nom sous lequel il devait conquérir la célébrité théâtrale.

Jean Mauduit, assez « mauvaise tête », abandonna dès l'âge de neuf ans la maison de son père, et s'en fut, vagabondant de village en village, jusqu'aux entours de Moulins, où, épuisé de fatigue et très affamé, il fut recueilli par des religieux de Sept-Fonts, lesquels s'empressèrent de prévenir le père de l'état pénible dans lequel se trouvait le jeune insubordonné!

Mais l'honnête épicier ne voulut, à aucun prix, pardonner au « jeune homme » son incartade et pria son correspondant de Paris de vouloir bien se charger, en lui payant une redevance, de l'éducation de son « misérable enfant » dans l'art de vendre la mélasse, le café, le sel, le poivre, et autres denrées plus ou moins coloniales.

Jean Mauduit — il l'a avoué plus tard dans ses *Réflexions sur l'art théâtral,* un in-8° qu'il fit paraître en l'an IX — préférait de beaucoup courir les petits théâtres du boulevard du Temple, que se soumettre à la sentence paternelle; aussi, M. Isaac Mauduit père lança-t-il du quai de la rive rochelaise une malédiction bien sentie à son « chenapan de fils », le fit-il revenir à La Rochelle, et l'embarqua-t-il pour Saint-Domingue, où il le fixa dans une grande maison d'épices de la République Dominicaine.

Le jeune Mauduit grandissait, sans pour cela que ses goûts relatifs à l'épicerie se modifiassent. Ce qu'il avait entr'aperçu du théâtre, sur le boulevard du Temple, lui trottait à travers les idées. Il savait par cœur l'*Absalon* de Duché, le *Brutus,* et *La Mort de César* de Voltaire. Il récitait à qui voulait, ou même ne voulait pas l'entendre, le *Bajazet* de Pacarony. Enfin, ayant économisé quelques centaines de francs, il prit passage sur un navire affrété pour la France, et débarqua au Havre, sans en prévenir son père, toujours à La Rochelle.

Jean Mauduit, dont l'audace ne connaissait pas de bornes, vint à Paris et demanda à Lekain de vouloir bien l'entendre, dans le rôle de *Zamore.* Le célèbre tragédien, voyant ce grand et beau garçon — car Larive était de superbe prestance — si convaincu, si certain de lui, consentit à l'écouter et daigna l'encourager en lui disant : « Continuez, Monsieur Péterson!... —Jean Mauduit s'était

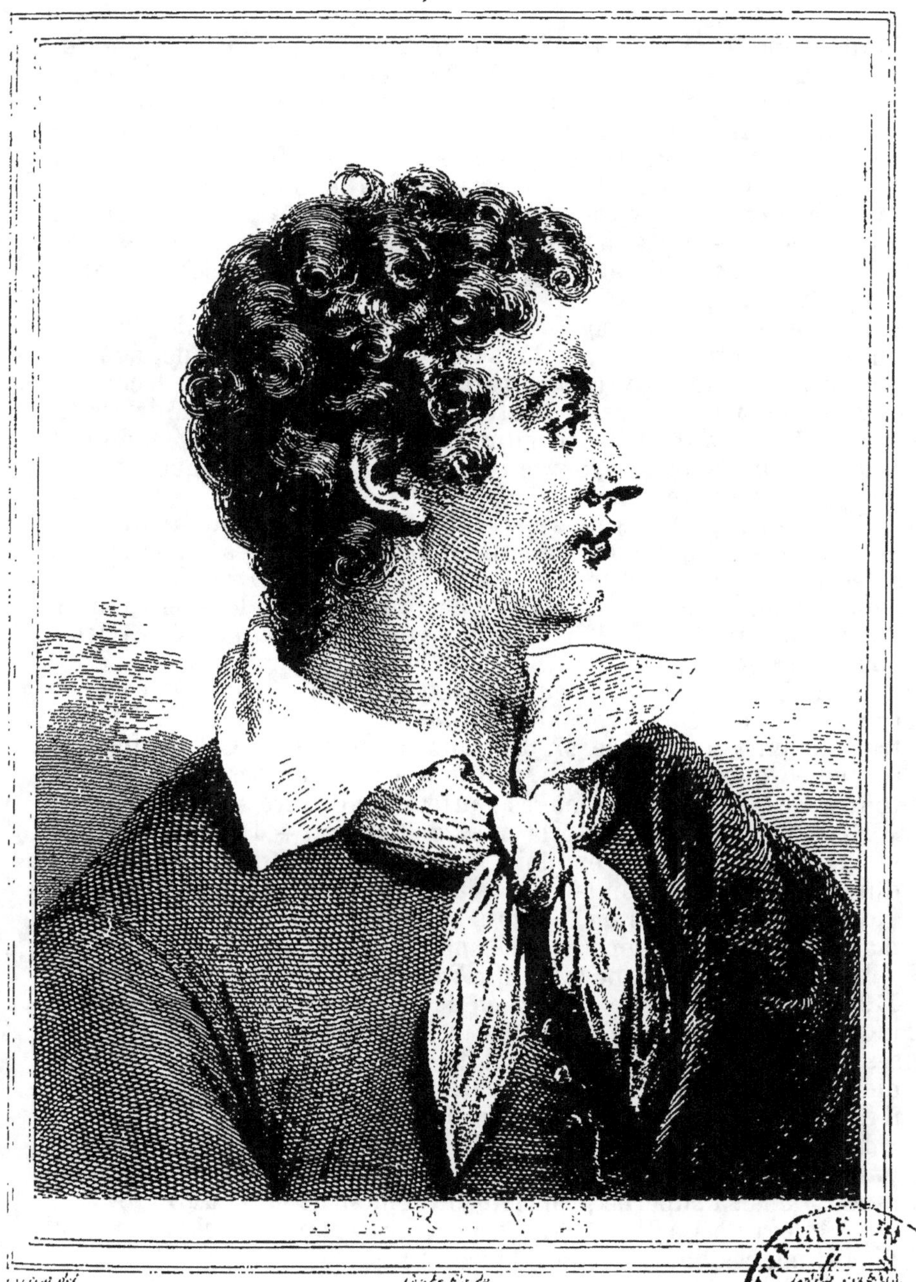

DE LA RIVE.

donné comme Américain fraîchement débarqué de New-York, sans doute pour se dérober aux recherches de son père — ...Continuez, et avant qu'il soit deux ans, vous me doublerez à la Comédie-Française. » Il lui donna même une lettre de recommandation pour Mlle Montansier, qui était alors directrice des théâtres de Rouen, d'Orléans, de Tours et de Versailles. Mlle Montansier envoya l'acteur *Larive* — c'est à cette époque que le jeune homme prit ce nom — dans sa troupe de Tours, aux appointements de 600 livres. On était alors en l'année 1768, le jeune Larive avait vingt et un ans.

De Tours, le futur tragédien se fit engager à Lyon. Mlle Clairon, qui était en représentation dans cette ville, s'éprit — elle, âgée de quarante-cinq ans — de ce beau garçon, grand hurleur, bien découplé; elle lui donna des leçons de diction et d'amour, le fit venir à Paris, et l'année suivante, le 3 décembre 1770, le sieur *de La Rive* débutait à la Comédie-Française, par le rôle de *Zamore* dans lequel il s'était fait jadis entendre à Lekain.

Ce début ne fut pas heureux. La représentation, qui avait commencé par des applaudissements, se termina par des sifflets. Fort atteint dans sa dignité, La Rive partit pour Bruxelles, et y demeura quatre années, malgré les lettres éplorées de Mlle Clairon, qui ne cessait de lui écrire : « Reviens, mon fils adoré, reviens-nous!... reviens-moi!... »

Ce fut le 29 avril 1775, seulement, que La Rive rentra à la grande Comédie, et créa le rôle de *Tigrane* dans *Les Arsacides*, piètre tragédie en *six* actes de M. Peyraud de Beaussol. Cette pièce ne fut jouée que deux fois, au milieu des rires et des quolibets de toutes sortes. On dédommagea l'auteur, qui retira sa pièce.

En 1778 — c'est-à-dire à la mort de Lekain, — La Rive entra en pleine possession de l'emploi. Mais sa gloire fut d'assez courte durée, l'apparition soudaine de Talma, en 1787, lui gonfla le cœur « de jalousie et de rage »; aussi se retira-t-il l'année suivante, malgré les supplications de ses camarades.

Le 4 mai 1790, il reparut dans *Œdipe;* puis, plus tard, en 1792 et 1793, il revint jouer le *Don Juan* de Molière, rôle dans lequel il se montrait supérieur. Il partagea au Fort-l'Évêque la captivité de ses camarades de la Comédie et ne dut, comme les autres comédiens, son salut qu'à la chute de Robespierre. A sa sortie de prison, il fit partie de la troupe du théâtre Feydeau.

La Rive était fort intéressé. Il était parvenu à acquérir une assez importante fortune, et s'était retiré à Montlignon, près Montmorency, dans sa superbe propriété, où il mourut le 30 avril 1827.

Le talent de La Rive sera écrasé entre celui de Lekain et celui de Talma, ces deux colosses de l'art tragique.

La Rive fut toujours plus beau que meilleur; au contraire de Lekain, qui fut toujours meilleur que beau.

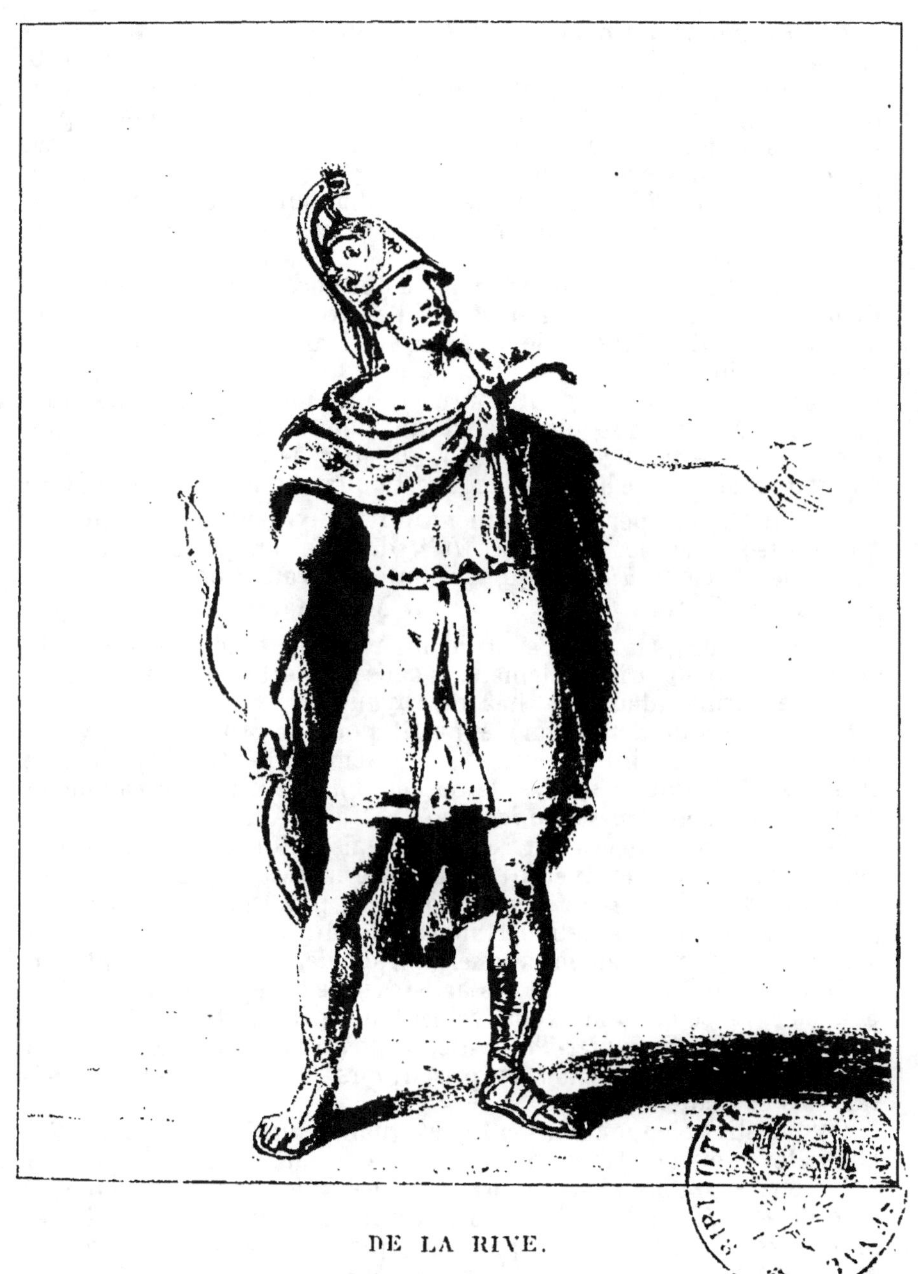

DE LA RIVE.

Rôle de Philoctète.

3.

FLEURY

(1750— 1822)

Fleury naquit à Chartres, en 1750. Son nom de famille était *Laute de Fleury*. Son père, qui avait occupé une assez importante position dans le monde de la finance, fut réduit, par suite de revers de fortune, à se faire directeur de théâtre. En cette nouvelle profession, ses affaires prospérèrent, à ce point qu'il devint, à Nancy, directeur privilégié des Comédiens chargés de distraire le bon Roy Stanislas. Ce fut à cette époque qu'il abandonna son nom ancestral de Laute de Fleury, pour prendre celui moins *particulaire* de *Bénard-Fleury*.

Le jeune Fleury, dont nous avons à nous occuper ici, prit donc le théâtre « sous les yeux mêmes de l'ex-roy de Pologne et de la marquise de Boufflessy ; élevé, pour ainsi dire, sur des genoux de roi et de reine. »

Ayant quitté son père, il courut la province, Lyon, Lille, etc., jusqu'en 1774, époque à laquelle il vint débuter à la Comédie-Française, dans le rôle d'*Égisthe*. Voici, au sujet de ce début, une note du maréchal de Richelieu, découverte aux Archives Nationales :

« Il faut s'occuper sérieusement de trouver un jeune homme qui puisse jouer les rôles de *Molé*, dans le Tragique et dans le Comique ; le sieur *Fleury*, qui a débuté, ne vaut rien. »

« 1ᵉʳ avril 1774. »   « Maréchal de RICHELIEU. »

La voix un peu rauque et le manque de tenue correcte du débutant étaient principalement la cause de cette note défavorable de M. le Surintendant des théâtres royaux.

Sans se décourager, Fleury repartit pour la province, travailla fortement et revint débuter à ce même Théâtre-Français, le 20 mars 1778, dans les rôles de *Sainville fils* de *La Gouvernante*, et de *Dormiky* des *Fausses infidélités*.

Cette fois, son succès fut complet ; mais il lui fallut encore dix années de travail persévérant et de lutte incessante, pour devenir l'homme de talent et de distinction qui, par la suite, fut classé parmi les meilleurs sujets de l'illustre théâtre.

Il renonça complètement à jouer la tragédie, genre qu'étaient contraints d'aborder alors tous les artistes sans exception du Théâtre-Français, et se confina exclusivement dans la haute comédie.

Il répondit à Fouquier-Thinville, qui avait été comédien et qui était venu le narguer dans sa prison, lors de l'incarcération générale des comédiens :

« Vous étiez bien mauvais, citoyen, quand vous jouiez la Comédie ; vous êtes devenu atroce, depuis que vous faites de la Tragédie. »

Fleury se montra supérieur dans les rôles qui demandaient « de l'élégance, de l'ironie et de la verve comique » : Il écrivit des *Mémoires*, plus remarqués que remarquables, par la sincérité des événements et des faits qui s'y trouvent contés.

Il mourut d'un accès de goutte, le 3 mars 1822, âgé de 72 ans.

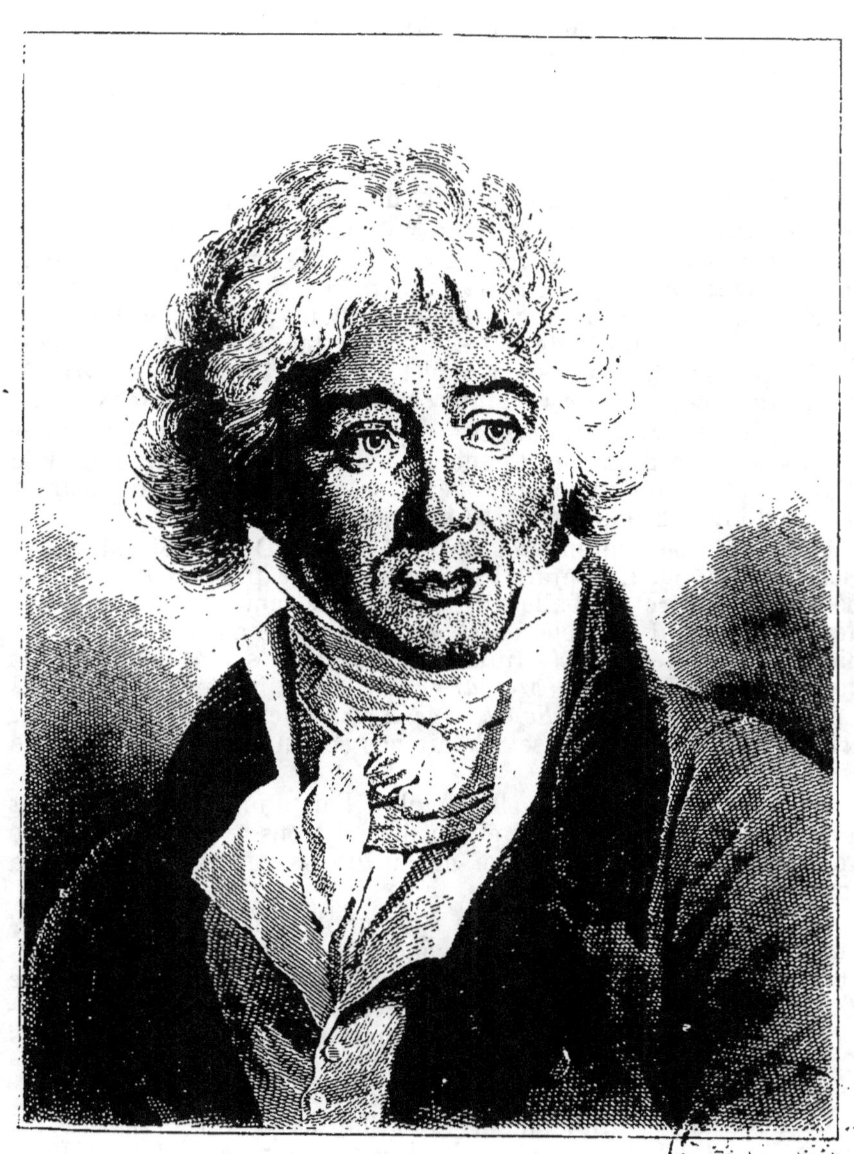

FLEURY.

MADAME DUGAZON

(1753—1821)

Dugazon eut deux femmes qui, du fait de leur mariage, portèrent naturellement toutes deux le nom de leur mari.

Nous n'avons à nous occuper ici que de la première, *Louise-Rosalie Dugazon*, née *Lefebvre*, qui, même son divorce prononcé et son mari remarié, n'en continua pas moins à s'appeler Mme Dugazon, se contentant, dans les premiers temps, d'apporter, dans l'orthographe du nom sous lequel elle avait mérité sa grande réputation, cette légère variante : Mme *Du Gazon*, en deux mots.

La seconde Mme Dugazon — que nous ne citons que pour mémoire — se nommait Céline-Geneviève Aubert ; elle était fille d'un architecte, et sœur de Frogères, acteur médiocre qui parut un peu partout, sans parvenir à se fixer nulle part.

Mme Dugazon première, la seule Mme Dugazon, est née à Berlin, en 1753. Elle était Française, fille de parents français ; le père était maître de ballets. L'enfant fut ramenée à Paris, où, dès l'âge de huit ans, elle entra dans l'école de danse de la Comédie-Italienne. Ses progrès furent rapides, et dès 1747 — elle avait donc quatorze ans — le *Mercure galant* citait les deux demoiselles Lefebvre dans *La Nouvelle École des Femmes* et le pas de *L'Hymen et l'Amour*. Mais la danse n'était pas ce que préférait la jeune Rosalie.

Un jour que, à la leçon, elle chantait l'air d'un pas qu'elle avait à danser, Grétry l'entendit et lui dit : « Vous avez une fort jolie voix, mademoiselle. Pourquoi ne l'utilisez-vous pas en jouant la comédie? »

Le rêve de Rosalie Lefebvre s'accomplissait. — « C'est justement jouer la comédie que je voudrais! » répondit-elle au compositeur. Dugazon lui donna des leçons — n'oublions pas que c'est lui qui, plus tard, fut le professeur de Talma et de Lafon — et la fit débuter le 5 janvier 1769, par un rôle d'ingénue, dans *Lucile*, opéra de Grétry. Mais son véritable début n'eut lieu que le 19 juin 1774, dans le rôle difficile de *Pauline*.

La débutante obtint un succès enthousiaste. En 1776, elle fut reçue Sociétaire. La Comédie-Italienne — car ses débuts s'effectuaient sur la scène de la *Comedia-Italiana* — était régie comme la Comédie-Française.

Cette même année, Dugazon s'éprit de son élève et l'épousa.

Mme Dugazon, très accorte soubrette, douée d'une fort jolie

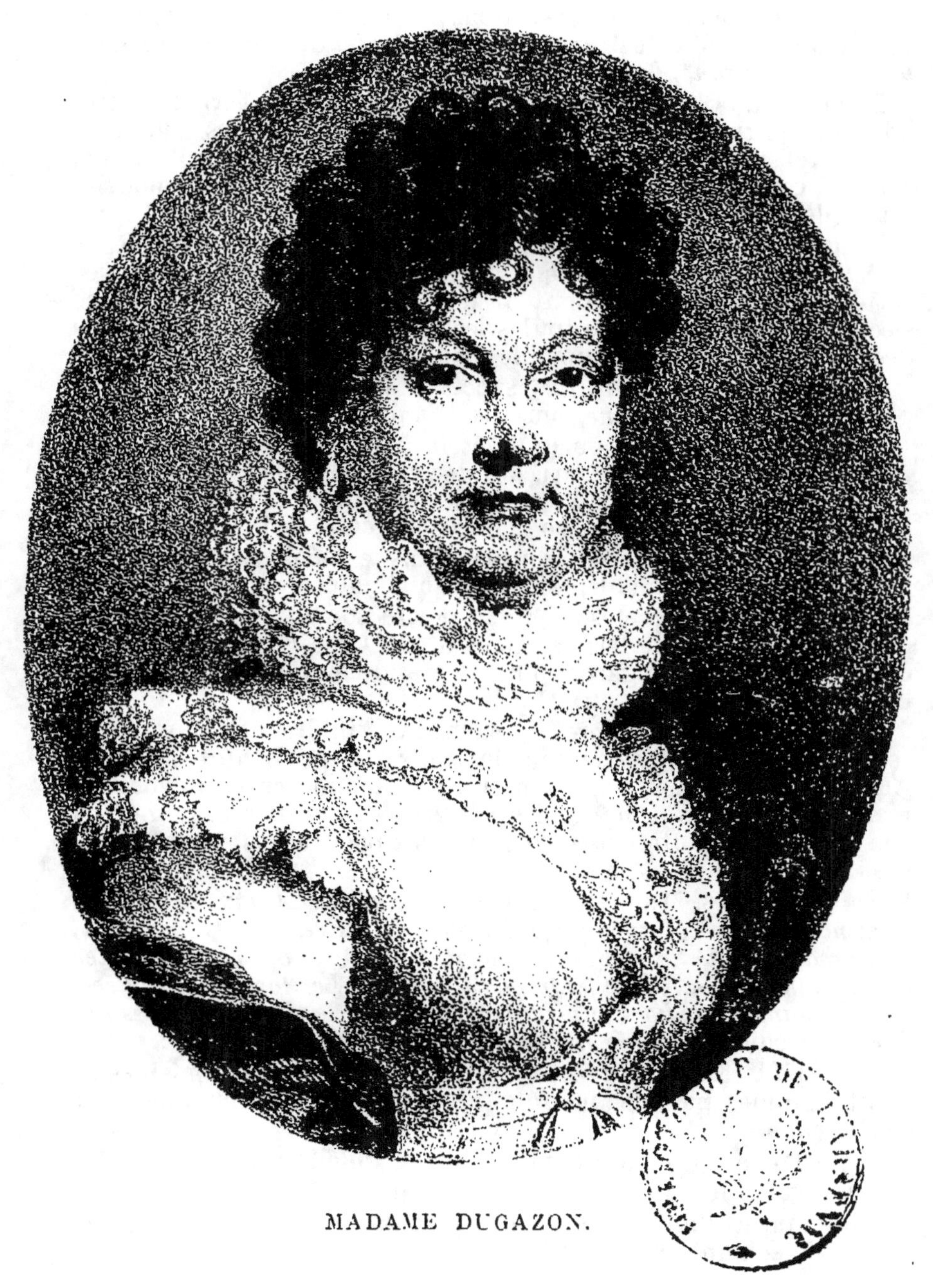

MADAME DUGAZON.

voix, développa alors toutes ses qualités de comédienne et de chanteuse, dans les rôles de *Marine*, de *La Colonie;* de *Louise*, du *Déserteur*, et de *Roxane*, des *Trois Sultanes*.

Levacher de Charnois, un de ses contemporains, a écrit sur cette adorable actrice : « Propre à tous les caractères, elle les rend avec un naturel surprenant : soubrettes, paysannes, coquettes, rôles naïfs, tout lui convient, et elle convient à tous. Elle n'eut pas de modèle ; mais elle en servira. ».

Dans *Blaise et Babet*, elle fut de tout premier ordre. Le rôle de *Babet* lui valut cette phrase : « Mme Dugazon joue le rôle avec cette candeur innocente dont on ne voit plus d'exemple dans ce siècle, où les femmes de toutes les classes ont un caractère plus décidé. Elle est pleine d'aimable modestie. »

Elle joua ensuite avec des succès plus grands encore, s'il est possible, *Alexis et Justine*, puis *La Nina*, de Dalayrac.

Mais Dugazon, qui pourtant était loin d'être « *accablé d'une fatale beauté* », était fort couru des dames légères de l'époque, auxquelles il s'empressait d'accorder « ses faveurs » le plus qu'il pouvait. Mme Dugazon première était, de son côté, fort coquette.

Des querelles violentes naquirent dans le ménage, et Mme Dugazon se sépara, amiablement plus qu'aimablement, de son mari.

Un maître des requêtes, Me Caze, devint son amant. Il était fort riche, étant né fils de fermier général. Ce Caze reçut d'abord des coups de canne de Dugazon, puis un grand coup d'épée d'un rival, le sieur Duban, officier aux Gardes.

Dugazon ne cessait d'abreuver sa femme d'injures et de lui fournir tous les défauts et même tous les vices ; ce qui fit dire à Sophie Arnould : « Dugazon peut penser de sa femme ce qu'il voudra ; mais il a tort d'en dégoûter les autres. » Malgré les objurgations de son mari, les autres ne se dégoûtèrent pas, car ils furent nombreux.

En six années, Mme Dugazon joua et créa *L'Amant jaloux*, *Le Jugement de Midas*, *Aucassin et Nicolette*, *Les Événements imprévus*, *Le Corsaire*, *Félix*, *Isabelle et Fernand*, *Le Poète supposé*, *Le Savetier et le Financier*, *La Nouvelle Omphale*, *Jérôme*, *Le Porteur de chaises*, *Les Vendangeuses*, *La Coupe des foins*, *Les Rêveries renouvelées des Grecs*, parodie de l'*Iphigénie en Tauride* de Gluck.

En 1788, la reine Marie-Antoinette la fit appeler à Versailles et se fit indiquer par elle un rôle créé par la célèbre chanteuse et comédienne.

Elle a laissé son nom à l'emploi spécial qu'elle a créé.

Son divorce fut prononcé le **13 novembre 1794**.

Elle mourut d'une hydropisie de poitrine, le **22 septembre 1821**, à l'âge de soixante-huit ans.

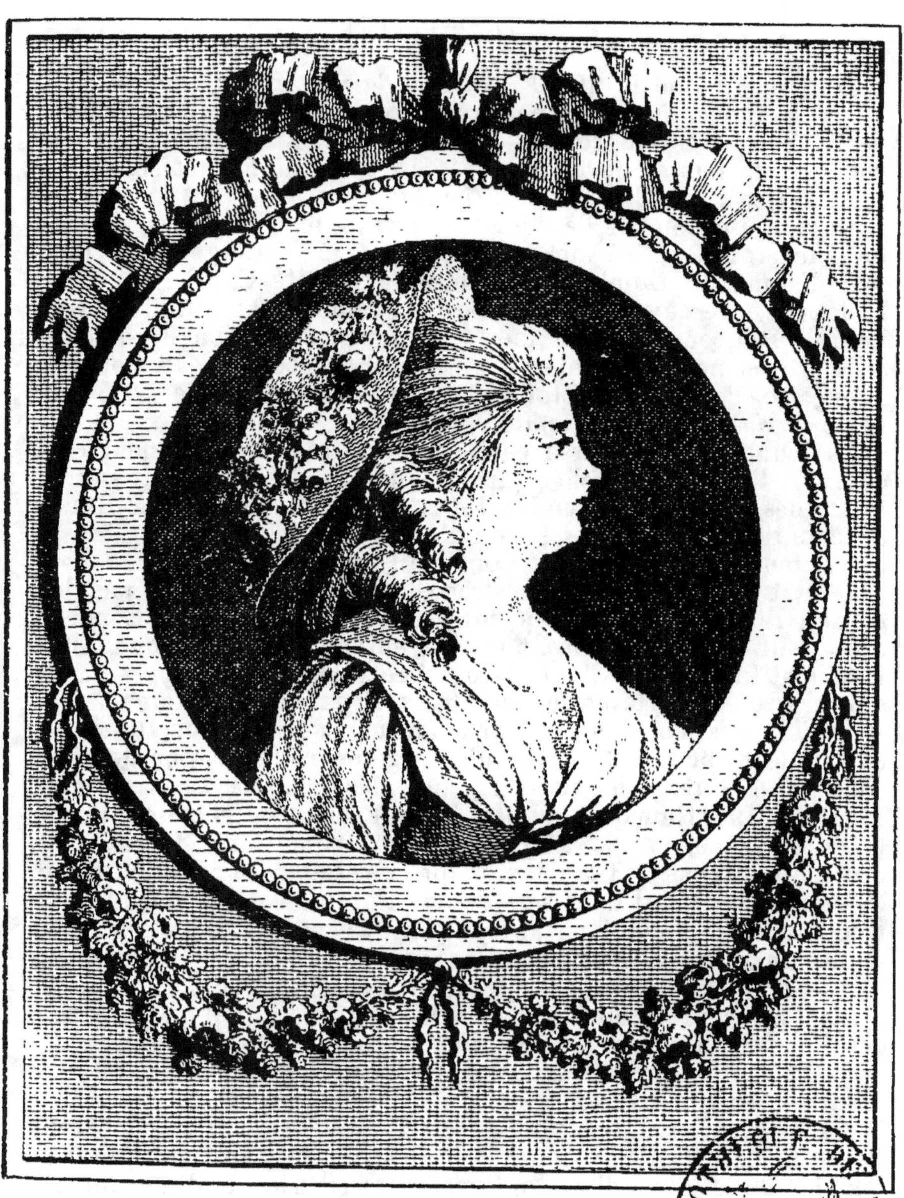

MADAME DUGAZON.

Rôle de Marine dans *La Colonie*.

— 35 —

MADEMOISELLE RAUCOURT

(1753—1815)

D'où vient que la fille *Françoise Clairien*, née à Dombasles, le 29 novembre 1753, d'un pauvre chirurgien-barbier de village et de Barbe — nom approprié — Mansuy, sa femme, barbière comme son époux, illustra de 1772 à 1815 la Comédie-Française, de son grand talent, sous le nom de *Mlle Raucourt?*

De ce qu'un maître de poste de ce pays de Dombasles, du nom de Saucerotte, retiré après banqueroute à Varangeville, village peu distant de Dombasles, emmena la petite Clairien avec lui, l'adopta, après avoir abandonné sa femme et ses enfants, prit le nom de Raucourt, pour se faire « comédien de campagne », et s'en vint piteusement s'écrouler à Paris, sur la scène de la Comédie-Française, les 4 et 6 octobre 1762, sous les rôles de *Mithridate* et de *Christiern,* dans *Gustave Vasa.*

La jeune Clairien passa partout pour être la fille du sieur Raucourt. Il l'avait débauchée (disons le fait) et en avait fait sa maîtresse dès l'âge le plus tendre. En 1770, il la faisait jouer à Rouen, avec un très grand succès, le rôle d'*Euphémie* dans *Gaston et Bayard.*

L'acteur Brizard, de la Comédie-Française, passant en cette ville, vit et entendit la jeune tragédienne, et ne manqua pas, lors de son retour à Paris, d'en informer Messieurs de la Comédie, qui à leur tour la voulurent voir et entendre; ils se rendirent à Rouen et la jugèrent digne de paraître à leurs côtés, après l'avoir débarrassée de certaines exagérations et exubérances dans la diction et la gesticulation, qu'elle avait acquises du sieur Raucourt, et que le comédien Brizard fut chargé de refréner, par de sages conseils et d'utiles leçons; à la suite desquels, le 23 septembre 1772 — Mlle Raucourt avait dix-neuf ans, — elle débuta sur la noble scène, par le rôle de *Didon.* Le jeune roi Louis XVI, qui n'aimait pas la tragédie, et qui assistait à la représentation, demeura cependant dans sa loge jusqu'au baisser du rideau, captivé par le jeu de la débutante, et lui fit accorder dès le surlendemain une gratification de cinquante louis, sur sa cassette particulière, « pour le plaisir qu'elle lui avait fait éprouver ».

Mlle Raucourt était fort belle. Et cela ne contribua pas peu à l'enthousiasme qu'elle souleva dans le parterre. Chaque soir, en la rappelant, on rappelait également son professeur, et le parterre criait : « Bravo, Brizard ! »

Son père adoptif, le sieur Saucerotte, dit Raucourt, ayant tout intérêt à ce qu'on ne connût rien des relations intimes qui existaient entre lui et sa fille adoptive, avait su l'entourer d'une auréole de vertu qui augmenta le grand intérêt qu'inspirait la jeune tragédienne. Pour l'accompagner au théâtre, il la faisait monter dans une chaise à porteurs, qu'il suivait, armé de pistolets. Bartholo grotesque et terrible.

En 1773, elle créa *Melpomène,* dans *L'Assemblée,* de Schesne, et *Orphanis,* dans la pièce de ce nom, du sieur Blin de Sainmore; en

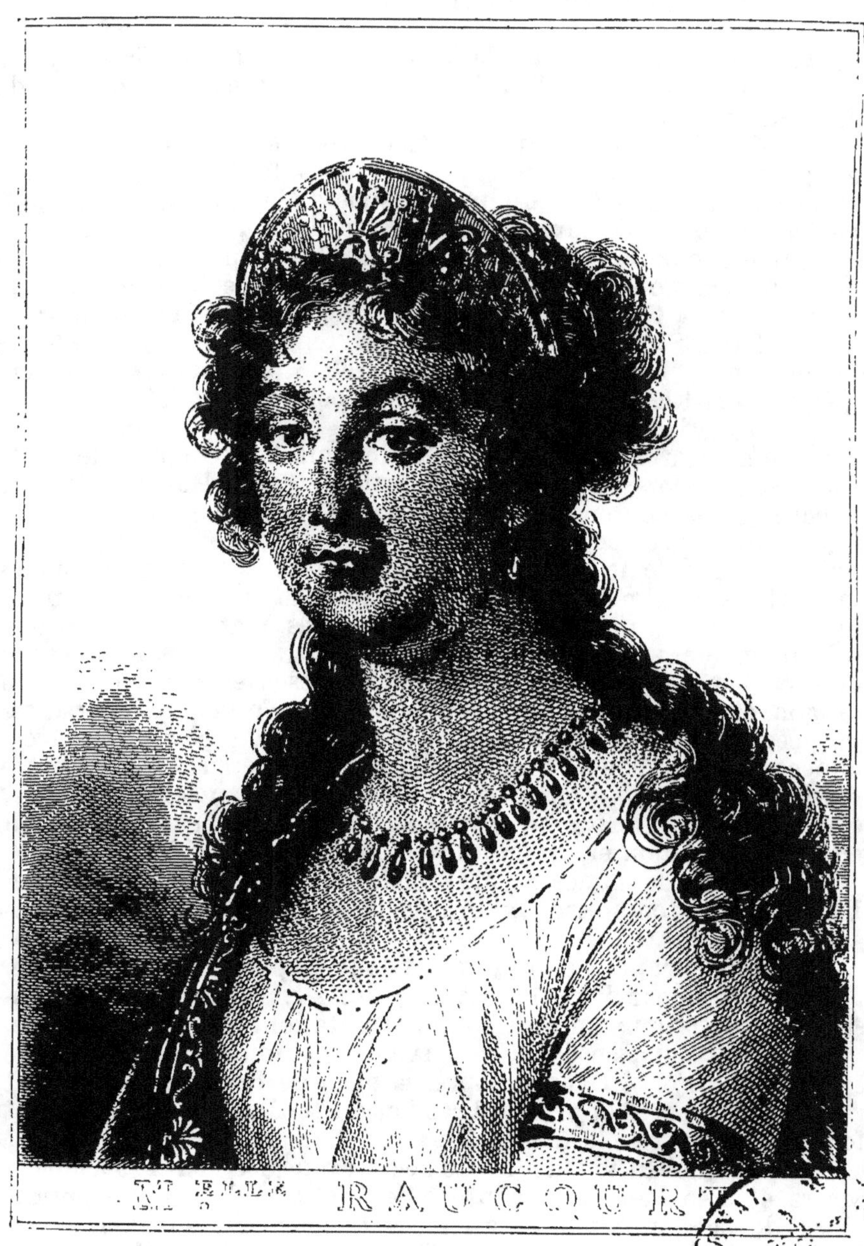

MADEMOISELLE RAUCOURT.

Rôle de Didon.

1774, *Adélaïde de Hongrie*, de Dorat ; en 1775, *Bardénice* dans *Les Arsacides*, de M. P. de Beauffol, et *Galathée*, dans le *Pygmalion* de J.-J. Rousseau.

En 1776, Saucerotte, dit Raucourt, repoussé par son ingrate fille adoptive, désespéré des mœurs dépravées dont elle se glorifiait et proclamait, à la face du tout Lesbos d'alors, comprenant qu'il ne la reconquerrait jamais, se précipita de la fenêtre de son cinquième étage de la rue Corneille, et s'alla briser la tête sur le pavé de la rue. On trouva accroché à sa veste, par une épingle, un billet ainsi conçu : « Qu'on n'inquiète personne à propos de ma mort. »

Le 26 mars 1777, se préparant à se rendre à la promenade de Longchamps, Mlle Raucourt fut arrêtée pour dettes, et enfermée au Fort-l'Évêque ; mais d'augustes personnages la firent, aussitôt, rendre à la liberté.

La reine Marie-Antoinette l'affectionnait beaucoup ; Mlle Raucourt se fit alors appeler « Marie-Antoinette de Raucourt », par affection irrespectueuse pour la reine martyre.

Mais un revirement complet s'opéra tout à coup dans l'esprit du public ; de l'idole de la veille, il fit subitement sa victime du lendemain. La vie privée, ou plutôt peu privée de l'actrice fut le motif de ce retour du parterre sur lui-même. Les ovations se transformèrent en huées ; et la Raucourt, un beau soir, se vit dans la nécessité de se cacher, de s'enfuir de Paris et de se présenter, sous un habit de dragon, chez un fermier de Bondy, pour s'y dérober aux poursuites dirigées contre elle. Ce ne fut que le 28 juin 1779, c'est-à-dire trois années après sa complète disparition, qu'elle reparut à la Comédie-Française dans *Didon*. On la siffla ; et quand, dans *Phèdre*, elle dit ce vers : « *Et moi, triste rebut de la nature entière* », on lui en fit l'application en lui criant : « C'est vrai !... *Bis! bis!...* »

C'est par ordonnance royale qu'elle était rentrée à la Comédie-Française ; on temporisa, on finit par accepter le décret et les hostilités cessèrent.

Mlle Raucourt possédait un talent de force plutôt que de charme. Jamais elle ne parvint à faire verser des larmes ; mais elle impressionnait par la puissance de son interprétation. Sa voix était dure.

Elle avait subi, en 1794, le sort de ses camarades et avait été enfermée au Fort-l'Évêque. Après la mort de Robespierre, elle fut rendue à la liberté et prit la direction du théâtre Feydeau, qui fut fermé « par ordre » le 8 août 1798.

A la reconstitution de la Comédie-Française, en 1799, elle y rentra et créa l'année suivante *Mlle de Condé*, dans *Un Montmorency*, de Carrion Nisas. Puis, en 1807, *Amestris*, du *Pirrhus*, de Lettac ; et *Médée*, du *Thésée*, de Mazoier ; en 1810, la *Brunehaut*, d'Aignan, et en 1874, *Catherine de Médicis*, dans *Les États de Blois*, de Raymond.

Elle mourut à Paris, le 15 janvier 1815. Le curé de Saint-Roch ferma les portes de son église à la comédienne. Le peuple voulut les enfoncer. Il y eut grand scandale populaire.

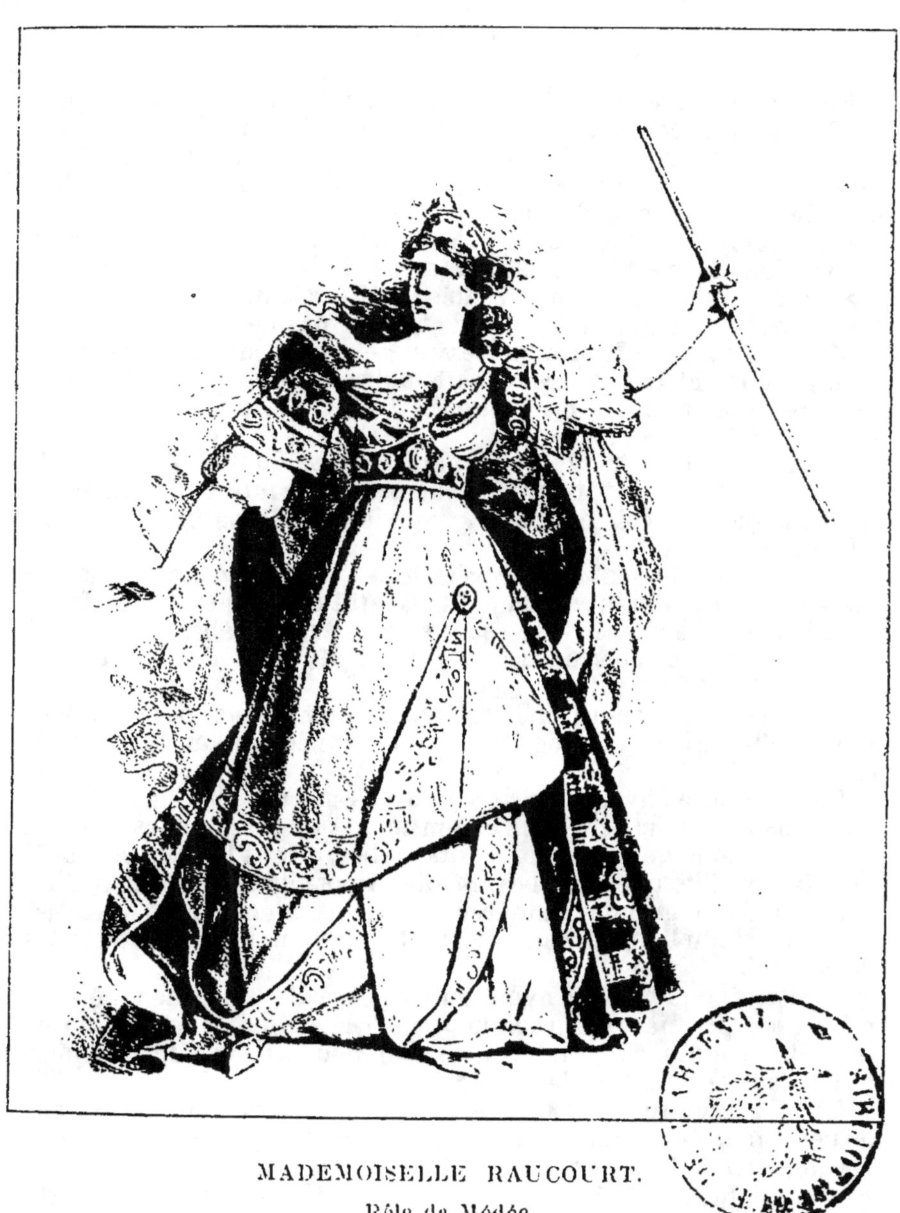

MADEMOISELLE RAUCOURT.

Rôle de Médée.

LOUISE CONTAT

(1760 — 1813)

En la paroisse de Saint-Germain-l'Auxerrois, le mercredi 18 juin 1760, fut baptisée *Louise-Françoise Contat*, fille de Jean-François Contat, bourgeois de Paris, privilégié du Roy et cavalier de Robe Courte, demeurant rue Saint-Denis. L'enfant était née la veille, donc le 17 de ce mois de juin.

Elle était fort jolie, cette Louise Contat, si jolie que La Harpe écrivit, lors de ses débuts sur la scène de la Comédie-Française, alors qu'elle avait à peine seize ans : « Mlle Contat a débuté avec une charmante figure, mais pas de voix et pas de talent. »

Madame Préville fut son professeur ; et l'on peut dire que le jeu trop raisonné et trop sobre de cette actrice, qui cependant n'était pas sans talent, influa beaucoup sur les débuts plutôt fâcheux de sa jeune élève.

Ce fut le 3 février 1776 que parut Louise Contat, dans le rôle d'*Atalide*, de *Bajazet*. Malgré sa jeunesse, sa beauté et l'indulgence que l'on eût dû avoir pour son inexpérience bien naturelle, elle fut sifflée.

D'aucunes se fussent découragées de cet échec trop incontestable ; mais les sifflets agirent sur la petite Contat comme le coup de fouet sur le cheval de tire. Elle se redressa blessée, non abattue, reparut le 10 du même mois dans *Zaïre*, et le 19, dans *Junie*, de *Britannicus*.

Ces deux nouveaux débuts lui furent moins défavorables, puisqu'elle fut reçue Sociétaire, dès l'année suivante, au mois d'avril 1777.

Louise Contat avait l'esprit vif de la répartie. Elle eut aussi le bon sens de savoir se définir elle-même, et de comprendre que son physique, doué de la plus piquante malice, devait la pousser plutôt vers la comédie que vers la tragédie. Alors elle se mit à travailler l'emploi des « grandes amoureuses ». Ainsi s'appelaient les rôles qu'aujourd'hui l'on détermine sous l'appellation de « premiers rôles de comédie ».

A cette époque, il n'y avait qu'un genre de « premiers rôles », c'était le « premier rôle tragique », aussi bien du côté masculin que du côté féminin. On ignorait ce que pouvait être un « premier rôle » dans le genre de la comédie.

Le 16 décembre 1782, Louise Contat se fit très remarquer dans le personnage de *Sophie* du *Vieux garçon*. Mais, avant de réussir si complètement, elle avait créé déjà : en 1778, *Julie* dans *L'Aveugle par crédulité;* en 1779, *Aglaé* dans *Les Muses rivales;* en 1780, *Lucile* dans *Le Bon ami;* en 1781, la *Comtesse* dans *Le Rendez-vous;* en 1782, *Sophie* dans *Le Flatteur,* et *Rosalie* dans *Les Courtisanes.*

Tous ces rôles n'étaient que des « jeunes amoureuses », ce que nous nommons aujourd'hui les « premières ingénuités ».

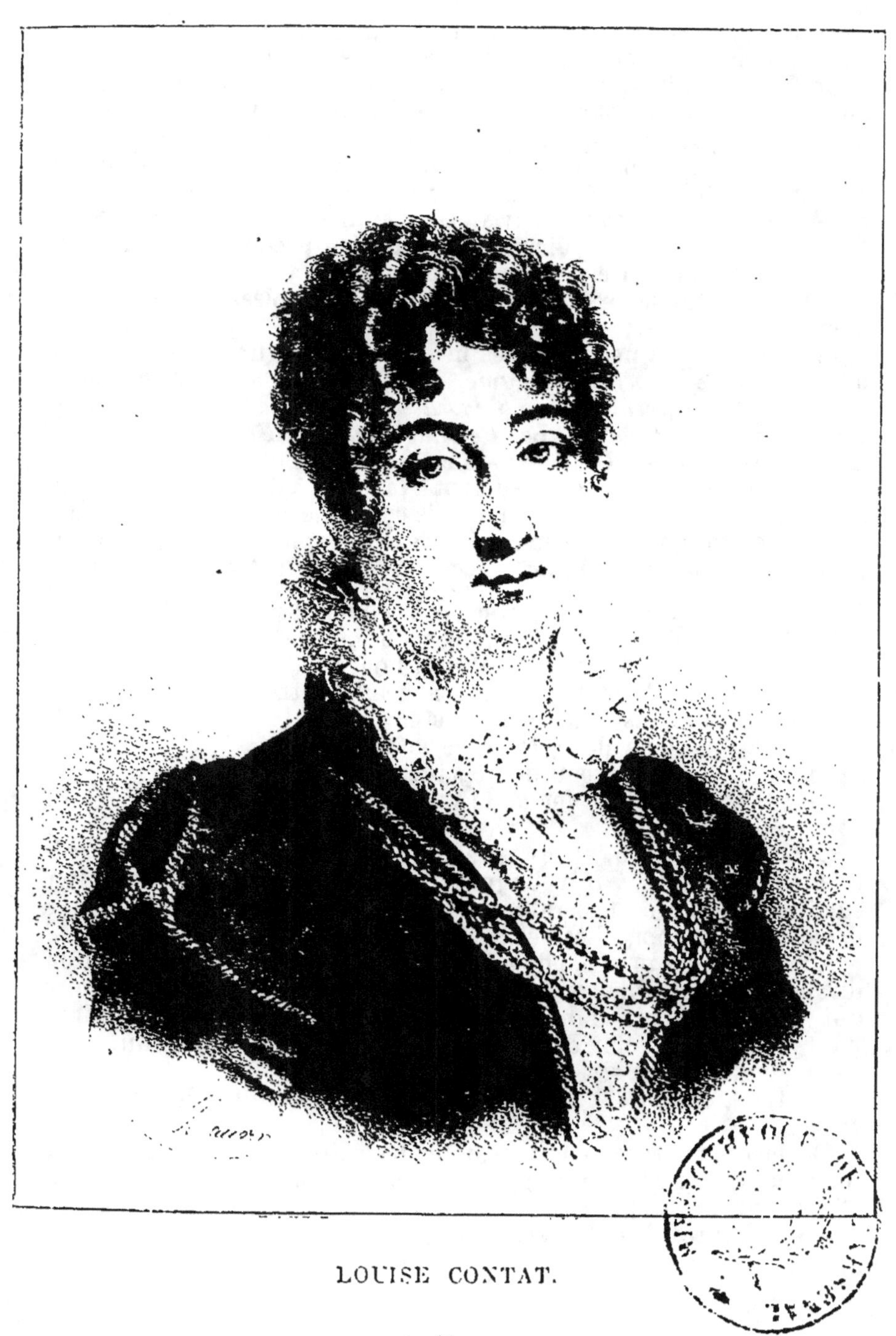

LOUISE CONTAT.

Enfin, en 1784, Beaumarchais la désigna pour lui créer le rôle de *Suzanne,* dans son immortel *Mariage de Figaro.*

Ce fut un triomphe pour Louise Contat. Elle fut grandement félicitée par les artistes qui l'entouraient, l'auteur et surtout le luminariste *Quinquet,* qui inaugura à cette première représentation son système de lampe à double courant d'air, avec réservoir d'huile; système qui lui avait été fourni par le chimiste Lavoisier, qui, dix années plus tard, devait si tristement finir sur l'échafaud révolutionnaire, en disant : « Quinquet devrait bien prendre ma place ici, comme il me l'a prise pour mes lampes à air. »

Louise Contat se révéla, en cette inoubliable soirée, grande comédienne.

Je ne la suivrai pas dans ses nombreuses créations qui vinrent à la suite : *Le Bienfait anonyme, La Fausse coquette, Malcour et Verseuil, Les Épreuves, Les Coquettes rivales, Le Mariage secret, Les Amours de Bayard, La Ressemblance, La Fausse apparence, L'Honnête criminel, Les Victimes cloîtrées*, etc., etc.

Dévouée au royalisme et surtout à la reine, elle fut emprisonnée à Sainte-Pélagie, en la compagnie de ses camarades de la Comédie.

Elle ne craignit pas de composer des vers, que je tiens à citer ici, parce qu'ils marquent la vaillance et l'esprit de cette noble femme :

> « Je vais monter sur l'échafaud :
> Ce n'est que changer de théâtre.
> Vous pouvez, citoyen bourreau,
> M'assassiner, mais non m'abattre.
> Ainsi finit la Royauté,
> La valeur, la grâce enfantine.
> Le niveau de l'égalité,
> C'est le fer de la guillotine. »

Et, dans la prison, après les avoir dits à ses compagnons de cellule, elle ajoutait : « Je vous jure que j'aurai la force de les réciter sur l'échafaud à ce misérable Samson. » La chute de Robespierre la sauva de la mort. Les vers ne furent donc pas dits.

A sa sortie de prison, elle alla jouer à Feydeau, sous la direction du sieur Sageret. Puis, en 1799, elle fit retour à la Comédie-Française qui se reconstituait, dans l'emploi des « jeunes mères », abandonnant à d'autres celui des « coquettes », qu'elle avait tenu, pendant vingt ans, de si admirable façon.

En 1809, elle prit sa retraite et épousa le chevalier de Forges de Parny.

Et, le 9 mars 1813, elle succomba des suites d'une épouvantable maladie, qui la martyrisa pendant plusieurs mois.

Elle eut une sœur, *Émilie Contat,* qui ne se soutint à la Comédie que par la protection de son aînée.

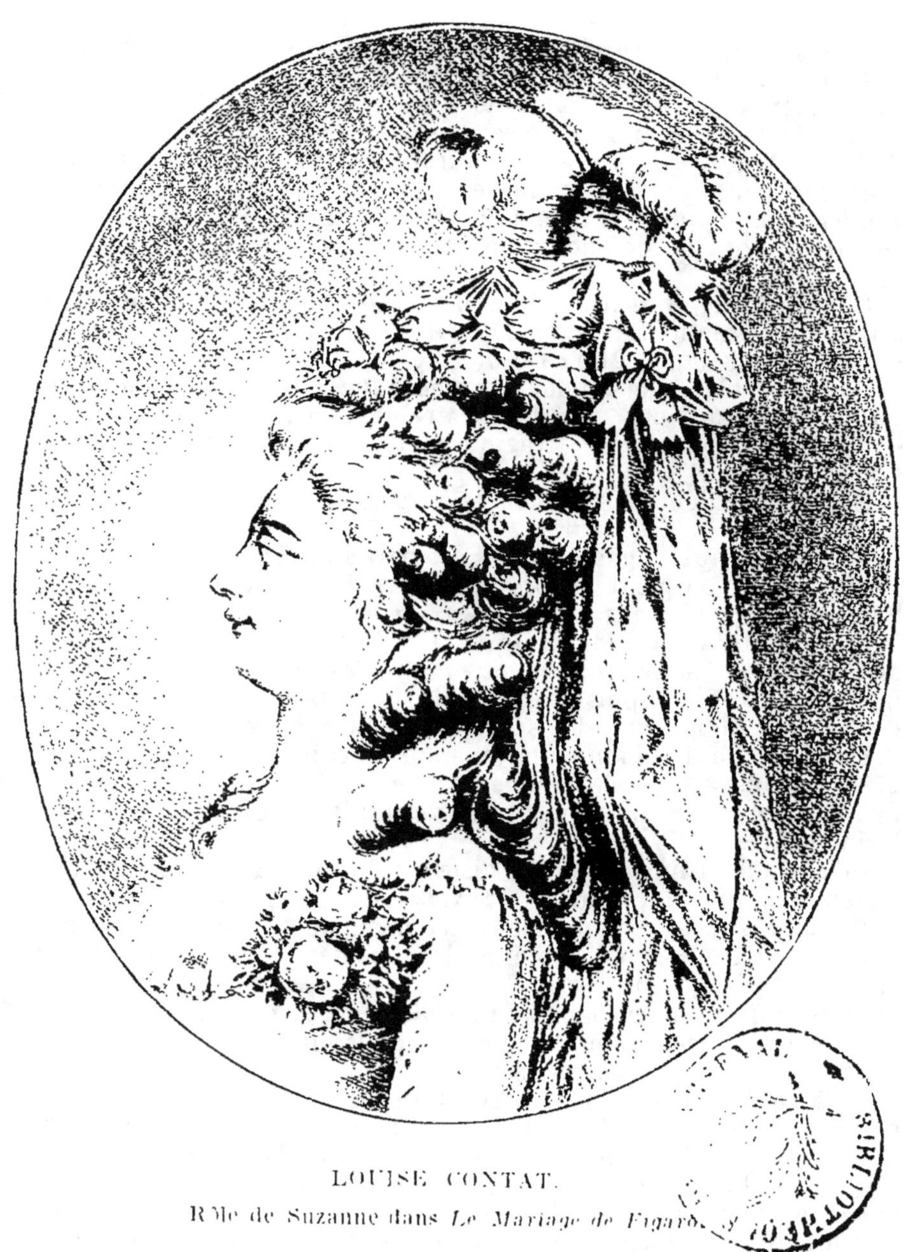

LOUISE CONTAT.
Rôle de Suzanne dans *Le Mariage de Figaro*.

BAPTISTE AÎNÉ

(1761 — 1835)

Nicolas-Baptiste Anselme, dit *Baptiste aîné,* est né à Bordeaux, le 18 juin 1761. Il était fils de *Baptiste l'ancien,* premier comique et premier violon au théâtre de Bordeaux, et de *Mme Baptiste mère,* née Marie Bourdais, rôles de reines au même théâtre.

Il était frère de *Baptiste cadet* qui fut, comme son aîné, plus que son aîné peut-être, un grand et remarquable comédien, et de *Baptiste jeune,* qui parut, en 1792, au théâtre du Marais, quitta le théâtre et devint colonel d'un régiment d'infanterie, sous Napoléon Ier.

Baptiste aîné était le mari de *Mme Baptiste bru,* que l'on remarqua au théâtre du Marais, en 1791 ; il devint le père de *Mlle Baptiste* qui fut, par la suite, Mme Desmousseaux.

Baptiste aîné, dont nous nous occupons pour le moment, débuta, à dix-huit ans, sur le théâtre d'Arras, dans l'emploi des « *troisièmes amoureux* » tragiques et comiques, chantant aussi l'opéra-comique.

En 1783, il débuta à Rouen et y demeura sept années. Ce fut en cette ville qu'il se maria.

En 1791, il fut engagé à Paris, et parut au Théâtre du Marais, théâtre dont on peut encore retrouver les traces, rue Culture-Sainte-Catherine, dans la cour d'un lavoir.

Le 6 mars 1793, il entrait « avec les grands appointements » au Théâtre de la République, et se retrouvait en compagnie de son frère cadet qui, depuis un an déjà, se faisait remarquer, dans l'emploi comique, sur cette scène de premier ordre.

En 1798, Baptiste aîné alla jouer au Théâtre Feydeau jusqu'en 1799, époque à laquelle eut lieu la réunion des artistes éparpillés de la Comédie-Française, et la véritable reconstitution de ce beau théâtre.

De son talent incontestable, disons qu'il fut cependant contesté.

Pendant que La Harpe écrivait au grand-duc de Russie : « Baptiste aîné est véritablement un bon acteur », d'autres disaient : « Il connaît trop à fond le métier de comédien, et ne possède point assez l'art de le cacher. »

Contraint de jouer dans la tragédie, ce genre ne lui convenait aucunement ; mais, dans la comédie et le drame moderne — de l'époque, — il reprenait tous ses avantages.

Il devint professeur au Conservatoire en 1809 et y demeura jusqu'en 1828, sachant y faire d'excellents élèves, au nombre desquels il faut compter Nourrit le fils, Ponchard et Perlet. A cette époque, les élèves des classes de chant suivaient les cours des élèves de comédie. Pourquoi n'en est-il plus de même ?

Il mourut aux Batignolles, le 30 novembre 1835, âgé de soixante-quatorze ans, après une longue et douloureuse maladie.

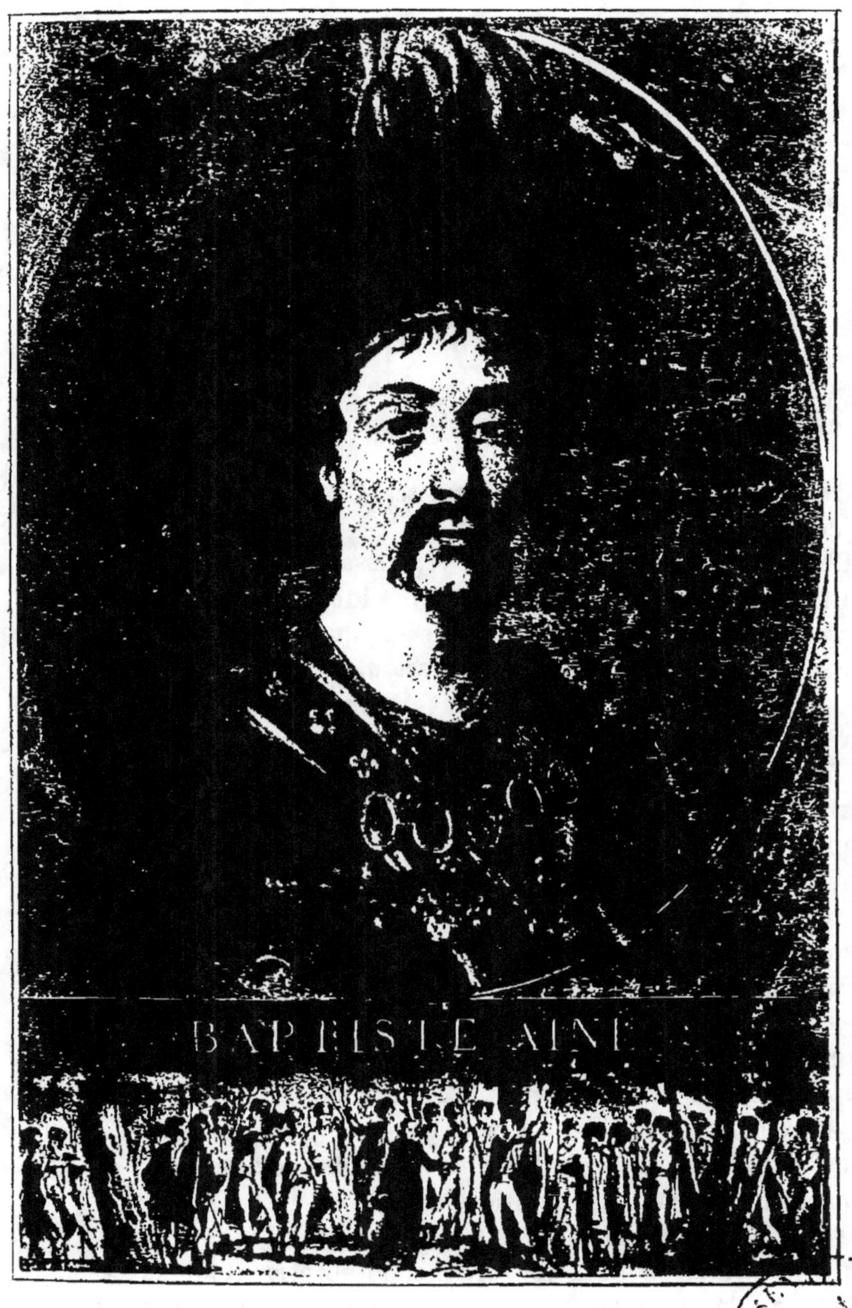

BAPTISTE AINÉ
Dans *Les Brigands*, de Schiller.

TALMA

(1763 — 1826)

Le plus grand comédien du XIXe siècle ! On pourrait dire de tous
es siècles. .

Samson, qui le connut, et auquel on demandait : « Enfin,
qu'avait-il donc de plus que les autres célèbres ? » répondit : « Il
avait tout. »

Un tel comédien, résumé par un tel comédien, donne l'ampleur
de ce que put être *Talma*.

Chez cet artiste de si haute et si puissante valeur, l'inspiration
était instantanée, bien qu'il prétendît s'identifier tellement avec le
personnage qu'il représentait, « que sa chair devenait la chair du
héros », selon son ambitieuse expression.

Cependant, un soir — on jouait *Andromaque* — Talma représentait *Oreste*.

Un de ses admirateurs, placé près de la rampe, l'entendit
souffler à *Pylade*, au moment le plus pathétique : « Nous sommes
trop haut »; puis : « Nous sommes trop bas », enfin : « Soutiens-
moi ».

Au baisser du rideau, l'ami courut féliciter l'admirable tragédien et lui dit : « Vous avez été, s'il est possible, plus admirable,
ce soir, que les autres soirs.

— Oui, répondit Talma, j'étais bien *Oreste*, n'est-ce pas?... tout
Oreste, rien qu'Oreste. J'avais revêtu l'âme et les passions du
prince grec, en même temps que sa tunique.

— Excepté cependant, reprit finement l'appréciateur, quand
vous avez dit à *Pylade-Dumilâtre :* Nous sommes trop haut...
Nous sommes trop bas ! Soutiens-moi !... »

Talma demeura coi.

« C'est vrai, répondit-il à son perfide interlocuteur; à ces mo-
ments-là, j'étais redevenu l'acteur Talma. Vous êtes un malin,
vous ! et je jure qu'il ne m'arrivera plus de me mettre ainsi en
dehors de mon rôle. »

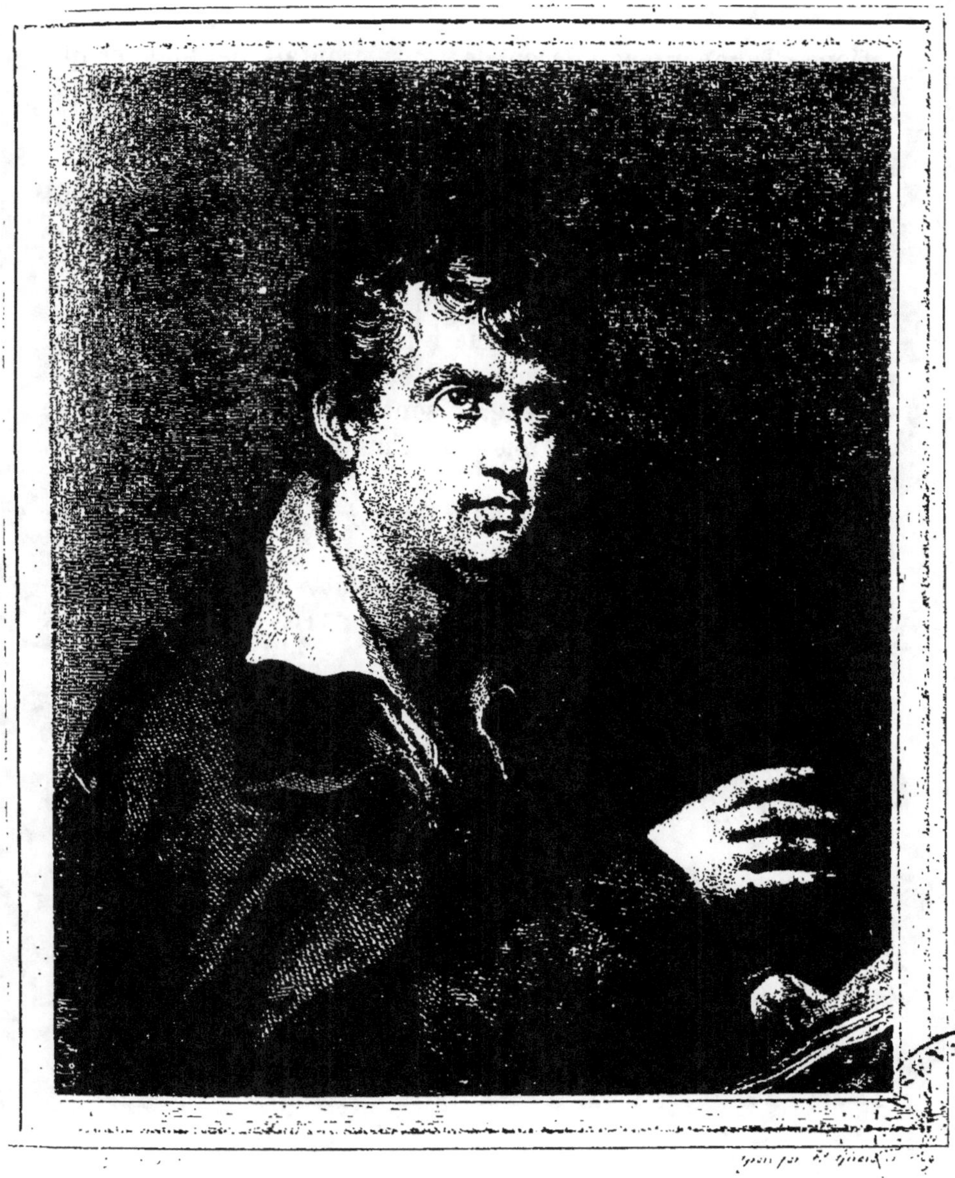

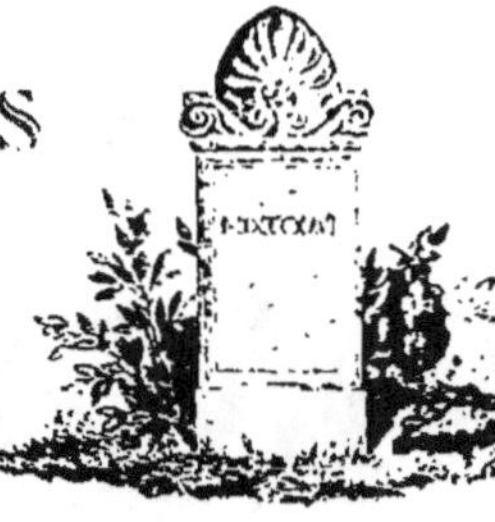

FRANÇOIS   J. TALMA.

DÉDIÉ   *A LA*

COMÉDIE   FRANÇAISE.

Donc, Talma prenait leçon de tout, profitait de tout; ce que tout grand comédien doit faire.

Sa rupture avec la Comédie-Française pour aller au Théâtre-Français lui avait suscité de violents ennemis.

En vain, ses anciens camarades, *Larive* et Mlle *Contat*, avaient protesté en sa faveur, par lettres adressées au public, alors qu'on l'accusait d'avoir fomenté le terrorisme contre les membres de son ancienne Société, arrêtés et incarcérés.

Le 21 mars 1795, pendant une représentation, il fut interpelé violemment, insulté, sifflé même. Bondissant à l'avant-scène, il s'écria : « Citoyens, tous mes amis sont morts sur l'échafaud. Je vous jure sur leurs cendres, que je suis innocent du crime que l'on m'impute ! »

Alors, le tumulte s'apaisa, et on lui cria : « Chantez-nous *Le Réveil du Peuple!* »

Talma, très surexcité, chanta — il avait une voix fort mélodieuse — et l'enthousiasme succéda aux cris de haine et aux menaces injustifiées.

Il mourut dans sa propriété de Brunoy, le jeudi 19 octobre 1826.

L'archevêque de Paris était venu plusieurs fois prendre de ses nouvelles.

Ce fut presque un deuil national, car il était aimé, estimé et admiré de tous.

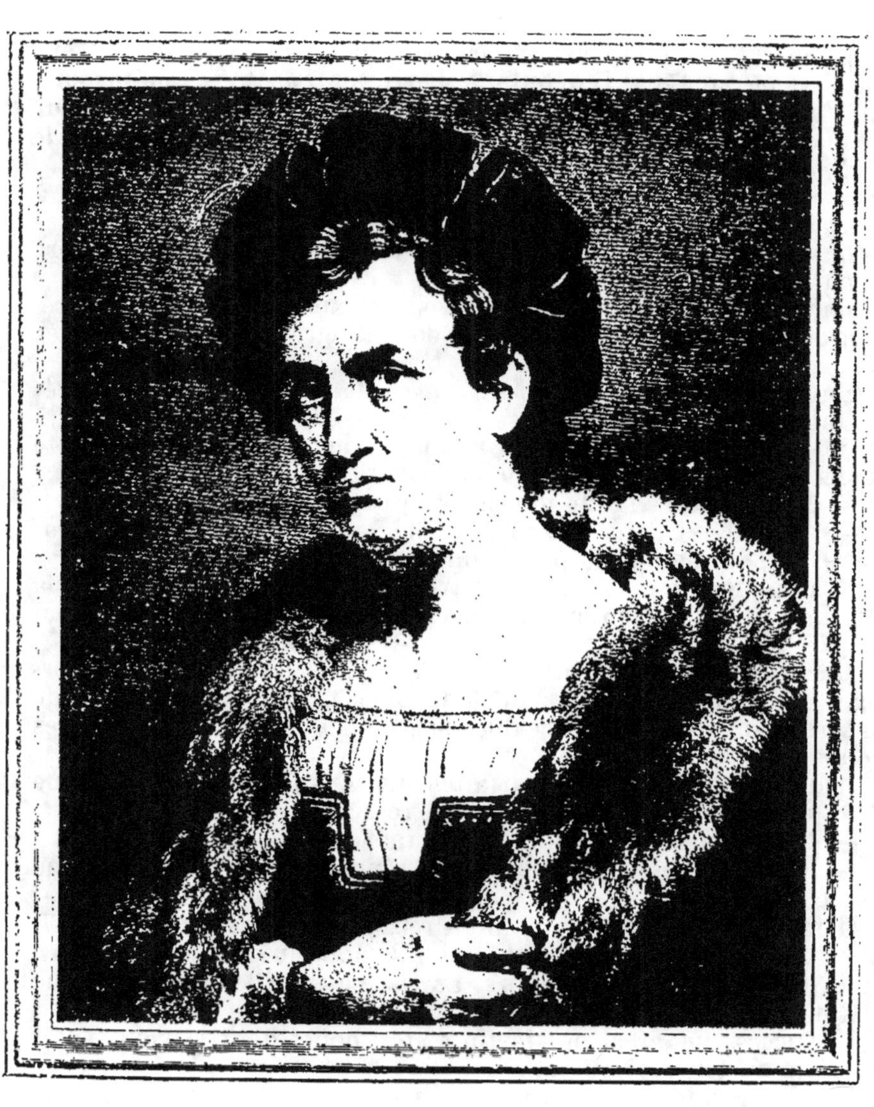

TALMA.
Rôle d'Hamlet.

5

MARTIN

(1764 — 1837)

Martin (*Blaise*), le célèbre baryton, qui laissa son nom à l'emploi, est né en 1764. Il débuta à Paris, au *Théâtre de Monsieur*, en 1789, à l'époque de la création de ce théâtre par le coiffeur Léonard et son associé le violoniste Viotti, — dans *Le Marquis de Tulipano*, rôle dans lequel il obtint un très grand succès.

Se sentant fort inexpérimenté comme acteur, il s'adressa à *Dugazon*, de la Comédie-Française, qui voulut bien lui donner des leçons et fit de lui un comédien très acceptable, et plus tard fort remarquable.

Martin, doué d'une admirable voix, flexible au suprême degré, abusait des vocalises et fioritures, dont il agrémentait les rôles les plus simplement écrits.

Un soir, dans *Le Jugement de Midas*, de Grétry, après la représentation, il vit entrer dans sa loge le célèbre auteur, qui l'aborda en lui disant : « Martin, tu as admirablement chanté. Je regrette seulement que tu aies passé le grand air.

— Mais, je l'ai chanté, monsieur Grétry, je vous l'assure !

— Alors, c'est donc que tu l'as tellement défiguré, par tes broderies, que je ne l'aurai pas reconnu. »

Rossini devait plus tard renouveler ce mot, en demandant à la Patti, après l'avoir entendue dans *Le Barbier de Séville* : « De qui la *mousique ?* »

Martin se le tint pour dit ; et, par la suite, sans parvenir à se corriger complètement, il parvint à apporter plus de simplicité et de naturel dans son art impeccable, au grand agrément des véritables connaisseurs.

Il disait naïvement, et parfaitement convaincu : « Il n'y a que deux chanteurs au monde, moi et le rossignol.

— Cependant, Elleviou ? lui objectait-on.

— Elleviou n'est qu'une fauvette, répondait-il en riant, presque une chanteuse. »

Il mourut, à l'âge de soixante-treize ans, le 28 octobre 1837, dans les bras de son illustre ami Elleviou, au château duquel il était allé passer quelques jours. Le château d'Elleviou était situé à Rouzières, près de Lyon.

Le successeur direct de Martin a été Chollet dont la voix tenait à la fois du ténor et du baryton.

Martin, pendant la Révolution, s'était brouillé avec Dugazon, dont il ne partageait pas les enthousiasmes exagérés. Simple garde dans la compagnie dont Dugazon avait été nommé capitaine, à l'élection, Dugazon avait dit à Martin : « Donne-moi ta voix. — Je veux bien, lui avait répondu Martin, si tu veux me donner ton talent. » Et il avait voté pour un autre. Dugazon ne le lui pardonna pas.

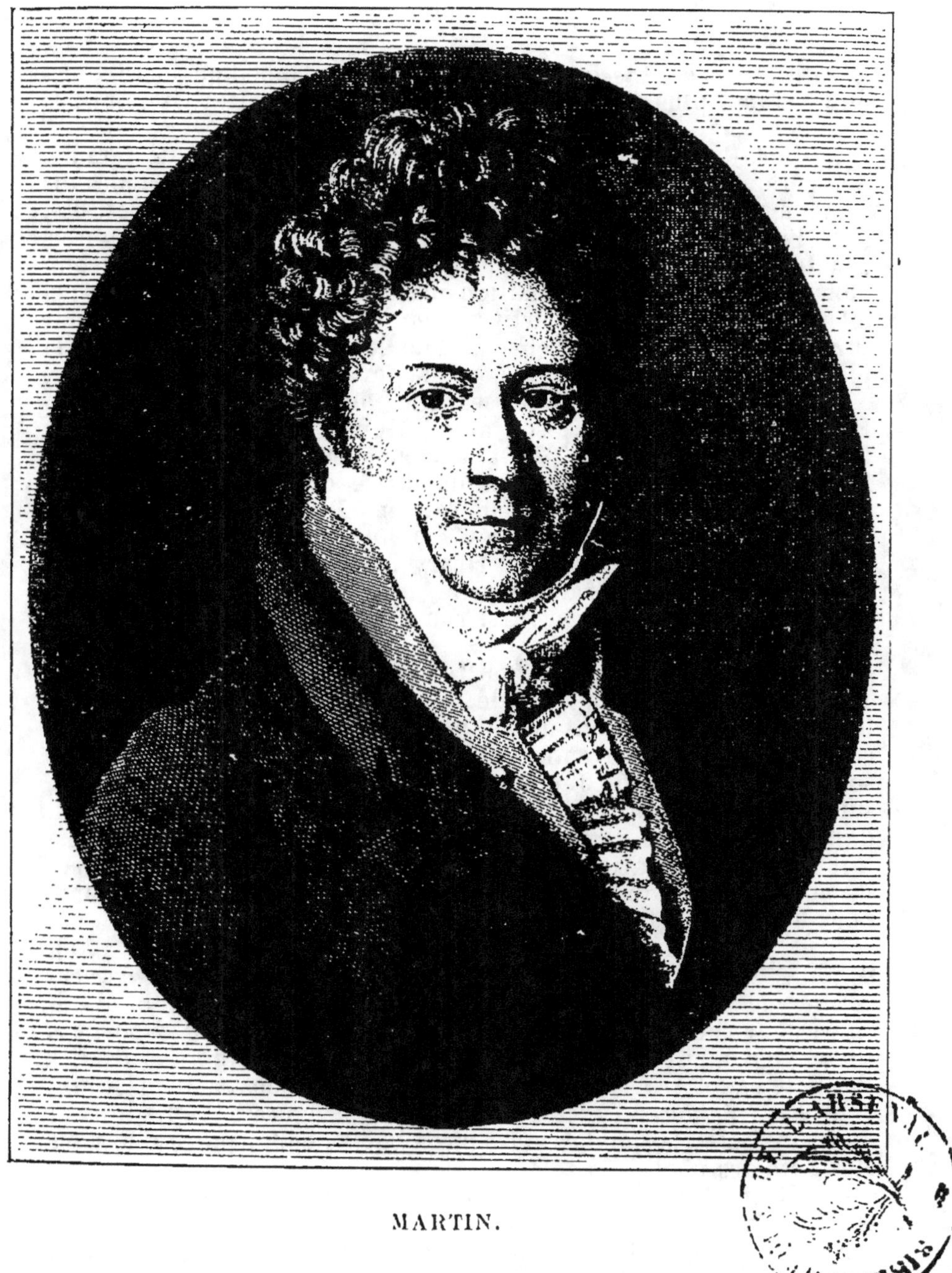

MARTIN.

BAPTISTE CADET

(1765—1839)

Paul-Eustache Anselme, dit *Baptiste cadet,* comédien aussi puissant, sinon plus, que son frère « *l'aîné* », naquit à Grenoble, le 8 juin 1765.

La vocation théâtrale était innée en lui. Cela tenait de famille. Son père, *Baptiste l'ancien,* avait dit : « C'est assez d'un de mes fils comédien! » Il avait fait faire à son cadet de très sérieuses études, avec l'intention de le lancer dans la science plus pratique et plus exacte de la chirurgie. Mais le jeune cadet, rétif, étudiait beaucoup plus la musique et la déclamation que la pratique de la dissection ; si bien qu'un beau jour, il partit subrepticement à Marseille où, pour subvenir à ses besoins, il chanta dans les chœurs, en attendant la place de « *troisième amoureux* », qui ne devait pas tarder à lui échoir.

Après avoir joué dans diverses villes de province, notamment à Reims, le cadet rejoignit son aîné à Rouen, en 1786 ; puis devint régisseur du théâtre de Versailles, en 1789, sous la direction de Mlle Montansier. Quand cette directrice ouvrit son théâtre des Beaujolais, à Paris, en 1790, elle emmena Baptiste cadet avec elle.

J'emprunte au *Dictionnaire des Comédiens français,* du très érudit en la matière théâtrale Henry Lyonnet, le portrait suivant de Baptiste cadet : « Grand, maigre, monté sur de longues jambes, jouant les niais d'une façon si comique, que son nom suffisait à attirer les foules ».

Ce cadet, bien qu'ayant quitté les Beaujolais pour entrer au Théâtre-Français, fit partie de la compagnie de volontaires que leva et arma Mlle Montansier, pour courir défendre la frontière envahie ; et le 12 novembre 1792, après avoir pris part comme soldat à la bataille de Jemmapes, il joua *Le Désespoir de Jocrisse,* sur un théâtre improvisé, pour distraire de leurs fatigues les soldats et les officiers de Dumouriez vainqueur. Dumouriez, qui assistait à la représentation, rit tellement, qu'il disait à ses voisins : « J'aurais dû envoyer ce Baptiste tout seul devant les Prussiens ; nous les eussions trouvés morts de rire avant la bataille. »

C'est le 5 mai 1792 qu'il entra au Théâtre-Français. En 1793, il joua le rôle du *Roi d'Espagne,* dans la pièce *Le Jugement dernier des Rois,* prophétie en un acte du citoyen Sylvain Maréchal ; dans cette pièce, on appelait ce monarque « *Sire d'Espagne* ».

Un vieil amateur de théâtre, le marquis de Ximinès, disait à Baptiste cadet : « Savez-vous pourquoi vous jouez si bien *Alain,* dans *Les Héritiers?* Parce que vous avez la figure bête, les bras et les mains bêtes, les jambes et les pieds bêtes ; enfin, parce que vous êtes bête des pieds à la tête.

— Et dire que je ne me doutais pas de ça ! » répondit finement le comique.

Sur la fin de ses jours, le pauvre Baptiste cadet devint aveugle, puis fou. Il mourut le 31 mai 1839.

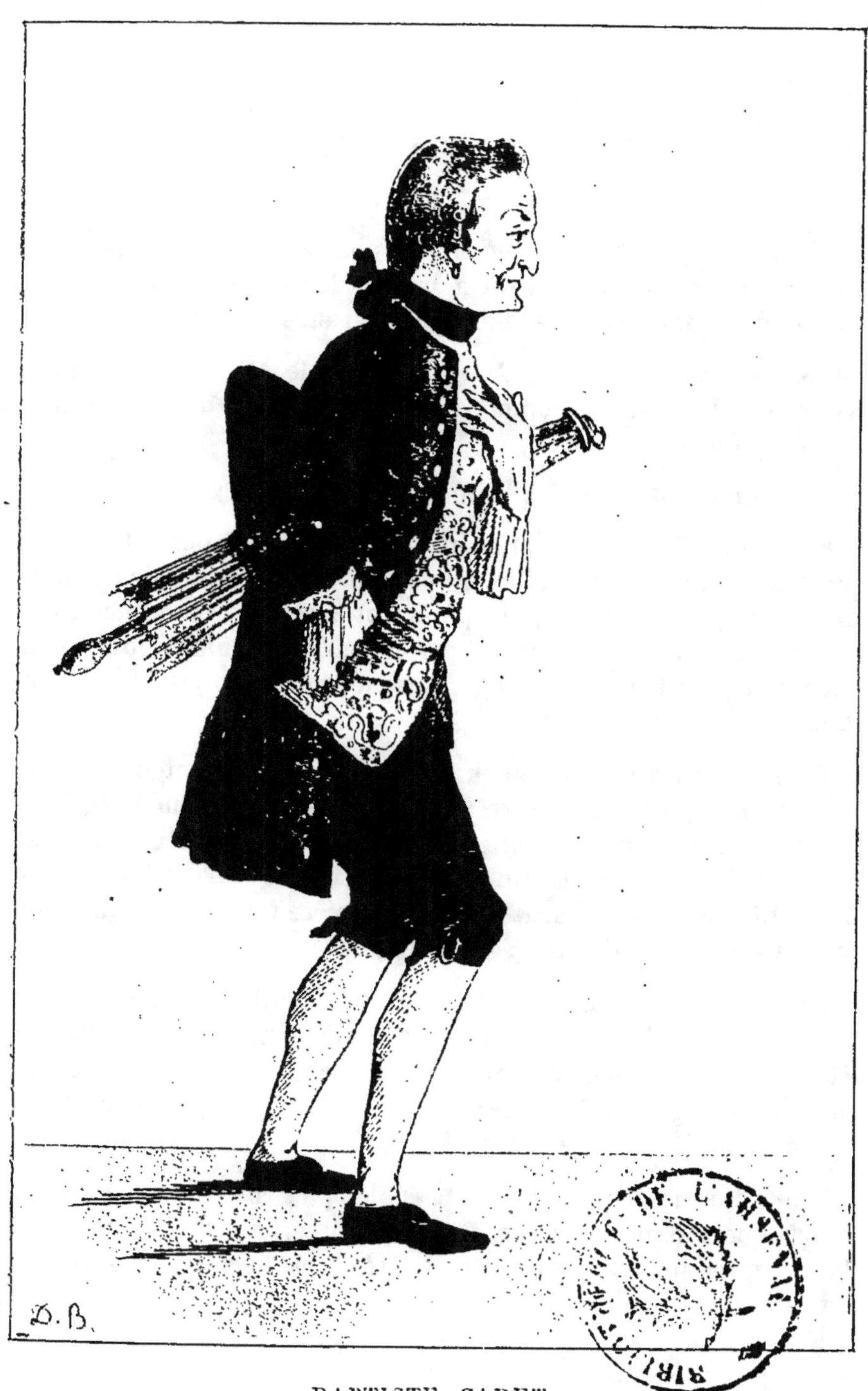

BAPTISTE CADET.
Rôle de Michel dans *Les Étourdis.*

— 53 —

BRUNET

(1766 — 1853)

Voilà bien, incontestablement, le plus sublime des niais, qui furent, sont et seront, devant le public, débiteurs des plus grosses bêtises sublimes, inventées par de très grands hommes d'esprit.

Jean-Joseph Mira, dit *Brunet*, naquit le 17 novembre 1766, rue Aubry-le-Boucher, comme l'indique l'acte de naissance de ce roi des immortels idiots.

Bizarrerie!... Brunet fut camarade d'école de Talma.

Son oncle Dom Mira, Carme déchaussé, qui perfectionna la fameuse *Eau des Carmes*, fit tout pour que « son coquin de neveu ne déshonorât pas le nom de ses pères » et surtout de son oncle; rien n'y fit. Le jeune Mira, pour ne pas encourir les malédictions avunculaire et paternelle, s'engagea dans une troupe ambulante de province, sous le nom de *Brunet*.

Brunet fut amené de Rouen à Paris, par son directeur en cette ville. Ribié, qui venait ouvrir le Théâtre de la Cité, sur l'emplacement où se trouva plus tard le bal du *Prado*, et actuellement la Chambre des Notaires. Ce fut le 27 avril 1795 que se fit l'ouverture de ce théâtre, et que parut pour la première fois Brunet, dans un rôle de *Portier* du *Comité révolutionnaire*.

Ce fut le même directeur, Ribié, qui l'entraîna avec lui au théâtre des Variétés-Montansier — actuellement théâtre du Palais-Royal, — où le jeune comédien osa reprendre le rôle de *Jocrisse* dans *Le Désespoir de Jocrisse*, rôle dans lequel Baptiste cadet, le créateur, avait fait courir tout Paris.

Brunet se montra, s'il est possible, plus naturellement idiot encore que son prédécesseur. De cette soirée, mémorable pour lui, date son commencement de célébrité dans l'art de la suprême bêtise.

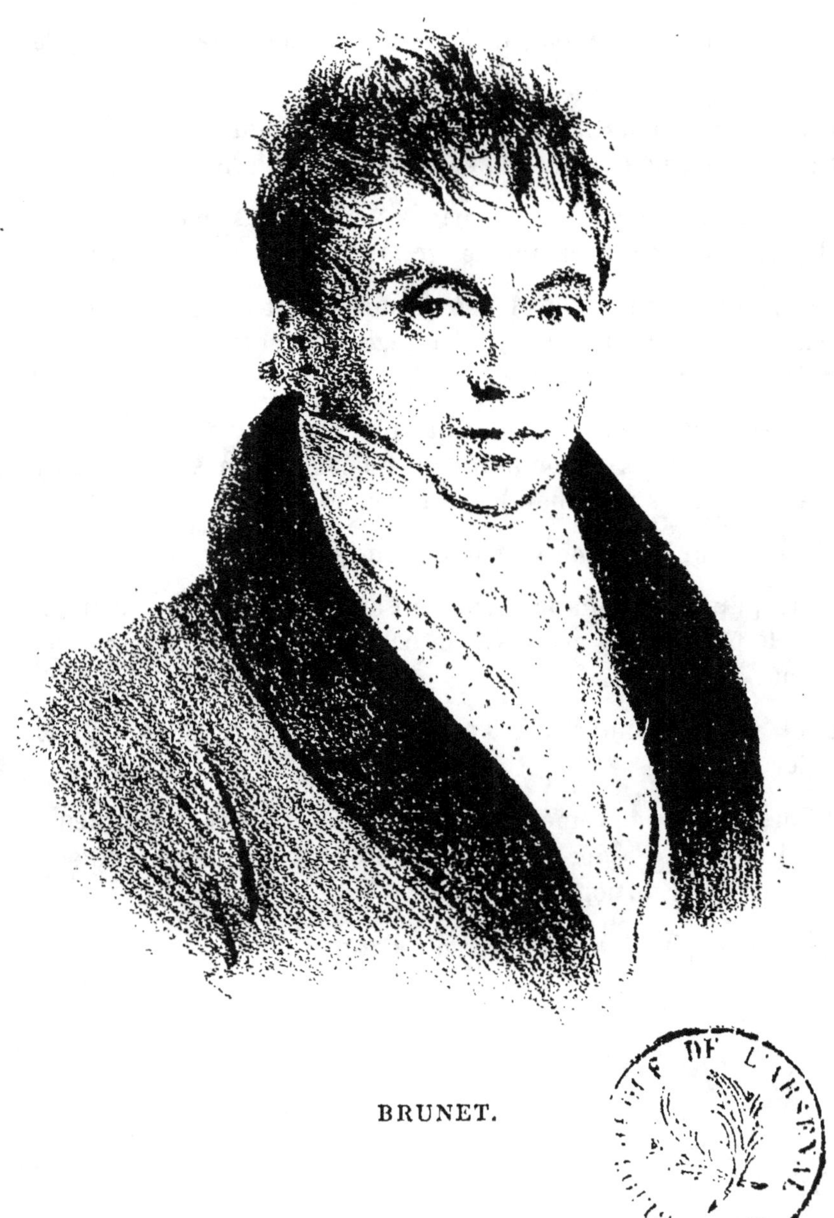

BRUNET.

Brunet n'abandonna jamais la fortune de son théâtre des Variétés et quand, du Marais, où il s'était transporté, il vint se fixer définitivement boulevard Montmartre, Brunet en devint le directeur.

Ce grand comédien apportait à la ville la même naïveté qu'à la scène.

C'est lui qui, voyant son régisseur faire, assis sur une chaise, un bruit de grelots, pour simuler l'approche d'une diligence, lui dit :

« Voyons, mon cher ami, comment voulez-vous imiter ainsi le trot des chevaux ? Passez-moi ces grelots, je vais vous montrer. »

Alors, s'accrochant le licol autour du cou, il se mit à trotter lui-même, reproduisant devant son régisseur, ébaubi, le pas cadencé des chevaux de poste.

A ce même régisseur, qui n'avait qu'à parler dans la coulisse, faisant un concierge, répondant à un locataire, en scène, il dit : « Je veux que vous vous habilliez en concierge.

— Mais le public ne me voit pas, Monsieur Brunet.

— Eh ! qu'importe ! un accident peut arriver, la porte s'ouvrir ; il faut que le public voie que c'est un concierge et non un régisseur qui répond à son locataire. »

Brunet mourut pauvre, à l'âge de quatre-vingt-sept ans, le 21 février 1853.

De tous ces grands comédiens, peu moururent riches, ou même à l'abri du besoin. Frédérick-Lemaître, Bocage, Dumaine, Taillade continuèrent la tradition.

Ils pensaient plus à leur gloire qu'à l'argent.

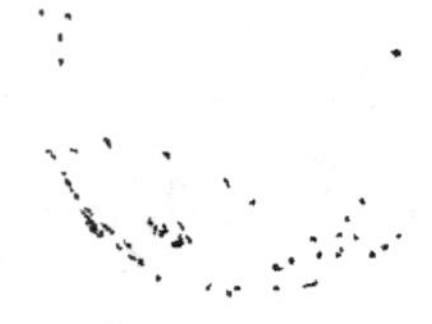

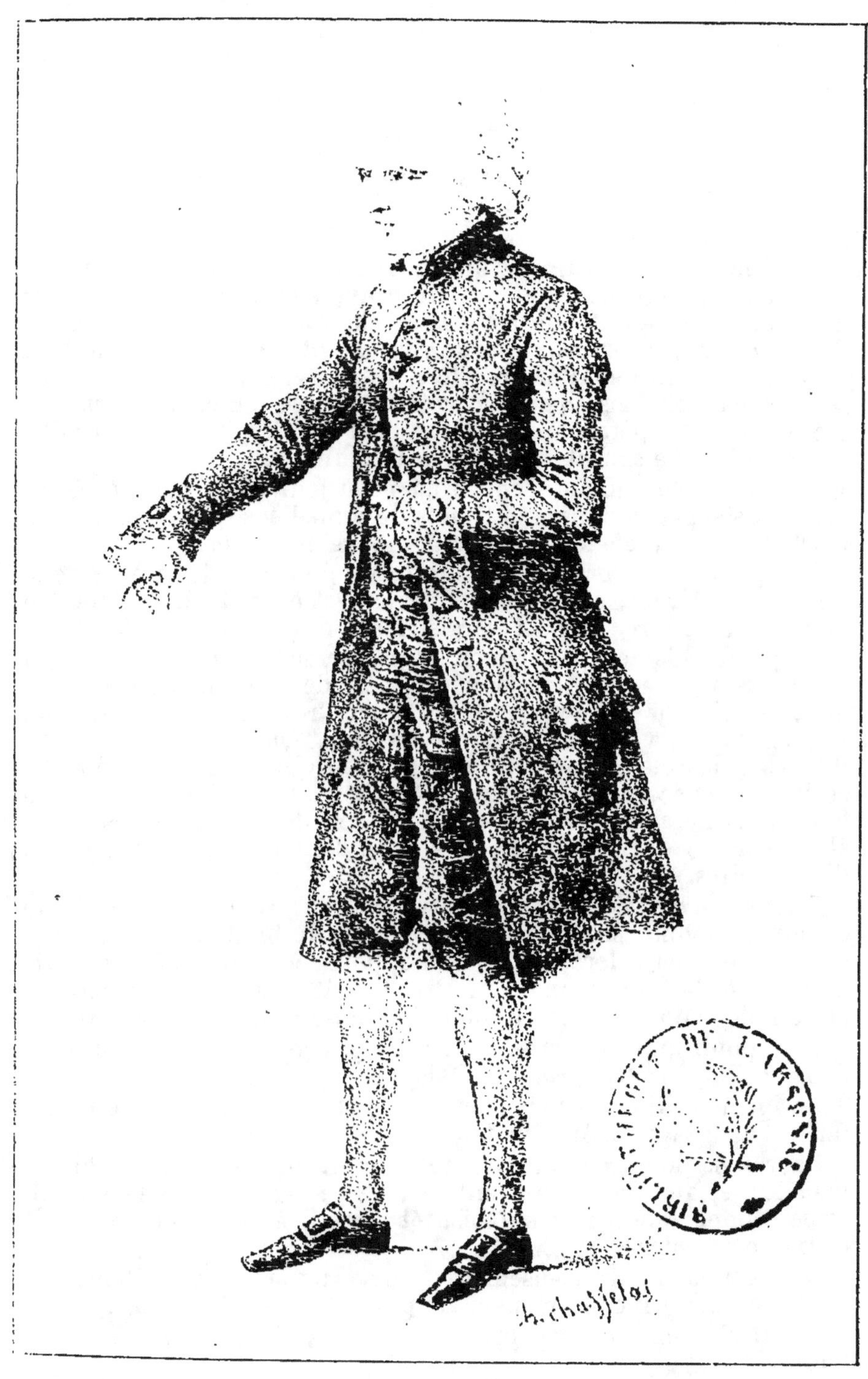

BRUNET.
Rôle du Procureur dans *L'Intérieur d'une étude.*

ELLEVIOU

(1769—1842)

Souvent, l'on a vu, ou plutôt l'on a entendu des voix de « ténor » se transformer et se faire graves, jusqu'à passer à l'état de « barytons » et même de « basses chantantes »; mais le cas de *Jean Elleviou*, ce très extraordinaire chanteur, renverse du tout au tout ce point de fait. Jean Elleviou, né à Rennes le 14 juin 1769, commença par posséder une voix de basse-taille, de fort peu d'étendue. Son père, chirurgien en chef des hôpitaux de la ville, voulait faire de son fils un praticien comme lui.

Mais le jeune homme s'enfuit un beau jour de la maison paternelle, et s'engagea dans une troupe de comédiens qui allaient à La Rochelle et à Rochefort donner des représentations.

Son père le fit alors arrêter, incarcérer; mais les habitants de la ville protestèrent, et le père Elleviou s'en vint, lui-même, au pays d'Aunis, procéder à l'élargissement de son fils.

Le jeune Elleviou partit pour Paris. Quand, le 1er avril 1790, il fit sa première apparition, sur le théâtre de la Comédie-Italienne, dans le rôle du *Déserteur,* il fut assez froidement accueilli; on trouva que sa voix manquait de charme. Quelque temps après, il chanta le rôle de *Sylvain,* et l'un des folliculaires de l'époque écrivit : « Sans vouloir décourager M. Elleviou, le débutant d'avant-hier, nous ne saurions trop lui conseiller de travailler ses notes élevées. Elles sont rauques, sans cependant être désagréables ni discordantes. »

Elleviou avait vingt ans ; il suivit courageusement le conseil du critique, modifia sensiblement ses notes du haut; et l'éclat qu'il sut leur donner à force de travail apporta à cette jolie voix, que l'on s'accordait à reconnaître fort belle, l'étendue qui lui manquait et l'ampleur dans la respiration qui lui faisait, paraît-il, défaut.

A ce point qu'il put créer de brillante façon le joli rôle du ténor dans *Philippe et Georgette,* de Dalayrac.

Le même critique écrivit alors : « Le rôle de *Philippe* a été tout à fait à l'avantage de M. Elleviou. »,

La réquisition générale de 1793 le fit partir comme soldat; mais les réclamations des chanteurs, ses camarades, et de compositeurs d'importance, le firent bientôt revenir à Paris, où il reprit le cours de ses succès.

Il s'occupa, malheureusement, de politique et fut dénoncé en 1795, comme principal meneur du parti dit des *Muscadins.*

Il put s'enfuir, sur le point d'être arrêté, et se réfugia à Strasbourg.

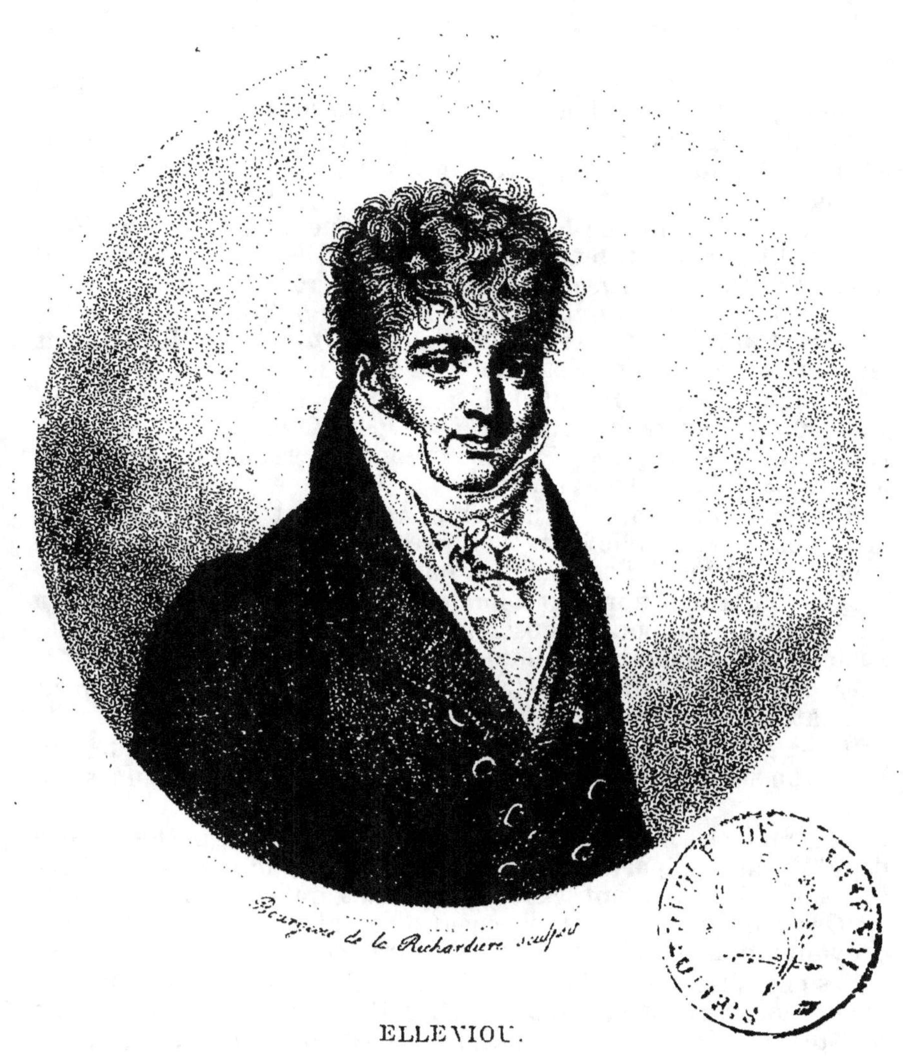

ELLEVIOU.

Revenu à Paris quand tout danger fut passé, Elleviou reprit à la Comédie-Italienne la place qu'il y avait occupée et créa triomphalement *Le Cabriolet jaune, Le Calife de Bagdad, Maison à vendre, L'Irato. Le Prisonnier, Adolphe et Clara, Picaros et Diégo, Le Mari-garçon,* etc.

De manières exquises, d'élégance native et de tenue irréprochable, il était admis dans la plus brillante société.

Ses avantages physiques en firent presque un héros de roman ; et, par trois fois, il fut enlevé par des dames, énamourées de ses charmes.

En 1801, la fusion de la Comédie-Italienne avec le théâtre Feydeau le fit administrateur de la nouvelle société. C'est alors qu'il joua *Blondel* dans *Richard Cœur de Lion,* rôle considéré comme « un ténor de force » ; puis *Félix* de *L'Enfant trouvé; Azor* dans *Zémire et Azor ;* et enfin, en 1807, il créa le *Joseph,* de Méhul, dans lequel il remporta un triomphe.

Il gagnait, en 1812, 84,000 francs par an. Il en voulut avoir 120,000. L'empereur interdit à l'Opéra-Comique d'accéder à cette demande exagérée et même ordonna la réduction du traitement de 84,000 à 70,000 francs.

Elleviou s'offensa, s'entêta, bref refusa ; et le 10 mars 1813 l'idole chère au public fit sa dernière apparition, au milieu d'ovations, qui visaient l'ordonnance impériale de Napoléon Ier.

Quelque temps après, la femme d'un député de Lyon divorça d'avec son mari, pour épouser le beau ténor. Sa fortune personnelle était considérable ; celle de sa femme l'augmenta encore.

En 1815, Elleviou, patriote, leva une compagnie franche, pour combattre l'invasion.

Il se retira enfin, dans ses propriétés, à Ternand, près de Villefranche-sur-Saône, et s'occupa avec passion de travaux agricoles.

Devenu maire et conseiller général, il songeait à se porter comme député dans le département du Rhône, quand, de passage à Paris, le 7 mai 1842, rendant visite à des amis qu'il avait au journal *Le Charivari,* il mourut subitement d'une attaque d'apoplexie foudroyante, dans le bureau même du directeur.

Ses obsèques eurent lieu le 10 mai à l'église Saint-Roch. Duprez y chanta un *Credo* et un *Requiem.* On s'étonna fort de l'absence des artistes de l'Opéra-Comique. Aucun n'assistait au convoi. Ce qui fit écrire : « C'eût été le moins que l'Opéra-Comique payât ce dernier tribut d'hommage à l'homme qui l'a le plus illustré par son talent et son caractère. »

Elleviou avait écrit quatre libretti d'opéra-comique : *Délia, Verdikan, L'Amiral* et *L'Auberge de Bagnères.*

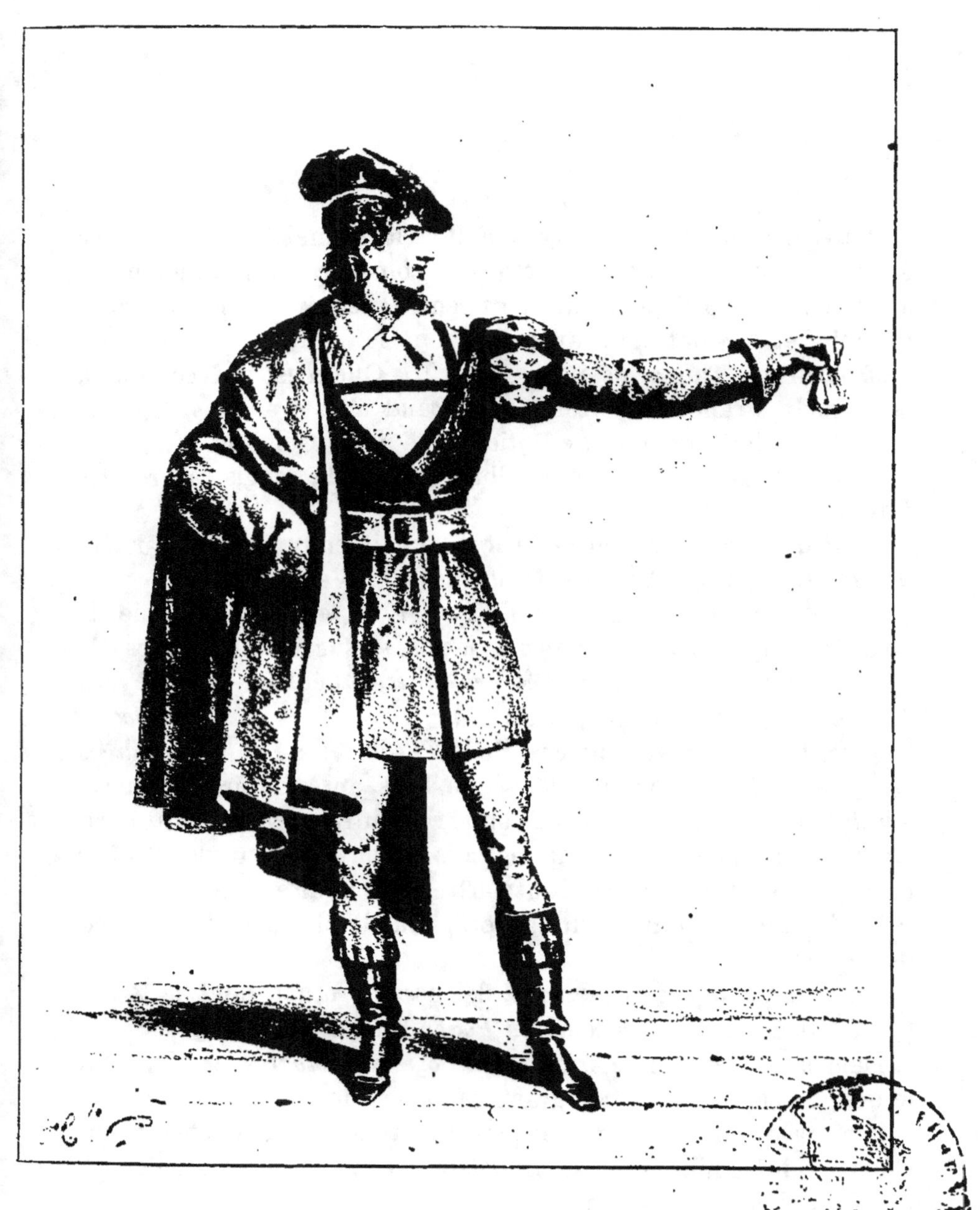

ELLEVIOU.
Rôle de Jean de Paris.

6

POTIER

(1774 — 1838)

Potier est mort à Fontenay-sous-Bois le 20 mai 1838. Il était né à Paris le 23 octobre 1774. C'était un comédien admirable, même avant qu'il fût à l'apogée de son talent. Il savait donner la vie à un rôle, et le « naturel » avec lequel il le rendait devenait du « surnaturel ». Talma disait de Potier : « Que n'est-il avec nous à la Comédie-Française! » Kemble, le grand artiste anglais, répétait à qui le voulait entendre : « Potier égale notre Garrick! »

Il descendait d'une famille illustre dans la magistrature, les Potier de Gêvres.

Sorti de l'École militaire — car il voulait embrasser la carrière des armes —, il combattit à Jemmapes et à Valmy.

Il avait débuté comme comédien en 1795, en la compagnie de Joanny — qui fut plus tard aux Français, — sur le petit théâtre des *Délassements*, anciennes *Variétés amusantes*, situées sur le boulevard du Temple, entre l'*Optique du sieur Prévost* et les *Fantoccini chinois*, lesquels devinrent ensuite le *Théâtre des Petits Comédiens français*. L'*Ambigu* arrivait à la suite. Puis, après avoir paru sur le *Théâtre des Victoires nationales*, situé rue du Bac, Potier était parti en province, pour ne revenir à Paris qu'en 1809, sur le *Théâtre des Variétés*, du boulevard Montmartre, sous la direction de Brunet.

Ce fut incontestablement, avec Talma, le plus grand comédien de son époque.

Odry, le poète des *Gendarmes*, définissait Vernet, dont le talent procédait de celui de Potier : *un Potier déteint*.

Dans son *Dictionnaire critique d'histoire et de biographie*, M. A. Jal le désigne comme « un très grand comédien dans un petit genre ».

Il n'y a pas de petits genres pour les grands artistes et Jacques Callot valut Philippe de Champaigne, de même que Daumier fut aussi puissant que Courbet.

Brunet, directeur, répondait à un ami qui lui demandait des places : « Ne viens pas ce soir, c'est moi qui joue; viens plutôt demain, ce sera Potier. »

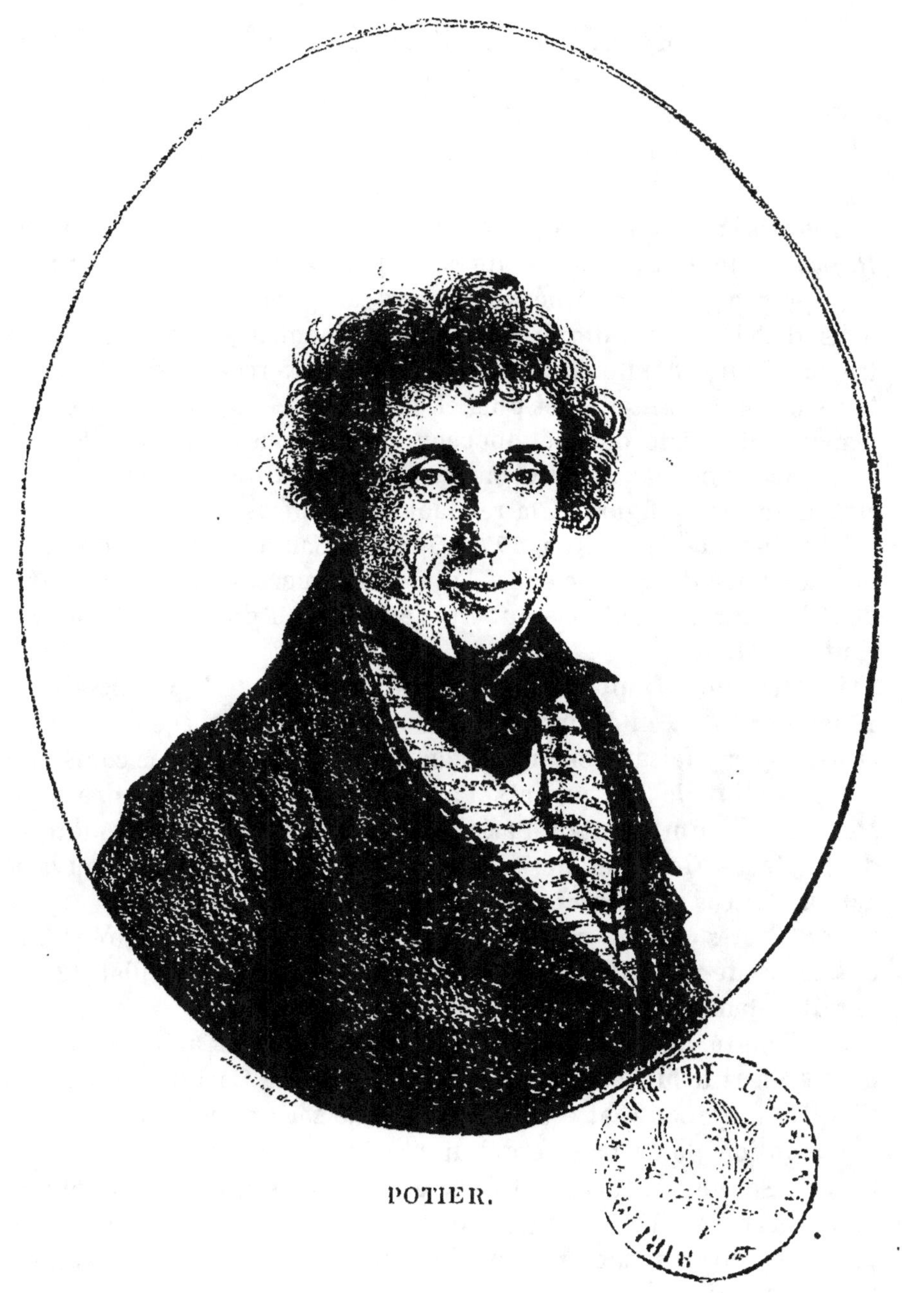

POTIER.

MADEMOISELLE DUCHESNOIS

(1777—1835)

Voici le portrait à la plume de *Catherine-Joséphine Rafin* ou *Rafuin,* dite *Duchesnois,* d'après un journaliste de son époque : « Le physique de cette actrice a plus de grâce que de majesté; mais il s'élève à la dignité qu'exige Melpomène, quand le génie tragique qui échauffe son âme la grandit aux regards des spectateurs étonnés. Sa taille est plus élégante que belle; sa physionomie a moins de fierté que de douceur; ses muscles sont dociles et prompts à obéir aux mouvements de ses yeux qui, par leur vivacité, animent sa figure et la rendent très expressive. »

Elle est née le 5 juin 1777, à Saint-Sauve, petite commune peu distante de Valenciennes, d'un père marchand de chevaux, dont la femme tenait une auberge, au hameau du *Marquis,* sur la route de Mons.

Hantée, puis frappée par le goût du théâtre, elle paraissait le 10 janvier 1797, en compagnie d'amateurs, sur la scène de Valenciennes et s'y faisait remarquer, dans une tragédie et une comédie.

Elle obtint de ses parents l'autorisation d'aller rejoindre une sœur à elle, qui habitait Paris, et entra au cours de déclamation de l'acteur Florence, aussi bon professeur qu'il était mauvais acteur. Ce cas se présente souvent.

Les poètes Vigée et Legouvé la virent, la pressentirent et obtinrent de la Comédie-Française qu'elle pût, le 4 juillet 1802, paraître dans *Phèdre.*

Le Comité du Noble Théâtre essayait alors les artistes qui se présentaient à lui, sur la scène de Versailles. Ce fut le ministre Chaptal qui abolit cette utile coutume de sage prévoyance.

L'émotion de la pauvre débutante fut si grande, qu'elle perdit la tête. Sa voix, « sonore et riche en inflexions », parut monotone et caverneuse, elle balbutia, ânonna, et subit par la paralysie complète de ses facultés intellectuelles et physiques un échec très caractérisé.

— 64 —

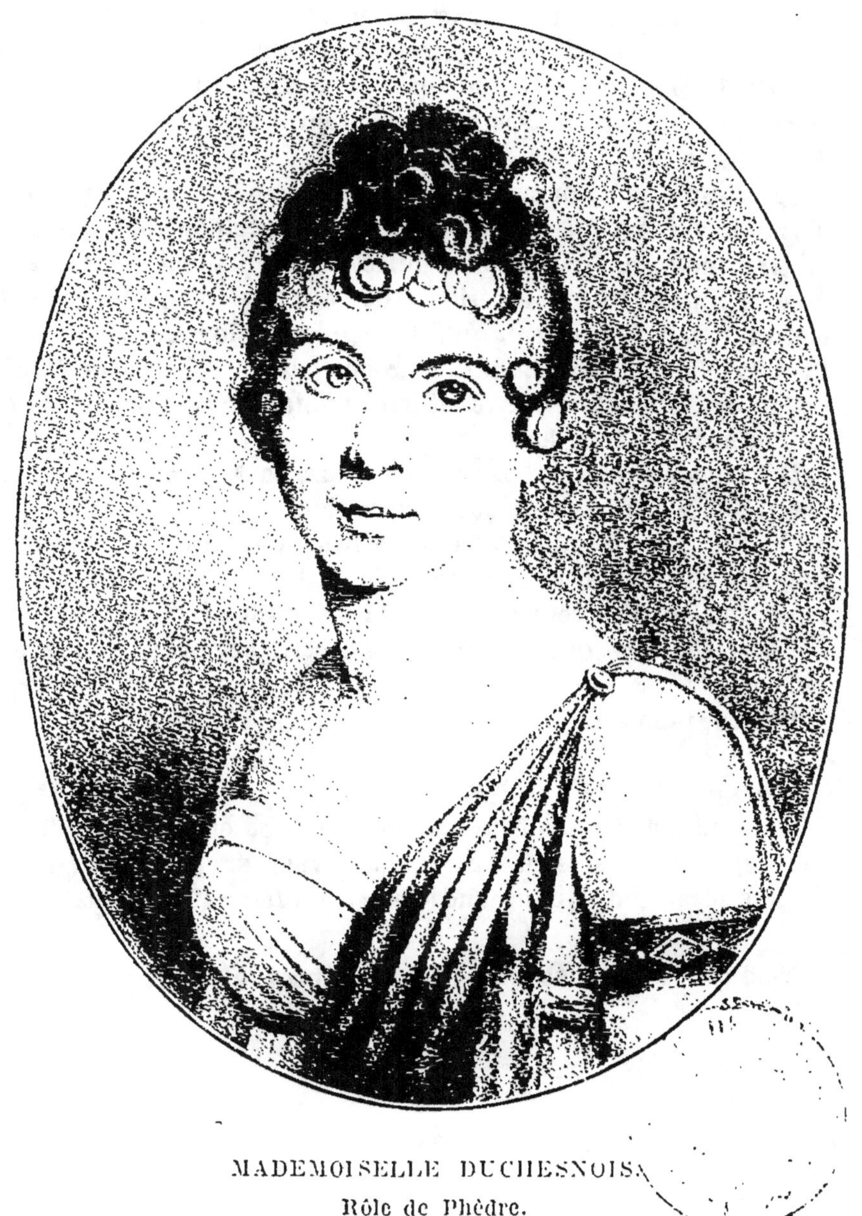

MADEMOISELLE DUCHESNOIS
Rôle de Phèdre.

6.

Elle fût restée sur le carreau sans l'intervention d'une puissante protectrice, Mme de Monterson, grande amie de l'Impératrice, qui obtint — ce fut presque un ordre — que Mlle Duchesnois reparût sur la scène de la Comédie-Française, le 3 août suivant, dans ce même rôle de *Phèdre*; moins émue cette fois, Mlle Duchesnois joua de façon à faire apprécier ses grandes qualités et sa haute puissance dramatique.

Ses débuts, au nombre de six, sept et même huit, tant on la discutait au sein même du Comité, ne se prolongèrent pas moins de cinq mois; car ce Comité lui était absolument hostile, étant donnée l'intervention impérieuse de l'impériale Majesté, et ce fut contraint par le parterre, qu'à la représentation du 8 novembre, l'acteur Naudet ramassa une couronne jetée à la jeune tragédienne et la posa, au milieu de frénétiques applaudissements, sur la tête de l'admirable débutante.

On lança, à travers ses débuts, ceux de Mlle Georges dont la beauté doublait les heureuses dispositions.

Ce fut donc l'Impératrice Joséphine qui sut faire accepter, par ces Messieurs, la réception de Mlle Duchesnois, et cette réception eut lieu seulement le 22 février 1804.

Le célèbre critique Geoffroy avait écrit crûment qu'elle était laide.

Elle lui répondit :

« Monsieur,

« Le public n'a malheureusement pas besoin d'apprendre par vous que je ne suis pas belle; mais vous devriez savoir qu'une femme n'est laide que quand elle n'a pu faire autrement. »

Elle quitta le théâtre en 1833 et mourut le 8 janvier 1835.

MADEMOISELLE MARS

(1779—1847)

Rarement, pour ne pas dire jamais, les enfants prodiges, au théâtre, sont devenus de véritables artistes. On peut en excepter seulement Léontine Fay et Céline Montaland.

Mlle Mars, enfant de la balle — c'est ainsi que, dans l'argot théâtral, on désigne la progéniture des comédiens, élevée pour et dans l'art du théâtre, — Mlle Mars avait grandi, maintenue en lisière par la guirlande de lierre de Thalie, bercée dans le masque de Melpomène. Successivement les scènes de la Montansier, de l'Odéon, puis de Feydeau, lui avaient vu faire ses premiers pas, sans qu'il vînt à l'idée d'aucun de dire : « Voilà une petite merveille qui fera une grande actrice. »

Elle jouait la comédie, comme elle apprenait à lire, en rechignant. Elle allait au théâtre comme elle allait à l'école, sans nul enthousiasme. C'était un métier qu'on lui enseignait et elle l'apprenait sans désir, sans jouissance, sans plaisir.

Ce fut Mlle Contat qui lui fit comprendre, la première, que l'art côtoyait le métier; que la pensée était au-dessus de la mémoire; qu'une flamme pouvait jaillir de cendres étouffées.

Elle joua d'abord les « ingénues », emploi dans lequel il ne faut que de la jeunesse, de la grâce, du charme et de l'honnêteté. Elle avait tout cela. Aussi fut-elle remarquée par Molé et Fleury, qui la firent entrer à la Comédie-Française, ou plutôt au Théâtre-Français, nouvelle appellation du Temple dont les dieux étaient Corneille, Racine, Molière, Voltaire, et les grands prêtres, Molé, Fleury, Dugazon, Talma, Mmes Vestris, Raucourt et autres.

Elle devint, par la finesse de son esprit, l'ambiance charmeuse que répandait toute sa personne, sa distinction native, la plus grande dame de son époque. Et Napoléon, qui adorait ses minauderies talentueuses, appelait la Comédie-Française : le véritable Temple de Mars.

Elle était fille naturelle d'un acteur de second ordre, bien que de très grand talent, dont le nom était *Monvel*, et de demoiselle *Mars-Boutet*, qui joua, pendant la Révolution, au Théâtre de la République.

On appela l'enfant Anna-Françoise-Hippolyte *Boutet*. Ce fut elle-même qui, plus tard, ne voulant pas plus s'appeler du nom de son père que de celui de sa mère, se fit appeler Mlle *Mars*.

Elle est née le 9 février 1779; et ce ne fut qu'à vingt-quatre ans, en 1803, qu'elle obtint son premier grand succès, dans l'enfant *Sourd-Muet* de *L'Abbé de l'Épée*.

Succédant à Mlle Contat, dans ses grands rôles de comédie, elle devint l'incomparable *Célimène* du *Misanthrope*, et la parfaite *Philaminte* des *Femmes savantes*, en même temps qu'elle avait su conserver les grâces attendrissantes de la jeune *Betzy*, dans *La Jeunesse de Henri IV*.

— 67 —

Napoléon ne l'aima pas seulement comme actrice, et Rambouillet conserve un kiosque, au milieu d'un petit lac, où le dieu de la guerre se dépouilla de sa pourpre, pour élever la divine jusqu'à lui. Mars conquit Mars.

Demeurée très impérialiste, lorsque, sous la Restauration, elle parut un soir en robe semée de violettes et d'abeilles, les gardes du corps qui se trouvaient dans la salle lui intimèrent l'ordre d'interrompre son rôle et de crier : Vive le Roi!...

Elle se tut. Les cris redoublèrent. Le tumulte était à son comble. La pièce ne pouvait continuer; alors elle s'avança devant lé trou du souffleur et s'adressant aux hurleurs : « Vous me demandez de crier : Vive le roi!... Eh bien, je l'ai dit. »

Et ce fut tout!... Comprirent-ils, ces braves soldats, l'esprit de la réponse et son ingéniosité?... S'inclinèrent-ils devant cette sorte de capitulation féminine? On ne sait. Toujours est-il qu'ils cessèrent leur vacarme et que la représentation put continuer!

La *Duchesse de Guise* dans *Henri III;* *Doña Sol* dans *Hernani;* la *Tisbé* dans *Angelo; Desdemona,* dans l'*Othello* d'Alfred de Vigny; *Hortense,* de *L'École des Vieillards; Élisabeth,* des *Enfants d'Édouard; lady Strafford,* de *La Popularité; Valérie* et *Mlle de Belle-Isle* (elle avait soixante ans quand elle créa ce rôle) firent de Mlle Mars la plus grande et la plus célèbre comédienne de son époque.

Elle aima davantage qu'elle ne fut aimée; car son caractère était loin d'être d'humeur bénigne. Jalouse, ombrageuse, autoritaire, capricieuse, vindicative, elle sut éloigner de la Comédie celles qui eussent pu devenir des rivales.

Elle eut d'étranges démêlés avec Victor Hugo, auquel elle ne pardonna jamais d'avoir imposé Mme Dorval pour jouer à ses côtés *Catarina,* dans *Angelo.* Elle ne manquait jamais de lui dire après chaque répétition : — « Eh bien, monsieur Hugo, êtes-vous satisfait de la *Boulevardière?*

— Enchanté, madame. Elle est bonne, douce et pleine de talent. »

Un jour, cependant, le poète, plus irrité, répondit à la même question :

— « Tellement enchanté, madame, que je songe à lui faire reprendre votre rôle et à vous distribuer le sien.

— Et vous croyez que j'accepterais cela », fit-elle, en s'en allant. La question ne fut plus renouvelée.

Elle mourut le 20 mars 1847 — elle avait soixante-huit ans —, riche et laissant, par testament, quittance dé sommes importantes, qu'elle avait prêtées à d'anciens parasites devenus insolvables.

Ce fut elle qui, le 15 janvier 1829, osa innover, dans les rôles d'*Elvire* et de *Célimène,* à l'occasion de l'anniversaire de Molière, des manches concordant avec l'époque de Louis XIV. Toutes ses devancières jouaient ces personnages avec des manches dites à *gigot.*

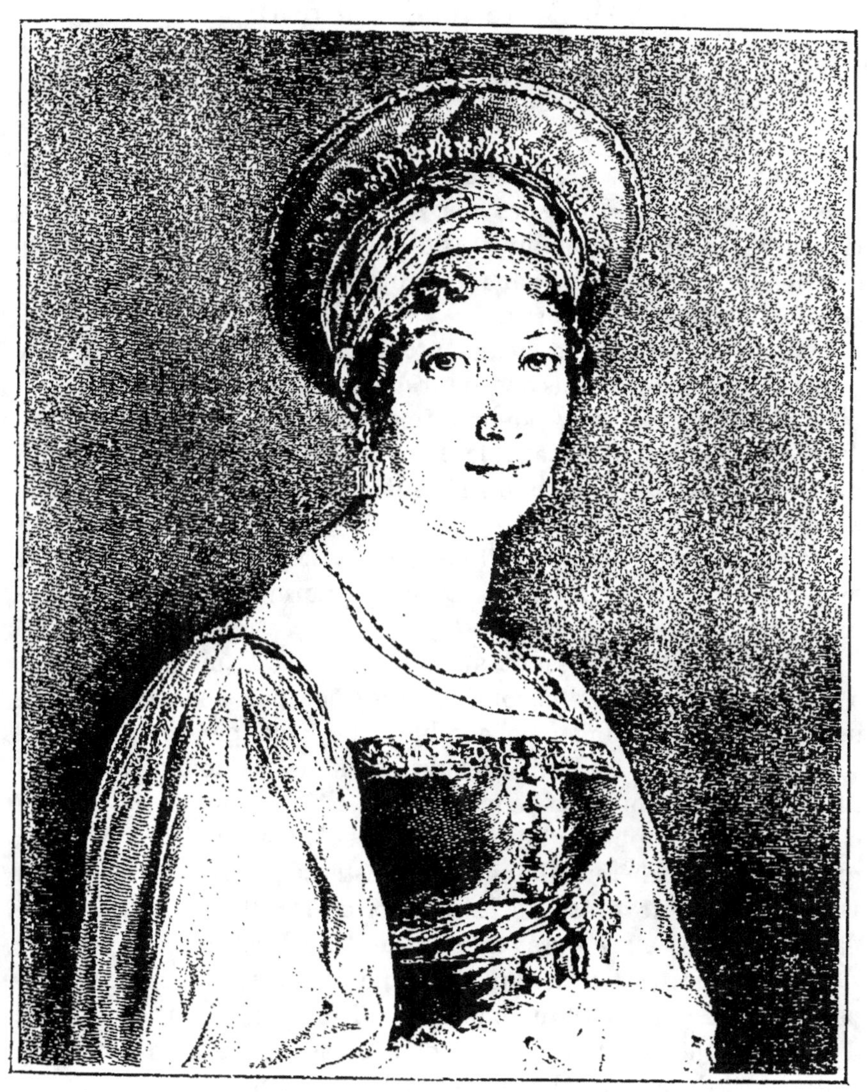

MADEMOISELLE MARS.

MADEMOISELLE BOURGOIN

(1781—1834)

C'est à Paris, le 4 juillet 1781, que vint au monde *Marie-Thé-rèse-Étiennette Bourgoin*, des œuvres d'*Edme Bourgoing* (avec un G à la fin), maître cordonnier, et de *Marie Badois*, son épouse.

Étiennette Bourgoin, sans G, apprit d'abord la danse, avec Seuriot, danseur de l'Opéra.

Un ami de Lekain, le sieur Antoine, donna, par la suite, à la jeune Étiennette, des leçons de tragédie, et parvint, par l'entremise de Dugazon et sa sœur, Mme Vestris, à faire débuter son élève au Théâtre-Français, le 13 septembre 1799 — elle avait donc dix-huit ans — dans les rôles d'*Amélie* de *Fénelon*, et d'*Isabelle* de *L'École des maris*.

Malgré la peur — aujourd'hui on dit « le trac » — qu'éprouva la débutante, on la trouva remplie de charmes et possédant une excellente diction.

Dazincourt, très puissant au Comité de la Comédie, dont elle avait eu le malheur d'encourir la disgrâce par une trop grande intempérance de langage, l'accabla d'injustes persécutions, faisant ajourner ses seconds débuts au mois de mars de l'année suivante. Néanmoins, la jeune actrice, à force de courage et de contrainte, triompha de tout et l'emporta même sur Mlle Volnais, protégée particulièrement par le ministre Chaptal. Le rancunier Dazincourt avait précipité les débuts de la dite demoiselle Volnais, la lançant ainsi à travers ceux de Mlle Bourgoin.

Geoffroy, le célèbre critique, qui, pour cause de méchants propos, fût plus tard fort malmené par Talma, après avoir comblé d'éloges la jeune et jolie comédienne, se mit tout à coup à la traiter fort durement. Il trouva, du jour au lendemain, sa diction « molle et sans couleur ».

Mlle Bourgoin en donna la brutale explication suivante : « C'est parce que je n'ai pas voulu me laisser faire par lui. »

Geoffroy, à qui l'on rapporta le propos, riposta cyniquement par : « Je ne couche pas avec les hommes. »

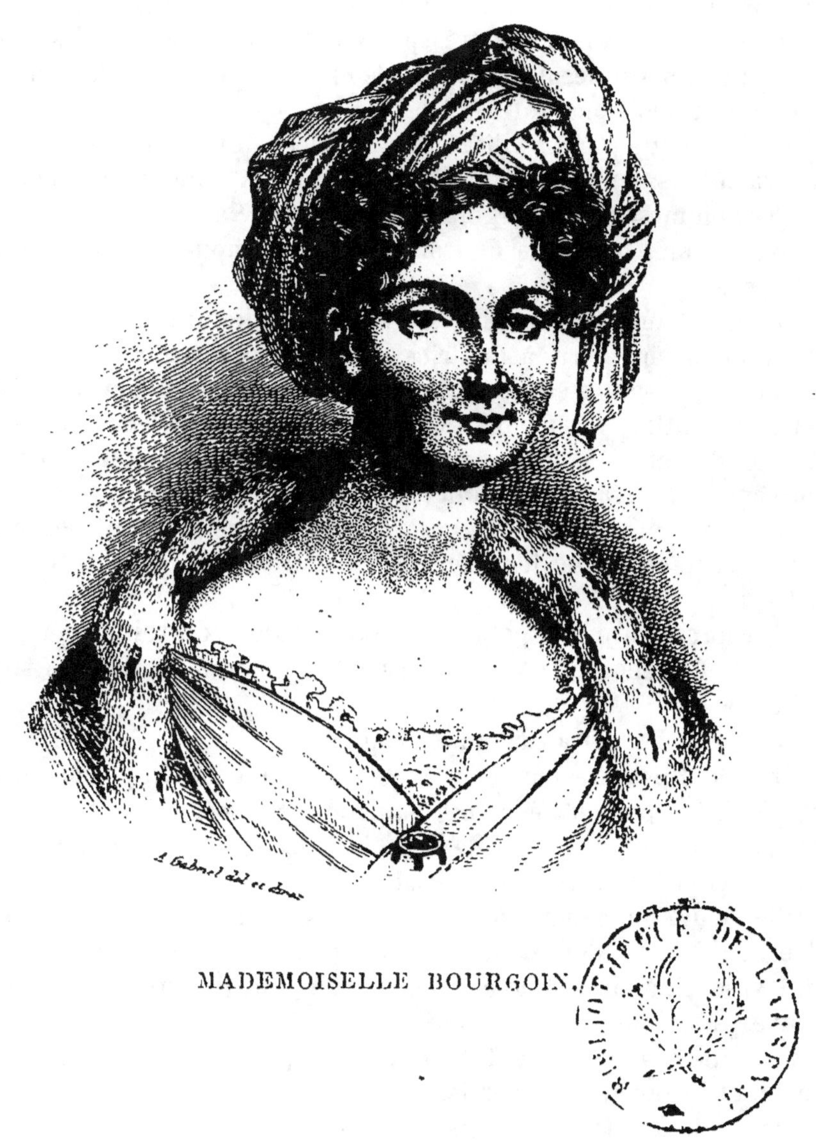

MADEMOISELLE BOURGOIN.

L'absence notoire d'éducation première nuisit beaucoup à Mlle Bourgoin, dans le cours de sa carrière artistique. Cela même fut notamment pour elle la cause d'une suite d'échecs éclatants.

Elle eut de nombreux et très puissants amants, même des têtes couronnées, parmi lesquelles le roi de Prusse, l'empereur Alexandre et le grand-duc Constantin.

Un jour que Talma discutait en plein foyer sur la facilité qu'avaient les femmes de théâtre à s'enrichir plus promptement que les hommes, Mlle Bourgoin lui répondit : « Pas tant que tu crois, mon cher ami. Si tu te doutais de ce que nous avons de non-valeurs ! »

Une très haute dame, femme d'un grand dignitaire de la Cour impériale, ayant écrit à l'actrice pour lui réclamer un *perroquet* qu'elle supposait s'être envolé chez elle, et s'étant contentée de signer sa lettre, sans politesse aucune : *La Maréchale, Duchesse de...*, Mlle Bourgoin, très orgueilleuse, très cinglante, lui répondit simplement : « *Ni vu ni connu !... Iphigénie en Aulide.* »

Un soir, dans *Britannicus*, le parterre la plaisantant sur certaine incartade de la journée, elle lui adressa un pied de nez et sortit de scène.

Le commissaire de police l'ayant voulu contraindre à des excuses, elle répondit : « Des excuses à des hommes, ils sont trop lâches ! »

Elle passa la nuit au commissariat.

Sous la Restauration, elle affecta la haine de Napoléon et le royalisme le plus effréné, ne paraissant en scène qu'avec « des rubans blancs et des fleurs de lys », à l'encontre de Mlle Mars, qui osait arborer les violettes impériales.

Mlle Bourgoin mourut le 11 août 1834 et fut enterrée au cimetière de l'Est, où l'on peut voir encore son tombeau « surmonté d'un vase cinéraire, trouvé dans les ruines d'Herculanum et qui lui avait été donné par Alexandre Ier ».

Elle eut beaucoup de talent, beaucoup d'amants de tous les genres, et beaucoup d'ennemis.

Elle avait les façons rudes de l'homme, presque sa voix, et revêtait souvent son costume, à l'aide duquel elle pouvait rivaliser d'aisance avec les plus brillants cavaliers.

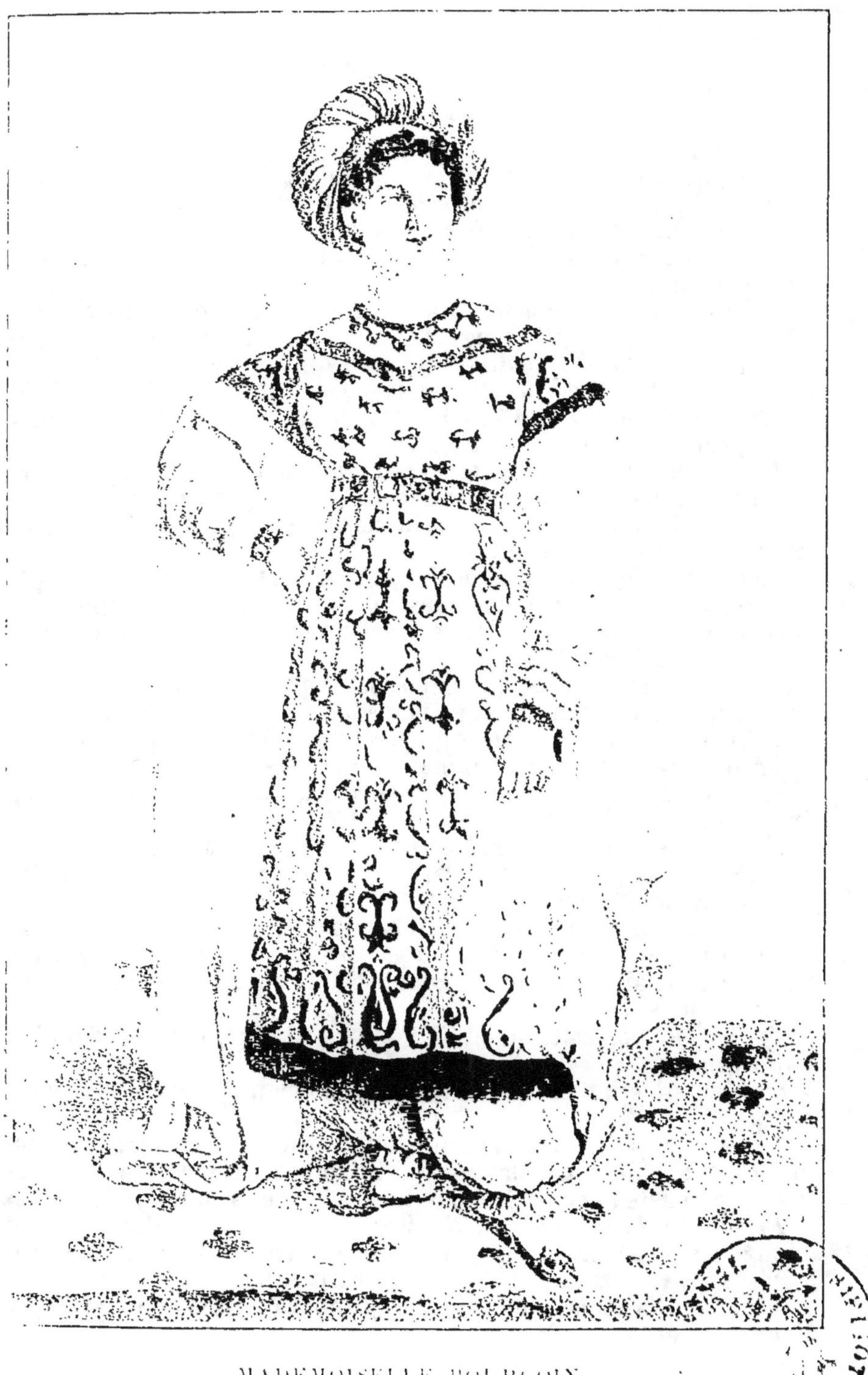

MADEMOISELLE BOURGOIN.
Rôle de Roxelane dans *Les Trois Sultanes.*

MONROSÉ

(1783—1843)

Il y eut deux Monrose; mais, en réalité, il n'y en eut qu'un : le premier, qui fut le grand *Monrose*, le *Valet* superbe.

Il s'appelait *Claude-Louis-Séraphin Barizain*.

Il naquit à Besançon, le 6 décembre 1783, d'un père et d'une mère comédiens.

Après avoir parcouru l'Italie, dans une troupe formée par Mlle Raucourt, il fut engagé à Lyon, d'où le bruit de ses succès arriva jusqu'à la Comédie-Française, qui eut le bon esprit de le venir voir et l'attirer à elle en le faisant débuter dans le *Mascarille* de *L'Étourdi*, le 15 mai 1815, au bruit du canon qui tonnait aux portes de Paris.

Cette fine comédie de Molière était abandonnée depuis longtemps, faute d'un interprète capable d'y apporter la verve échevelée, la diction provocante, étincelante, indispensables à l'acteur chargé de ce rôle écrasant.

Aussi, était-elle connue seulement de certains spectateurs, plus érudits que la plupart des gens qui venaient, à cette époque, se distraire au Théâtre des grosses émotions provoquées par les événements politiques.

Le succès de Monrose fut immense. Depuis Préville et Dugazon, on n'avait pas vu un comique possédant cet entrain endiablé.

Il fut reçu Sociétaire deux années après, le 1er avril 1817.

Crispin du *Légataire*, *Scapin* des *Fourberies*, l'*Olive* du *Grondeur*, *Cliton* du *Menteur*, les deux *Figaro* du *Barbier* et du *Mariage* furent pour lui des triomphes.

Et il nous a fallu attendre jusqu'à nos jours l'apparition de Coquelin aîné, pour contrebalancer le souvenir de ce grand maître des valets de comédie.

« Monrose était de petite taille, mais souple et agile; il avait l'œil spirituel et malin, la réplique preste, le geste prompt, une verve intarissable, la voix mordante et beaucoup de finesse dans ses intentions. »

Tel est le portrait qu'en fait M. de Manne, qui le connut et l'apprécia.

- Son défaut était de céder aux entraînements trop faciles de la charge.

La mort de sa femme lui causa une profonde douleur. Il devint fou. Ce fut le docteur Blanche qui le soigna. A force de soins, ce savant aliéniste parvint, le 7 janvier 1843, à le faire reparaître dans le *Figaro* du *Barbier de Séville*, lors de la représentation qui fut donnée à son bénéfice. « Le malheureux retrouva pour cette soirée la verve et les ressources de son talent passé. »

Ramené à la maison de santé, il y mourait trois mois après, le 20 avril 1843.

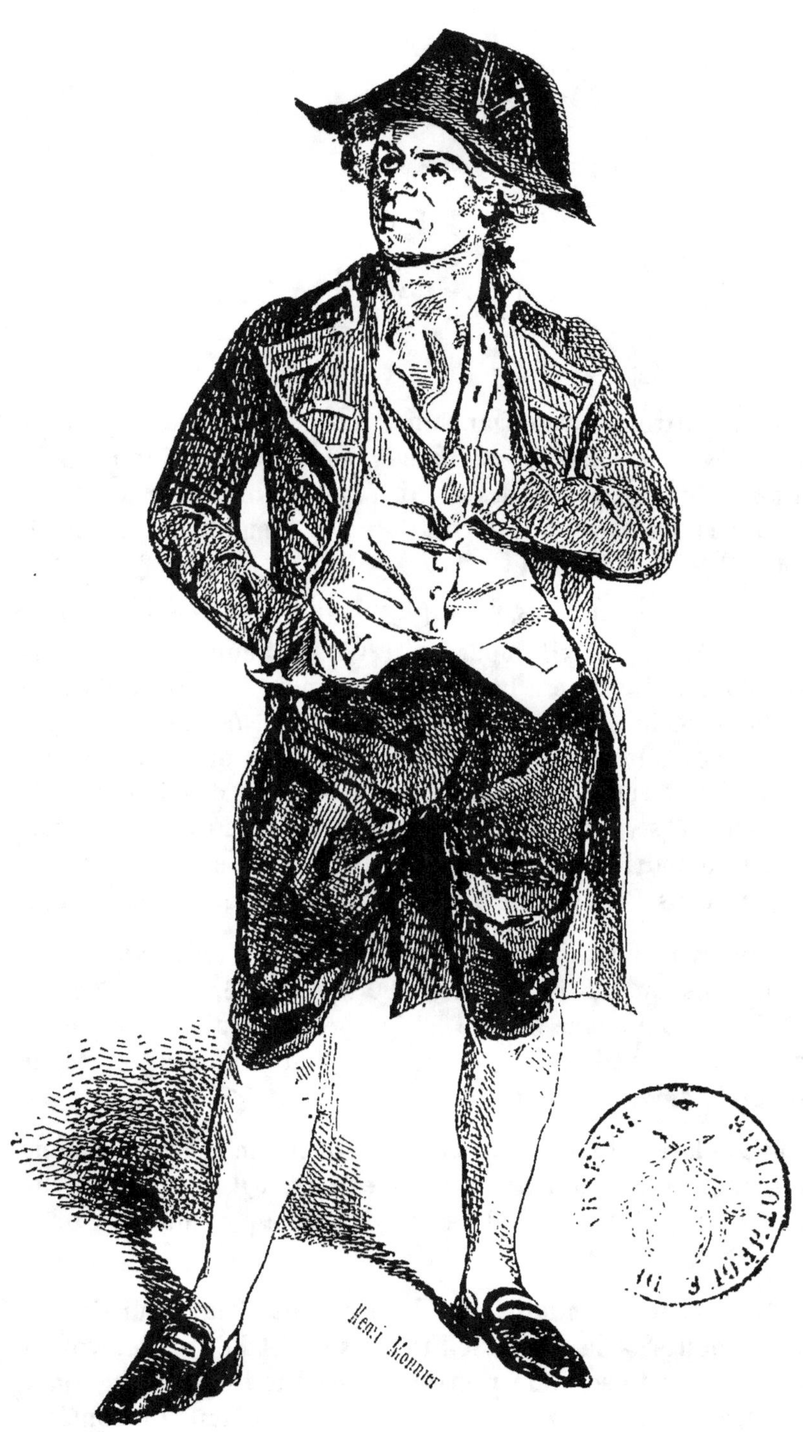

MONROSE.

Rôle de Lafleur dans *Le Baron Lafleur.*

J.-F. FIRMIN

(1784 — 1859)

Il y avait autrefois, rue Dauphine, un petit théâtre, portant l'enseigne de *Théâtre des Jeunes Élèves*, sur la scène duquel s'essayaient les jeunes gens se destinant à l'art dramatique. Ce théâtricule, ouvert en 1799, fut fermé lors du fameux décret impérial de 1807.

C'est là que Picard, directeur du Théâtre de l'Impératrice — aujourd'hui Odéon, — vit jouer, en 1806, un jeune homme portant, sur l'affiche « écrite à la main », le nom de *Firmin* et, dans la vie publique, celui de *Jean-François Becquerelle*. Pour ne pas « déshonorer à tout jamais » le nom de son père, marchand vinaigrier demeurant rue Saint-Denis, le descendant des Becquerelle avait consenti à se voiler sous le pseudonyme de Firmin, qui était le saint du calendrier qu'annonçait la date du 25 septembre, jour où Jean-François Becquerelle avait pris cette héroïque résolution.

Le jeune comédien, né en 1784, le mardi 6 avril, avait donc vingt-deux ans quand il débuta, le 30 mars 1806, sur le Théâtre de Picard, dans *Le Jeune homme à l'épreuve*, comédie en cinq actes de Destouches — réduite en trois actes par Andrieux et Ségur jeune — et *L'Amour et la Raison*.

A la fin de la représentation, durant laquelle le succès du jeune Firmin avait été grandissant de scène en scène, il fut rappelé par la salle entière et ramené de force en scène par son directeur, Picard.

En 1811, le surintendant des Théâtres impériaux lui signifia « ordre de débuter à la Comédie-Française »; et le 3 juillet voyait s'effectuer sur cette scène la première apparition de Firmin, dans *Séide* de *Mahomet*, et *Damis* des *Fausses infidélités*. La comédie

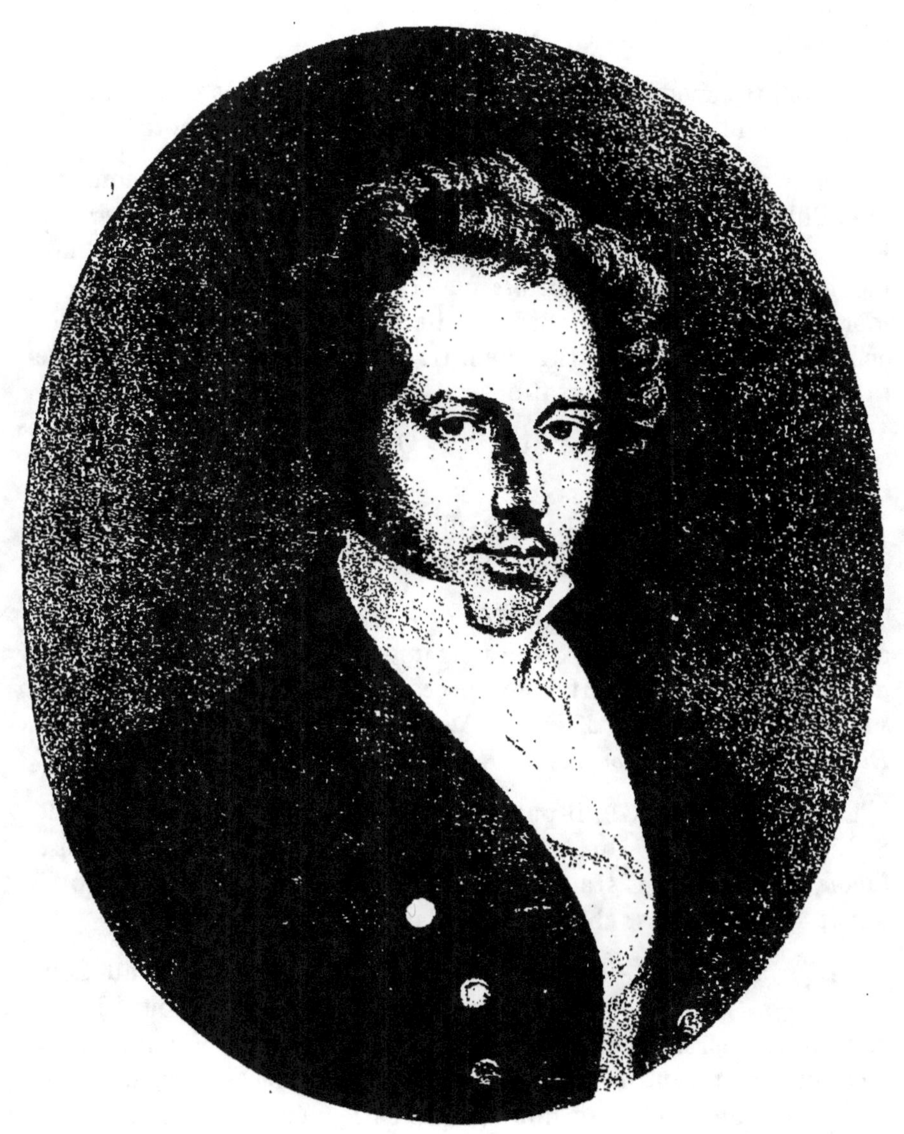

J.-F. FIRMIN.

7.

lui fut plus favorable que la tragédie, et il fut admis comme Pensionnaire.

Ce ne fut cependant qu'en 1817, malgré ses succès et son talent incontestable et reconnu, qu'il fut admis au noble Sociétariat.

Firmin était en effet beaucoup plus l'homme délicat de la comédie que l'homme terrible de la tragédie. *Le Menteur* et *L'Homme à bonnes fortunes* étaient incomparablement joués par lui. Il devenait médiocre en jouant *Hippolyte* ou *Le Cid*. Aussi, lorsqu'arriva la mort de Talma, en 1826, l'accusa-t-on à tort de se vouloir poser en successeur du grand tragédien. Il repoussa avec véhémence cette injuste et méchante accusation.

Il eut un mot de grand artiste : « On ne remplace pas Talma ! » dit-il.

Sa voix était faible, sa taille était élancée, mais courte, quoique bien prise. La mémoire lui fit toujours défaut.

Il créa *Hernani* et *Saint-Mégrin* d'*Henri III et sa cour*, et fut admirable dans ces deux rôles. D'une grande élégance de ton et de manières, Firmin fut un impeccable *Don Juan d'Autriche*, un superbe *Candaule* du *Mariage sous Louis XV*, et un irréprochable *Richelieu* de *Mademoiselle de Belle-Isle*.

Le 6 décembre 1849, il parut pour la dernière fois sur la Grande Scène, dans *Alceste* du *Misanthrope*, qu'il jouait de merveilleuse façon, et *Le Legs*. C'était sa représentation de retraite. Elle produisit 10.800 francs, chiffre énorme pour l'époque.

Le 30 juillet 1859, il tomba de la fenêtre de sa maison, au Coudray, près Corbeil, où il s'était retiré, et se tua sur le coup. D'aucuns attribuèrent cette triste fin à un suicide, Firmin étant devenu fort misanthrope et ne consentant plus à voir, en êtres humains, que son vieux domestique et le vénérable curé de son village.

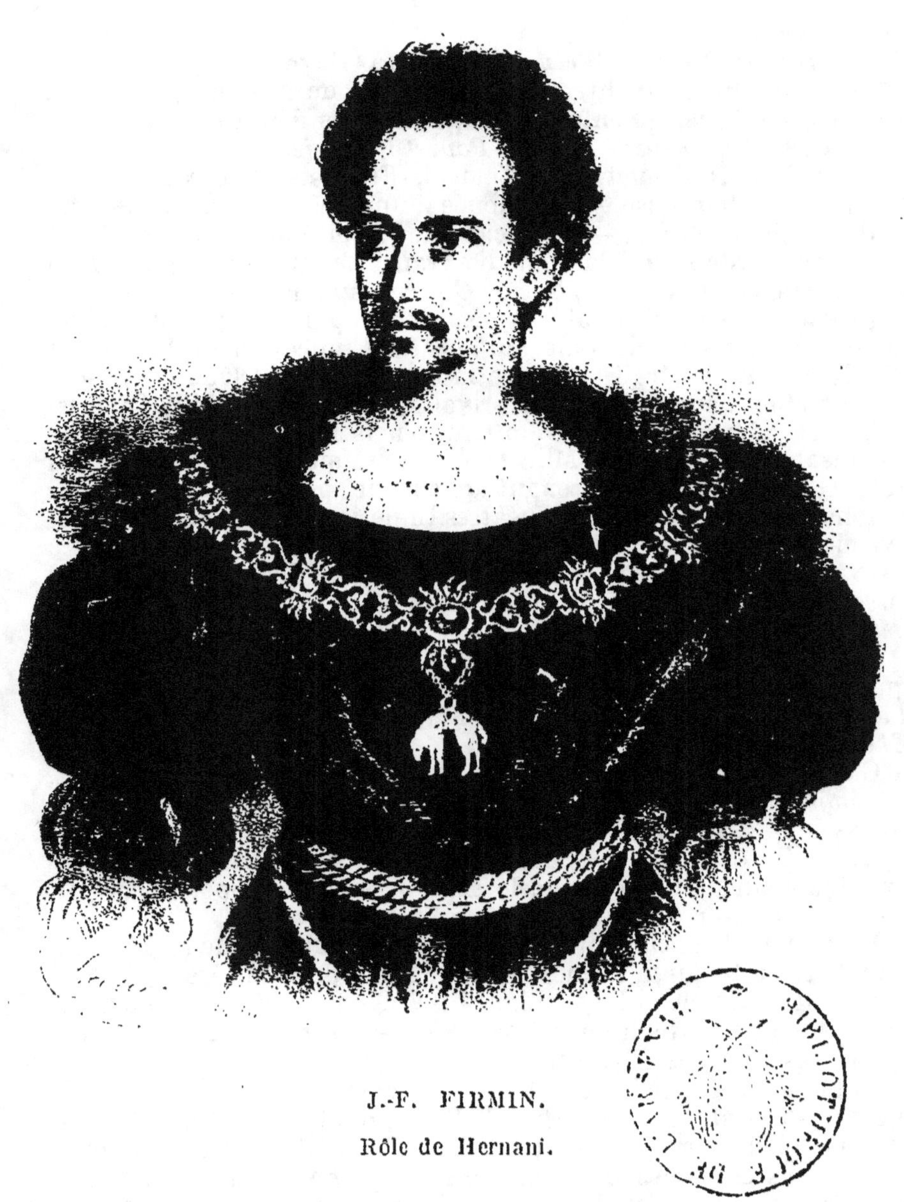

J.-F. FIRMIN.

Rôle de Hernani.

MADEMOISELLE GEORGES

(1788—1867)

Marguerite-Georges Weimer naquit à Bayeux, le 20 janvier 1788. Son père était directeur de théâtres de province, et c'est à Amiens, en 1798, qu'enfant, elle parut dans *Les Deux petits Savoyards, Le Jugement de Pâris* et *Paul et Virginie*.

Ce fut Mlle Raucourt, de la Comédie-Française, qui remarqua la toute jeune chanteuse — car, douée d'une fort jolie voix, son père la destinait à l'opéra, — et décida M. Weimer à envoyer sa fille à Paris, où elle débuta, à la Comédie-Française sous les auspices de la grande tragédienne, par le rôle de *Clytemnestre* dans *Iphigénie*.

Elle avait à peine quatorze ans. Son apparition fut un événement. On se porta en foule au Théâtre-Français pour la voir et l'acclamer. Le portrait ci-contre la représente en 1806.

Mais Mlle Georges avait une rivale redoutable, en Mlle Duchesnois fort jalouse des succès obtenus par la belle débutante. M. de Rémusat, protecteur de Mlle Duchesnois, malmena quelque peu Mlle Georges qui, comprenant qu'elle ne pouvait lutter contre « Monsieur l'Intendant des Théâtres Impériaux », rompit son traité avec le Théâtre-Français et partit en Russie où elle resta de 1811 à 1813. Vers la fin de 1813, elle rentra à Paris, au Théâtre-Français où la rappelait « la protection et le tendre intérêt » de Napoléon, Empereur et Roi.

En 1820, elle devint pensionnaire de l'Odéon et y demeura jusqu'en 1831. Elle passa alors à la Porte-Saint-Martin, où elle créa *Lucrèce Borgia, Marie Tudor, Marguerite de Bourgogne, La Chambre ardente*, etc., etc.

C'est à cette époque, 1830 à 1840, qu'elle prit de l'embonpoint. On la caricatura, on la ridiculisa; on la nomma « la Melpomène colossale des salles basses du Louvre ».

Dans *La Chambre ardente*, le bourreau qui devait la soutenir ayant maladroitement chancelé en voulant la transporter, un titi lui cria : « Fais-en deux voyages. »

Le 27 mai 1849, elle obtint, à la salle des Italiens, une représentation de retraite qui la tira un instant de sa grande misère.

En 1855, Napoléon III, voulant bien ne pas oublier qu'elle avait presque été sa tante, lui fit accorder le vestiaire de la grande exposition des Champs-Élysées.

Enfin, en 1867, celle dont l'aristarque Geoffroy avait écrit : « Ce n'est pas une statue de marbre de Paros, c'est la Galathée de Pygmalion, pleine de chaleur et de vie » s'éteignit doucement après cinq ou six semaines de maladie. La superbe maîtresse des trois Empereurs, comme on la dénommait, voulut être ensevelie dans une robe de soie noire et dans son manteau de *Rodogune*. Que de souffrances!... quel martyre!... Quelle couronne d'épines après tant de couronnes de reines.

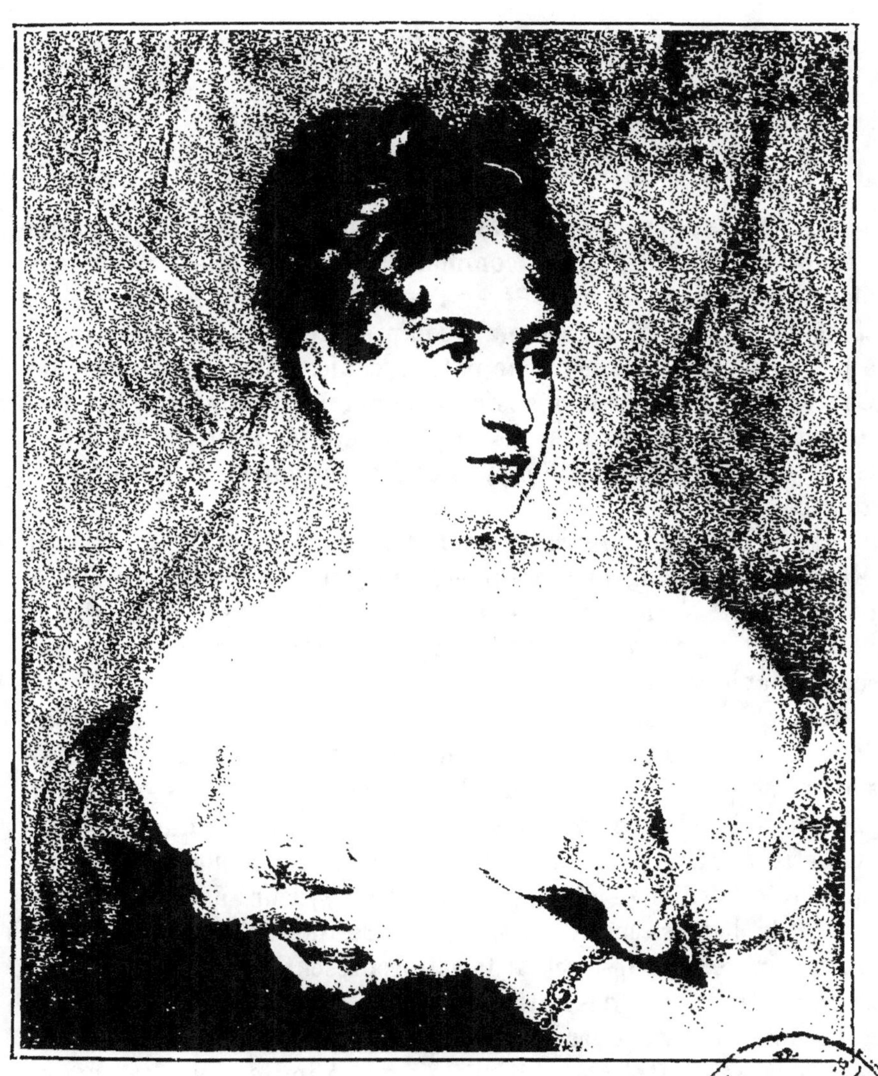

MADEMOISELLE GEORGES.

VERNET

(1790 — 1848)

Les acteurs se succèdent, mais ne se remplacent pas. On a dit que
Vernet remplaçait Potier, comme plus tard Bouffé devait remplacer Vernet, et Charles Pérey remplacer Bouffé. Aucun de ces
comédiens de talent n'a remplacé son prédécesseur. Les rôles étaient
à peu près taillés sur le même patron, coulés dans le même moule.
Chacun de ceux que je viens de nommer les eût interprétés avec
son grand talent, mais en toute personnalité, avec la nature et
le physique qui les différenciaient essentiellement les uns des
autres.

Michel Perrin, admirablement créé par Bouffé, eût été un
Michel Perrin long et sec s'il eût été joué par Potier, joufflu et
poupin avec Vernet; tandis qu'avec Bouffé, il était malingre et
petit. Et, cependant, tous les trois l'eussent, certes, joué de
remarquable façon.

Vernet est né à Paris, en 1790. Son père, maître pâtissier
dans la rue Saint-Honoré, voulait que son fils suivît sa profession et se perfectionnât dans l'art de faire tartelettes et croqui-
gnoles; mais le brave homme eut le tort de mener l'enfant, un soir,
au petit *Théâtre du Jardin des Capucines*, sur lequel, guidés par
un certain Bérillon — vieux comédien sans valeur aucune — s'exerçaient de jeunes enfants dont ledit Bérillon s'était institué le
professeur, et par lesquels il faisait représenter des pièces où les
pères nobles étaient des acteurs de dix à douze ans au plus.

Vernet avait vu jouer par ces enfants *L'Homicide*, ou *Les Amis
du Mogol* et, rentré chez lui, s'était mis à imiter tous les personnages des *Amis du Mogol*. Il amusa tellement son père, sa mère
et les apprentis maîtres-queux que, deux jours après, le brave
pâtissier, convaincu que son fils était un Talma en graine, le
conduisit a M. Bérillon, et demanda à celui-ci de vouloir bien
« apprendre l'état d'acteur » à son jeune enfant.

Marché fut conclu séance tenante, et le petit Vernet débuta au

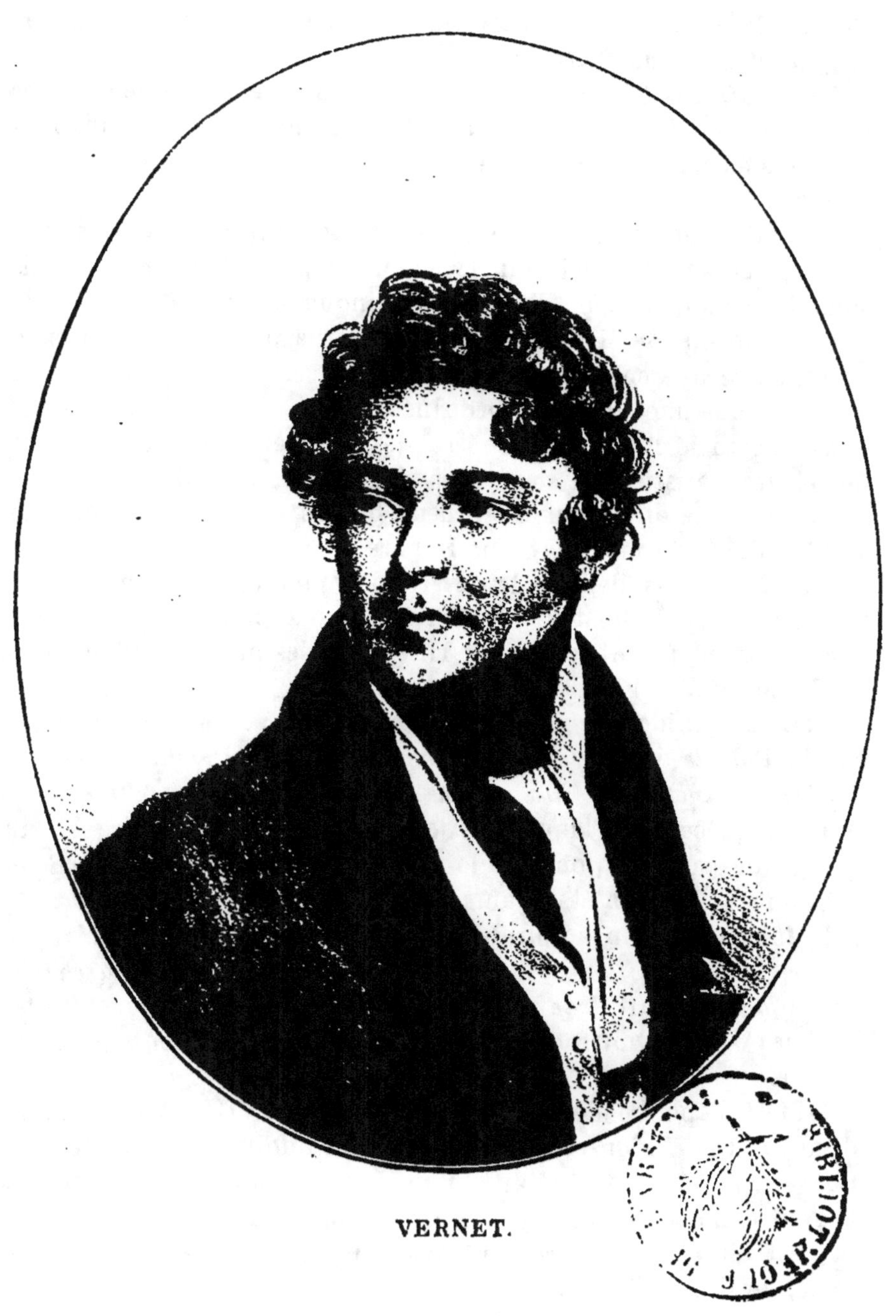

VERNET.

Jardin des Capucines, vers le mois de mai 1801, dans *Les Tuteurs vengés*, d'Alexandre Duval.

Ce *Jardin des Capucines* et son minuscule théâtre étaient situés dans un quartier fort désert à cette époque, devenu depuis l'un des plus élégants de Paris ; car il se nomme aujourd'hui la rue de la Paix.

Le petit Vernet, très bien stylé par son professeur, possédait admirablement son rôle, et le savait imperturbablement. Mais quand il entra en scène, l'éclat des quinquets, les éclats de rire de tous les voisins de M. Vernet père, accourus pour voir débuter le gamin, l'effrayèrent à ce point, qu'il prit ses jambes à son cou et s'enfuit dans une course désordonnée.

Le spectacle fut interrompu par les cris de M. Vernet père, de ses élèves pâtissiers et des voisins du débutant, qui s'élancèrent à sa poursuite et le trouvèrent deux heures après, blotti dans un des pavillons du marché Saint-Honoré.

Tels furent les débuts de ce grand comique, si fin, si naturel, qui, sur le seul théâtre des Variétés, créa plus de deux cents rôles, lesquels furent tous, pour lui et pour les auteurs, d'incontestables succès.

Vernet possédait le don de se transformer ; et, soit qu'il représentât *Placide* dans *Madelon Friquet*, *Mathias l'Invalide*, *Madame Pochet*, *Serinet* dans *Ma femme et mon parapluie*, *Prosper et Vincent*, pièce dans laquelle il jouait un naïf apothicaire et un officier de cavalerie, ou bien le vieux *Gaspard*, dans *Le Père de la Débutante*, Vernet n'était jamais le même.

Il fut encore un admirable *ouvrier serrurier*, dans *L'Homme qui bat sa femme*; un malicieux *petit bossu*, dans *La Marchande de goujons*; un naïf *Jean-Jean*, dans *Les Bonnes d'enfants*, etc., etc.

Mais Vernet était fortement tourmenté par de violents accès de goutte.

C'était l'époque des calembours. Louis XVIII était mort en disant : « *Charles attend.* » Odry disait au public : « Vous êtes des *Gats Odry.* » Vernet répétait, lui : « Je n'ai jamais bu la goutte et la goutte me tuera. » La goutte n'y manqua pas.

C'est d'un de ses accès qu'il mourut, le 8 mai 1848, plein de force, de talent et de très honnêtes vertus.

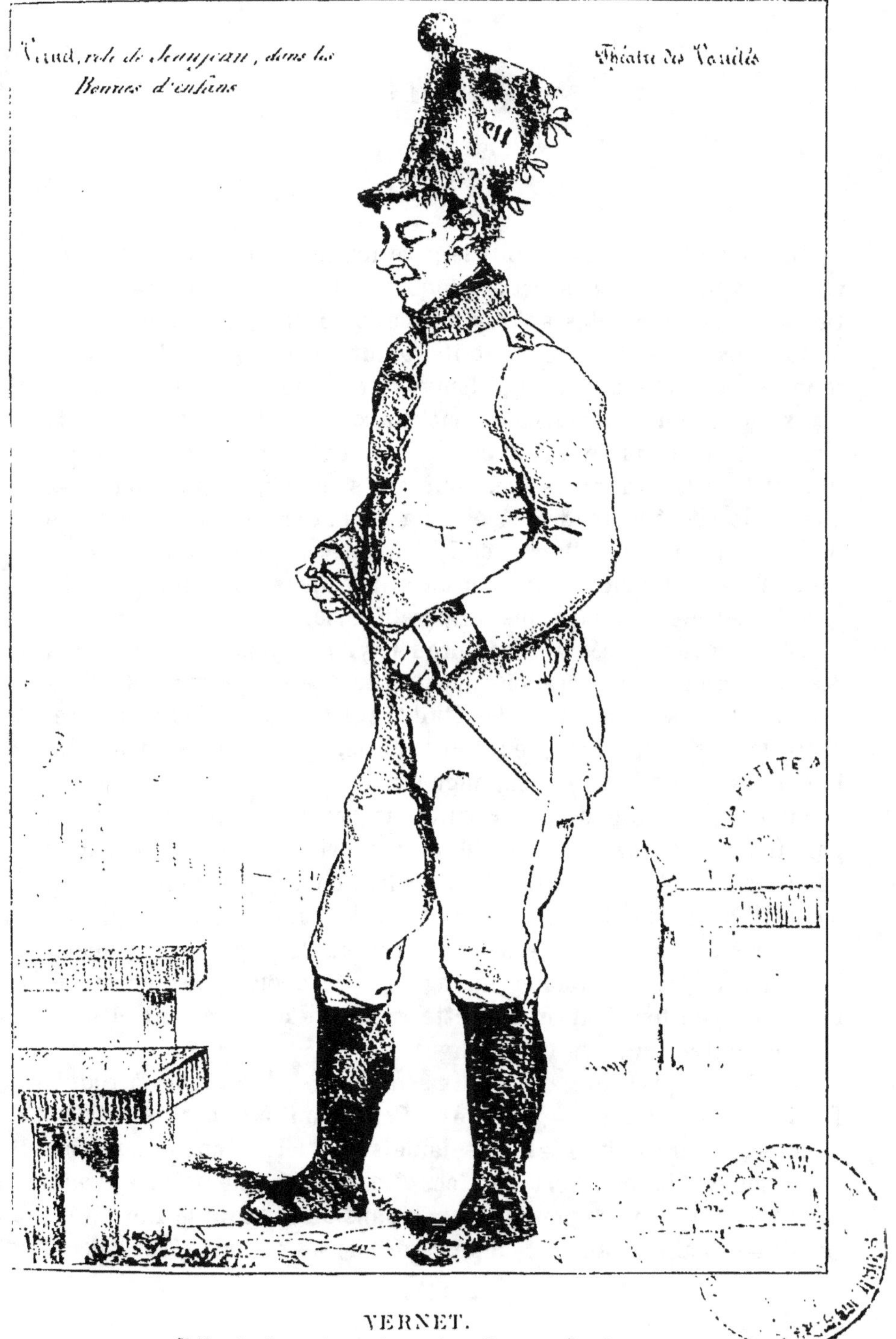

VERNET.
Rôle de Jean-Jean dans *Les Bonnes d'enfants.*

SAMSON

(1793 — 1871)

Joseph-Isidore Samson, dont le père tenait le bureau des Petites voitures qui faisaient à cette époque le trajet de Paris à Saint-Denis, et *vice versa,* subissant l'influence du voisinage de l'église Saint-Eustache, que l'enfant fréquentait, voulut, vers l'âge de douze ans, se faire prêtre. Son père, qui l'envoyait à une école tenue par un vieux Jacobin de ses amis, combattit avec violence cette vocation, qui avait été inspirée à l'enfant par les côtés mystiques et exta-tiques de cette Première Communion, si noble, si pure pour les cœurs de cet âge tendre. Il éloigna le pauvre petit, du curé de Saint-Eustache, qui l'avait endoctriné, et le mit dans un pen-sionnat de Belleville, dirigé par un autre ancien Jacobin, ami du premier en même temps que du père Samson.

Celui qui fut le très illustre baron Taylor, le fondateur immortel des cinq grandes Associations artistiques de secours mutuels, par-tageait, dans le pensionnat. les études et les jeux du jeune Isidore. Tous deux se lièrent d'une intime amitié, laquelle ne se démentit jamais dans le cours de leur longue vie.

Samson, ne pouvant, par suite de revers de fortune de ses parents, continuer ses fortes études, suivit son père qui s'était allé fixer à Corbeil, et entra comme clerc chez le premier avoué du pays. Il gagna du coup 20 francs par mois ; mais l'étude des Pan-dectes souriait peu à cet esprit aventureux. La lecture de Molière, de Corneille et de Racine lui agréait beaucoup plus, en même temps qu'elle fortifiait en lui cette rectitude de jugement et d'es-prit dont il a toujours fait preuve.

En 1810, c'est-à-dire âgé de dix-sept ans, — il était né à Saint-Denis, le 2 juillet 1793 — l'avoué de Corbeil mit à la porte son triste clerc, le déclarant incapable de jamais rien faire dans la basoche.

Le jeune homme, fort peu chagrin du jugement de l'avoué, revint à Paris, entra comme commis dans un bureau de Loterie et, parvenant enfin à vaincre la répugnance de ses parents têtus, décida

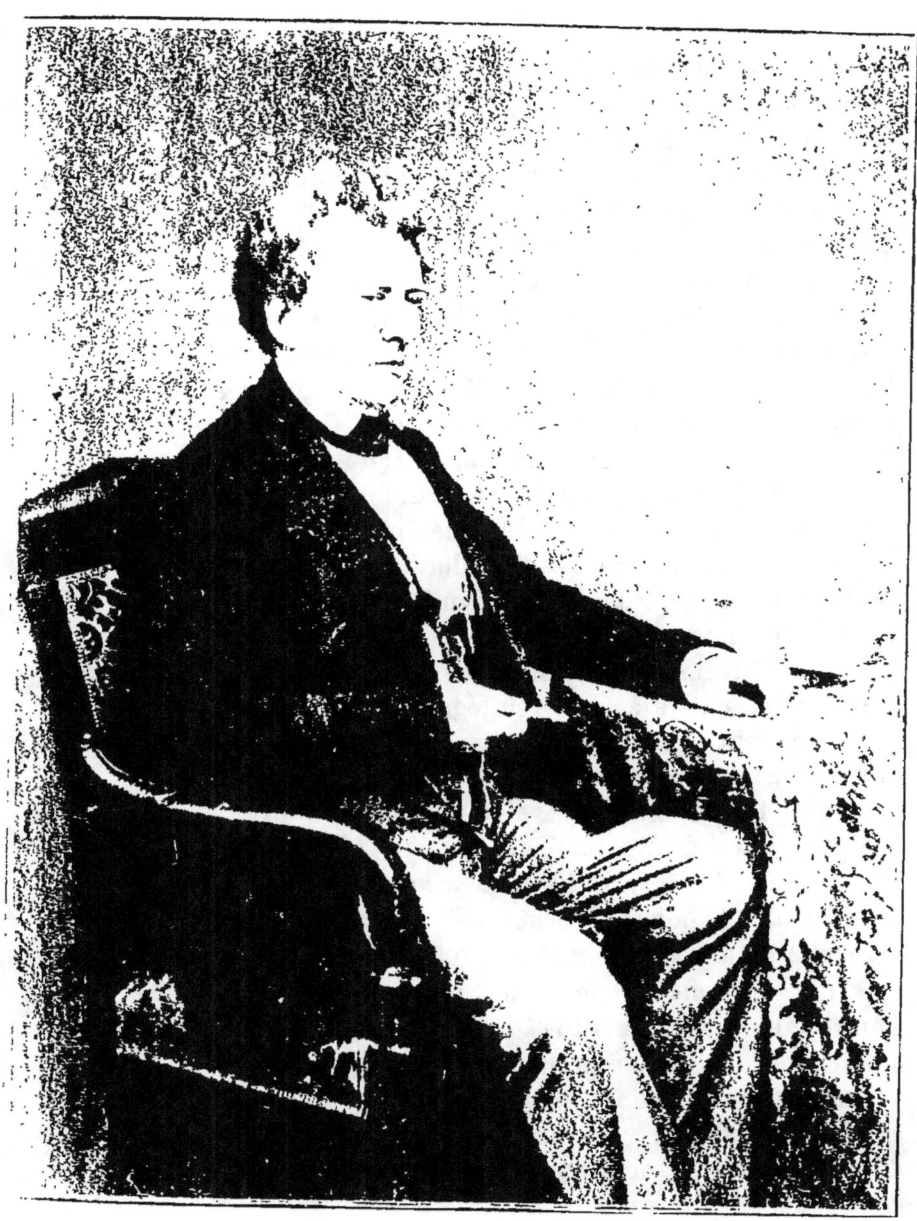

SAMSON.

de jouer la comédie. Il se fit recevoir au Conservatoire dans la classe de Lafon, et ses progrès énormes lui valurent l'une des dix-huit bourses fondées par Napoléon Ier.

Après quelques essais en province, et notamment à Rouen, où Mlle Mars, en représentations, le remarqua, Picard, alors directeur de l'Odéon, l'engagea. C'était en 1819. Il demeura sept ans dans cette antichambre de la Maison de Molière.

En 1826, il fut engagé à la Comédie-Française, à laquelle il ambitionnait de parvenir, et y fit de très brillants débuts, dans le *Figaro* du *Barbier de Séville*, *Dubois* des *Fausses Confidences*, *Hector* du *Joueur*, et *Sosie* d'*Amphitryon*.

Le 1er avril 1827, il était nommé Sociétaire.

En 1830, pour « incompatibilité d'humeur », il donna sa démission à la noble Comédie, malgré les protestations intéressées de ses très illustres collègues, et s'en alla débuter au théâtre du Palais-Royal que venait d'ouvrir Dormeuil le père, dans l'ancienne salle des Beaujolais et de la Montansier.

Mais un jugement du tribunal de commerce contraignit bientôt le turbulent artiste à venir réintégrer sa place au sein du Comité.

Là, pendant trente-trois années, il fit les plus originales, les plus diverses, les plus observées et les plus savantes créations.

Samson fut le comédien le plus fin, le plus pur, le plus spirituel, le plus mordant, le plus distingué qui exista jamais. Alerte et incisif, comme dans *Figaro ;* naïf sublime, comme dans *Brid'oison ;* hautainement et dédaigneusement imbécile, comme dans le *Marquis de la Seiglière ;* suprêmement élégant et railleur, comme dans le *Marquis des Effrontés*, Samson a touché à tous les genres de la Comédie noble, et, dans tous, s'est montré incomparable. Il fut de ces artistes qui ne se remplacent jamais.

Professeur du Conservatoire, esprit distingué et de la plus exquise délicatesse, le second Empire le fit Chevalier de la Légion d'honneur. Cette nomination d'un comédien dans l'Ordre fit couler alors des torrents d'encre.

Il mourut en 1871, en mars, et ne vit pas brûler son cher Paris, qu'il adorait et qui l'avait tant adoré.

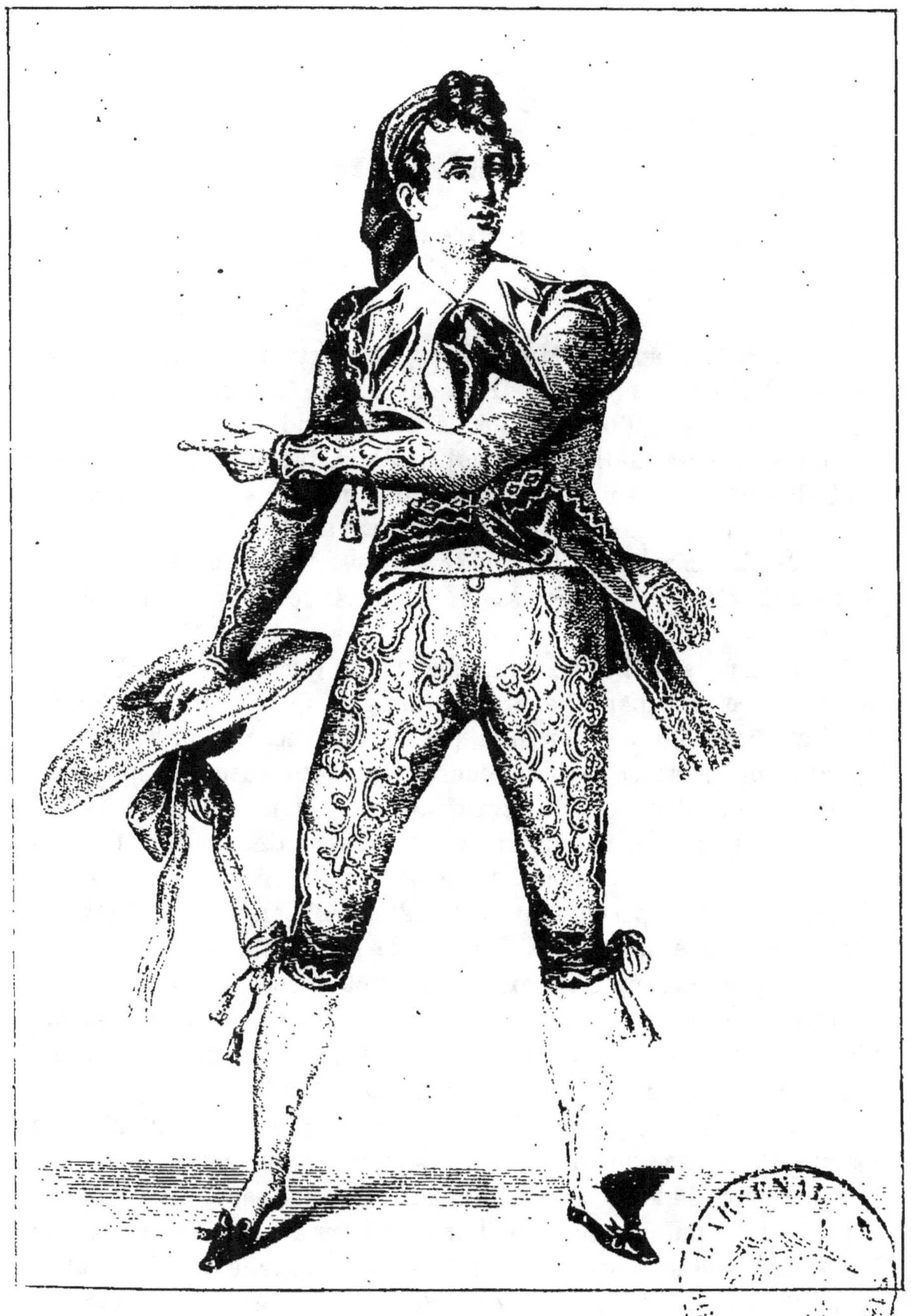

SAMSON.

Rôle de Figaro dans *Le Barbier de Séville.*

8.

PERLET

(1795 — 1830)

En 1795, il y avait à Marseille un « correspondant de théâtres »,
comme à Paris de nos jours, il en existe pour le moins une cinquan-
taine. C'est dans l'officine de ce correspondant, Pierre-Étienne
Perlet, artiste dramatique et agent théâtral, que naquit, le 27 janvier
de ladite année, « à une heure deux décimes », *Adrien Perlet*, qui
fut un des plus grands comédiens du xixe siècle.

Après être passé par le Conservatoire, il débuta, le 4 octobre
1815, à la Comédie-Française, et fit sensation dans l'emploi des
« premiers comiques ».

Mais Monrose débutait en même temps que Perlet, et l'emploi
était encore tenu par Thénard et Cartigny. Cela fit qu'il ne fut engagé que pour l'année suivante, pendant que ses appointements de
1,800 francs par an « devaient courir néanmoins jusqu'à l'époque de
ses débuts effectifs, comme Pensionnaire, à partir du 1er avril 1816 ».

Mme Grèvedon — femme du gracieux dessinateur, — qui fut elle-
même une actrice de talent, songeait, à ce moment, à fonder un
théâtre français permanent à Londres. Elle loua, dans Oxford
Street, un vaste local, dans lequel elle fit établir une ravissante
salle de spectacle qui pouvait contenir 600 spectateurs. C'est par
invitations que l'on assistait à ces représentations très suivies, qui
n'avaient lieu qu'une fois par semaine. La place coûtait une livre.

Perlet fut engagé pour inaugurer la jolie bonbonnière, y débuta
et produisit le plus grand effet. Il avait obtenu sans difficultés la
résiliation de son contrat avec la Comédie-Française de Paris, et
put demeurer l'idole des Anglais jusqu'en 1820, époque à laquelle
il fut engagé au Gymnase de Paris, qui venait de s'ouvrir sur le
boulevard Bonne-Nouvelle, sous le haut patronage de *Madame*.

Le 23 juin 1821, dans *Le Comédien d'Étampes*, Perlet, par un
étrange caprice, se refusa à chanter un air irlandais que lui-même
avait importé d'Angleterre et introduit dans la pièce. Le public le

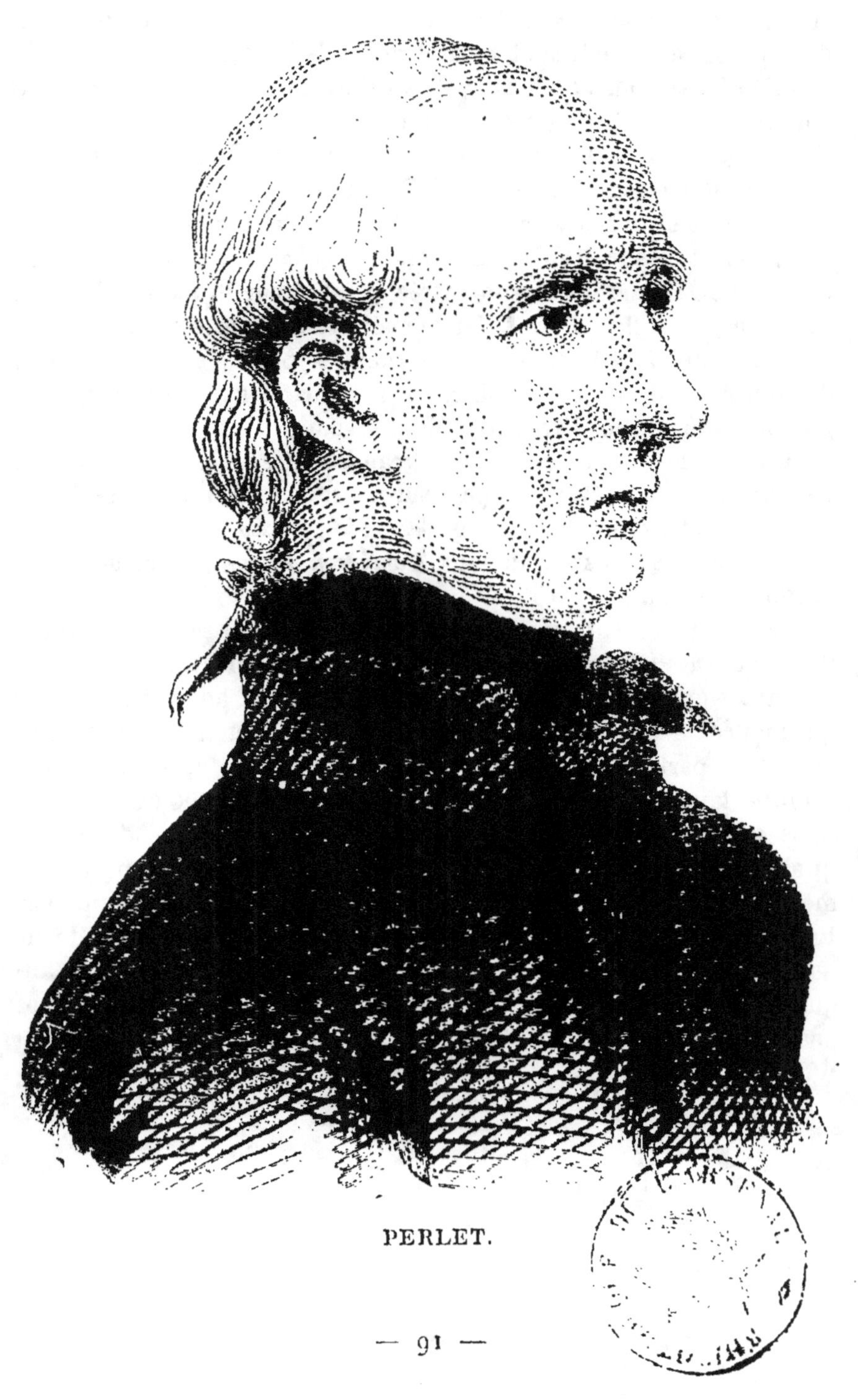

PERLET.

siffla, il quitta la scène. Contraint par le commissaire de police
de reparaître, il revint; et la ritournelle de l'air ayant été de nouveau exécutée par l'orchestre, il se retira derechef, s'entêtant à ne
pas vouloir chanter, et s'en fut chez lui.

Le lendemain, il fut arrêté et mis en prison. Louis XVIII semblait vouloir ressusciter le Fort-l'Évêque.

Le 4 juillet suivant, après entente avec l'autorité et son directeur, Perlet reparut en scène, non dans *Le Comédien d'Étampes*,
mais dans *Le Parrain*. A son entrée, il fut accueilli par des bordées
de coups de sifflet. Perlet, fou de colère, déchira son costume en
scène et quitta définitivement ce théâtre, pour s'en aller donner
des représentations en province, où il fut reçu avec enthousiasme,
puis à Londres, où il triompha de nouveau.

Sa renommée allait cependant grandissante. A ce point, que le
1er juillet 1826 il était rappelé sur ce même Gymnase de Paris,
où il débutait dans le rôle de *Cescendo*, de *La Visite à Bedlam*,
et reparaissait dans ce fameux *Comédien d'Étampes*, cause de sa
première rupture.

« Son engagement était de quatre mois par année, pour lesquels
il recevait 40,000 francs. » Ses succès furent énormes.

Il avait épousé la fille de l'acteur Tiercelin; il adorait sa femme
qui mourut à Enghien, le 6 septembre 1850. Profondément atteint
par cette perte irréparable, il mourut trois mois après, le 20 décembre, laissant une fortune évaluée à plus de 400,000 francs.

Le grand comédien Samson prononça sur sa tombe de remarquables paroles. Il dit : « Le théâtre fait en Perlet une perte immense. Il fut un de ces artistes complets qui ne se remplacent pas.
La Comédie-Française, par ma voix, regrette profondément de ne
pas l'avoir possédé, ou plutôt de ne pas l'avoir conservé. Il manquait à sa gloire, et nous, malheureusement, nous ne manquâmes
pas à la sienne. »

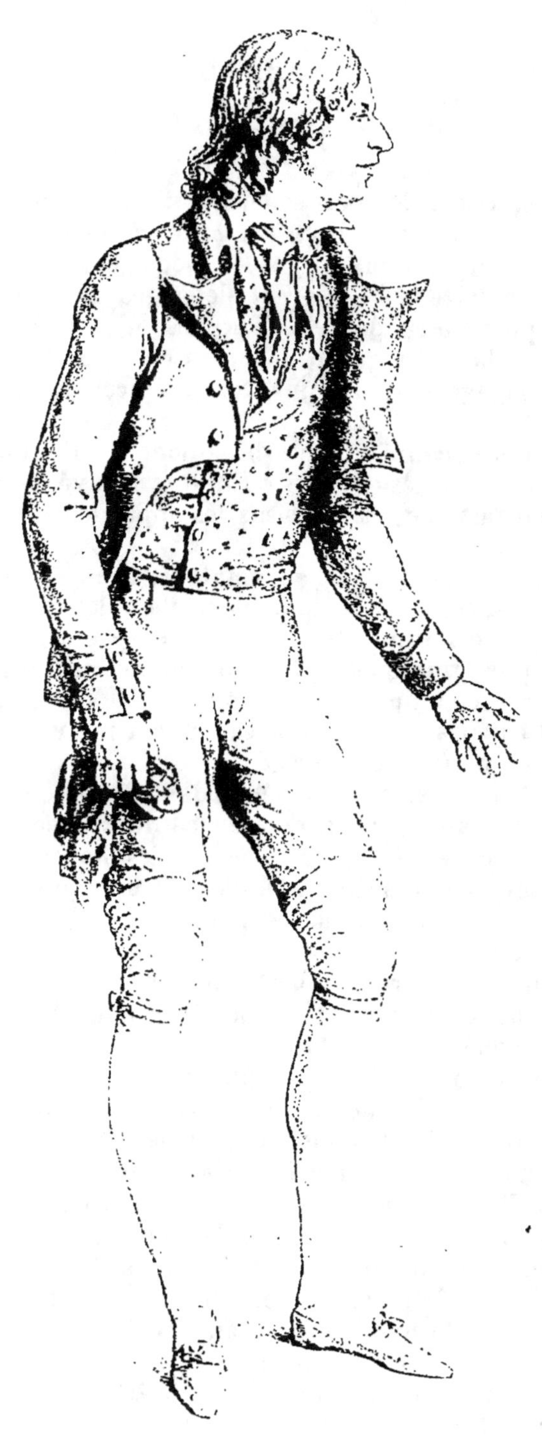

PERLET.
Dans *Michel et Christine.*

ARNAL

(1796 — 1872)

Le niais spirituel, le Jocrisse en habit noir, le naïf tragique, qui disait tout ébaubi, dans *Monsieur et Madame Galochard :* « C'est étonnant ! Je suis furieux et j'ai les pieds gelés ! », est né en 1796. En 1812 — à seize ans — *Arnal* s'engagea dans la garde du Roi de Rome ; puis passa dans les Pupilles et, des Pupilles, dans les Tirailleurs de la jeune garde. Il rentra chez sa mère, deux années après, son engagement terminé, lors du licenciement des troupes impériale

Lui-même m'a conté que ces bataillons de Pupilles avaient été principalement formés avec les « Enfants trouvés » des hospices de Paris, ce qui fait que les Parisiens les appelaient : « les Enfants de garces ».

Arnal commença à jouer en amateur, chez Doyen, un théâtre sur lequel s'exerçaient les amateurs, l'emploi des confidents de tragédie ; mais il faisait tellement rire les spectateurs en débitant les vers les plus tragiques, qu'il abandonna bien vite le genre sérieux, pour le comique : « Dans ce nouvel avatar, m'a-t-il dit encore, voilà-t-il pas que je ne faisais plus rire du tout. Je persistai néanmoins, quoique découragé. »

Il parvint à entrer aux Variétés, dans les chœurs, à raison de 300 francs par an, et se trouva en contact avec Potier, Brunet, Tiercelin, Vernet et Odry, dont il étudia les moyens d'arriver à produire les effets par le naturel. Des Variétés, il passa au Vaudeville en 1827, et vit alors son succès commencer, s'accroître, se confirmer et se couronner.

Deux auteurs de grand talent et de grand esprit le comprirent soudainement et se mirent à travailler pour lui exclusivement ; ce furent Duvert et Lauzanne.

Sur ses vieux jours, il fut engagé au Gymnase et y créa d'inoubliable façon *Les Idées de Madame Aubray,* un chef-d'œuvre, trop délaissé, d'Alexandre Dumas fils ; puis le *notaire* d'*Héloïse Paranquet* et l'ineffable pharmacien *Floupin,* le cousin germain de M. Homais, dans *Nos bons villageois,* du Maître Sardou.

Fait particulier : la Province ne le comprit jamais. Ce talent si simple, si fin dans sa niaiserie, si distingué dans ses trivialités, ne l'amusait pas. Il fit plusieurs tentatives de tournées et ne parvint jamais à attirer la foule, qui courait voir Levassor, Achard, Ravel et Déjazet.

Arnal mourut à Genève, où il s'était retiré, le 10 décembre 1872.

— 94 —

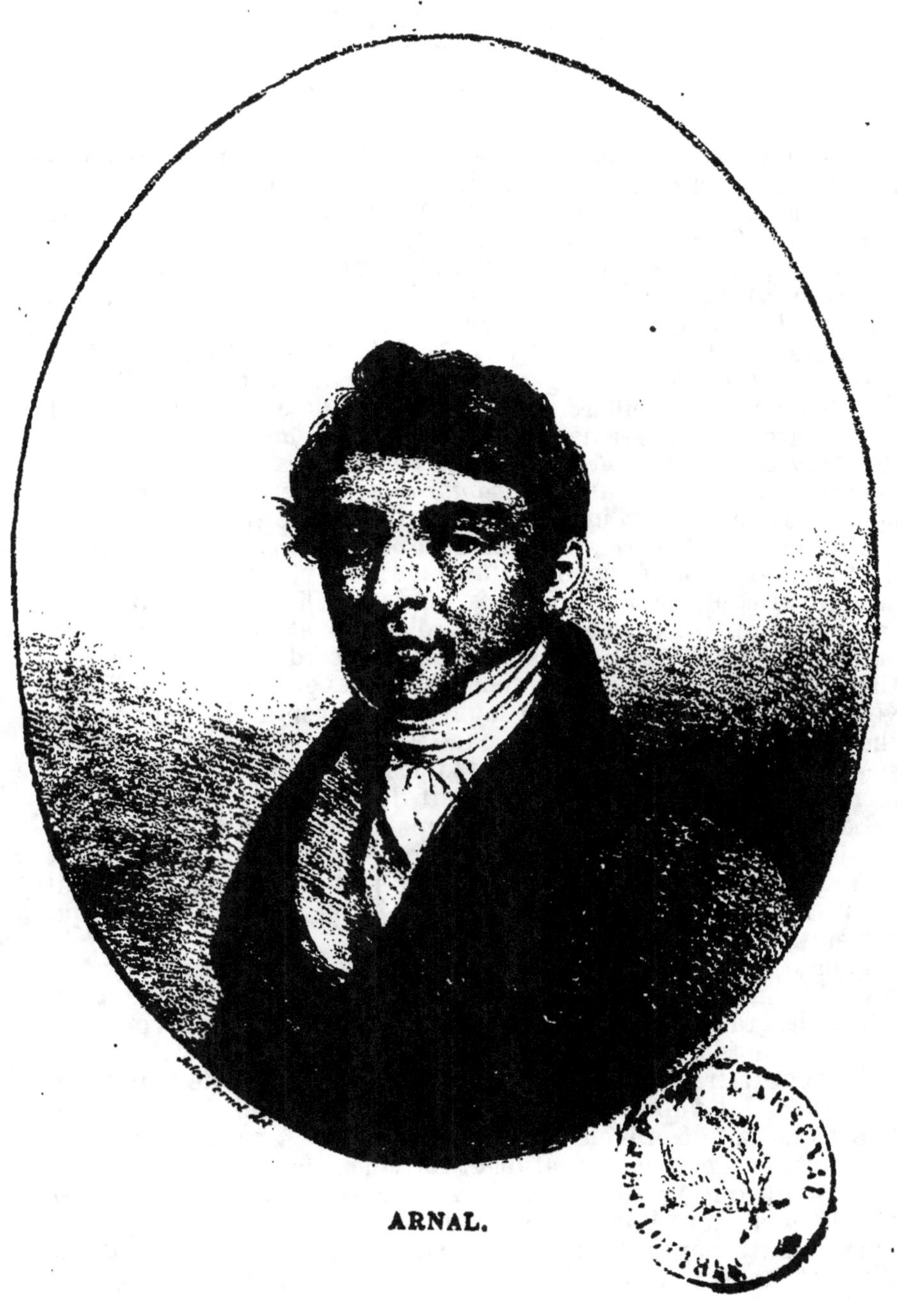

ARNAL.

LEPEINTRE AÎNÉ

(.7 6 — 18:4)

Lepeintre aîné, qui remplit avec grand talent l'emploi des « premiers comiques » et des compositions dramatiques, avait commencé, à peine âgé de douze ans, à jouer la comédie au *Théâtre des Jeunes Artistes*, situé rue de Bondy.

De ces petits théâtres, il sortait souvent de grands comédiens. Monrose fut de ceux-là; je parle du Monrose qui joua incomparablement les grands valets à la Comédie-Française.

Le premier rôle de Lepeintre aîné a été celui de *Cassandre*, dans *Cassandre bouquiniste*. Ce gamin de douze ans fut, paraît-il, fort apprécié dans un vieillard quinteux, maussade et ridicule. Il se fit ensuite très remarquer dans *Goburge* de *L'Ile des Falots*, parodie de *Panurge dans l'île des Lanternes*. Il joua ensuite de façon très émouvante *Meinant* dans *Misanthropie et Repentir*, drame en cinq actes, en vers, d'un M. Rigaud; et le rôle de *Frontin* dans *Émilie* ou *Les Caprices*, comédie du *Cousin Jacques*, pseudonyme de l'humoristique écrivain Beffroy de Rigny. Enfin, Laporte, le célèbre arlequin, vint, à diverses reprises, féliciter l'enfant sur la façon dont il interpréta plusieurs rôles de cet emploi. Dugazon, émerveillé de ce talent naissant, lui fit accorder ses entrées à la Comédie-Française. Lepeintre aîné courut les grandes villes de province jusqu'en 1817, date à laquelle il accepta de débuter au théâtre des Variétés, de Paris, par *Les Poètes sans soucis* et *Monsieur Crouton*, rôle dans lequel il s'imposa comme grand comédien, même à la suite de Potier, qui venait de quitter ce théâtre.

Le Vaudeville s'empressa de l'accaparer; puis, en 1831, M. Dormeuil, fondant le théâtre du Palais-Royal actuel, eut le bon esprit de le prendre au nombre de ses pensionnaires, parmi lesquels il avait su déjà grouper Samson et Déjazet, aux côtés de qui Lepeintre fut loin de faire triste figure.

Jouant l'emploi comique aussi bien que le sérieux, possédant le don des larmes autant que celui du rire, Lepeintre aîné fut un véritable grand comédien, bien que fort gêné par une voix peu sonore et un débit assez lourd.

Il mourut tragiquement le 5 avril 1854. Sortant de voir jouer *Le Pendu*, à l'Ambigu, il s'alla jeter dans le canal Saint-Martin.

Rien ne faisait prévoir une fin aussi tragique, car il était d'un caractère très enjoué et pratiquait fortement le calembour.

C'est lui qui, un soir de bénéfice, dans lequel on avait organisé une tombola dont l'un des lots était : « Le portrait de M. Lepeintre aîné, présenté par lui-même ! » entra en scène, portant un pain d'une livre, et, après l'avoir *traîné* dans la poussière, l'offrit au gagnant du lot, en lui disant : « Mon portrait : *Le pain traîné !* »

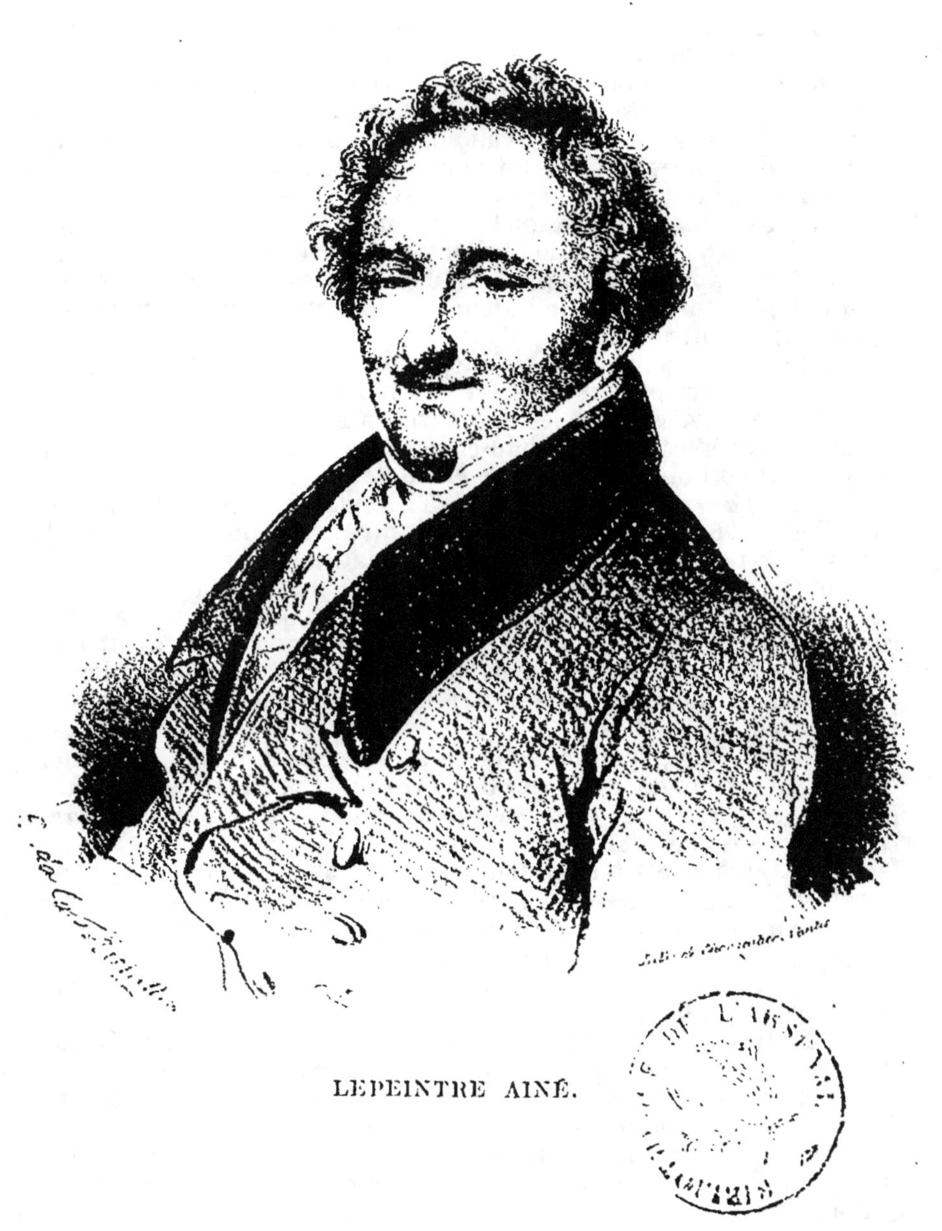

9

DÉBURAU

(1796 — 1843)

La pantomime est une des parties de l'art dramatique qui demande le plus d'observation, le plus d'étude, dans la physionomie, le geste, l'attitude, pour parvenir à exprimer, sans avoir recours à la parole, les passions, les joies, les désespoirs humains.

Jusqu'à Déburau, cet art n'avait eu, pour interprètes, que des farceurs ou des pîtres, produisant le rire par tous les moyens, même licencieux, surtout orduriers, trop souvent obscènes.

Déburau sut assagir ceux qui l'entouraient et fit de la pantomime — qui n'était qu'une débauche d'art — un art véritable que seuls continuèrent, après lui, Paul Legrand et Charles Déburau. D'autres parurent plus tard, pâles imitateurs, retombant dans la charge et l'exagération outrancière.

Pourtant, d'aucuns de notre époque sont parvenus à ressusciter et à faire revivre ou survivre cet art mort. Cela a été un renouveau très éphémère, que les enthousiasmes peu convaincus et les réclames exagérées ont prétendu élever jusqu'à Déburau, alors qu'il n'en était que l'ombre incertaine et falote.

Jean-Gaspard Déburau naquit à Neukolin, en Bohême, le 31 juillet 1796. Il ne vint en France qu'à sept ans, remplissant l'emploi de paillasse dans la troupe acrobatique de son père.

Déburau, distingué par le directeur du petit théâtre des Funambules, M. Bertrand, apparut pour la première fois, dans un rôle de Pierrot, en 1819. Jusque-là, M. Bertrand ne lui avait fait jouer que l'emploi des brigands, dans lequel le pauvre paillasse produisait plutôt le rire que la terreur ; ce qui était le contraire du but à atteindre.

De 1819 à 1846, époque de la mort du célèbre mime, ce ne fut qu'une succession de succès : *Le Bœuf enragé, Le Songe d'or, Le Marchand de salade, Les 26 infortunes de Pierrot, Les Épreuves, Le Marchand d'habits, Les Jolis soldats,* etc.

Jules Janin a écrit de Déburau : « Acteur sans passion, sans parole et presque sans visage, il dit, exprime tout. C'est un homme qui a beaucoup pensé, beaucoup étudié, beaucoup espéré, beaucoup souffert. C'est l'acteur du peuple. »

Théophile Gautier écrivait de son côté : « Déburau est le plus grand mime de la terre. »

Et Charles Nodier, avant eux : « Après Talma et Potier, Déburau est le comédien le plus complet que nous ayons eu. »

Il mourut le 16 juin 1846. Ce fut un deuil pour le Boulevard. Son enterrement se transforma en une apothéose.

On eut dû graver sur sa tombe cette épitaphe que Champfleury avait tracée pour le pauvre mime : « Ci-gît qui a tout dit, sans avoir jamais parlé ».

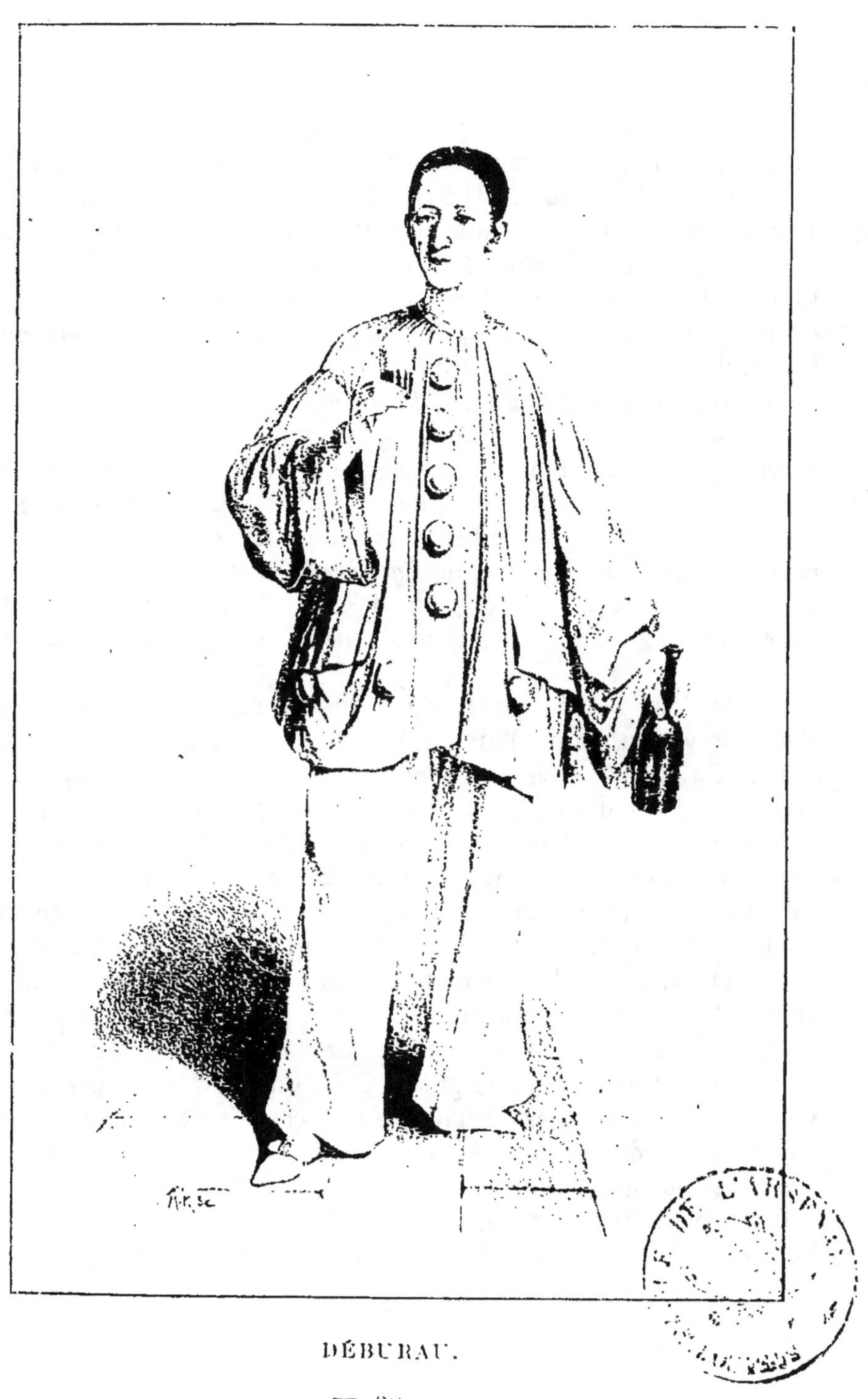

DÉBURAU.

LIGIER

(1797 — 1872)

Si Ligier avait créé plusieurs rôles comme il créa le *Louis XI* de Casimir Delavigne, il eût peut-être été aussi grand que Talma, pour qui la pièce avait été écrite ; il devint donc le successeur de Talma, sans en avoir la noblesse, la grandeur et la beauté. Car *Pierre Ligier*, né à Bordeaux le 11 décembre 1797, fut toujours de taille fort exiguë et de physionomie ingrate. Aussi ne réussit-il complètement que dans les personnages déplaisants ou de laideur historique, tels que le *Louis XI*, déjà cité, *Glocester* des *Enfants d'Édouard*, *Richard III*, *Triboulet* du *Roi s'amuse*, etc.

Ses parents étaient pauvres ; aussi commença-t-il par être clerc d'avoué, puis devint apprenti commerçant. Il se surprit tout à coup à aimer une jeune personne qui adorait le théâtre, et qui s'y faisait conduire par le futur tragédien. Un soir, il vit sa compagne pleurer aux douleurs de *Chimène* ; il fut jaloux des larmes accordées à l'inconnu Rodrigue ; et c'est alors que pour la première fois il se dit : « Pourquoi ne deviendrais-je pas *Rodrigue*, moi aussi ? »

Ce fut donc l'amour charnel qui lui fit embrasser la carrière dramatique, plutôt que l'amour de la scène. Il se mit alors à jouer sur un théâtre de société. Talma vint en représentations à Bordeaux ; Ligier s'arma d'audace, alla trouver le grand tragédien et lui demanda de vouloir bien venir l'entendre. Talma, très accueillant, bonhomme, se rendit à la sollicitation du jeune homme, et sut reconnaître, à travers ses inexpériences naturelles, les grandes qualités de chaleur, de conviction et de diction, qui créent le comédien. Il lui donna le conseil de venir à Paris, et de concourir pour entrer au Conservatoire.

Ligier suivit le conseil et fut admis en 1819 dans la classe de Saint-Prix. Il avait déjà vingt ans. Talma ne l'avait pas perdu de vue et l'aida à débuter au Théâtre-Français, le 24 janvier 1820, par les rôles de *Néron* dans *Britannicus*, d'*Oreste* dans *Andromaque*, et de *Coriolan* dans la tragédie de La Harpe.

Il demeura trois ans à la Comédie-Française ; mais, écrasé par l'incontestable supériorité de Talma, dans laquelle il voyait une bar-

— 100 —

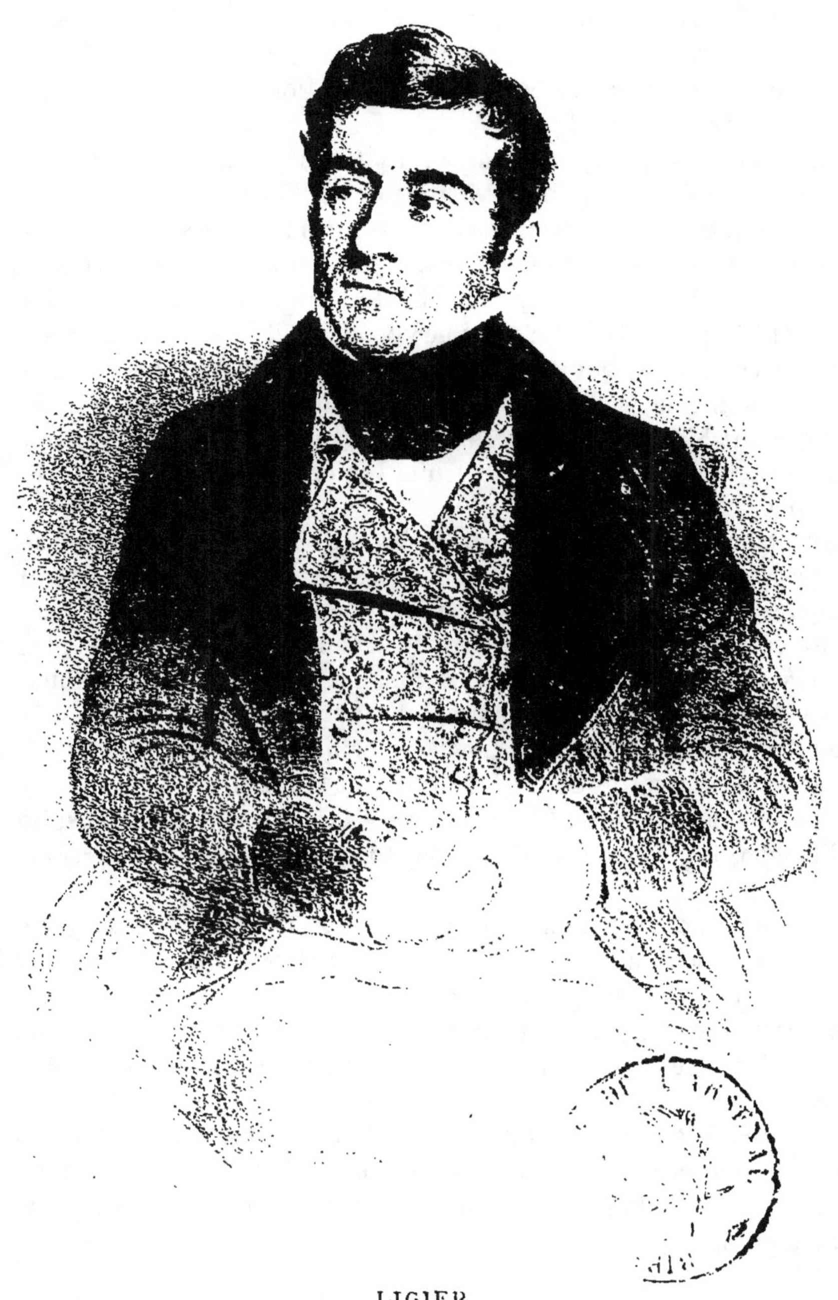

LIGIER.

l ière infranchissable, il se sentit arrêté dans sa course à la gloire, et préféra devenir le premier à l'Odéon, où, de 1824 à 1828, il obtint de très grands succès, dans des créations telles que *Rienzi*, *Jeanne d'Arc* et *La Maréchale d'Ancre*.

La mort de Talma, survenue en 1826, lui fit la place belle; et, sans surprise d'aucuns, on le vit revenir au Théâtre-Français.

De redoutables jalousies, celle entre autres de Lafon, — qu'il faut se garder de confondre avec l'excellent comédien Lafont, lequel parut plus tard, dans les théâtres dits « de genre », — lui rendirent la place difficile; aussi ne l'occupa-t-il que dix-huit mois. Casimir Delavigne, qui avait grande confiance en celui qu'il considérait comme le seul tragédien de l'avenir, le fit engager à la Porte-Saint-Martin, où il créa, de cet auteur, *Marino Faliero*, drame en vers, dans lequel le jeune Ligier sut augmenter sa renommée.

En novembre 1830, la retraite de Lafon rendait vacante la place de premier rôle tragique; un décret du gouvernement royal ordonna la rentrée de Ligier à la Comédie-Française, avec le titre de Sociétaire. Il y demeura vingt-deux ans et y obtint les plus grands succès, dans la reprise de tous les rôles joués par Talma.

En 1852, quittant ce théâtre, et abandonnant la pension à laquelle il avait droit, pour conserver celui de jouer sur les autres théâtres de Paris, il alla à la Porte-Saint-Martin, ou il créa très brillamment *Richard III* et *Les Noces Vénitiennes*. Passant ensuite à l'Odéon, il y joua, jusqu'en 1856, *Gusman le brave, La Servante du Roi*, etc., etc.

Il avait une voix remarquable de force et d'étendue, le geste court, mais ne manquant nullement de noblesse, une énergie sans pareille, une chaleur on ne peut plus communicative. Ceux qui jouaient à ses côtés en demeuraient surpris et souvent on les vit frémir des accents impétueux que, vieux encore, le tragédien produisait.

Il mourut des suites d'une attaque de paralysie, le 25 septembre 1872, à Bordeaux, où, depuis plusieurs années, il vivait paisible, dans les joies de la famille, riche et honoré de tous; sa vie fut des plus dignes.

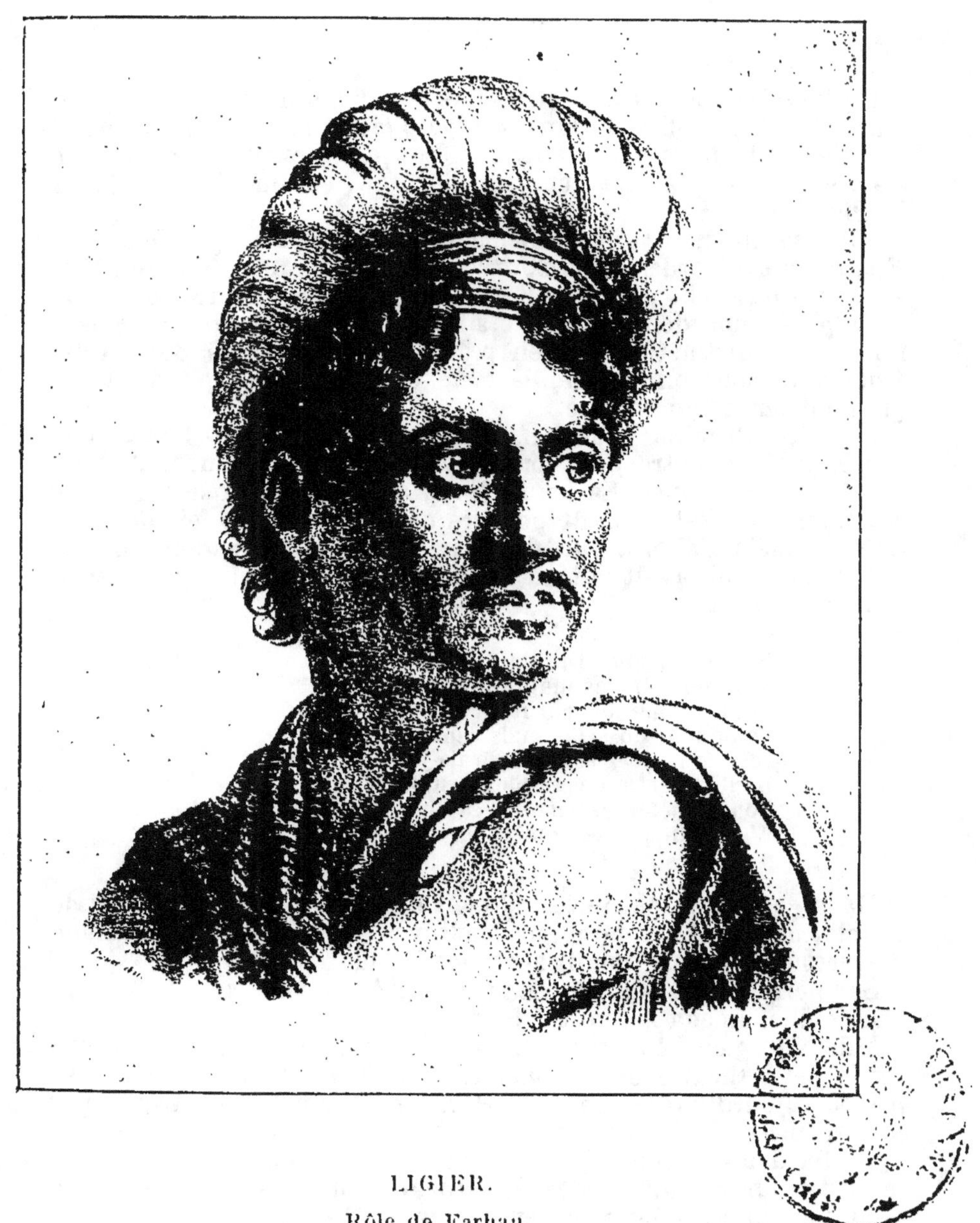

LIGIER.

Rôle de Farhau.

— 103 —

JENNY VERTPRE

(1797 — 1865)

On l'avait appelée « La Petite Mars des Panoramas » alors qu'aux Variétés elle remplissait, dans *Minette à la Cour*, le rôle de *Minette*.

Villemot la dépeignit : « Un petit être joli, espiègle, spirituel, qui s'agite sur des planches, en chantant tout ce que lui souffle le Diable. »

Elle se nommait véritablement *Françoise-Fanny Vausgien*. Elle naquit à Bordeaux, le 29 fructidor an V — 6ᵉ septembre 1797, — enfant naturelle d'*Émilie Vausgien* et de père « non dénommé ».

Ce père « non dénommé » n'était autre qu'un très bon comédien, rempli de distinction, ancien précepteur au collège de l'Abbé Dubois, de son nom de famille *Botte,* qui avait pris celui de Vertpré pour entrer au théâtre.

Le frère d'Émilie Vausgien, le citoyen *Vausgien* — l'oncle par conséquent de notre petit prodige, — était maître de ballet au théâtre de Bordeaux. La jeune *Jenny* avait juste cinq ans, lorsque cet émule de Vestris la fit paraître pour la première fois dans un de ses ballets d'abord, puis dans une pièce de circonstance, où un auteur bordelais avait fait un rôle d'enfant, qui avait à chanter le couplet suivant :

> Napoléon, quand il était petit,
> A su donner des marques de génie
> Tout comme lui, ma foi, je me suis dit :
> Vainquons aussi !... mais dans la comédie !
> Je suis petit, c'est vrai ; mais je comprends
> De l'Empereur les nobles destinées ;
> Pour le fêter, la victoire en chantant (*bis*)
> N'attendit pas le nombre des années !

Dans ce rôle, la petite Jenny était costumée en tambour. Et le couplet avait été composé par le citoyen Vausgien. Ce sont donc des vers de danseur que fit acclamer l'enfant.

Sa mère, ayant suivi le beau Vertpré, engagé au théâtre du Vaudeville, amena l'enfant à Paris.

Mlle Vausgien fit alors jouer sa minuscule comédienne, d'abord sur le petit théâtre des Capucines, situé à l'endroit où se trouve percée aujourd'hui la rue de la Paix. Jenny s'y fit remarquer par sa gentillesse, sa pétulance, et l'esprit instinctif qu'elle savait apporter dans les couplets qu'on lui donnait à chanter.

On avait besoin au Vaudeville — théâtre sur lequel jouait son père — d'une enfant, pour représenter une *rosière*, dans *La Petite Gouvernante*, vaudeville de MM. Moreau et Gentil. La mignonne Jenny fut engagée. Puis, en 1807, elle alla jouer au théâtre des *Jeunes Artistes*, situé à l'angle de la rue de Lancry et du boulevard Saint-

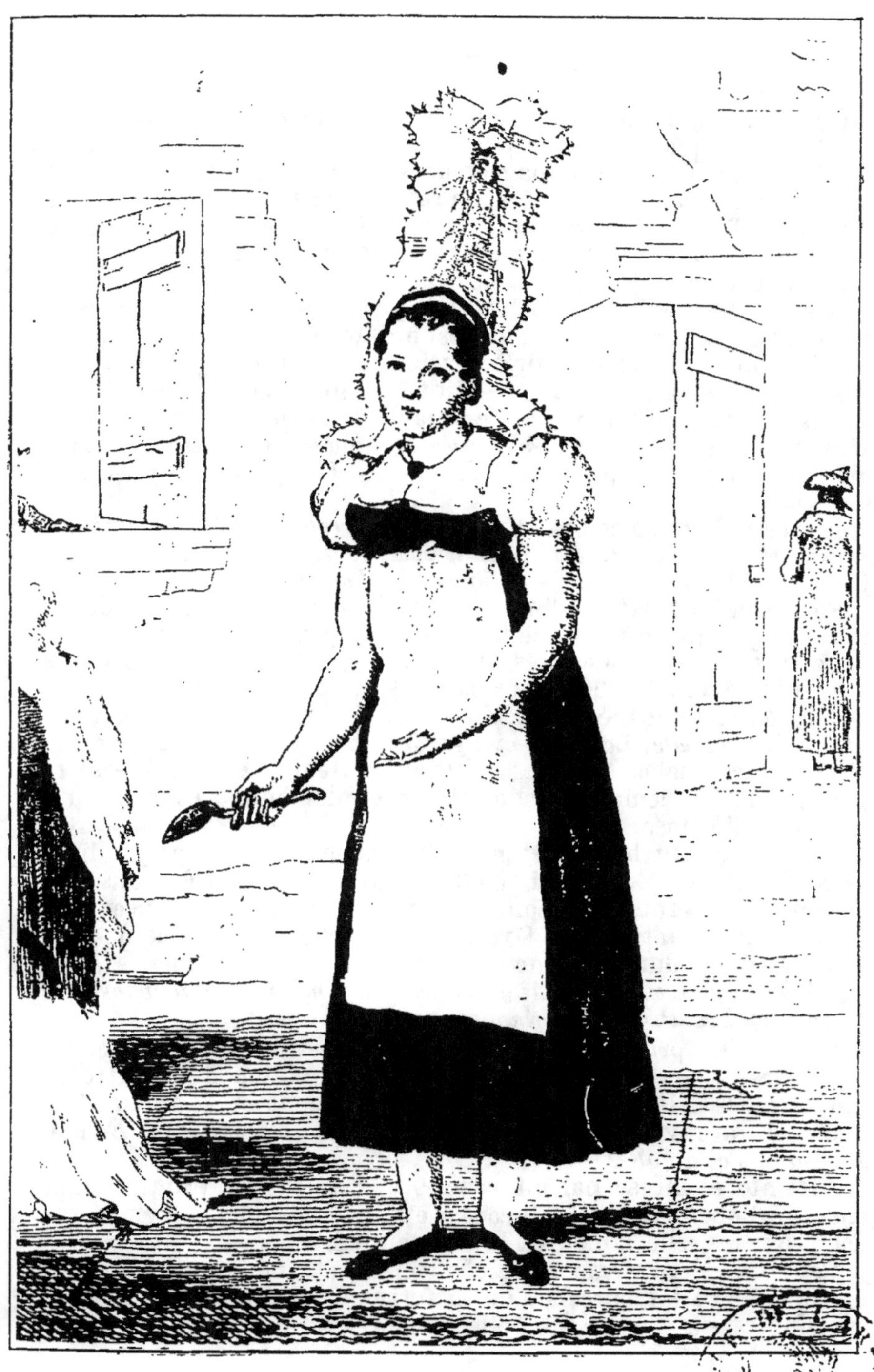

JENNY VERTPRÉ.
Rôle d'Annette dans *La Pie voleuse*.

Martin, un vaudeville de Désaugiers : *Les Fourberies de Scapin*. On l'y remarqua de plus en plus.

Elle partit alors, accompagnée de sa mère seulement, dans une troupe qui allait donner des représentations en Russie. C'était en 1814. Elle avait seize ans. Elle revint en France, au milieu de vivandières blessées et de malades, dans un fourgon d'artillerie. Mme Vausgien était morte à Moscou.

A son retour à Paris, Vertpré autorisa l'enfant à prendre son nom, ou plutôt son surnom; et c'est à dater de ce moment que les affiches annoncèrent les représentations de Mlle *Jenny Vertpré*.

Elle fut engagée à la Porte-Saint-Martin, et créa, dans *La Pie voleuse*, l'infortunée servante de Palaiseau. Potier, le grand Potier, vint à ce théâtre jouer *Les Petites Danaïdes;* les auteurs Désaugiers et Gentil s'empressèrent de choisir Jenny pour représenter l'*Amour*.

Elle créa encore à ce beau théâtre : *La Créole, Le Chaperon rouge, Le Petit Jehan de Saintré, L'Anneau de la Reine Berthe* et — toujours aux côtés de Potier — *Riquet à la houppe*.

Sa vogue fut extraordinaire. L'exiguïté de sa taille et de sa toute mignonnette personne la faisait comparer à une miniature.

Le directeur des Variétés, Brunet, l'engagea à de très brillants appointements : 12,000 francs par an !

Elle reprit sur ce théâtre *La Chercheuse d'esprit*, et créa : *Sans tambour ni trompette, La Fille mal gardée, La Vieille de seize ans, La Neige*. Carmouche, l'un des spirituels auteurs de cette dernière pièce, s'éprit follement de son interprète, demanda sa main, qu'il obtint, et l'épousa.

Le mariage eut lieu le 1er mai 1832. Disons qu'il ne fut pas heureux et qu'il se rompit à l'amiable peu d'années après, sans que les époux fussent, l'un contre l'autre, fâchés le moindrement.

Scribe la fit engager au Gymnase et lui fit créer le rôle de *Madame Pinchon*, dans *Le Mariage de raison;* puis, *La Lune de Miel, La Marraine, La Demoiselle à marier, La Chatte métamorphosée en femme*, et *Les Premières amours*.

La fantaisie prit alors à la pétulante comédienne d'aller prendre à Londres — où elle était adorée — la direction du théâtre de Saint-James. Elle y mangea beaucoup d'argent et se trouva fort heureuse de revenir aux Variétés créer *La Chevalière d'Éon* et *La Dame de la halle*

Atteinte et minée par un cancer, elle se vit contrainte, jeune encore, d'abandonner le théâtre, en 1844. Retirée à Passy, rue des Carrières, elle y mourut le 3 novembre 1865.

Prise de religionisme aigu, elle consacra à des œuvres pieuses et charitables les parcelles de sa fortune, « demandant pardon à son Confesseur d'avoir été belle et adorée ».

DÉJAZET

(1798 — 1875)

Du cerveau si puissamment organisé d'Alexandre Dumas fils est sorti, tout enjuponné, « l'Homme-femme ». A *Virginie Déjazet* revenait la gloire d'édifier, sur bases solides, « la Femme-homme ». Avant elle, on n'avait recours que très peu souvent aux grâces féminines pour mettre à la scène un tout jeune garçon dans le genre de *Chérubin*, ou du *Duc d'York* dans *Les Enfants d'Édouard*. Déjazet érigea en principe l'art de reproduire la jeunesse de tous les héros d'amour, de gloire ou de piquantes aventures. Elle fut successivement Richelieu et Lauzun, Bonaparte et Voltaire, Conti et Gentil-Bernard, Vert-Vert et Létorières, Lulli et le sergent Frédéric, Figaro et Garat.

Et cependant jamais femme ne fut plus femme que Déjazet.

Elle n'était pas jolie ; elle était plus que jolie, elle était charmante, adorable, délicieuse.

Elle lançait le mot décolleté avec un art qui mettait à ce mot un fichu ou un voile.

Elle chantait, sans voix, des airs d'opéra-comique de façon à les mettre plus en valeur que les ténors qui les avaient créés.

Elle avait le tact des nuances, la délicatesse du toucher et la finesse du pur superfin.

Elle était Déjazet !

Née à Paris, en 1798, elle avait débuté à l'âge de cinq ans, dans un ballet, sur un petit théâtre, aux côtés de sa sœur aînée, Thérèse.

Puis elle avait joué sur le *Théâtre des Jeunes Artistes*, situé au coin des rues de Bondy et de Lancry. De ce théâtre elle était passée à celui des *Jeunes Élèves*, de la rue de Thionville, devenue par la suite rue Dauphine.

En 1807, âgée de neuf ans, elle avait été engagée au Vaudeville de la rue de Chartres, pour y remplir les rôles d'enfants.

En 1817, elle débuta aux Variétés. Elle ne s'appelait alors que Virginie.

Ce fut en 1820 qu'elle prit à Bordeaux le nom de Déjazet. Après la faillite du directeur du théâtre de cette ville, elle revint à Paris, au théâtre du Gymnase qui était en ce temps théâtre de Madame, et ce fut alors qu'elle commença à se faire apprécier.

En 1828, elle fut engagée aux Nouveautés, et y demeura jusqu'en 1831, date à laquelle elle entra au théâtre Montansier, ou théâtre du Palais-Royal. Elle devint la gloire de ce théâtre et contribua puissamment à sa fortune.

En 1845, elle passa aux Variétés ; en 1850, elle parut au Vaudeville.

Nous ne la suivrons pas dans ses nombreuses pérégrinations à travers les autres théâtres de Paris, triomphante partout, charmeuse jusqu'au dernier moment.

En 1859, elle prit, avec ses pauvres économies, la direction du théâtre des Folies-Nouvelles, qui devint sous sa gérance Théâtre Déjazet.

Hélas! la pauvre grande artiste se vit bientôt contrainte d'abandonner son exploitation à son fils; et, réduite à la plus complète misère, elle se mit courageusement, à l'âge de soixante-six ans, à courir le cachet en province et à l'étranger, recommençant la lutte de jeunesse, la véritable lutte pour la vie.

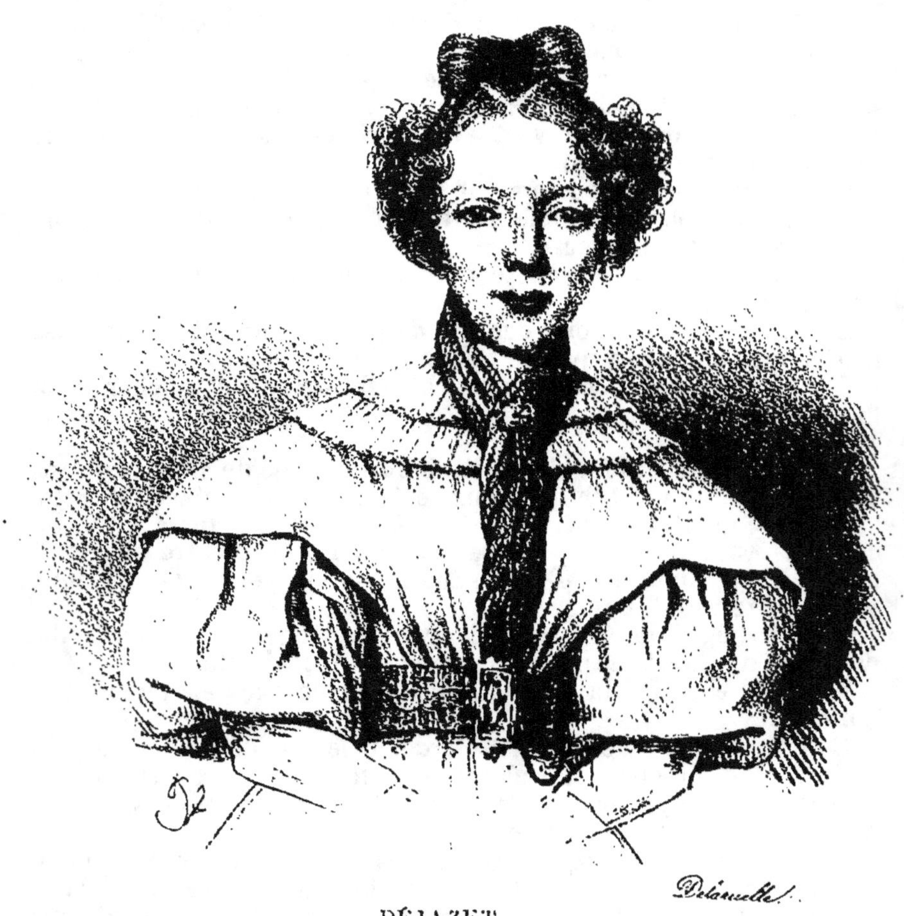

DÉJAZET.

Dans *Les Grisettes.*

En 1875 — elle avait soixante-dix-sept ans, — elle joua encore au Vaudeville; et, malade, elle écrivait : « L'idée que j'en ai fini avec le théâtre est une seconde maladie qui aidera la première à me faire mourir. C'est celle qui a emporté Mlle Mars et notre cher Mélingue. Je ferai le trio. »

Elle s'éteignit le 1er décembre de cette même année 1875.

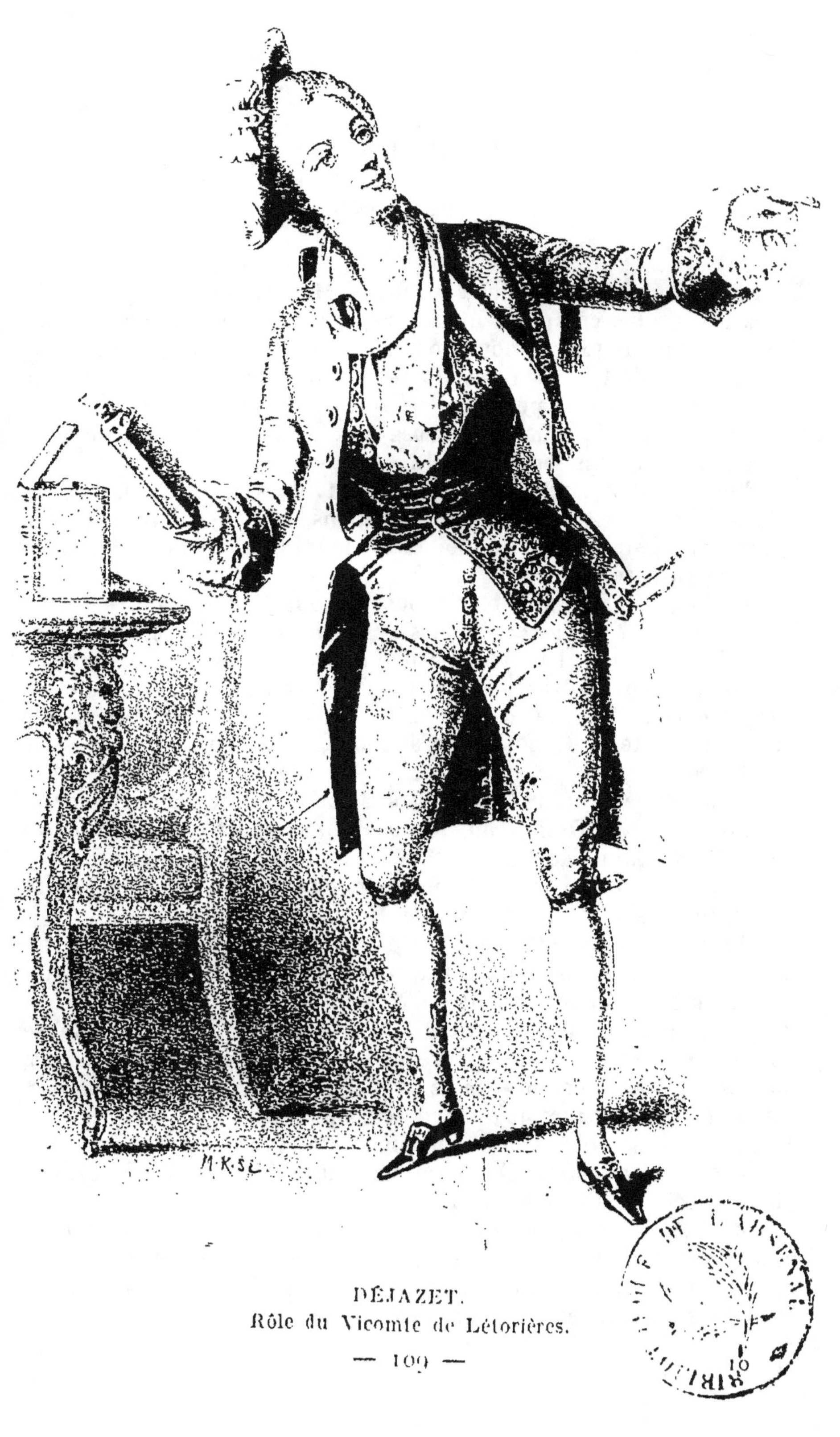

DÉJAZET.
Rôle du Vicomte de Létorières.

— 109 —

MARIE DORVAL

(1798 — 1849)

Si Mlle Mars fut la plus spirituelle, Mlle Georges la plus belle, Desclée la plus complète et Rachel la plus puissante des comédiennes de leur temps, nous nous trouvons, devant *Marie Dorval*, en présence de la plus dramatique des très grandes artistes qu'a enfantées la superbe période d'art romantique au théâtre.

Elle s'appelait Marie-Thomase-Amélie Delaunay, fut épouse Allan-Dorval, puis femme Merle.

Elle naquit à Lorient, le 7 janvier 1798, « enfant de la balle », c'est-à-dire fille naturelle de comédiens, mais reconnue par son père, qui remplissait l'emploi des « jeunes premiers ». La mère était chanteuse.

Dès l'âge de cinq ans, on fit jouer la comédie à la pauvre petite, et *Camille* ou *Le Souterrain*, puis *Les Deux petits Savoyards* furent les pièces qui virent naître sa jeune gloire.

Elle a raconté à Henri Monnier qu'elle était venue au monde sur les grands chemins : « J'ai été bercée, lui a-t-elle dit, aux durs cahots de la charrette de Ragotin et n'ai connu ni les jeux, ni les joies de l'enfance. »

Ce fut Potier qui la découvrit, à Strasbourg, et, selon l'expression d'Hippolyte Roll, « lui donna un passeport pour le théâtre de la Porte-Saint-Martin », à Paris, où elle débuta le 12 mai 1818, par *Paméla mariée;* mais sa première création n'eut lieu que le 26 septembre, dans *La Cabane de Montainard.*

Elle avait alors vingt ans ; mariée à quinze ans à Allan dit Dorval, danseur et maître de ballet, elle était déjà mère de deux enfants.

En 1819, son mari mourut, la laissant sans autre ressource que son très maigre engagement à la Porte-Saint-Martin, le pauvre maître à danser n'étant parvenu à rien mettre de côté, et les modestes appointements qu'ils gagnaient à eux deux suffisant à peine à les faire vivre et à élever leurs petits.

Ce fut un combat long et terrible contre la misère.

En 1822, Marie Dorval commence enfin à se faire remarquer dans le rôle de *Thérèse*, des *Deux forçats.*

En 1825, Harel écrit : « Le charme ressemble tant au talent, la grâce ressemble tant à la beauté, que nous sommes presque tentés de dire que Mme Dorval est une bonne et belle actrice. »

Il nous faut cependant arriver à la date du 19 juin 1827, pour

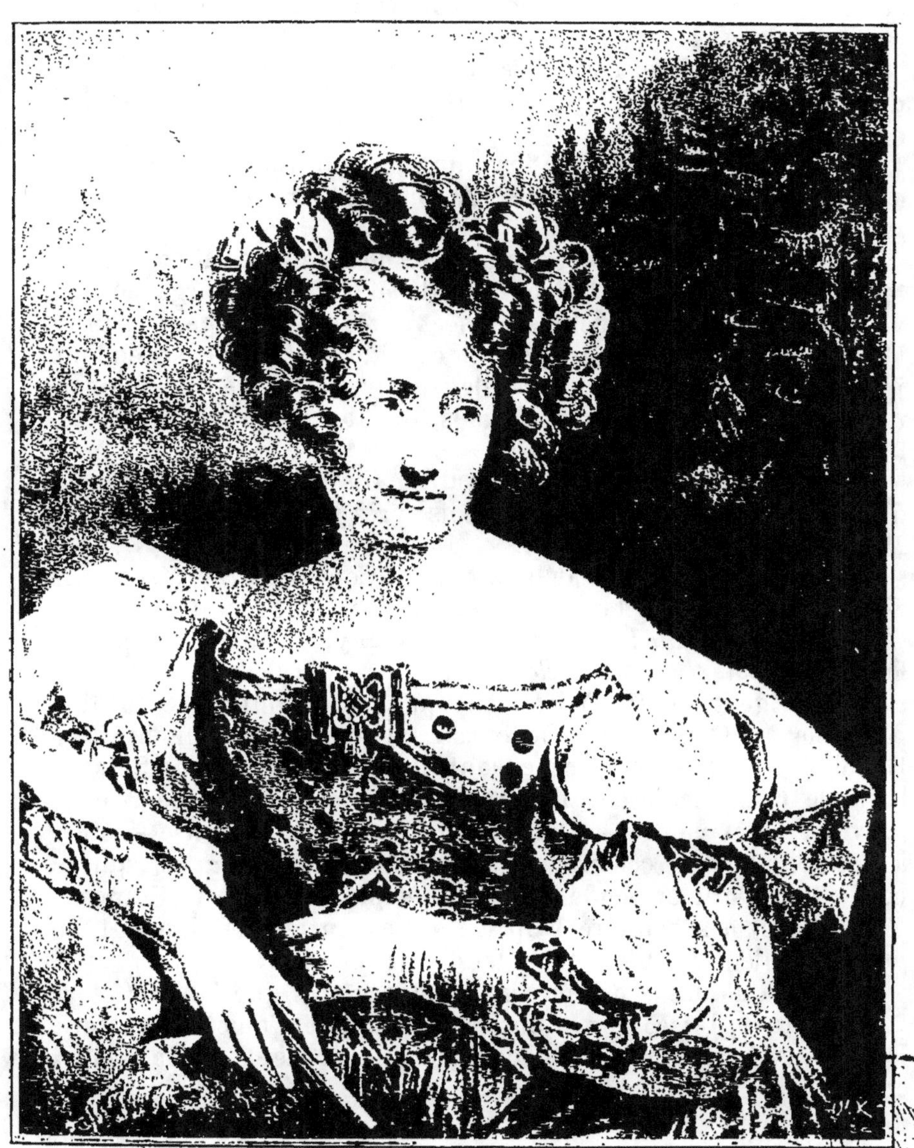

MARIE DORVAL.

la voir proclamer « grande comédienne » dans *Amélie* de *Trente ans ou la vie d'un joueur*. Elle méritait pourtant ce titre depuis long-temps.

M. Henry Lyonnet écrit qu'elle eut dans ce rôle, à côté de Fré-dérick-Lemaître, « des cris déchirants, de la douleur vraie, des angoisses sans artifices ».

En 1829, elle est dite, par l'unanimité des critiques, « la première actrice du boulevard » dans le *Marino Faliero* de Casimir Dela-vigne.

Sur ces entrefaites, elle épousa en secondes noces un écrivain de talent, Merle, qui devint une nouvelle et terrible charge pour la vaillante femme ; car, quelques années après son mariage, le pauvre Merle était frappé de paralysie et continuait à vivre cependant, jusqu'en 1852, impotent et inutile, survivant encore à la malheu-reuse Dorval, écrasée sous le poids de tant d'infortunes accu-mulées.

En 1831, elle devenait l'admirable *Adèle Hervey* de l'*Antony* d'Alexandre Dumas, et quelques mois après, l'incomparable *Marion Delorme* de Victor Hugo.

Le 22 avril 1834, elle débutait à la Comédie-Française, dans *Une Liaison*, de Scribe, et l'année suivante devenait l'adorable *Kitty Bell*, du *Chatterton* d'Alfred de Vigny, en même temps que la terrible *Catarina*, d'*Angelo*.

Les intrigues de Mlle Mars firent qu'elle dut quitter ce théâtre, pour aller à l'Odéon ; de l'Odéon au Gymnase, du Gymnase à la Renaissance ; elle rentra cependant, imposée par George Sand, à la noble Comédie, reparut à l'Odéon, courut misérablement la province, pour venir — à l'apogée de son talent immense — créer à l'Ambigu cette célèbre et inoubliable *Marie-Jeanne*, qui fit courir tout Paris et pendant des années pleurer toute la France.

Elle disait à Alexandre Dumas : « Les autres ne donnent au public que leur talent, moi, je lui donne ma vie. »

Puis le douloureux calvaire recommença plus que jamais ; et, le 20 mars 1849, brisée par la misère, la douleur et l'amertume, Marie Dorval s'endormit du dernier sommeil « dans toute sa pureté idéale », comme l'a écrit Alfred de Vigny.

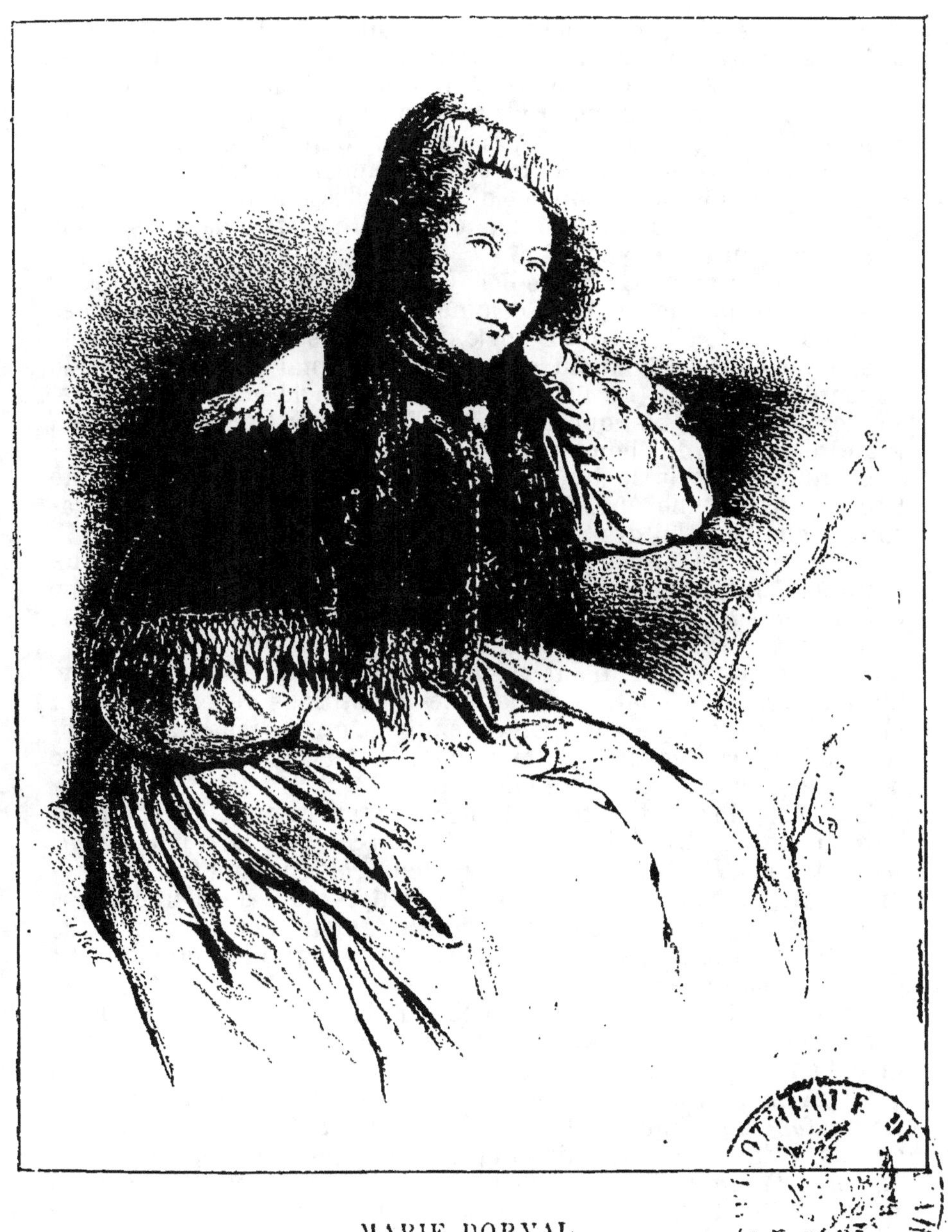

MARIE DORVAL.

10.

PROVOST

(1798 — 1869)

Son père était quincaillier et demeurait, quand vint au monde
le jeune *Jean-Baptiste-François Provost*, le 10 pluviôse an VI —
29 janvier 1798, — au numéro 37 du quai de l'Horloge, à Paris.

« Je ne veux pas que mon fils soit un simple quincaillier comme
moi, répétait à qui voulait l'entendre Jean-Baptiste-Sébastien Provost père. Je veux qu'il devienne un grand métallurgiste, savant
en l'art de fondre les canons et de purifier les métaux. »

Il mit donc le jeune homme au collège Charlemagne, puis, pour
le parfaire, au lycée Napoléon.

Malheureusement, le comédien La Rive, de la Comédie-Française, avait un neveu qui, comme le jeune Provost, faisait ses
études au lycée Napoléon. L'oncle donnait des billets de spectacle
à son neveu, et l'ami du neveu accompagnait au spectacle le
neveu de son oncle. Le fils Provost prit ainsi le goût du théâtre,
s'en ouvrit à La Rive, qui lui facilita l'entrée du Conservatoire, au
grand désespoir de l'honnête marchand quincaillier de la Cité !

Ce qui fit que le 25 juillet 1816 — il avait 18 ans, — le jeune
Provost passa une audition pour se faire recevoir au Conservatoire, dans l'emploi des « premiers rôles tragiques ».

Il fut refusé. L'année suivante, il se représenta et, plus heureux
cette fois, fut agréé comme « *aspirant* »; puis, le 1er mai, comme
« *élève auditeur* »; le 2 juin, comme « *élève en exercice* »; enfin le
23 décembre 1817, comme « *répétiteur honoraire* ».

Le 1er février 1818, il sut gagner la pension de 800 francs; et le
20 octobre, on le chargea de faire les répétitions de comédie aux
élèves des classes lyriques. En ce temps-là, on apprenait aux chanteurs à jouer la comédie. Je l'ai déjà fait observer, le Conservatoire
actuel néglige cet utile enseignement.

En 1819, Provost entra à l'Odéon, pour remplir l'emploi des
« amoureux » de tragédie; dans *Les Vêpres Siciliennes*, il joua *Montfort*, et dans *Le Paria, Alvar*. Ces deux rôles le montrèrent médiocre. Il se résigna alors à jouer les « traîtres » et les « confidents ».

Ne sentant pas encore sa voie véritable dans ces deux emplois,
il se décida à prendre les « comiques » et réussit plus grandement
dans l'art de faire rire.

En 1829, M. de Montgenet, directeur de la Porte-Saint-Martin,
l'engagea. L'Odéon avait fermé ses portes le 3 mars de cette
même année.

Le 24 mars 1831, il créait de magistrale façon l'épouvantable
Archevêque de *L'Incendiaire*, qui le replaçait dans les « traîtres »
ou « troisièmes rôles »; puis l'implacable *Hudson Lowe*, de *Schœnbrunn et Sainte-Hélène*. Dans ce rôle du bourreau de Napoléon, le
public l'attendait, après le spectacle, à la sortie des artistes, et le
sifflait, l'accablant d'injures et l'accompagnant jusque chez lui,
en l'insultant et même le menaçant. Il eut recours au commissaire
de police pour se faire protéger.

Enfin, le 25 avril 1835, il débutait à la Comédie-Française, par

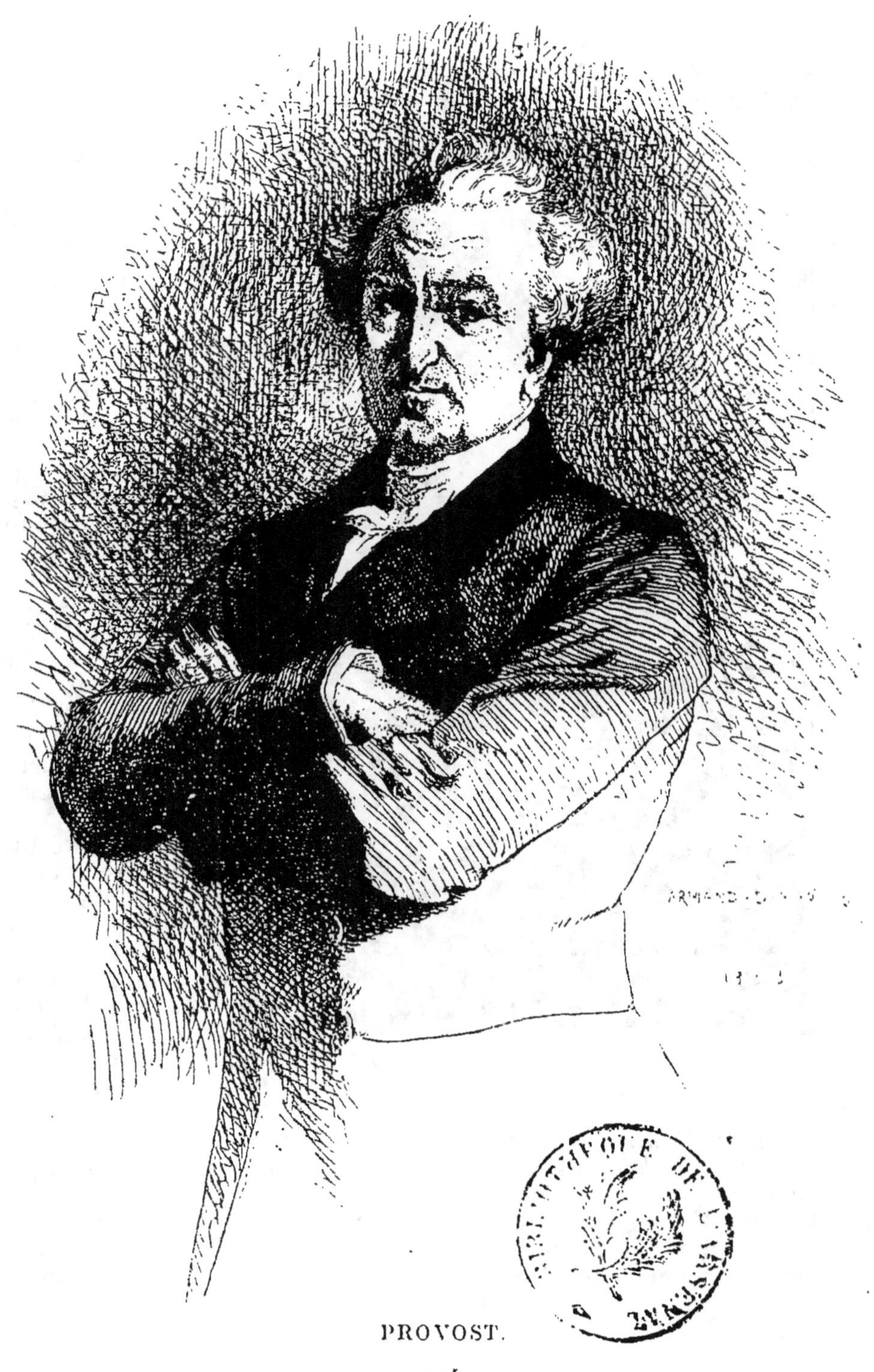

PROVOST.

— 115 —

le rôle d'*Orgon*, et s'y faisait très remarquer. Il lui fallut cependant attendre quatre années avant d'être nommé Sociétaire.

Le jeu scénique de Provost était, avant tout, naturel, simple, de goût exquis, d'extrême finesse, de variété sensible et de belle franchise.

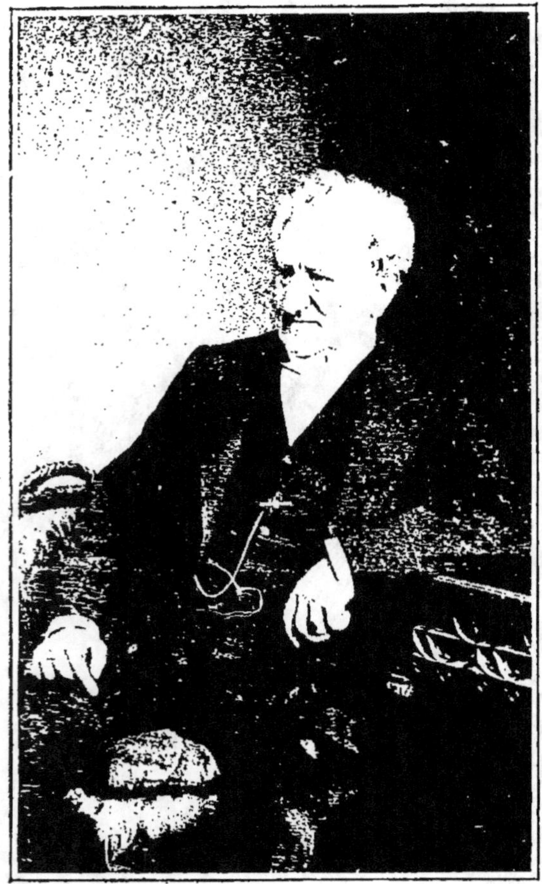

PROVOST.

Théophile Gautier a écrit : « C'est un grand, un très grand acteur que Provost !... Quel naturel ! quelle bonhomie et en même temps quelle finesse ! »

Provost joua et créa, d'admirable manière, plus de deux cents rôles à la Comédie-Française. Toute l'ancienne comédie, le haut répertoire étaient incarnés en lui.

Il sut conquérir tous les suffrages dans *Arnolphe*, peut-être le rôle le plus difficile, le plus complexe qu'ait enfanté le génie de Molière, et dans lequel les plus grands comédiens se sont jusqu'ici trompés. Qui donc le jouera ?... Molière le vécut.

Je dois citer parmi ses créations, dans aucune desquelles nul ne l'a fait oublier, quelque remarquables qu'aient été ceux qui les ont repris : *Raymond Poisson*, dans *La Famille Poisson* ; *Van Buch*, dans *Il ne faut jurer de rien* ; *Montrichard*, dans *Bataille de Dames* ; *Le Bonhomme Jadis* ; *Maréchal*, dans *Le Fils de Giboyer* ; le *Marquis de Rouillé*, dans *Par droit de conquête* ; le *Baron*, dans *On ne badine pas avec l'amour*. Il joua *Poirier* avec succès, mais en ce personnage il représentait plutôt le grand manufacturier que le bonhomme de la rue des Bourdonnais, peinture exacte du bourgeois de Louis-Philippe.

Il mourut à Paris, le 26 décembre 1869. La Comédie-Française ce jour-là mit un crêpe.

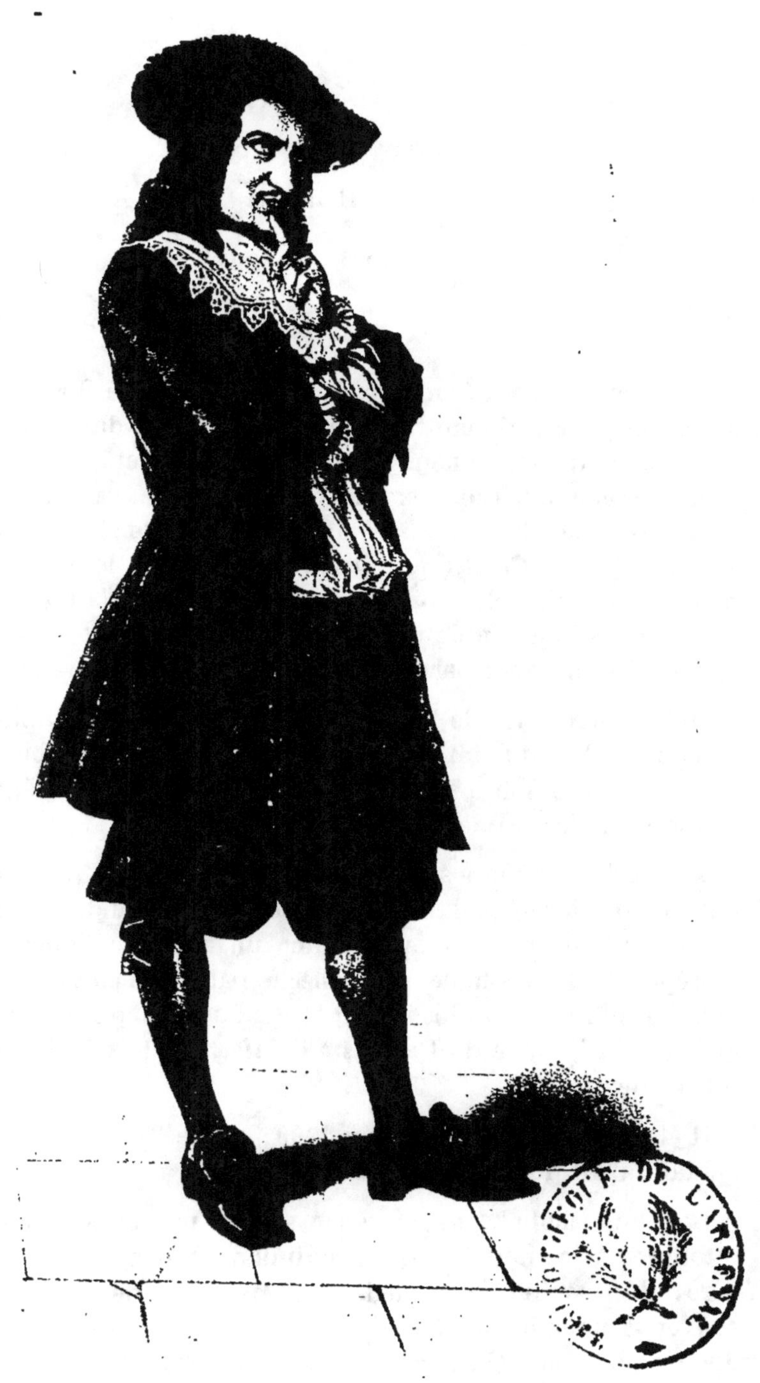

PROVOST.
Rôle d'Arnolphe.

CHOLLET

(1798 — 1892)

Si le bon Dieu eut écouté les doléances de l'abbé Bossu, nous posséderions peut-être maintenant un saint de plus dans le calendrier : saint Chollet; comme nous avons saint Serbonnet, saint Paterne et saint Apollinaire. Car l'excellent abbé Bossu avait en son église de Saint-Eustache, comme maître de chapelle, le père de *Jean-Baptiste-Pierre Chollet* : et, jusqu'à douze ans, le jeune homme, doué d'une très jolie voix, façonnée par l'organiste paternel, fut retenu dans l'ambon de l'église, où sa voix timbrée et charmante se faisait remarquer parmi celles de ses petits camarades.

Mais le bon Dieu de l'abbé Bossu fut contraint de faiblir devant le bon Diable qu'était un des chantres de sa paroisse, lequel cumulait cet emploi pseudo-ecclésiastique avec l'emploi profane de choriste au théâtre des Italiens.

Ce choriste confia à son cher Maître de chapelle que le directeur du théâtre sur lequel il exerçait le soir, demandait partout un enfant intelligent, qui pût chanter un air, dans l'opéra en cours de répétitions. M. Chollet père, alléché par le « cachet de dix francs » que l'on offrait à son fils, céda; et l'enfant, malgré les objurgations du bon abbé, passa du Paradis à l'Enfer, où, le soir de son début, il fut fêté et bissé.

Il était né à Paris, le 20 mai 1798 ; or, ceci se passait en 1810, l'enfant avait donc douze ans.

Le jeune Chollet, grisé par son succès, ne voulut à aucun prix retourner à la maîtrise, que continuait à diriger son honorable père ; il fit si bien des pieds, des mains et de la langue, qu'il convertit madame sa mère à ses dévotions; et que par elle il obtint d'entrer dans une classe de chant du Conservatoire, où il remporta

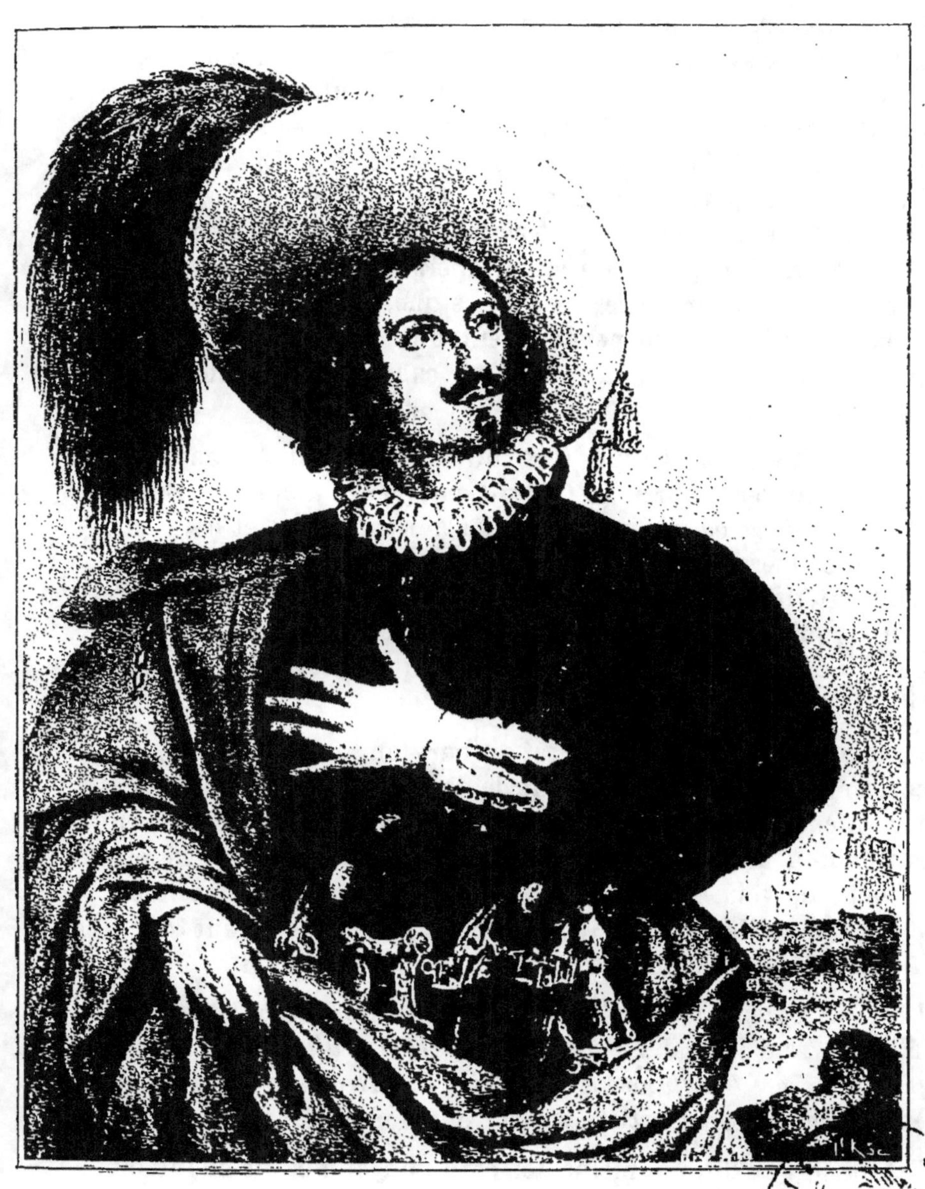

— 119 —

facilement et promptement les premiers prix de diction musicale et de solfège. A sa sortie de ce collège des Arts et « du Métier », il entra comme choriste au théâtre Feydeau, cumulant avec le titre de chantre à Saint-Germain-l'Auxerrois et celui de premier trombone dans la musique de la Garde nationale de sa section. En 1818, il se fit engager à Genève, sous le nom de Dome Chollet, et, pour se rompre à la scène, chanta les barytons en même temps que les ténors d'opéra-comique et de grand opéra, joua le vaudeville, le drame et même la tragédie; jusqu'à ce que, familiarisé avec tous les genres, il devint, indépendamment d'un violoniste distingué, d'un trombone *di primo cartello*, d'un chanteur merveilleux, un comédien exquis.

En 1823, il était au Havre. C'est du Havre, où il fut acclamé, qu'il vint débuter à Paris, à l'Opéra-Comique. *Le Chaperon rouge*, *La Fête du village voisin* furent pour lui des triomphes, et les vieux amateurs clamèrent que c'était « Martin ressuscité ». Mais un engagement antérieur le força d'abandonner Paris et d'aller à Bruxelles ; et ce n'est qu'en 1826 qu'il devint définitivement Pensionnaire, puis, en 1827, Sociétaire de l'Opéra-Comique, lequel à cette époque était administré par le régime du Sociétariat.

Sa voix, qui tenait du ténor et du baryton, avait beaucoup de force, en même temps que beaucoup de douceur. Il vocalisait comme une chanteuse très légère, et il abusait souvent de cette facilité, en substituant à la belle simplicité d'une phrase musicale, ses jets étincelants de voix, ses trilles et ses roulades, au très grand désespoir des compositeurs. Mais Chollet était « pour l'effet avant tout ». Ce fut toujours ce qu'on lui reprocha.

Il fut le créateur inoubliable de *Marie* et de *Zampa*, ces deux chefs-d'œuvre d'Hérold. *La Fiancée*, *Les Deux Nuits*, *Fra Diavolo* *Le Postillon de Longjumeau*, *L'Éclair*, *Le Brasseur de Preston* furent, pour l'éminent artiste, autant de triomphes.

C'était, je l'ai dit, en même temps qu'un admirable chanteur, un très excellent comédien.

Retiré à Nemours, il mourut le 10 janvier 1892. Il y vivait en la charmante compagnie de Geffroy, d'Adolphe Dupuis et de Bressant.

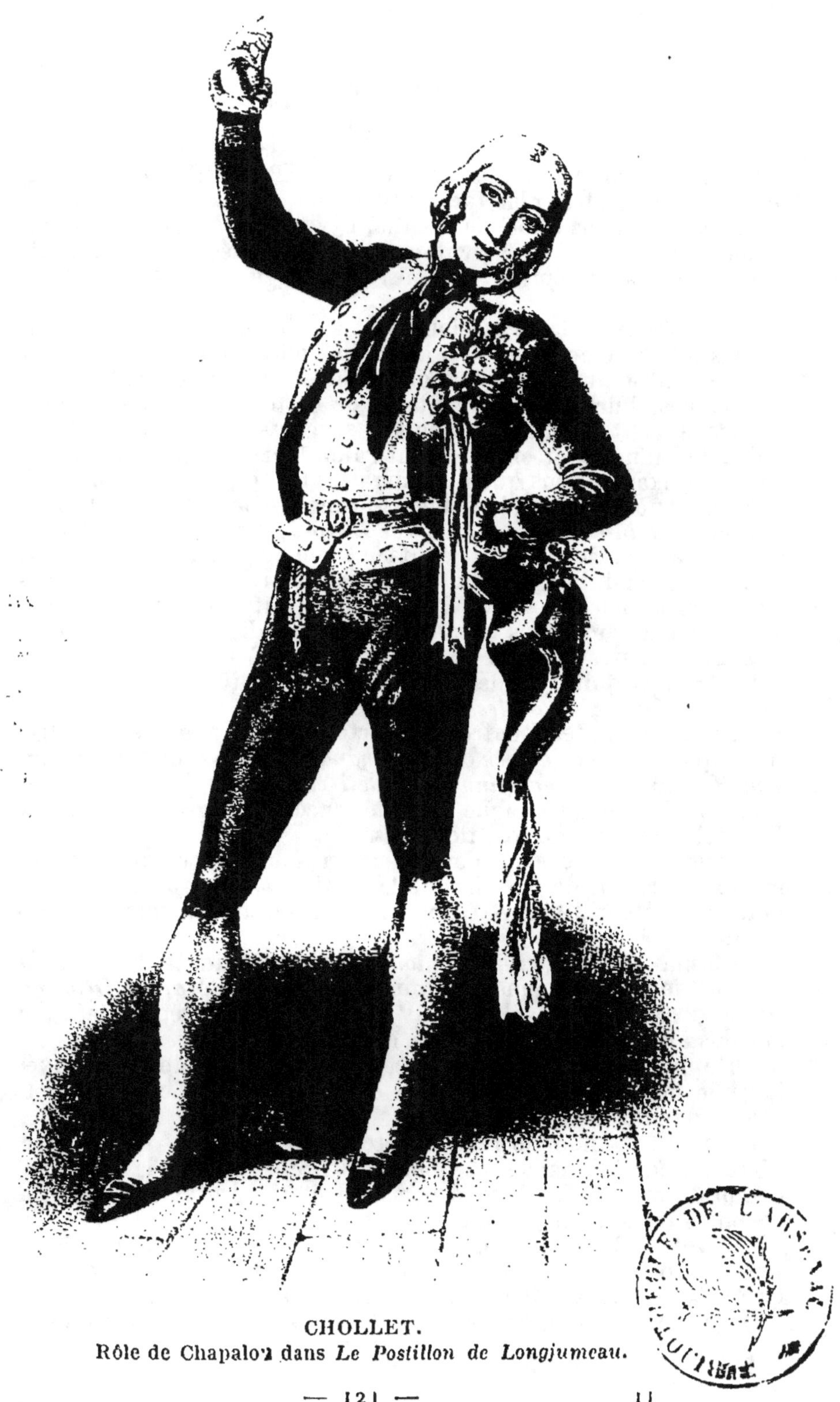

CHOLLET.
Rôle de Chapalou dans *Le Postillon de Longjumeau*.

BOCAGE

(1799 — 1863)

Le 11 novembre 1799, naissait à Rouen *Pierre-François Touzé*, qui devait s'illustrer plus tard sous le nom de *Bocage*.

Ouvrier cardeur, affolé de théâtre, il vint à Paris et tenta vainement d'entrer au Conservatoire. Repoussé, découragé, il se fit tour à tour garçon épicier, commis, et employé au greffe d'un Conseil de guerre.

Ces différentes places lui donnaient à peine de quoi vivre ; mais sur ses minces émoluments, il trouvait le moyen d'économiser pour aller entendre, aux poulaillers des théâtres de drames, les acteurs boursouflés, hurleurs et trépidants de cette époque. Cependant, de temps en temps, il parvenait à se glisser à la claque de la Comédie-Française et, en entendant Talma, Firmin, Michot, se corrigeait des exagérations que lui inspiraient les acteurs du boulevard.

Il parvint à débuter à la Comédie-Française, le 24 juin 1821, dans le rôle de *Saint-Alme*, de *L'Abbé de L'Épée ;* mais, jugé insuffisant, il se rejeta sur l'Odéon, où il débuta le 4 mai 1822, dans *Le Menteur.*

Là, il se maintint, et Maurice Alhoy écrit en 1824, à propos d'une reprise de *Béverley :* « Bocage mériterait souvent qu'il y eût quelques amateurs dans la salle, pour applaudir à son ton décent et à ses manières aisées ».

En 1829, il quitte l'Odéon et vient à la Gaîté créer le rôle de *Sir Jack*, dans *Alice ou les Fossoyeurs écossais.*

L'année suivante, il entre à la Porte-Saint-Martin et se fait très remarquer dans le *Shylock* du *Marchand de Venise,* et dans le *Sergent Hubert,* de *Schœnbrunn et Sainte-Hélène.*

Alors s'affirma, quoique discuté encore, le grand talent de Bocage, et la série de ses triomphes.

J'écris : discuté, car, pendant qu'un critique le dépeignait « le plus intrépide brûleur de planches de la capitale », un autre — et cet autre était Henri Heine — écrivait : « Bocage !... beau comme Apollon ».

Le 3 mai 1831, il créait *Antony,* où il fut inimitable ; puis, le 11 août de la même année, l'admirable *Didier* de *Marion Delorme.* Enfin le 29 mai 1832, il mettait le comble à sa réputation, par la colossale création de *Buridan,* dans *La Tour de Nesle.*

Théophile Gautier a dit de Bocage : « Il luttait de talent avec le génie de Frédérick, la passion de Mme Dorval, et la majesté épique de Mlle Georges ».

Bocage fut l'homme rêvé et accompli de l'école romantique. C'était la fatalité dans *Antony* et dans *Didier.* C'était la pure évocation du moyen âge dans *Buridan.* Il était âpre et amer, fébrile et puissant, doux et terrible.

Il revint à l'Odéon, comme acteur d'abord, puis comme directeur. Sa direction ne fut pas heureuse. Sa dernière création a été, en 1862, *Les Beaux Messieurs de Bois-Doré,* à l'Ambigu.

Il mourut très pauvre, très plaint, peu secouru, le 30 août 1863.

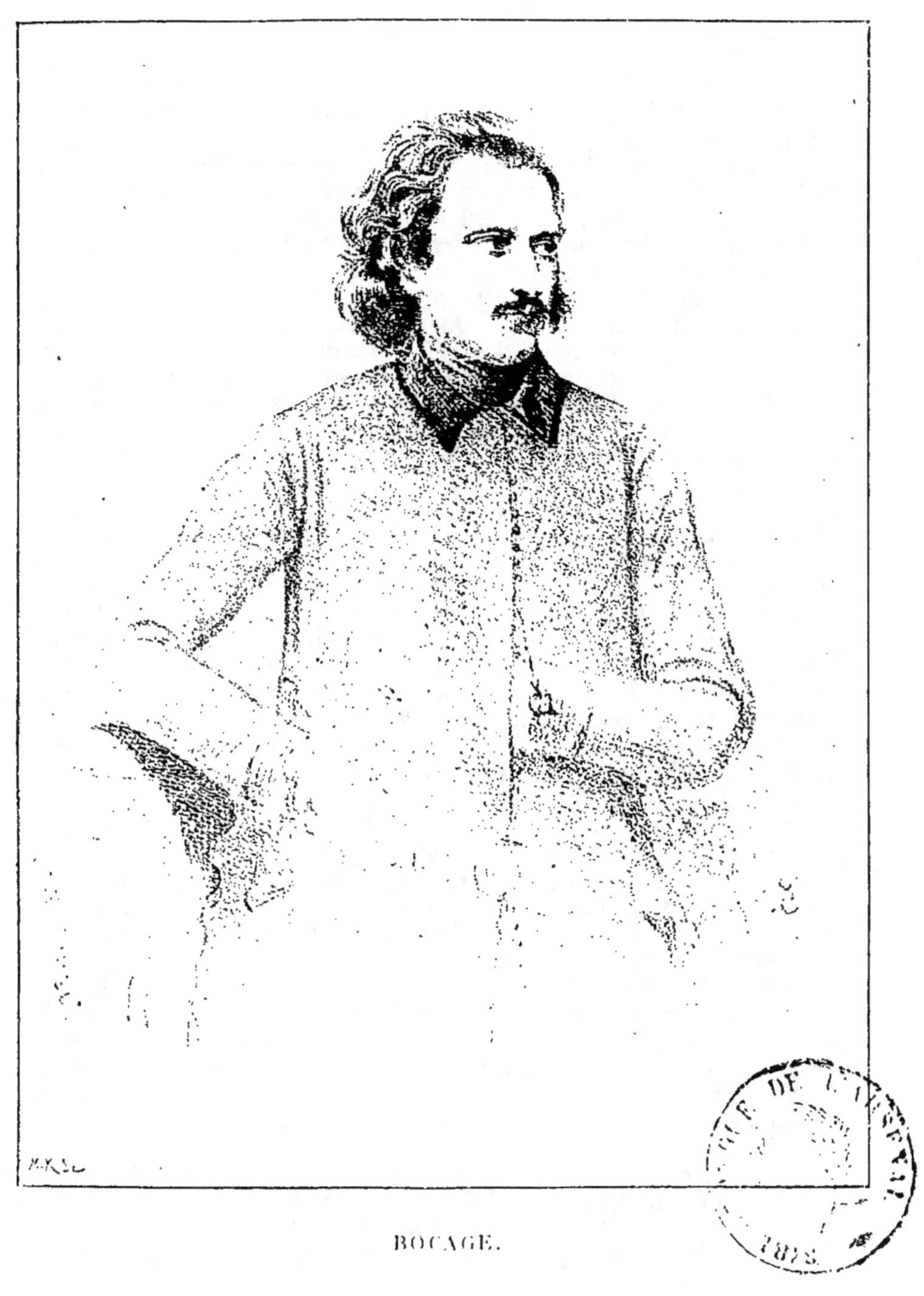

BOCAGE.

HENRI MONNIER

(1799—1877)

Qu'est-ce qu'*Henri Monnier?*... C'est *Joseph Prudhomme.*
Qu'est-ce que *Joseph Prudhomme?*... C'est *Henri Monnier.* L'un ne
va pas sans l'autre, parce que l'autre ne va pas sans l'un. Si vous
demandiez à Henri Monnier : « Comme quoi êtes-vous entré au Ministère de la Justice ? » il vous répondait : « Comme dans du beurre ! »
— Si vous demandiez à Joseph Prudhomme : « Qu'est-ce que ce
sabre que vous brandissez ainsi? » il vous répondait : « Ce sabre
est le plus beau jour de ma vie ! »

Et, pourtant, quel artiste surprenant ! Quel dessinateur spirituel ! Quel écrivain mordant ! Quel humoriste ! Quel comédien fantaisiste que ce bourgeois de 1810, né « de parents pauvres mais
honnêtes », selon sa propre expression, qui depuis a fait fortune.

Cette naissance s'est produite en 1799, bien qu'il ait déclaré,
dans une biographie de lui, écrite par lui, être né « à Paris, rue de
la Madeleine, 31, un an juste après la proclamation de l'Empire ».

Cette biographie, qui date de 1854, prouve qu'Henri Monnier,
âgé de cinquante-cinq ans, avait encore des prétentions à la
presque jeunesse, et n'en voulait paraître que quarante-neuf.

Après avoir été clerc de notaire et comptable au Ministère de la
Marine, il entra comme élève dans l'atelier de Girodet ; et, tout en
partageant son temps entre le ministère, qui lui fournissait la pâ-
ture journalière, et l'atelier du célèbre peintre, qui lui enseignait
l'art du crayon, il arriva ainsi jusqu'à 1824, en l'aimable et fantaisiste compagnie de Charlet, qui enregistrait les naissances à la
mairie du IIᵉ arrondissement ; de Pigale, qui était petit commis
au Ministère de l'Instruction publique ; de Bellangé, qui accu-
mulait des additions chez un banquier ; de Meissonier, qui pesait
de la mélasse chez un épicier de la rue Saint-Denis ; voire même
d'Horace Vernet, qui continuait en l'art de peindre, la grande
réputation de son père et de son grand-père.

C'est à cette époque qu'Henri Monnier traduisit, par la force
spirituelle de son crayon : *Les Mœurs administratives* et *Les Grisettes ;* et que, le premier, il illustra les *Chansons* de Béranger
d'adorables dessins, puis les *Fables* de La Fontaine.

Alors, doué d'une verve sarcastique absolument outrancière, il
se mit à écrire des *Scènes populaires,* réunies pour la première fois
en un volume édité en 1830. Dans ces scènes parurent son colossal
Jean Hiroux, son inénarrable *Voyage en diligence,* son célèbre
Roman chez la Portière, qu'il devait transporter par la suite au
théâtre, son épique *Madame Desjardins* et son impérissable *Joseph
Prudhomme.*

Étienne Arago était alors directeur du Vaudeville. Henri Monnier,
qui était lié d'amitié avec lui, l'alla trouver et lui proposa de jouer
une pièce dont il était l'auteur, mais qu'il avait fait arranger par
Brazier ; pièce dans laquelle lui, Monnier, remplirait cinq rôles dif-

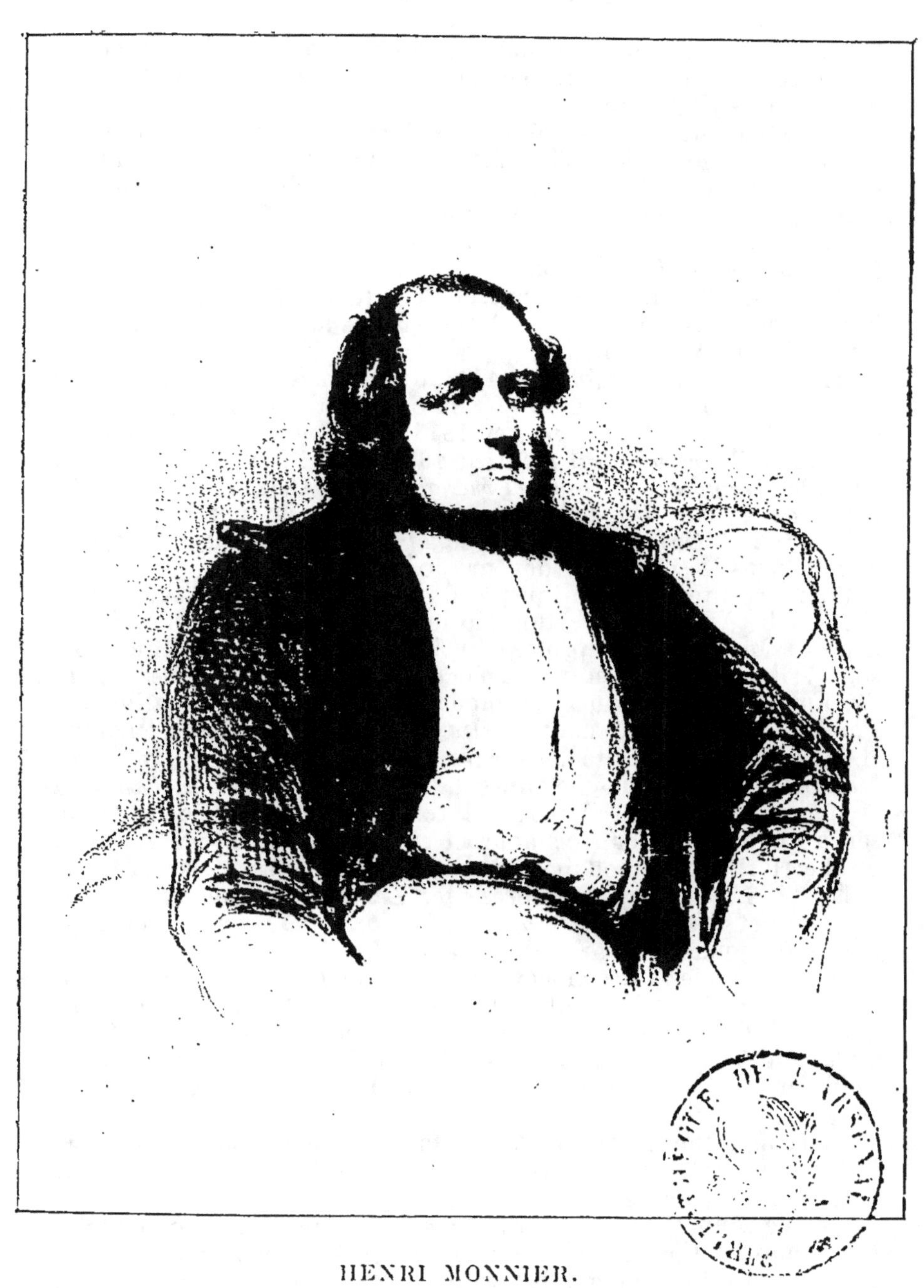

HENRI MONNIER.

férents : un jeune homme naïf, un vieux beau, un marchand de bestiaux, une vieille bavarde et son immortel Joseph Prudhomme, devenu déjà populaire.

Arago accepta et Henri Monnier débuta comme comédien, dans sa *Famille improvisée*, le 5 juillet 1831, aux chaleureux applaudissements du Tout Paris artistique et littéraire de cette époque, en mal romantique d'esprit nouveau et d'œuvres colossales.

Il joua encore, mais avec succès amoindri, *Joseph Truber*, *Le Contrebandier* et *Le Courrier de la malle*.

Puis il partit pour la Province, la Belgique, se faisant son propre impresario, et représentant *Le Malade imaginaire*, joint à son mince répertoire du Vaudeville.

Il revint à Paris et publia, en 1835, de *Nouvelles scènes populaires;* en 1837, un roman : *Le Chevalier de Clermont;* en 1841, des *Scènes de la Ville et de la Campagne;* en 1845, *Un Voyage en Hollande;* en 1854, *Les Bourgeois de Paris;* en 1855, *Les Diseurs de riens;* en 1857. les *Mémoires de Joseph Prudhomme;* en 1862, *La Religion des Imbéciles* et *Les Bas-fonds de la Société;* je ne parle que pour mémoire de *L'Enfer de Joseph Prudhomme,* une amusante fantaisie, vendue sous le couvert et devenue fort rare.

Comme auteur dramatique, il fit encore jouer, en 1849, sur le théâtre des Variétés, direction Morin, *Les Compatriotes*, pièce dont il joua, sans succès, le principal rôle; puis. le 23 novembre 1852, son véritable chef-d'œuvre : *Grandeur et Décadence de Joseph Prudhomme*. Tout Paris courut le voir dans cette admirable création. Au Palais-Royal, en 1855, naquit à la scène *Le Roman chez la Portière*. Il fut étonnant de vérité dans le personnage de la portière, *Madame Desjardins*. En cette même année, *Le Bonheur de vivre aux champs*, à ce même théâtre du Palais-Royal; toujours en 1865, l'Odéon représenta une comédie en trois actes et en vers : *Peintres et Bourgeois*, qu'il écrivit avec la collaboration de Gustave Vaëz.

En 1856, il fit encore représenter *Les Métamorphoses de Chamoiseau;* et *Joseph Prudhomme chef de brigands*, comédie en trois actes, fut joué aux Variétés, en septembre 1860.

Henri Monnier fut beaucoup plus réputé, et cela à juste raison, comme caricaturiste et auteur humoristique que comme comédien; mais il fut néanmoins une de nos grandes physionomies théâtrales; et il ne pouvait qu'honorer le Panthéon artistique que nous publions, où toutes les gloires défuntes du théâtre passé sont présentées.

Une congestion cérébrale l'emporta de notre monde dans l'autre, le 3 janvier 1877. Il mourut pauvre, comme tous les comédiens de cette grande époque.

Qui ne connaît le fameux dilemme des épinards ? « Je n'aime pas les épinards; et je suis heureux de ne pas les aimer; parce que si je les aimais, j'en mangerais; or, comme je ne les aime pas, ça me serait désagréable. »

Tout Henri Monnier est là !

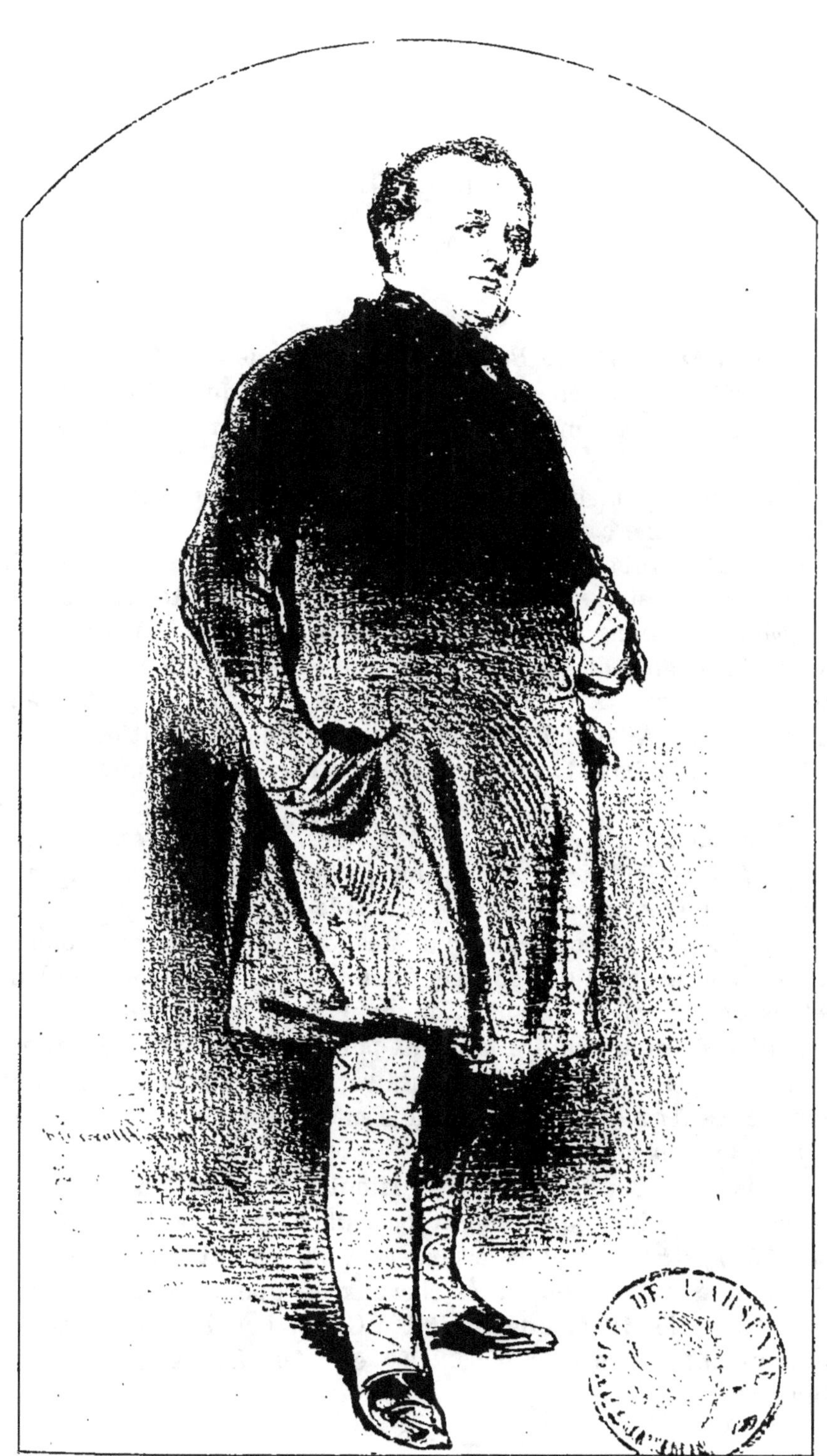

HENRI MONNIER.

BOUFFÉ

(1800 — 1888)

Hugues-Marie-Désiré Bouffé est né à Paris, le 4 septembre 1800.
Il a laissé des *Mémoires* intéressants, dans lesquels nous puisons
les utiles renseignements que nous allons fournir sur ce grand
comédien.

Bouffé joua pour la première fois chez Doyen, qui tenait un petit
théâtre, où s'exerçaient les amateurs.

En 1821, il fut engagé au Panorama-Dramatique, comme grande
utilité, à raison de 25 francs par mois, et débuta par le rôle
d'*Abou-Tahir* dans *Ismayl et Maryam*, le 14 avril. Son directeur,
Allaux, enchanté du jeune comédien, le mit, au bout de dix mois,
aux appointements de 600 francs par an; mais M. Chédel, ayant
succédé à M. Allaux, l'augmenta de nouveau et le fit grimper à
1,200 francs, puis à 1,500 francs, ce qui était un maximum en ce
théâtre.

Bouffé jouait des amoureux, des grimes, des tragiques, des grotesques, des sérieux; il alla même jusqu'à danser et à mimer le
rôle de la mère *Simonne* dans le ballet de *La Fille mal gardée.*

Brunet, alors directeur des Variétés, étant, certain soir, venu le
féliciter, lui proposa de l'engager à son théâtre; M. Chédel, voulant
retenir son acteur de prédilection, doubla ses appointements et le
mit à 3,000 francs, chiffre fabuleux pour une telle administration.

Mais, le 14 juillet 1823, le théâtre du Panorama-Dramatique
annonça sa fermeture, étant donné le manque de recettes; ce fut la
faillite, la débâcle.

Sur le pavé, Bouffé alla trouver Minotti Franconi, qui l'engagea
à son Cirque Olympique et le fit jouer dans *Les Pyrénées, Cadix*, et
Les Champs-Élysées. Mais le comédien ne pouvait demeurer longtemps dans ce théâtre, où les chevaux lui donnaient la réplique;
et, le 28 février 1824, il débutait à la Gaîté, dans *Le Cousin Ratine*,
aux appointements de 2,000, 2,200 et 2,300 francs, durant trois
années.

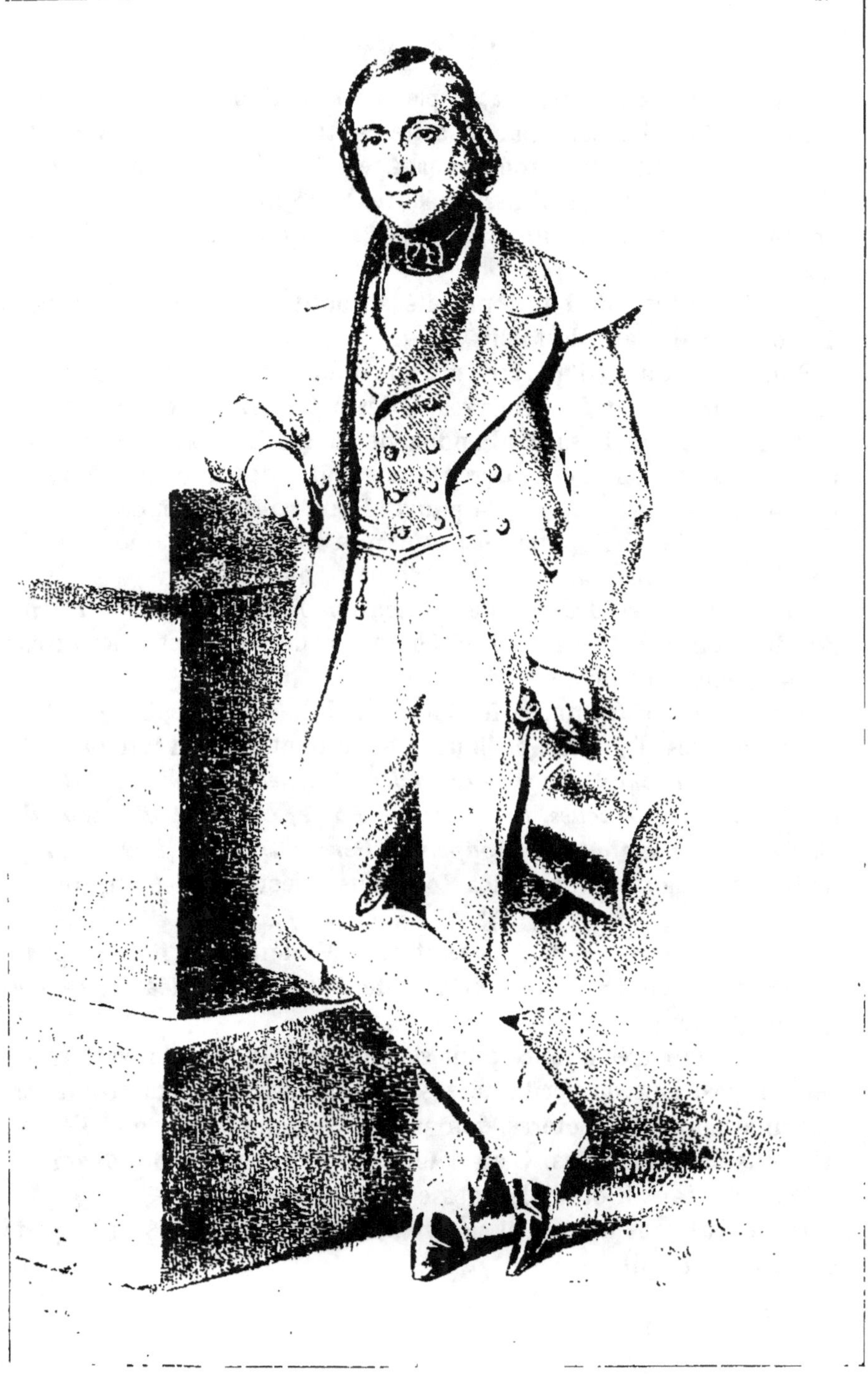

BOUFFÉ.

On construisait alors, sur la place de la Bourse, le théâtre des Nouveautés qui devint par la suite le théâtre du Vaudeville. Le directeur de ce nouveau théâtre engagea Bouffé aux appointements de 6,000 francs par an, et le fit débuter le 25 mai 1827 par les rôles de *Julien* dans *Le Débutant*, et de *Jacques* dans *Le Jeu de Cache-Cache*.

Je cite un trait de haute probité à l'actif de cet artiste de tant de cœur et de tant de talent.

Son père, ruiné, allait être mis en faillite, pour une somme de 18,660 francs. Bouffé s'engagea à désintéresser les créanciers, en six annuités, leur faisant abandon de la moitié de ses appointements. Les créanciers acceptèrent. Le théâtre des Nouveautés ayant fait de mauvaises affaires, le pauvre Bouffé dut suspendre le règlement des créanciers paternels, et ne put le continuer que lorsqu'il parvint à se faire engager au Gymnase, où il débuta le 16 avril 1831, par les rôles d'*Oscar* de *La Pension Bourgeoise*, et de *Rigaudin* dans *La Maison en Loterie*. Toutes les dettes paternelles furent intégralement acquittées.

Son succès au Gymnase fut énorme. Il fit à ce théâtre pendant douze années les plus brillantes et étonnantes créations : *Le Bouffon du Prince, Les Vieux Péchés, Michel Perrin, La Fille de l'avare, Pauvre Jacques, Le Gamin de Paris, Le Muet d'Ingouville, Clermont, Les Enfants de troupe, Le Père Turlututu, L'Oncle Baptiste*, et cinquante autres rôles, tous plus éclectiques les uns que les autres.

Le 5 novembre 1843, il entrait aux Variétés, où il triomphait encore jusqu'en 1848 ; puis il alla de théâtre en théâtre, remarquable partout.

Bouffé était très admiré pour son naturel exquis, la variété de ses compositions, la vérité de ses personnages, son exactitude des costumes et des caractères, son émotion communicative et l'étude des plus menus détails. C'était un talent qu'on eût dû examiner à la loupe, tant il était de finesse et de délicatesse.

Il mourut très honoré et pauvre, le 27 octobre 1888, à l'âge de quatre-vingt-huit ans.

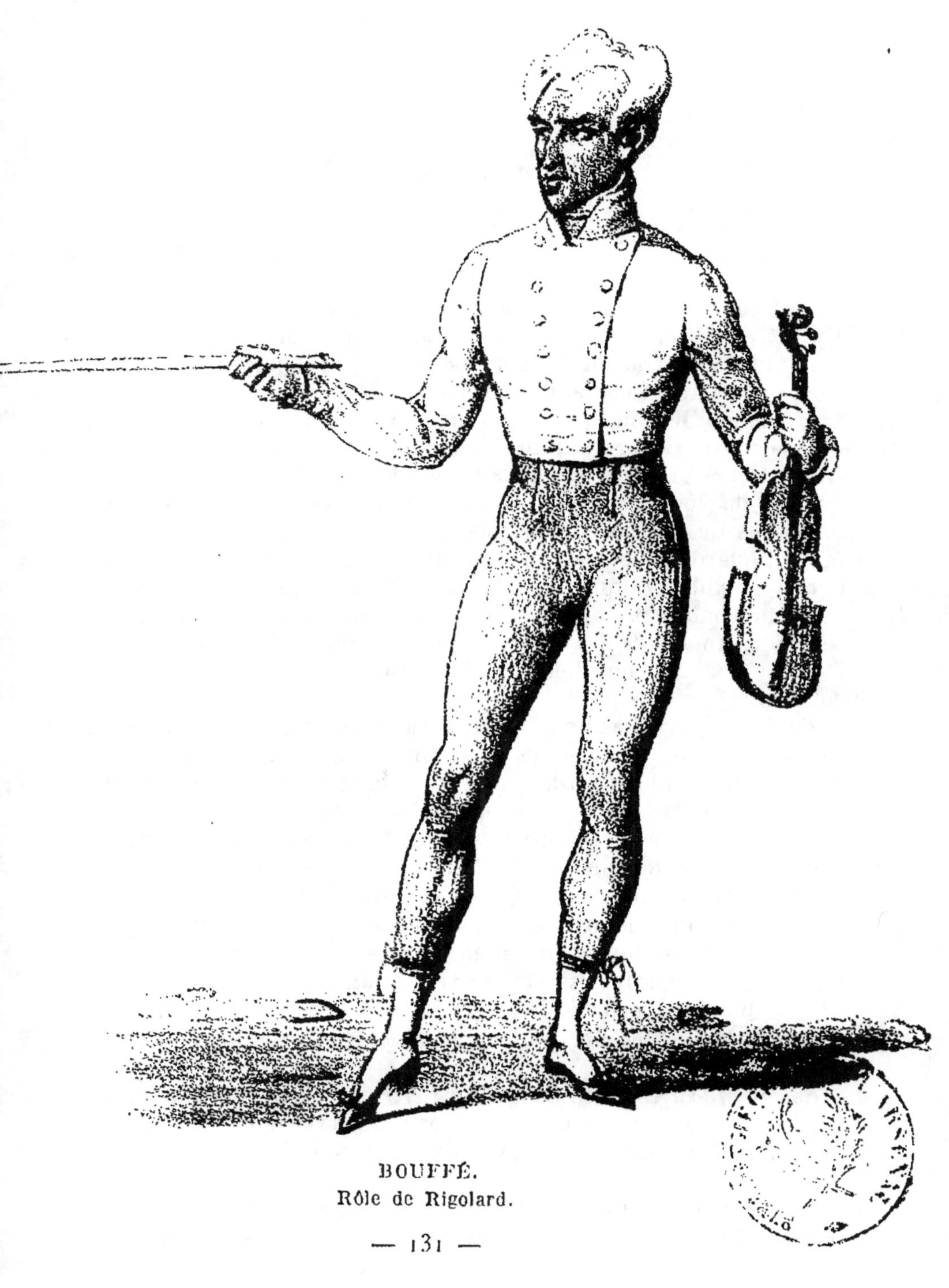

BOUFFÉ.
Rôle de Rigolard.

— 131 —

FRÉDÉRICK-LEMAITRE

(1800—1856)

Le 2 juillet 1823, un coup de tonnerre éclatait formidable, retentissant, déchirant la nue tranquille dans laquelle somnolait paisiblement l'art théâtral ; et l'éclair qui avait jailli, précédant l'explosion, enfantait un génie dramatique.

L'Ambigu du boulevard du Temple venait de donner ce soir-là un mélodrame énorme d'ineptie et de folle exagération, dont le titre était *L'Auberge des Adrets ;* et de cet amas de crimes, de larmes, de vociférations, de hurlements, et de sang giclant sous les coups de poignard, était sorti, rayonnant, un être hybride, fantastique dans le réel, insaisissable dans la fantaisie, comique dans l'horrible, cynique, extravagant d'inouïsme, non conçu par les fabricants habituels et ordinaires de l'époque, les Benjamin Antier, les Saint-Amant et les Paulyanthe, signataires de l'œuvre, mais inventé par un comédien de vingt-trois ans, inconnu la veille, colossal le lendemain.

Frédérick-Lemaître avait créé de toutes pièces *Robert Macaire,* ce type de l'impudence, de l'escroquerie, de l'adresse arrogante, dont s'empara plus tard le grand caricaturiste Daumier, pour satiriser les vices et les fourberies de son époque.

A vingt-trois ans — j'insiste sur cet âge, où le comédien hésite encore, tâte le terrain, tremble, babutie, — Frédérick-Lemaître, avec une audace incomparable, concevait, transformait un traître vulgaire et banal de mélodrame, un sinistre et bas coquin, appelant les trognons de pommes, en un mystificateur ardent, incisif, mordant, ridiculisant les gendarmes, comme Polichinelle les bat, et capable d'emporter le Diable au bout de sa trique plutôt que se laisser emporter par lui, comme ainsi qu'il est fait du double bossu.

Robert Macaire et son compaing *Bertrand* étaient nés immortels par la force de cette immense composition, germée dans le cerveau déséquilibré du démesuré comédien dont nous rapportons ici la mémoire.

Après avoir enfanté un *Robert Macaire,* se réveiller dans la casaque d'un *Ruy Blas,* en traversant les pourpoints, les habits et

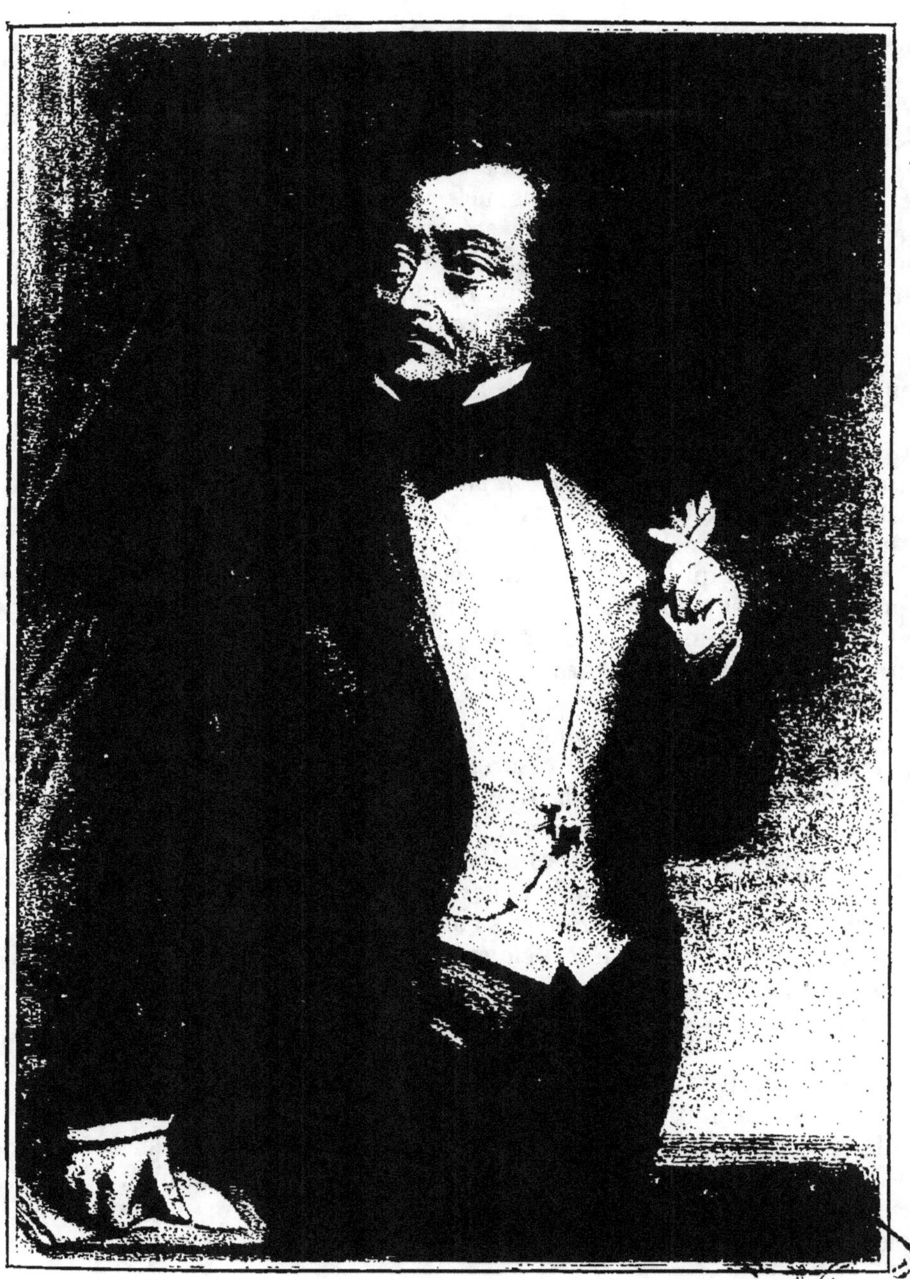

FRÉDÉRICK-LEMAITRE.

— 133 —

les loques d'*Edgard de Ravenswod, Cagliostro, Cardillac, Georges de Germany, Kean, Richard d'Arlington, Gennaro, Vautrin, Jacques Ferrand, Don César de Bazan, Toussaint Louverture, Tragaldabas*, en laissant même un peu de côté *Le Chiffonnier de Paris, Le Docteur noir, La Dame de Saint-Tropez, Le Vieux Caporal, Le Père Gachette,* et tant d'autres rôles dans lesquels des auteurs de talent et de génie rassemblaient, en vue de cet exceptionnel comédien, toutes les passions, toutes les bassesses, toutes les grandeurs, accumulaient toutes les difficultés, entassaient Pélion-*Faust* sur Ossa-*Paillasse*, ne peut-on pardonner beaucoup à ce puissant, à cet immense, à cet unique acteur de génie ses étrangetés et ses erreurs. S'il n'eût point eu ce désordre, eût-il eu ce génie?

Je vais vous dire maintenant qu'il est né au Havre le 21 juillet 1800, avec le siècle, d'un grand-père compositeur et d'un père architecte : *Lyre d'ivoire sur compas d'argent!* Qu'il avait été refusé à l'Odéon par tous les votants du Conservatoire, sauf un, *Talma!* Qu'il passa par les Variétés amusantes, les Funambules et le Cirque Olympique; et qu'à force de courbettes et de concessions, il força enfin les portes de cet Odéon tant désiré, lequel ne le comprit pas et le laissa s'enfuir au boulevard, à cet Ambigu méprisé, qui le fit grand, qui le fit incomparable, qui le fit triomphal, qui le fit le Seul.

Il alla à la Porte-Saint-Martin donner le frisson dans *La Vie d'un joueur;* aux Variétés, faire pleurer aux misères de sa pauvre âme d'acteur, dans *Kean;* à la Renaissance, terrifier et chanter ses admirables stances et plaintes d'amour de *Ruy Blas*. Et partout il fut terrible, admirable, superbe, grandiose, colossal, sublime.

On l'appela le *Talma du boulevard;* mais il fut aussi grand en son genre romantique que Talma en sa noble école classique. La maison de Corneille et de Molière l'éloigna toujours d'elle. Il était trop grand, il gênait. Une fois, cependant, il y entra, mais ne fit qu'y passer.

Talma avait la ligne, la correction, la noblesse; Frédérick-Lemaître avait le hors ligne, l'imprévu, l'âme, le génie de la fantaisie et de la haute envolée.

Il mourut, connaissant la très grande misère, le 16 janvier 1856. Victor Hugo prononça sur sa tombe des paroles inoubliables.

Une pensée de Victor Hugo est une richesse, un linceul de gloire.

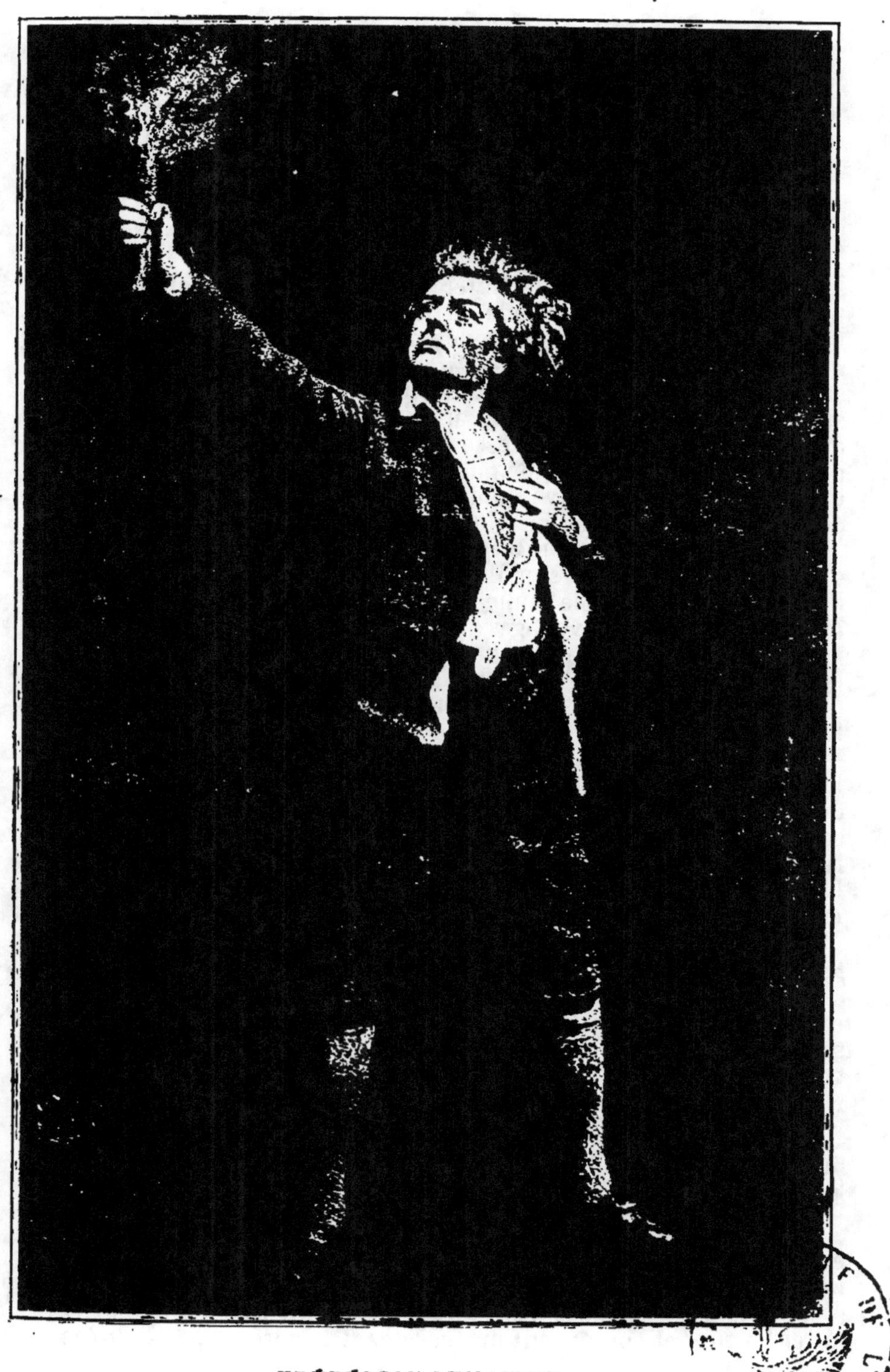

FRÉDÉRICK-LEMAITRE.
Rôle du Père Gachette.

— 135 —

LAFONT

(1801 — 1873)

Il y a à travers le monde, différentes sortes de distinctions. Berton père possédait une grande distinction d'officier en civil; Félix, la distinction d'un voyageur de commerce; Provost, celle d'un riche manufacturier; *Lafont, Pierre-Chéri*, né à Bordeaux, en 1801, possédait, lui, la véritable et haute distinction du grand seigneur. On eût mis une blouse ou une vareuse sur les épaules de Lafont, qu'immédiatement, à la finesse de ses attaches, au charme de sa parole, à ses allures, à sa démarche hautaine, sans être un instant impertinente, à l'excessive noblesse de son regard, il eût été facile de reconnaître l'homme du monde en rupture d'habit noir.

Son père, très honorable commissaire-priseur de Bordeaux, avait voulu faire de M. son fils un disciple d'Hippocrate et de Galien. En conséquence, le jeune homme fit, en qualité d'élève-médecin de marine, trois voyages au long cours, dont deux aux Indes.

A vingt ans, rejetant la thérapeutique et la diagnose, il prit la diligence pour Paris et vint se faire admettre au Conservatoire, dans une des classes de chant; car le jeune Lafont possédait une fort jolie voix de haute-contre.

Il joua en amateur, chez Doyen, où s'exerçaient alors tous les jeunes gens épris d'art dramatique. Désaugiers, qui était directeur du Vaudeville, alors situé dans la rue de Chartres — ceci se passait en 1822, — l'engagea pour remplacer Gonthier, artiste très réputé, qui abandonnait la profession — disait-il à qui voulait l'entendre — mais qui, en réalité, changeait de direction, et par conséquent de directeur.

Les débuts de Lafont se firent dans *Rodolphe* et dans *Léonide ou la Vieille de Suresne*. Ils furent très remarqués.

Sa distinction native, sa jolie voix pour chanter rondeaux et couplets, ses manières séduisantes, sa finesse à lancer le mot, sa légèreté d'allure, sa figure gracieuse, avenante, souriante, lui conquirent toutes les faveurs. Il devint le héros du jour. Il fut surtout « l'enfant chéri des dames », dans *Charles*, des *Deux Cousines*; *Bellerose*, de *Madame Grégoire*; *Rosembert*, de *Faublas*; *Austerlitz*, de *Catherine ou la Croix d'Or*; *Pierre Marteau*, d'*André*; *Jean Dubarry*, de *Madame Dubarry*; *Pierre Lerouge*, et vingt autres pièces dont il fit le succès.

En 1829, étant allé donner des représentations à Londres, il épousa sa compagne de voyage, la jolie Jenny Colon, une camarade du Vaudeville, actrice de beaucoup de talent elle-même.

De retour en France, les nouveaux mariés se regardèrent, se mirent à rire, et comprirent mutuellement la sottise qu'ils avaient

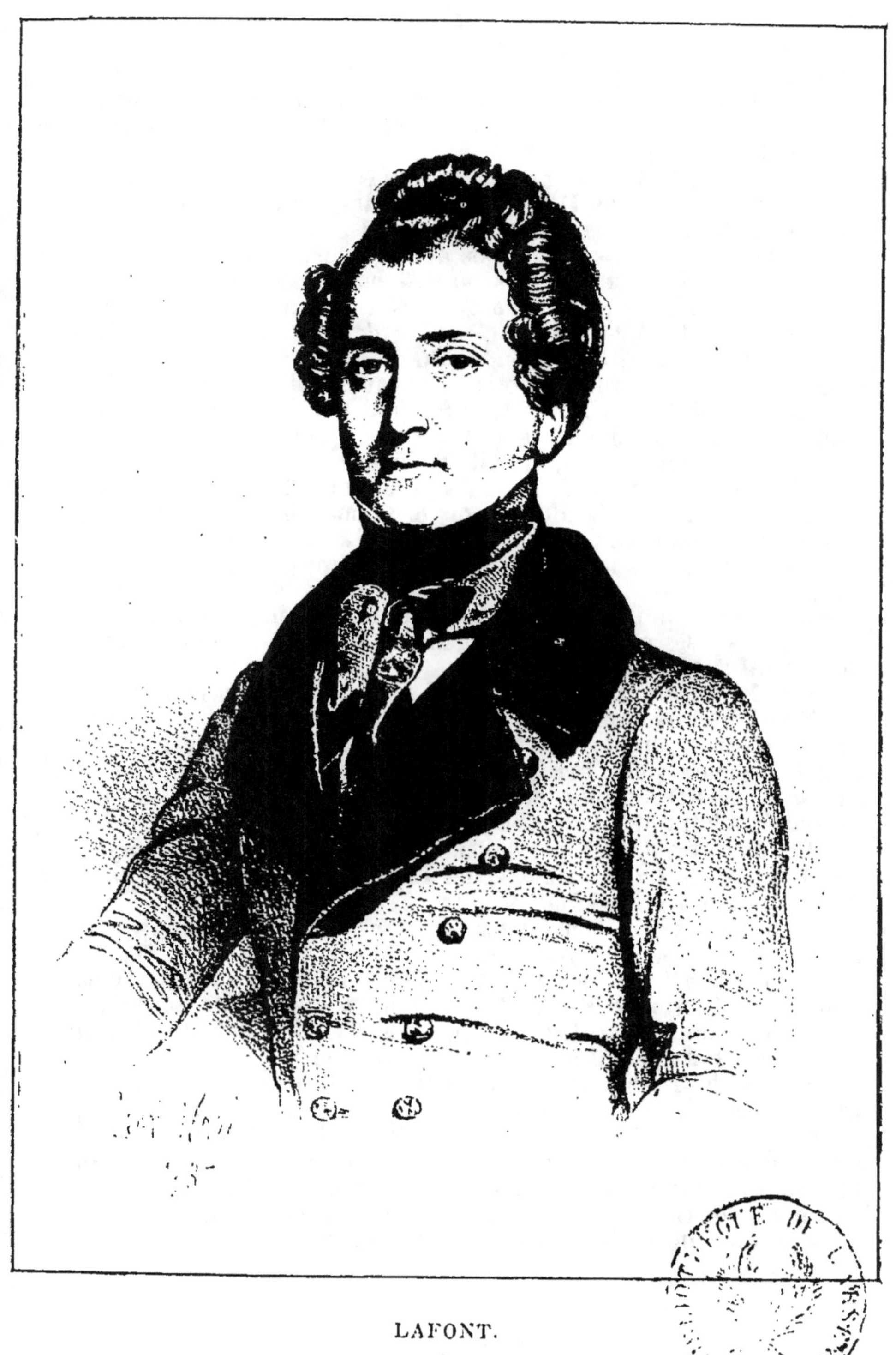

LAFONT.

— 137 —

commise de s'unir pour la vie. Ils firent, de commun accord et le plus joyeusement du monde, judiciairement annuler cette alliance contractée sous le régime de la seule loi anglaise, et se séparèrent en s'embrassant très fort.

En 1832, Lafont passa au Théâtre des Nouveautés, où il fit, aux côtés de Potier, Volnys, Dorval, Bouffé, Odry, Vernet, Mlle Déjazet et Mme Albert, de très brillantes créations.

Il revint au Vaudeville; puis, après l'incendie de ce gracieux théâtre, il entra aux Variétés où il débuta le 7 novembre 1839, sous la direction de M. Jouslin de la Salle, et il remplit les rôles du coiffeur *L'Amour* dans *Le Chevalier de Saint-Georges*, du *Marquis du Hochet*, dans *Une Coquette*, du *Chevalier du Guet*, et nombre d'autres, jusqu'en 1848, époque à laquelle il se remaria, très sérieusement cette fois, avec Mlle Pauline Leroux, une très habile danseuse, de l'Académie royale de musique, qui avait su remplacer, ce qui n'était point facile, la belle Taglioni.

Lafont ne reparut à Paris qu'en 1855, au Théâtre du Vaudeville de la Place de la Bourse, où, le 16 mai, il fit une très brillante rentrée dans *Le Chevalier du Guet* et *Le Lion empaillé*. Il cessa brusquement d'être le brillant et joyeux jeune premier qu'il avait été jusqu'alors pour devenir le premier rôle de comédie, l'homme assis et rassis, qu'il devint par la suite. Son talent se transforma. La cendre de ses cheveux avait affaibli la flamme de jeunesse, sans cependant l'éteindre.

En 1859, M. Montigny l'engagea à son théâtre du Gymnase, où le départ de Bressant et de Berton père avait laissé un grand vide. Lafont le combla. Le répertoire, au lieu de se porter vers les jeunes premiers rôles, héros d'amour, se reporta sur l'emploi des premiers rôles sceptiques, mordants, railleurs, toutes qualités que possédait admirablement le nouvel arrivant.

Et ce furent alors les merveilleuses créations du *Père Prodigue*, de *Montjoie*, de *La Perle noire*, des *Vieux garçons*, de *Monsieur de Camors*, de *Nos Bons villageois*, etc.

Il alla ensuite à la Gaîté créer *Germaine* d'Edmond About, puis à l'Ambigu, jouer *Le Centenaire* de d'Ennery.

Aussitôt après la Guerre de 1870, il était revenu au Vaudeville pour y représenter le rôle du Prince dans le *Rabagas* de Sardou.

Quand Lafont mourut, le 8 avril 1873, il était à l'apogée de son grand talent. Jamais il n'en avait eu davantage.

La Comédie-Française avait voulu se l'attacher, pendant ses grands succès du Gymnase; il refusa. Depuis, il a avoué qu'il avait eu peur d'entrer dans une maison « où tout était intrigue », et qu'il n'avait pas eu le courage d'affronter le péril. Ce fut peut-être un grand malheur pour la maison de Molière, mais à coup sûr une très bonne fortune pour les autres théâtres qu'il favorisa de sa présence et qu'il illumina de son talent étincelant.

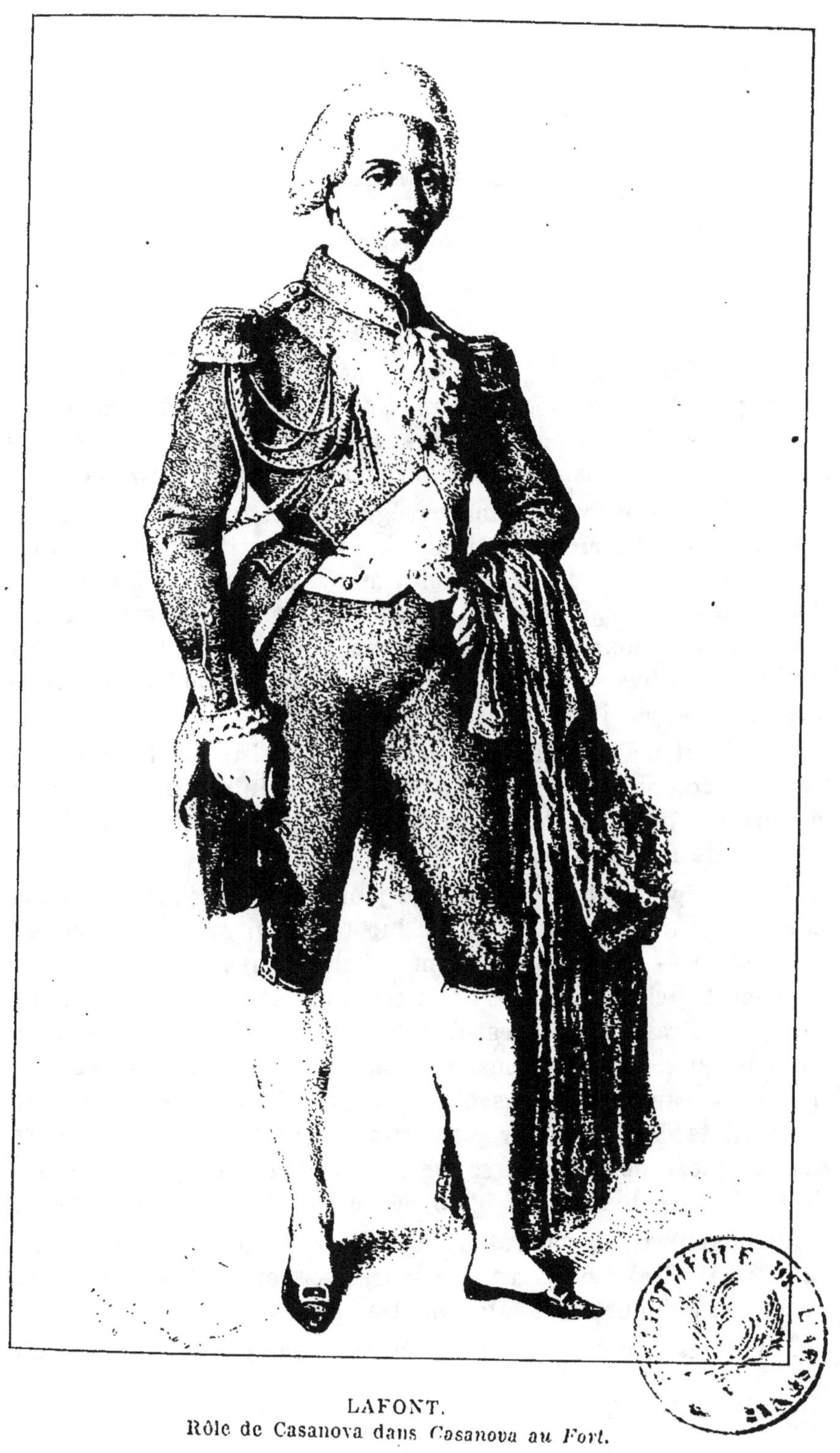

LAFONT.
Rôle de Casanova dans *Casanova au Fort.*

BEAUVALLET

(1801—1873)

C'est à Pithiviers, la patrie renommée des pâtés d'alouettes, que vit le jour, le 22 vendémiaire an X de la République française — 14 octobre 1801, vieux style — *Pierre-François Beauvallet,* le tragédien dont nous avons à traiter ici la notice biographique.

Son père était épicier, mais rougissait presque de l'être et ne voulait à aucun prix que son héritier présomptif le devînt. Aussi, le fit-il entrer chez un de ses amis, maître peintre en bâtiments, à Paris, dont le nom, grâce au jeune Beauvallet, est assez arrivé jusqu'à nous pour que nous puissions, à notre tour, le lancer aux oreilles attentives des populations actuelles. Cet entrepreneur de peinture s'appelait Drouard.

Il y avait un véritable tempérament d'artiste en Pierre-François, qui comprit de suite que la *grande* peinture de son maître n'était que de la *petite,* et qui se mit à étudier cette *petite,* dans l'atelier de Paul Delaroche.

A cette époque, tout ce qui était jeune, par conséquent ardent à concevoir, se passionnait pour la lutte littéraire; principalement au théâtre — où l'on pouvait manifester bruyamment — c'était un combat acharné entre l'école classique et l'école romantique. Le jeune Beauvallet — est-il utile de le dire? — était pour les Romantiques, qui commençaient à naître; et de ses poumons formidables, car de ce corps chétif et grêle sortait déjà la voix tonitruante dont il sut trop se servir plus tard, dans sa carrière dramatique, il déclamait avec rage, avec fureur, des pages entières de la *Corinne* de Mme de Staël, ou de l'*Atala* de Chateaubriand.

Il avait appris, en son entier, la médiocre tragédie de La Harpe : *Les Barmécides,* et en jetait les pauvres vers aux échos de tous les ateliers et guinguettes de Montmartre.

C'est ainsi qu'il se lia avec Casimir Delavigne, qui mettait

— 140 —

alors en vers *Les Vêpres Siciliennes,* et que le goût du théâtre naquit en notre jeune rapin.

Il se présenta au Conservatoire, dont les classes de déclamation étaient alors aux mains des professeurs Saint-Prix, Baptiste aîné, Lafon et Granger. Il les effraya par les éclats et la puissance de sa terrible voix, et ne fut accepté que par Saint-Prix qui, le

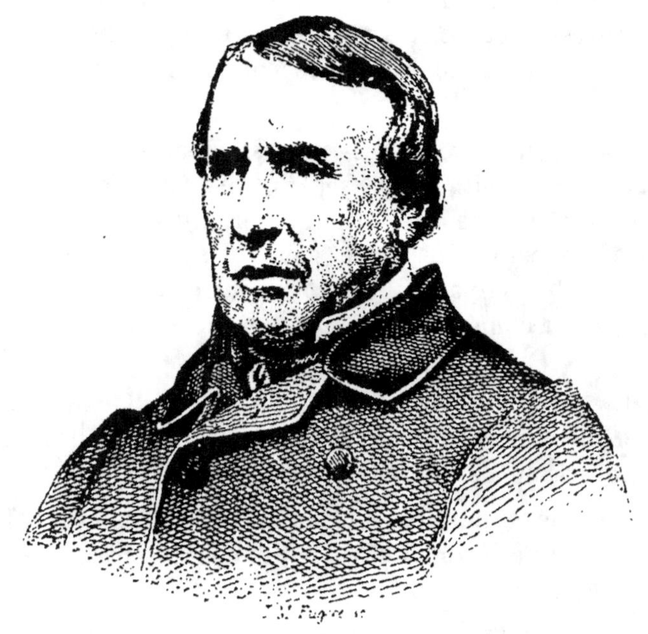

BEAUVALLET.

8 janvier 1822, l'admit comme auditeur dans sa classe, puis, le 18 juillet 1823, comme élève titulaire.

Étant passé de cette classe dans celle de Granger, le 9 août 1824, il obtenait un deuxième prix de tragédie.

Après s'être fait engager dans les théâtres, dits de banlieue, que dirigeaient alors les frères Seveste, son ami Casimir Delavigne parvint à le faire entrer à l'Odéon, où il lui fit créer, le 3 mai 1825, le rôle de *Montfort* dans *Les Vêpres Siciliennes,* rôle dans lequel Beauvallet obtint quelque succès.

Il parut ensuite dans *Tancrède*, la tragédie de Voltaire ; et Frédéric Soulié, gagné par la chaleur et la puissance d'organe de ce jeune homme, le réclama, pour lui faire jouer le rôle de *Tamerli*, dans sa pièce de *Roméo et Juliette*, qu'il faisait alors répéter, et dont la première représentation eut lieu le 10 juillet 1828.

Beauvallet fut une des causes principales du gros succès de cette œuvre contestée et contestable. Il sut triompher aux côtés de Ligier, que l'on considérait alors comme l'unique successeur de Talma.

L'Odéon ayant fermé ses portes, Beauvallet fut engagé à l'Ambigu et y débuta le 1er septembre 1828, par une reprise de *Cardillac*, mélodrame créé par Frédérick-Lemaître. Même après ce colosse d'excentricité et de génie, il sut s'y faire remarquer. Le 14 septembre suivant, il reprit un autre rôle également créé par le même grand comédien : *Bohermann*, de *Lisbeth ou La Fille du laboureur*.

Il resta deux années à ce théâtre de boulevard et fut enfin engagé à la Comédie-Française, où il débuta brillamment le 3 septembre 1830 dans l'*Hamlet* de Ducis.

Il fut nommé Sociétaire le 17 août 1835, après la très belle création qu'il fit d'un *Jacques Clément*, dans *Le Bachelier et le Théologien*, de d'Épagny.

Beauvallet était un Romantique, et Romantique à ce point, qu'à ses côtés Ligier devenait presque un Classique !

En 1839, il fut nommé professeur au Conservatoire. On connaît l'excentrique et brutale façon dont il enseignait. Il disait à l'une de ses élèves : « Mais nom de Dieu ! mademoiselle, foutez-moi donc un peu d'énergie, dans ces « Imprécations. »! Vous me faites l'effet d'une poire molle qui a à dévorer un tigre ! »

Rachel le haïssait, parce qu'exprès, jouant avec elle, il l'écrasait du tonnerre de sa voix, « quand dans la journée, disait-il, elle n'avait pas été sage ».

Il créa d'admirable façon : *Job*, dans *Les Burgraves; Angelo; Saltabadil*, dans *Le Roi s'amuse; Brute*, dans *Lucrèce*, de Ponsard ; *Pierre le Grand*, dans *La Czarine*, d'Hipp. Romand ; *Marat*, de

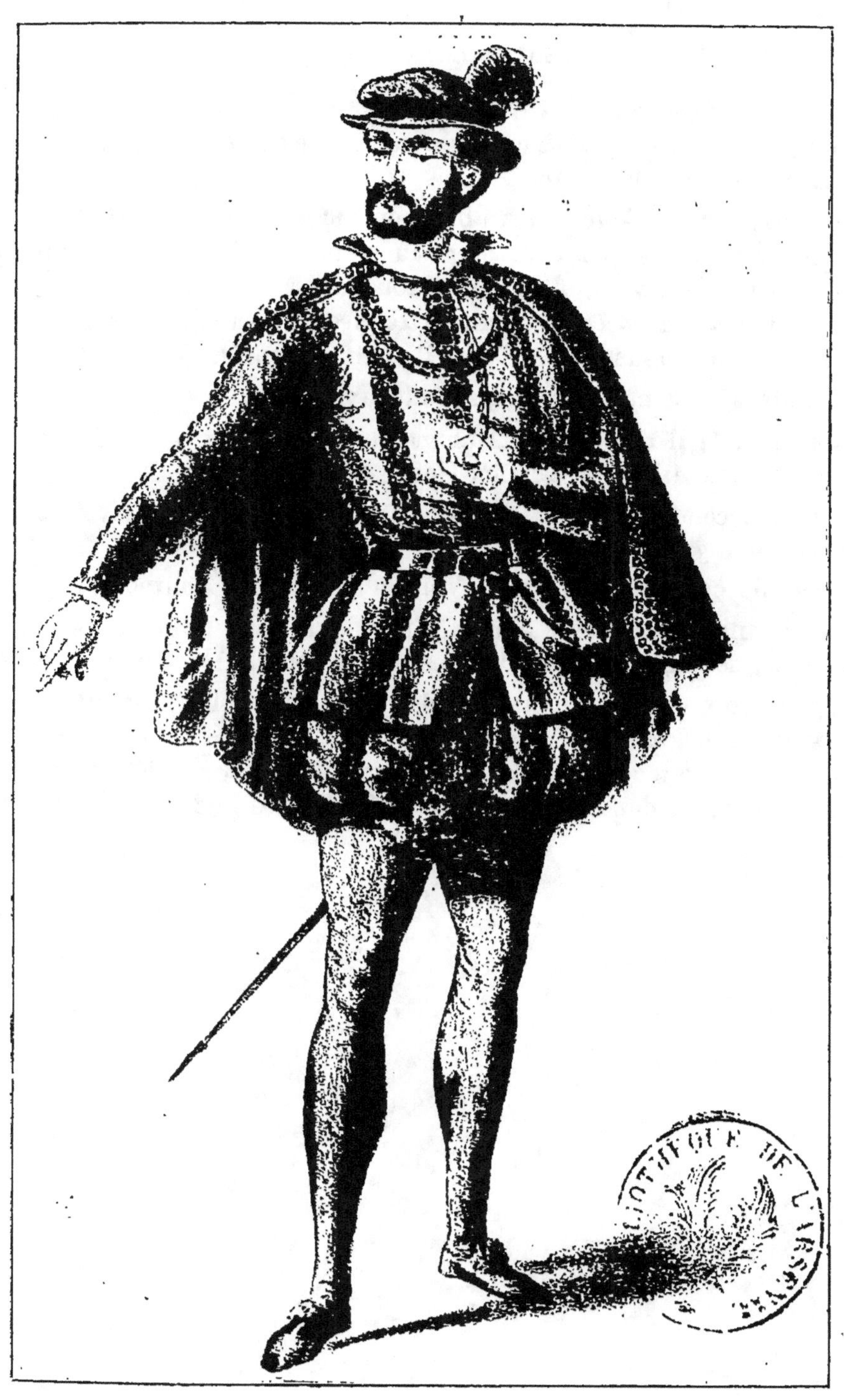

BEAUVALLET.
Rôle de Philippe II dans *Les Fils de Charles-Quint.*

Charlotte Corday ; Tyrrel, des *Enfants d'Édouard ; Yacoub,* de *Charles VII chez ses grands vassaux ; Aquila,* de *Catilina ; Mucarade,* de *L'Aventurière,* etc., etc.

Il écrivit et fit jouer à l'Ambigu, en 1829, *Caïn ;* en 1831, à la Comédie-Française, *La Prédiction ;* au même théâtre, en 1847, un *Robert Bruce,* en vers ; et en 1851, toujours à la noble Comédie, *Le Dernier des Abencérages.* Dans cette pièce il créa le rôle de *Bou-Hamet,* comme dans *Robert Bruce* il avait interprété *Rhonald.*

Il quitta la Comédie-Française le 1er avril 1861.

Cependant, il reparut à l'Ambigu, dans *La Mère et la Fille,* à l'Odéon dans *Athalie* et au Châtelet dans *Théodoros.*

Le 21 décembre 1873, il mourut dans sa maison de Passy, des suites d'une grave maladie.

Plein de cœur et d'esprit, il avait de redoutables boutades.

On connaît sa réponse à un fâcheux qui, dans le foyer de la Comédie, demandait : « Où donc est mademoiselle Rachel? »

De sa voix tonitruante, il répondit : « Ne la troublez pas ! mademoiselle Rachel est aux l... »

Le mot « water-closet », d'importation anglaise, ne s'était pas encore introduit dans le langage réservé de notre pudique France.

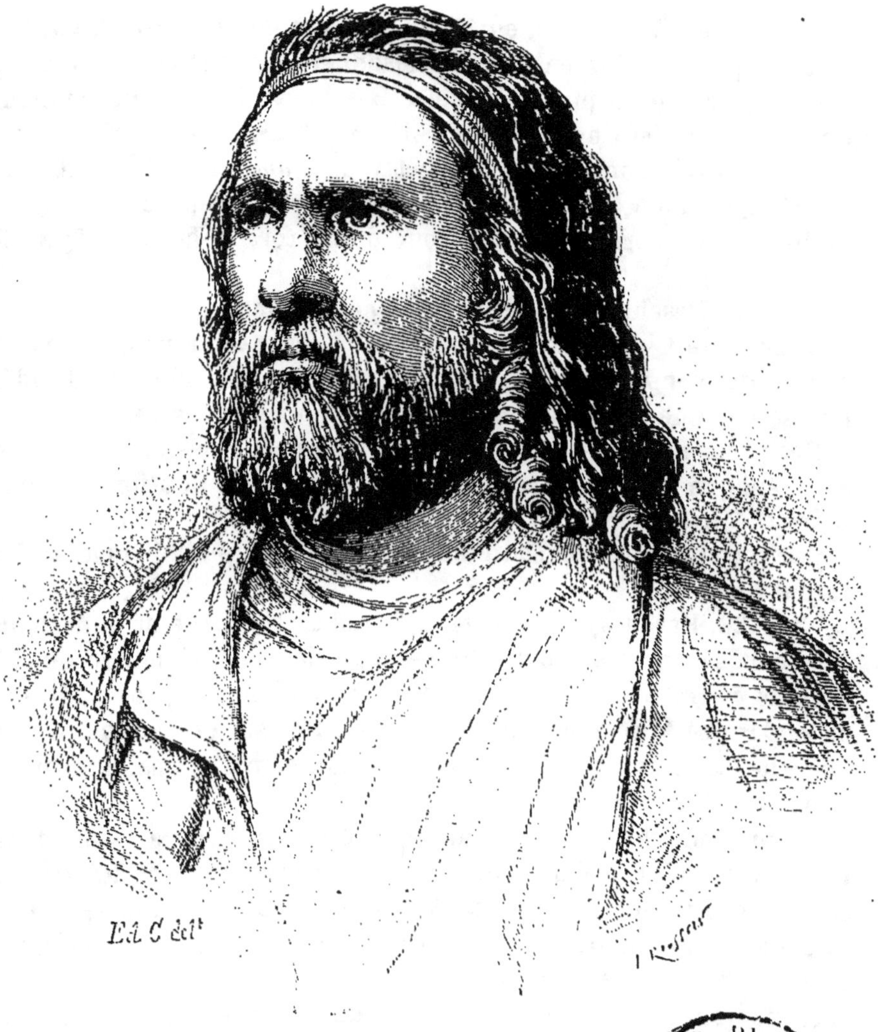

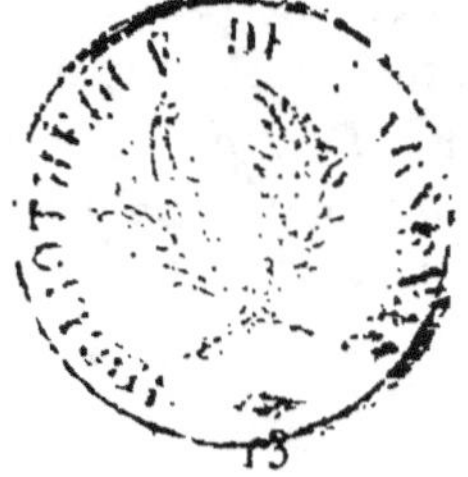

BEAUVALLET.

Dans *Théodoros.*

NUMA

(1802 — 1809)

Numa, né à Vincennes, en 1802, sous le nom de *Marc Beschefer,*
se tint, quand il fut en âge de raisonner, le monologue suivant :
« Au théâtre, je ne puis m'appeler Beschefer ; il me faut un nom
qui attire l'attention publique. *Marc* est trop court. Mon père,
sous la Révolution, avait pris celui de *Pompilius,* le confident
d'*Égérie,* la douce nymphe du Latium ; je vais prendre le nom, ou
plutôt la première partie du nom de ce roi de la mer Tyrrhé-
nienne. »

Et Marc Beschefer au théâtre s'appela Numa.

Il avait fait de bonnes études au Lycée Charlemagne, avait
essayé du commerce, tâté de la médecine, mais s'était décidé,
poussé par une « irrésistible vocation », pour le Théâtre.

Ses premiers pas — comme ceux d'une partie des comédiens de
cette époque — se firent chez Doyen, qui tenait boutique d'amateurs théâtriculants.

Ses seconds pas s'exécutèrent sur le Théâtre de Versailles. Ils
furent heureux.

En 1823, Perlet ayant quitté le Gymnase, le jeune et audacieux
Numa s'osa proposer pour tenir la place de ce comédien accompli.
Sans le remplacer, qui se trouve être ici mot impropre, il sut
cependant se faire remarquer par ses effets de pince-sans-rire et
l'excellence comique de sa diction nazillarde, mais impeccablement
juste.

On lui reprochait de jouer un peu trop aisément, les mains dans
les poches ; c'est ce qui, plus tard, le caractérisa, et lui donna
cette allure vraiment drolatique qui, tout en le faisant demeurer
fort naturel, donnait l'excentricité à son jeu sobre et à son débit
un peu empreint de monotonie.

Il fit, au Théâtre du Gymnase, de nombreuses et brillantes
créations, parmi lesquelles il faut citer : *Moiroud et Compagnie,*
La Demoiselle à marier, L'Ambassadeur, Geneviève ou la Jalousie
paternelle, La Protégée sans le savoir, L'Article 213, Madame de Cé-
rigny, Pinchon dans *Le Mariage de raison, Les Malheurs d'un amant*

heureux, Sans nom (une amusante parodie du genre romantique), *Maître Jean ou une Comédie à la Cour, Bocquet père et fils,* etc.

En 1850, il alla au Théâtre-Historique, d'Alexandre Dumas, et y créa : *La Chasse au Chastre, Le Chevalier d'Harmental.*

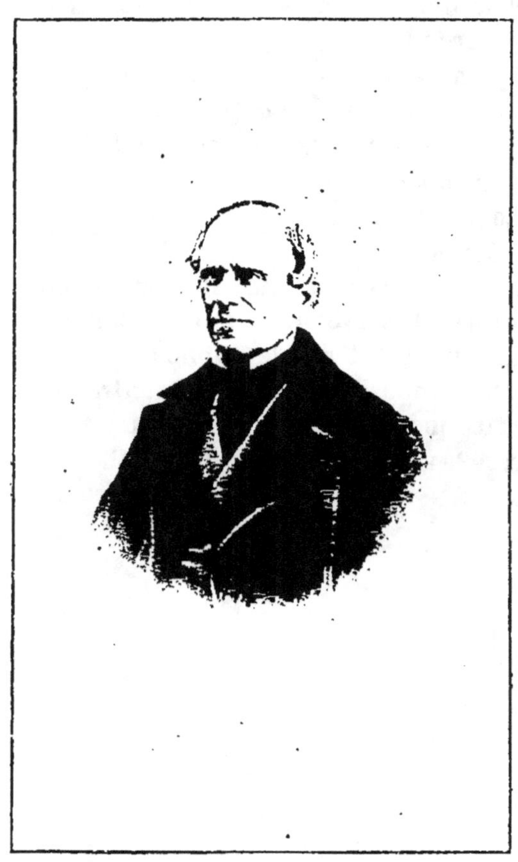

NUMA.

En 1853, il était aux côtés d'Arnal, au Théâtre des Variétés, et y jouait, en la compagnie du célèbre niais : *Un Ami acharné, Le Diable, Les Erreurs du bel âge, Le Massacre d'un Innocent,* etc.

Il passa au Vaudeville, et créa d'inoubliable façon le personnage de *Marécat,* dans *Nos Intimes.* Marécat, c'était Numa. Victorien

Sardou l'avait personnifié. Renfrogné, mécontent de tout, chafrogneux, victime de l'impitoyable sort, martyrisé par la manie de la persécution, tel était Marécat, tel était Numa ; car celui-ci apportait à la scène, de manière adorablement comique, sa nature grognonne et morose. Au Vaudeville encore, il fut très apprécié dans *Les Femmes fortes,* une autre très jolie comédie, trop oubliée, du maître Victorien Sardou.

En 1857, au Gymnase, il avait su mettre hors pair, dans la belle pièce d'Alexandre Dumas fils, *La Question d'argent,* le rôle de *Durieu ;* il y avait apporté toutes ses fines qualités de remarquable comédien et d'admirable diseur.

En 1864, sur ce même théâtre, il joua en très grand artiste — qu'il était — le rôle de *Vaubernier,* dans *Un Ménage en ville.*

Sa fort remarquable façon de jouer la comédie ou le vaudeville était toute de naturel. Il semblait ne faire aucun effort pour que le mot lancé par lui portât sur le public et produisît son effet. Dans *Geneviève,* au Gymnase, il avait su se montrer ému, passionné, tendre et douloureux, jusqu'à faire naître la larme en un coin de l'œil.

Il mourut en 1869, à Sarcelles, en Seine-et-Oise.

ADOLPHE NOURRIT

(1802—1839)

Il y a eu deux *Nourrit,* tous deux ténors célèbres, nés de même à Montpellier ; ce qui fait que souvent les écrivains les confondent. Cependant l'un est le père de l'autre. *Adolphe Nourrit,* dont nous nous occupons ici, est le fils de *Louis Nourrit.*

Le père ne fut qu'un grand ténor de force, très peu artiste de nature, mais remarquablement doué par la richesse et la beauté de sa voix. Le fils, Adolphe, fut un artiste complet, joignant à son grand talent de chanteur celui non. moins puissant de comédien.

Il naquit à Montpellier — je l'ai dit — le 3 mars 1802. Le jeune homme, dès l'âge le plus tendre, manifesta son goût profond pour la musique et le théâtre ; son père, qui pourtant n'avait qu'à se féliciter d'avoir embrassé cette carrière, combattit le plus qu'il le put la vocation de son fils. Il lui avait fait faire de très bonnes études au Collège Sainte-Barbe, à Paris, et lui avait fait quitter cet établissement pour lui faire apprendre le commerce.

Il ne fallut rien moins que l'intervention du célèbre ténor italien Garcia, lequel avait entendu le jeune Adolphe, pour venir à bout de l'opiniâtreté du père Nourrit.

Adolphe débuta à l'Opéra, le 1ᵉʳ septembre 1821 — il avait dix-neuf ans, — par le rôle de *Pylade,* dans *Iphigénie en Tauride,* de Gluck.

L'étendue de cette voix si pure, si fraîche, si pleine de charme, sa vocalisation facile et brillante, lui conquirent du premier coup les hautes grâces du public. Il y eut alors rivalité entre le père et le fils. Leur ressemblance était fort grande ; à ce point qu'on fit pour eux un opéra intitulé *Les Deux Salons,* dans l'intrigue duquel ils étaient pris l'un pour l'autre.

Cependant *Louis Nourrit,* le père, se retira en 1826, abandonnant le sceptre à son fils, qui devint le merveilleux créateur, en France, d'*Aménophis* dans le *Moïse* de Rossini ; le superbe *Mazaniello* de *La Muette de Portici,* d'Auber ; l'incomparable *Comte Ory* et enfin, le 3 août 1829, ce colossal *Guillaume Tell,* lequel, aujourd'hui, âgé de près de quatre-vingts ans, n'a pas encore une ride, pas un cheveu blanc — malgré le dire des inventeurs outranciers de formules nouvelles — et passionne encore les masses, continuant à soulever les transports d'enthousiasme et d'admiration.

Puis, Meyerbeer arriva et fournit au superbe ténor cet énorme rôle de *Robert-le-Diable,* où plus tard Duprez s'essaya, sans faire oublier le créateur.

13. .

Ce fut alors le tour d'Halévy d'apporter à l'Opéra *La Juive*, ou Nourrit créa d'incomparable façon le rôle d'*Eléazar*. C'est lui, Adolphe Nourrit, qui composa les paroles de l'air : *Rachel, quand du Seigneur...*, sur lesquelles le compositeur improvisa presque cette merveilleuse musique, qui est une des phrases les plus émues qui aient été écrites pour le théâtre.

Meyerbeer donna ensuite *Les Huguenots*, et Nourrit fut le sublime créateur de *Raoul*. Puis vint le rôle de *Phœbus*, dans la *Esméralda* de Mlle Louise Bertin.

Mais Duprez — qui s'était rendu célèbre en Italie — sur ces entrefaites arriva à Paris, et, vers la fin mars 1837, assista à une représention de *La Muette*, en la compagnie du directeur de l'Opéra, M. Duponchel.

Nourrit les aperçut et, saisi par l'émotion de voir en face de lui un rival redoutable, fut pris d'un enrouement subit et ne put jouer que le premier acte. Il fut remplacé par Lafont, qui savait le rôle en double et acheva la représentation.

Le lendemain, Adolphe Nourrit envoyait sa démission à M. Duponchel. Rien ne put le faire revenir sur sa détermination.

A partir de ce jour, de grands troubles cérébraux se manifestèrent chez le pauvre ténor. Il se voyait fini, détrôné, désormais méconnu, oublié. Sa représentation de retraite eut lieu, quelques jours après, le 1er avril. Il fut acclamé. Il pleura.

On espérait que ces ovations, ces manifestations grandioses le feraient revenir sur sa décision. Il n'en fut rien. Il avait pris Paris en haine et M. Duponchel en exécration. Il ne le nommait plus que « mon assassin ». Il s'enfuit. Il parcourut alors la Belgique, les grandes villes de France, l'Italie, partout fêté avec enthousiasme, se figurant, dans sa manie de persécuté, que ces applaudissements étaient dérisoires.

Dans la nuit du 8 mars 1839, à Naples — quatre mois avant, il avait encore créé à Milan le *Giuramente*, de Mercadante, — pris d'un accès de fièvre chaude, il se précipita par la fenêtre du quatrième étage de l'hôtel Barbaza, qu'il occupait, et se brisa la tête sur les dalles de la cour.

D'aucuns prétendirent — Mme Garcia entre autres — que cette terrible chute fut le résultat d'un accident. Mais l'opinion générale prévalut pour le suicide.

Ainsi mourut à trente-sept ans le plus beau, le plus grand des ténors entendus jusqu'à cette époque.

Adolphe Nourrit était en même temps un homme d'esprit supérieur, de cœur généreux et d'excessive sensibilité.

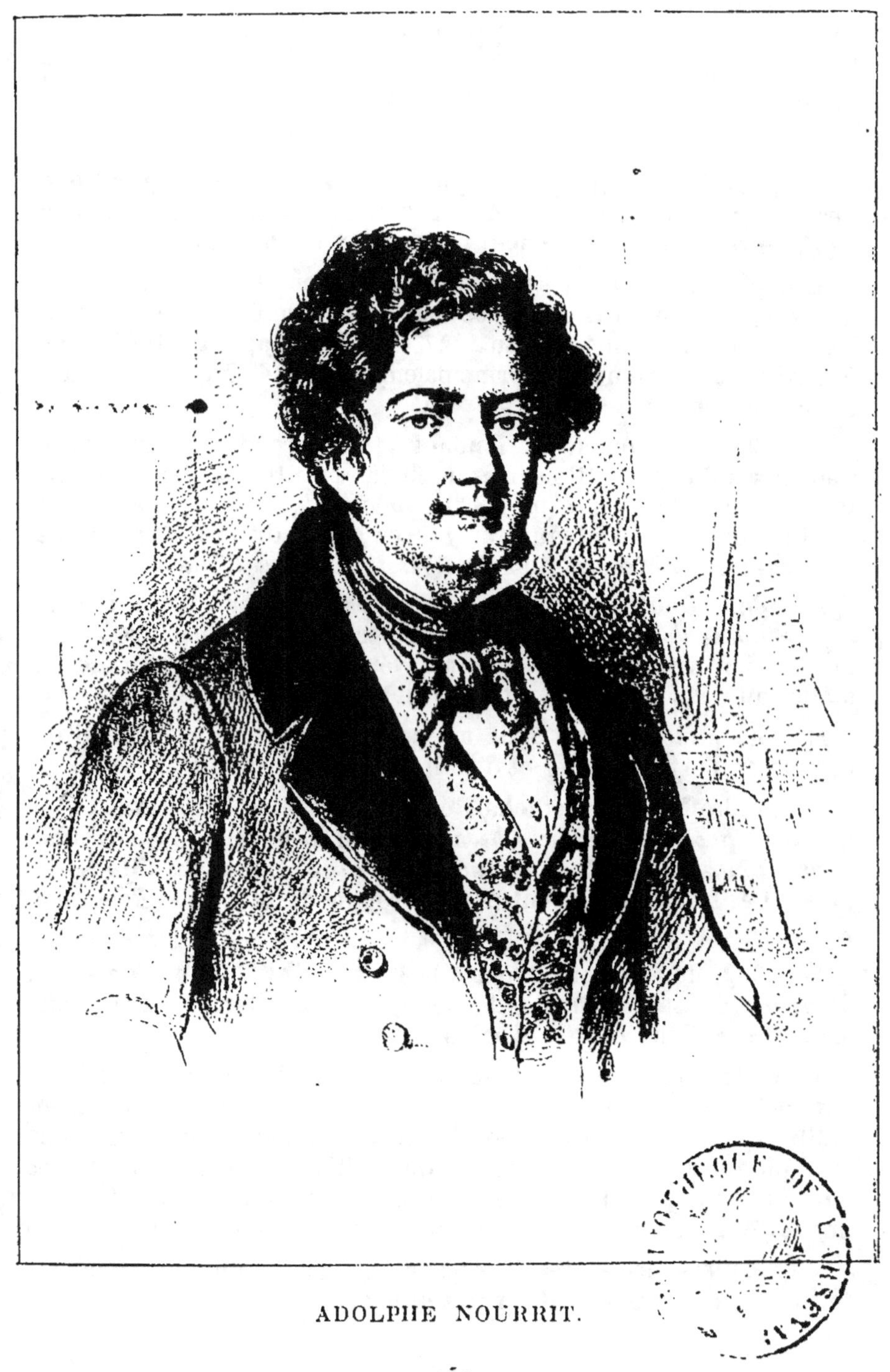

ADOLPHE NOURRIT.

BOUTIN

(1802 — 1872)

Un modeste, quoique grand, quoique très grand; plus grand que certains qui se sont élevés sur le pavois des comédiens, à force de *bluff*, de réclames et d'audace; multiple en est le nombre.

René-François Boutin est né à Belleville en 1802. Dès sa prime jeunesse, il s'exerça chez Doyen, en la compagnie de jeunes ciseleurs, ouvriers comme lui. En 1827, il se fit engager au théâtre de Belleville; on le remarqua principalement dans l'emploi que jouait le maître Potier.

En 1831, M. Dormeuil, fondant le théâtre du Palais-Royal, s'empressa d'engager Boutin et lui fit faire de très belles et importantes créations jusqu'en 1839, époque à laquelle l'excellent comique entra à l'Ambigu pour y créer le rôle du *Parisien* dans *Le Naufrage de la Méduse*, puis de *Roussillon*, dans *L'Ouvrier*.

Théophile Gautier a écrit à propos de ce dernier rôle : « Boutin a joué *Roussillon* dans *L'Ouvrier* en perfection; depuis Frédérick, on n'a rien vu de mieux. Comme vérité, il n'est guère possible d'aller au delà. Il s'est montré acteur de premier ordre. »

Et Théophile Gautier était un maître en l'art de s'y connaître, comme en l'art de penser et d'écrire.

Alexandre Dumas s'attacha Boutin au Théâtre-Historique et lui fit créer *Rocher* dans *Le Chevalier de Maison-Rouge*, *Caderousse* dans *Monte-Cristo* et *Bonacieux* dans *La Jeunesse des Mousquetaires*. Ces trois rôles furent pour le trop modeste artiste d'énormes succès.

En 1852, nous le retrouvons à la Porte-Saint-Martin, s'appelant *Poussier*, dans *Les Nuits de la Seine*, *Pailleux*, dans *La Poissarde*, *Chanterelle*, dans *La Faridondaine*.

Et malgré tant de talent, jamais ses appointements ne dépassèrent 500 francs par mois. Ce qui fait qu'il mourut pauvre, en juillet 1872, dans son modeste logement de Belleville, où il vécut presque toute sa vie, fumant sa pipe, cultivant son petit jardin, et pinçant de la guitare après ses repas. C'était un sage autant qu'un modeste. Il ignorait même qu'il avait eu beaucoup de talent.

Je me plais à le répéter pour que ceux d'aujourd'hui le retiennent bien : « Ce très petit fut un très grand ».

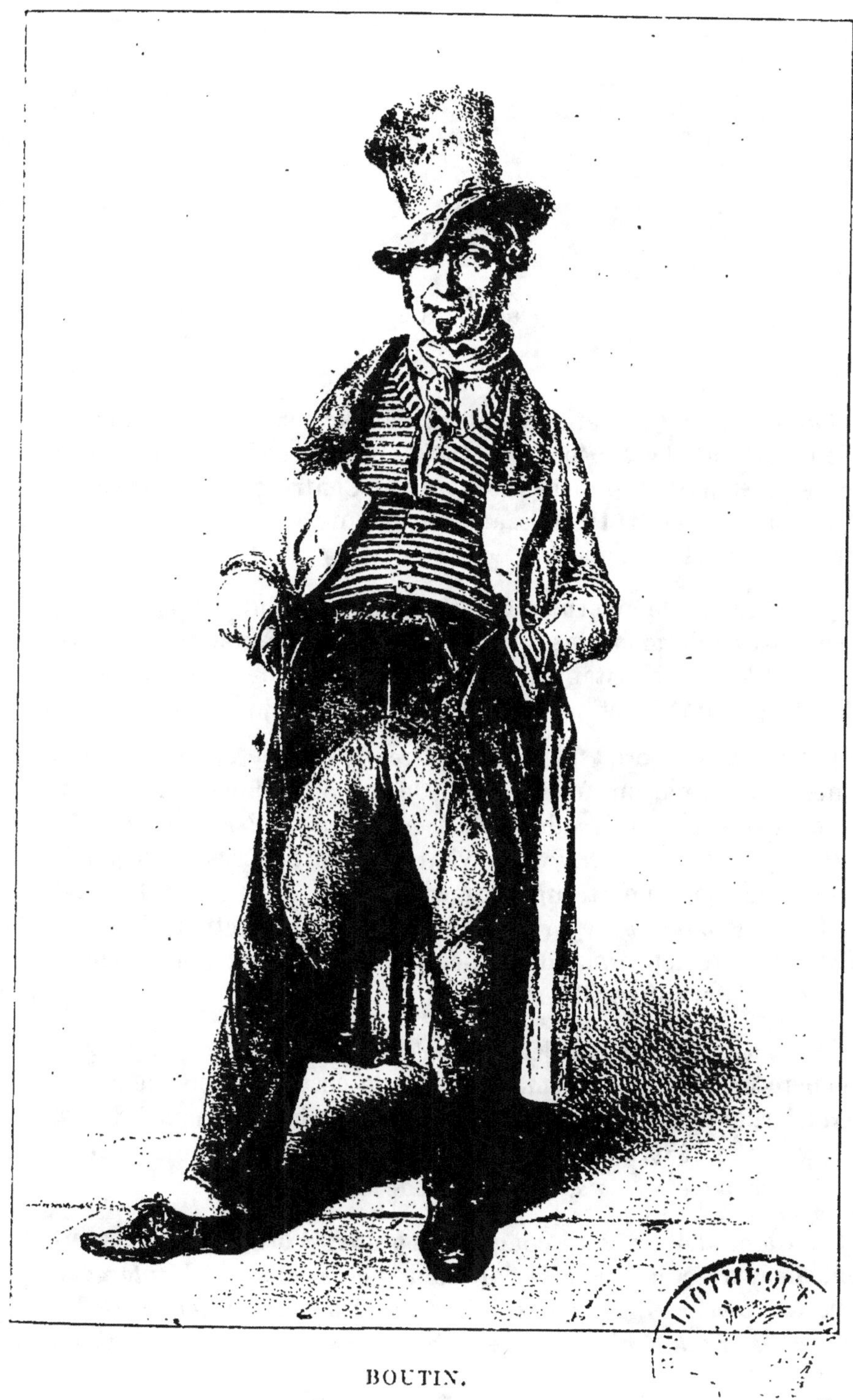

BOUTIN.

Rôle de Roussillon dans *L'Ouvrier*.

CHILLY

(1804 — 1872)

Chilly, acteur de grand talent et de très remarquable composition, est né le 2 décembre 1804, dans le département de la Meuse, à Stenay, d'un père receveur des Contributions indirectes, lequel mourut en 1812, laissant son enfant à élever à son beau-frère, le colonel Michau.

Quand cet oncle mourut à son tour, le jeune Chilly vint à Paris, et se plaça, à de modestes appointements, comme commis dans un bureau. C'est en assistant à une représentation des *Deux Forçats*, à la Porte-Saint-Martin, que l'idée lui vint de jouer la comédie.

Il s'essaya d'abord sur des théâtres d'amateurs, chez Doyen, et dès 1826, il parvint à entrer à l'Odéon, où il joua, sans aucun succès d'ailleurs : *Valère*, de *L'École des maris; Valère*, de *Tartuffe*, et *Dorçay*, des *Deux ménages*. Devant ces échecs successifs, il partit en province dans une troupe formée par MM. Sabatier et Bocage. En 1829, il rentra à ce même Odéon, sous la direction Harel, et suivit son directeur, quand celui-ci quitta ce théâtre pour prendre celui de la Porte-Saint-Martin.

Ce fut dans le *Juif* de *Marie Tudor*, que Chilly se fit, pour la première fois, vraiment remarquer. Il alla ensuite jouer une année à Amsterdam et à Bruxelles, pour reparaître brillamment à Paris, le 29 octobre 1839, au théâtre de l'Ambigu, dans le rôle d'*Arvède*, de *Christophe-le-Suédois*, mélodrame de Bouchardy.

C'est à ce théâtre qu'il conquit ses grades d'original et puissant comédien, avec les très remarquables créations de *Montorgueil* dans *Les Bohémiens de Paris*, *Mordaunt* des *Mousquetaires*, *Rodin* du *Juif-Errant*, *Gringoire* de *Notre-Dame-de-Paris*, *Bird* de *La*

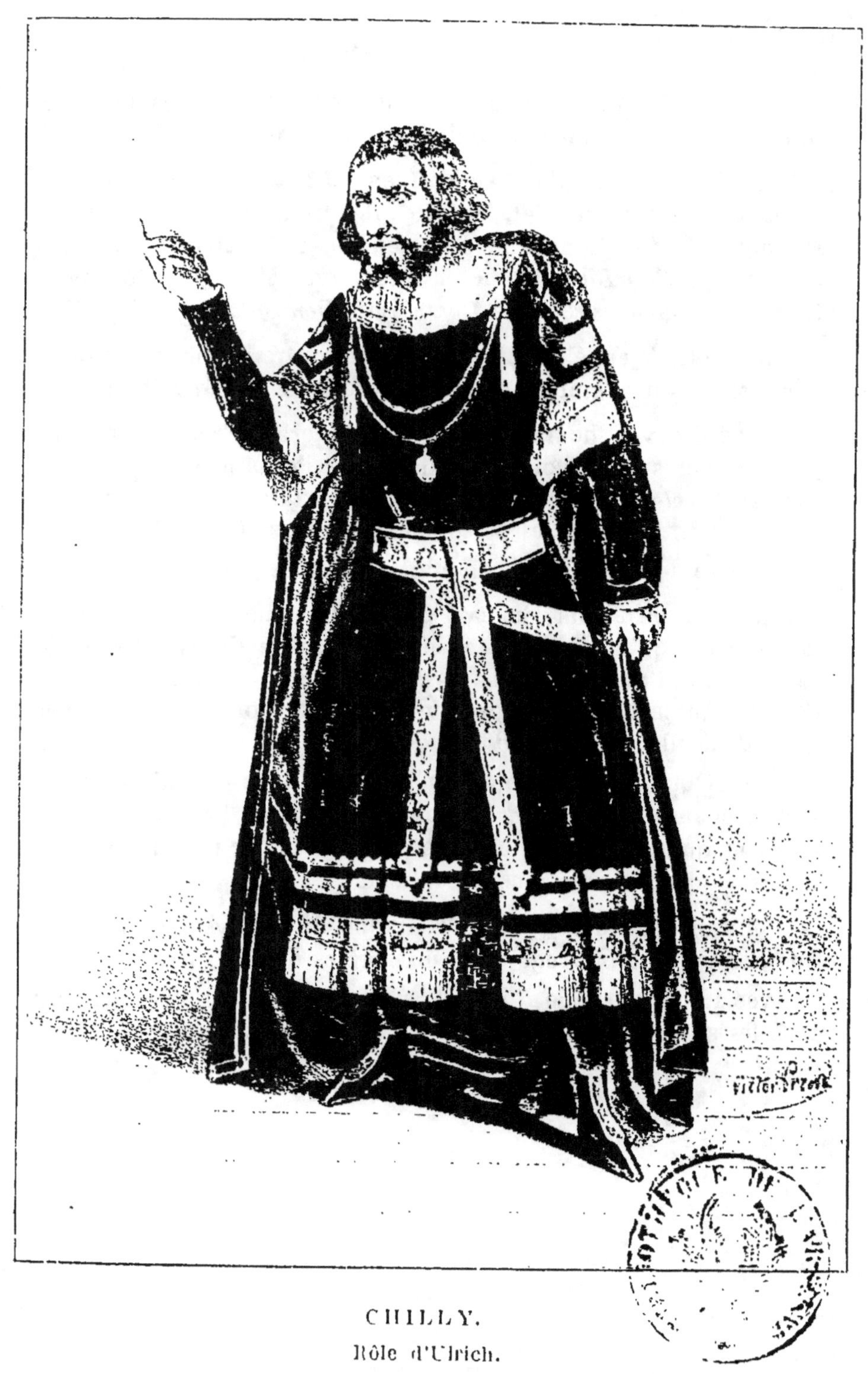

CHILLY.
Rôle d'Ulrich.

— 155 —

Case de l'oncle Tom, et nombre d'autres rôles, dans lesquels personne ne parvint jamais à l'imiter ni à le remplacer.

Il se fit directeur de l'Ambigu, en 1858, tout en continuant à jouer ses mélodrames ; et, en 1867, devint l'associé de M. de la Rounat, à la direction de l'Odéon, où, en 1872, il remonta brillamment le *Ruy Blas* de Victor Hugo, avec Mélingue, Geffroy et Lafontaine dans les rôles de *Don César, Don Saluste* et *Ruy Blas*.

Chilly, étant jeune, avait eu à lutter contre un physique désavantageux, pour l'emploi d'amoureux, auquel il se destinait.

Quand il devint homme, ce physique ingrat le servit beaucoup pour remplir son emploi des traîtres, que l'on appelait alors « *les troisièmes rôles* ». Il savait produire des effets comiques, voulus et très accentués dans les personnages les plus effroyables.

La mère de notre comédien était née Mercey de Lenoncourt.

Chilly, un beau jour, jugea à propos de s'anoblir et, reprenant la particule qu'il tenait de sa mère, signa *de* Chilly. Frédérick-Lemaître, qui ne l'aimait pas — qui aimait-il ? — disait aux rieurs, de cette faiblesse : « Pourquoi vous moquez-vous ? on peut bien dire : *de* Chilly, on dit bien *de la crotte.* »

Le mot que le grand comédien employa peut devenir sublime, sur un champ de bataille, jeté dans la rage de la défaite ; il ne serait ici qu'inconvenant. Nous le remplaçons par un euphémisme moins éloquent, mais plus acceptable.

Chilly mourut le 13 juin 1872, frappé de paralysie, au banquet que donnait Victor Hugo à ses interprètes de *Ruy Blas*.

Avec lui disparut le *Rodin* d'Eugène Süe. Bien qu'en aient dit tous les critiques, Paulin-Ménier ne le ressuscita pas.

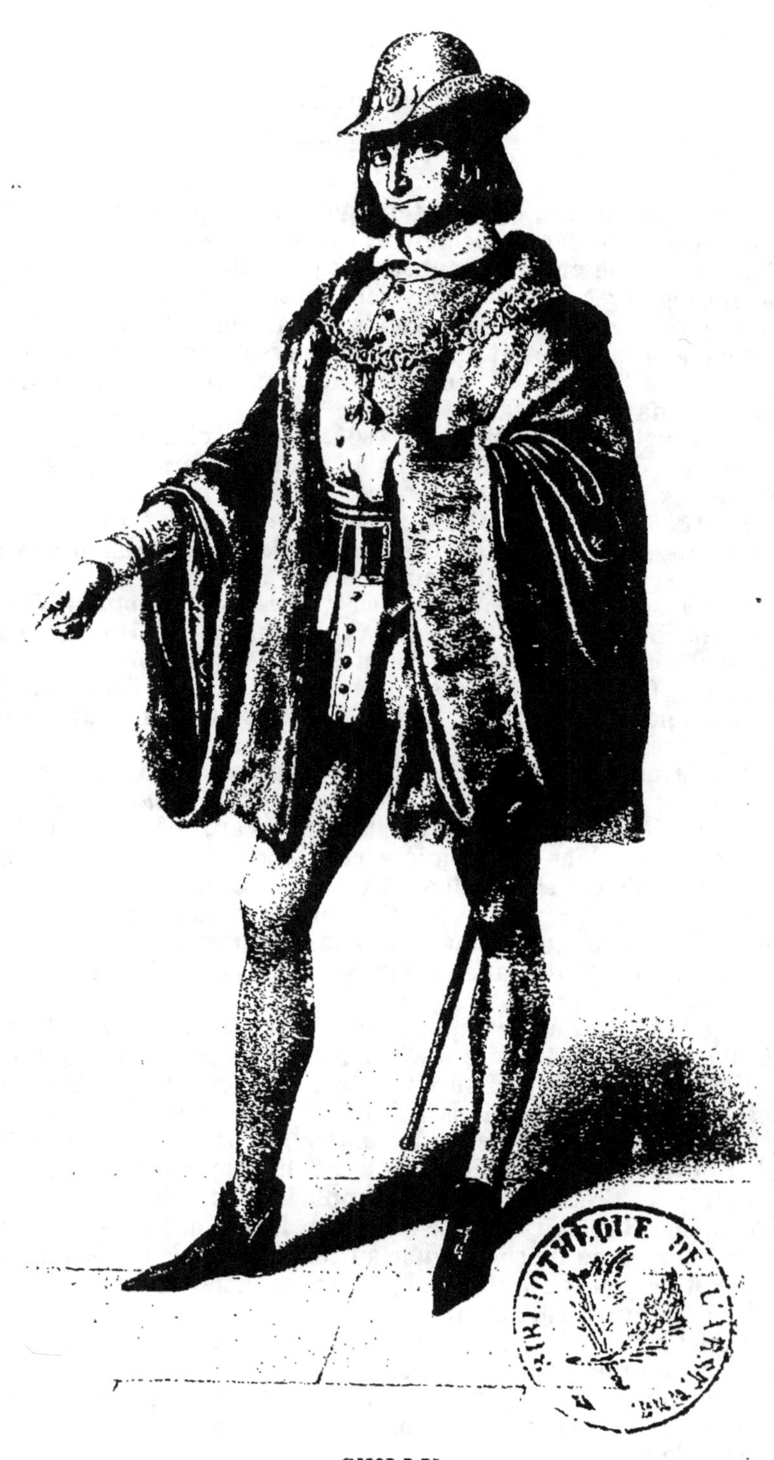

CHILLY.
Rôle de Louis X dans *La Tour de Nesles.*

RAUCOURT

(1804 — 1855)

Achille Raucourt, le seul, l'unique comédien que redouta le très ombrageux Frédérick-Lemaître ; car son originalité égala celle de l'incomparable artiste. Raucourt se présentait au public sous toutes les formes, avec toutes les physionomies, revêtant tous les costumes, et le public ne retrouvait jamais le Raucourt de la veille sous ces divers avatars. C'était un acteur nouveau qui se présentait à lui, rempli de finesse, de puissance dramatique, et surtout d'un comique naturel et parfait.

Raucourt, né à Rennes en 1804, fit ses premières armes théâtrales dans sa ville natale ; puis au Mans, Angers, Amiens, Brest et Bordeaux, où il demeura dix ans, adoré du public.

En 1836, il débuta à Paris, à la Porte-Saint-Martin, dans le rôle de *Morisseau*, de *La Duchesse de la Vaubalière ;* la presse « fit à l'acteur sa large part de gloire ».

Il créa successivement à ce théâtre *Les Deux Familles, Rita l'Espagnole, L'Enfant de la giberne, Claude Stocq, La Madone*, etc.

Le Théâtre de la Porte-Saint-Martin ayant fermé ses portes pour insuffisance de recettes, Dormeuil, directeur du Palais-Royal, n'hésite pas à l'engager et lui fait créer *Bob*, au milieu de ses acteurs fantaisistes effrénés.

Mais Raucourt revient au théâtre de ses débuts, qui a rouvert ses portes, et triomphe à nouveau dans *Le Perruquier de l'Empereur, Les Deux Serruriers*, et surtout — aux côtés de Frédérick-Lemaître — dans la première reprise de *Ruy Blas*, l'admirable drame de Victor Hugo, dont il joue *Don César.*

« Parfait au premier acte, il recueille d'unanimes applaudissements dans le quatrième, que son adversaire, malgré tout son talent, ne pouvait franchir sans orage », écrit M. Thouzery, dans *Le Monde dramatique.*

C'est pour Raucourt que Félix Pyat avait fait *Le Chiffonnier de Paris*, mais, par suite d'intrigues, ce fut Frédérick qui le créa.

Cette rivalité se poursuivit à l'Ambigu, où Frédérick joua *Paillasse*, et Raucourt, dans la même pièce, le rôle effacé du *Marquis de Montbazon*. Raucourt se livra alors, dans ce rôle, à des facéties plus ou moins spirituelles que le public applaudissait chaque soir à outrance. Frédérick, que ces applaudissements ennuyaient fort, fit appeler Raucourt chez le directeur, lequel ordonna à son second grand comédien de se résigner au texte scrupuleux de son rôle.

« Est-ce que j'ajoute, moi ? » dit majestueusement Frédérick à son camarade récalcitrant.

« Ah ! parbleu ! vous, *Mossieu*, vous mangez de la m... et vous évacuez de l'or » fut la réponse du révolutionnaire.

Raucourt fut toujours desservi par un organe nasillard et sombre. Il mourut pauvre, comme Frédérick, mais beaucoup plus oublié, le 4 juin 1855.

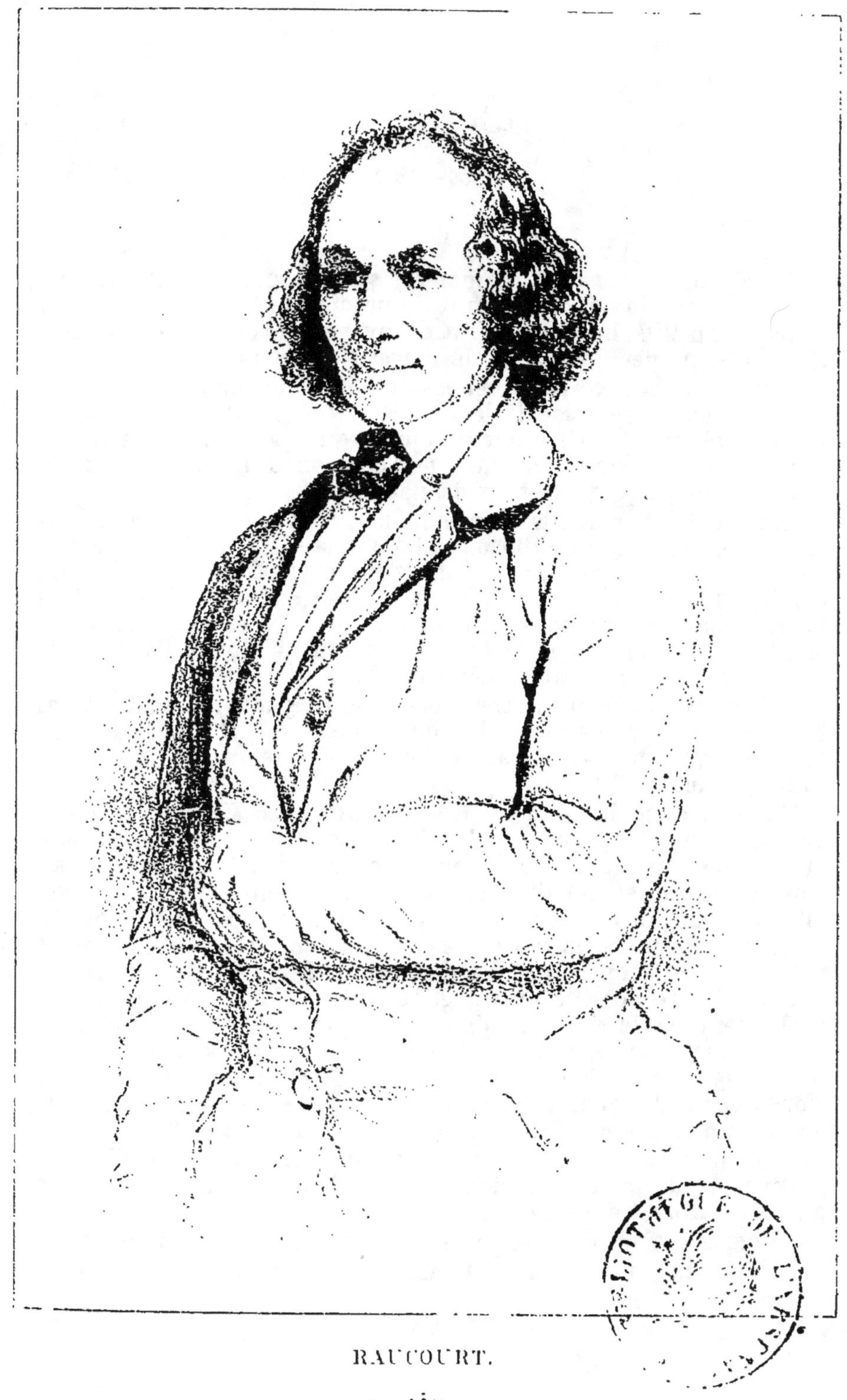

RAUCOURT.

GRASSOT

(1804—1860)

C'était un petit homme maigre, sec, osseux, à l'œil aussi vif que le geste. Il avait été, avant de prendre le théâtre, marchand de papiers peints, bijoutier, peintre, voyageur de commerce, commis chez un banquier, puis dans un magasin de nouveautés.

Il avait commencé par jouer les « amoureux » sur les théâtres de la banlieue, et remplaçait la beauté naturelle qui lui manquait par des vêtements élégamment coupés, quoique de forme étrange, des parfums parlant haut aux nez environnants, et des frisures pommadées jusqu'à en être ruisselantes.

Après la banlieue, où les dames lui firent trop comprendre que sa fatale beauté n'était qu'illusoire et des plus fugitives, il eut l'esprit — il en avait beaucoup — de s'apercevoir que l'emploi des comiques lui siérait mieux que celui des : « J'vous aime! » Et il partit pour Reims sous le nom d'*Auguste*, s'essayer dans cet emploi. Il y réussit complètement, ce qui lui donna l'audace de venir se faire engager au Théâtre du Gymnase, à Paris.

Mais *Grassot*, d'humeur très caustique, blaguait le directeur, les régisseurs, ses camarades, le public même!... Il osait dire en scène ce que n'avaient jamais écrit ses auteurs, et ce qui n'y avait jamais été dit.

Un soir, dans la coulisse, il se disputa avec Klein, aux côtés de qui il jouait, et continua la discussion en scène dans la pièce qu'ils représentaient. A un moment où Klein refusait sa fille au jeune Grassot, en lui disant : « Je vous la refuse parce que ma fille ne vous trouve pas à son goût!... » il s'avança vers le public et dit : « Messieurs, je vous fais juges. Je suis incontestablement plus beau que monsieur! » Et il désignait Klein : « Ce qui prouve que sa fille ne possède aucun goût, puisqu'elle trouve cet honorable vieillard du sien. Et j'ajouterai que je suis beaucoup plus maigre que monsieur!... Prononcez-vous, messieurs!... Qui est le plus maigre de M. Klein ou de moi ?... C'est moi, n'est-ce pas ?... Vous avez ri ? Donc, vous êtes de mon avis. Maintenant, continuons la pièce. Vous disiez donc, mon cher beau-père ? »

Poirson, directeur du Gymnase, trouva très mauvaise l'intempestive sortie de son pensionnaire, le fit dès le lendemain venir dans son cabinet et lui dit :

« Monsieur, vous ne faites plus partie du Théâtre du Gymnase.

— Monsieur, lui répondit Grassot, vous m'en voyez des plus

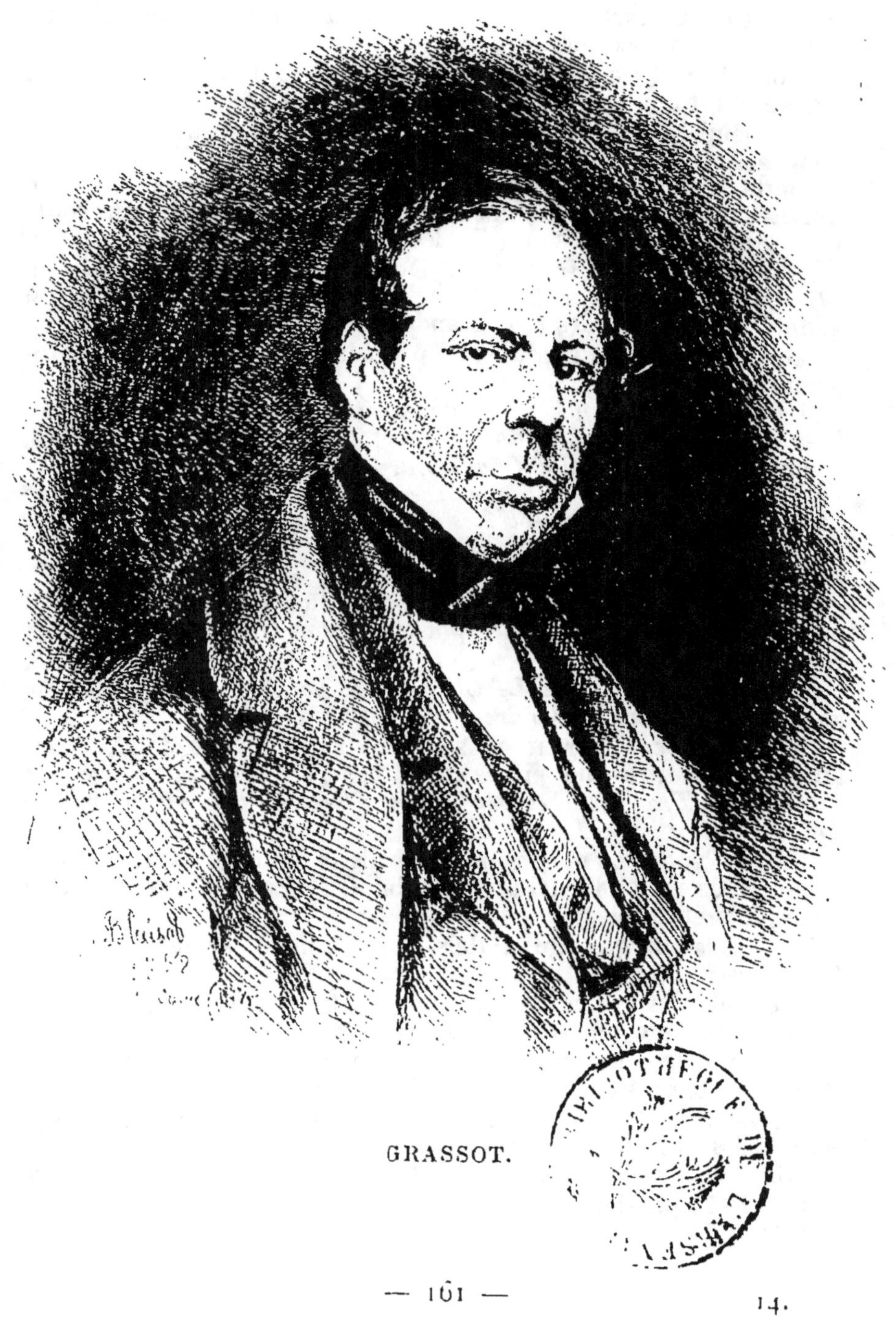

GRASSOT.

14.

ravis. Car je ne vous aime pas ! ah ! certes non ! je ne vous aime pas ! Et comme, par mon talent, je contribuais à vous faire faire une très grosse fortune, j'espère que mon départ va vous plonger dans la plus atroce misère. »

Alors, il quitta noblement le cabinet directorial et partit pour Rouen, où il demeura trois années, de 1836 à 1838.

Dormeuil, directeur du Palais-Royal, le vit et s'empressa de l'engager. De ce jour Grassot devint cet admirable bouffon, dont on imita la voix enrouée, les gestes excentriques, les *gnouf gnouf*, qui étaient le *Dixi* de ses discours baroques, dont on se raconta les costumes, dont on se répéta les mots.

Il débuta au théâtre de M. Dormeuil par *M. de Coylin ou l'Homme infiniment poli*. Dès cette première apparition, il fut adopté comme l'un des plus grands amuseurs de Paris.

Son talent — il en avait — ne procédait de celui d'aucun autre acteur.

Il créa, pendant les vingt-deux années qu'il resta dans ce théâtre, c'est-à-dire jusqu'à sa mort, plus de trois cents rôles, parmi lesquels : *Pascal et Chambord*, *Le Caporal et la Payse*, *Deux papas très bien*, *Le Pot aux roses*, *Une Fièvre brûlante*, *Mon Isménie*, *Le célèbre Vergeot*, *Les Folies Dramatiques*, *Une Panthère de Java*, *La Garde-malade*, *La Vénus à la fraise*, *Sur terre et sur l'onde*, etc..., etc...

Dans cette dernière pièce, il mimait admirablement un mal de mer, dont Levassor s'empara plus tard pour en faire une inénarrable scène comique.

Il fut inimitable dans *Le Chapeau de paille d'Italie*, *La Dame aux jambes d'azur*, *Le Gendre de M. Pommier*.

Les auteurs spéculèrent sur son nom. Et l'on vit s'étaler sur les affiches des titres de pièces ainsi conçus : *Grassot embêté par Ravel*; *Une Tragédie chez M. Grassot*; *Grassot tueur de lions*; *Le Punch Grassot !*

Il avait vendu son nom à un habile distillateur qui avait combiné une sorte de punch lequel avait été baptisé « Punch Grassot »; d'où cette pièce était née.

C'est Grassot qui, au Palais-Royal, disait à son régisseur Kalekaire :

« Combien ça me coûterait-il pour vous dire que vous êtes un mufle. Notez que je ne vous le dis pas !

— Cela vous coûterait 100 francs, monsieur Grassot ! répondait imperturbablement le pontifiant Kalekaire.

— C'est trop cher pour le moment, ripostait Grassot; quand vous aurez baissé vos prix, vous me préviendrez. »

Paul-Louis-Auguste Grassot, né à Paris le 24 décembre 1804, y mourut le 18 janvier 1860.

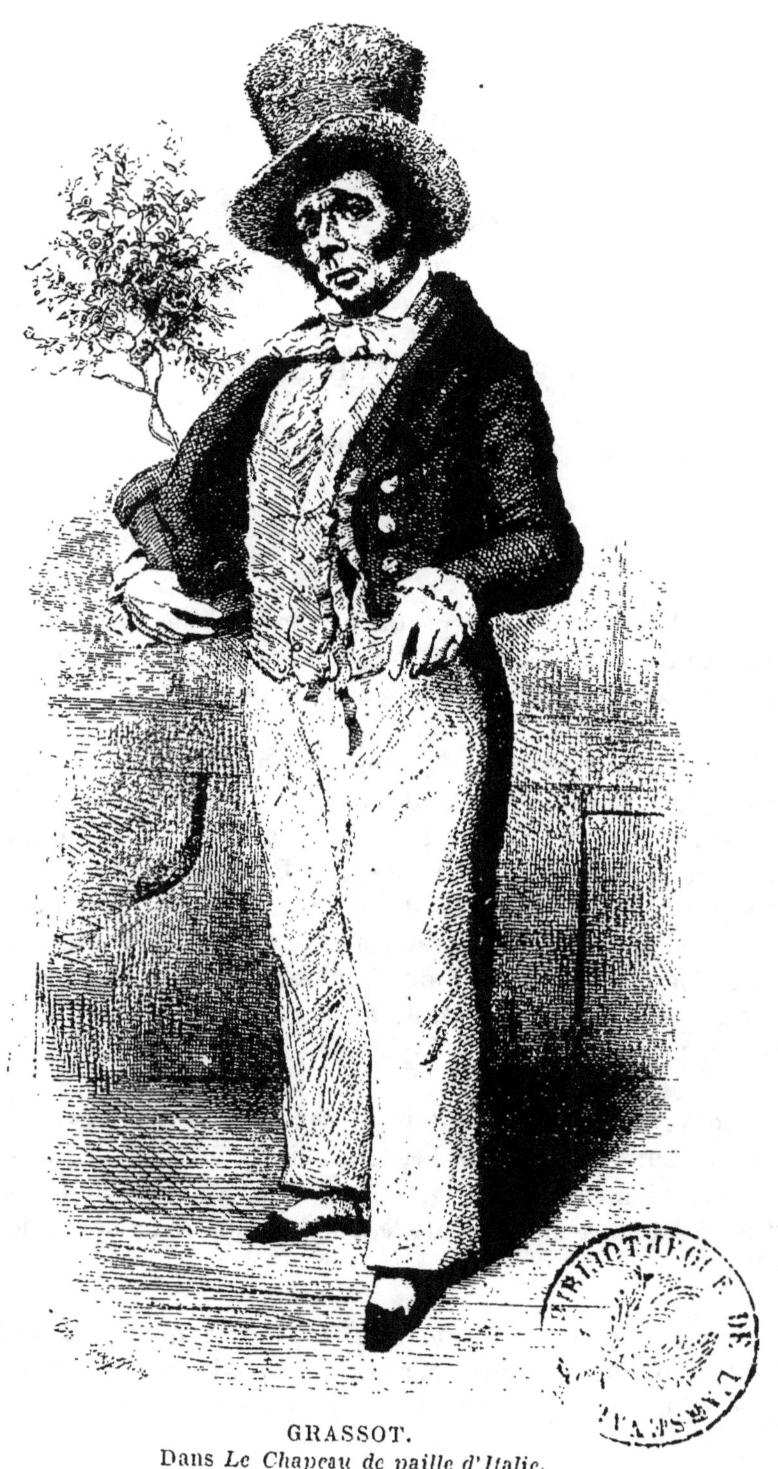

GRASSOT.
Dans *Le Chapeau de paille d'Italie.*

SAINVILLE

(1805 — 1854)

Le Palais-Royal, de respectable et joyeuse mémoire, a cherché
pendant dix années le remplaçant de *Sainville*, comédien d'excentricité fort comique, mort à Paris, le 31 janvier 1854.

Il a successivement engagé un certain Petit-Delamarre, ancien
cordonnier devenu artiste dramatique, dont la manie était de
guérir les cors de tous les pieds endoloris, par la façon de composer une chaussure; puis, ce fut Delannoy, que l'on voulut
charger de remplir les rôles du très regretté grand comique; enfin
arriva le tour de l'inénarrable Désiré, des Bouffes-Parisiens. Eh
bien ! Désiré, si amusant aux Bouffes, devint navrant au milieu
des grotesques de ce Temple du rire. On ne pouvait remplacer
Sainville.

Geoffroy fut engagé; et tout à coup, à côté de ce grand comédien, en surgit un autre, Lhéritier, qui depuis trente années végé-
tait sur ce même théâtre à ne jouer que des bouts de rôles. Lhéritier fut tout-à-coup déclaré le seul, l'unique remplaçant de Sainville.

Le remplaça-t-il véritablement ?... Certes non !... C'était une
autre façon de faire rire; mais ce ne pouvait être Sainville. Lhéritier, d'un comique irrésistible, mais d'un comique absolument

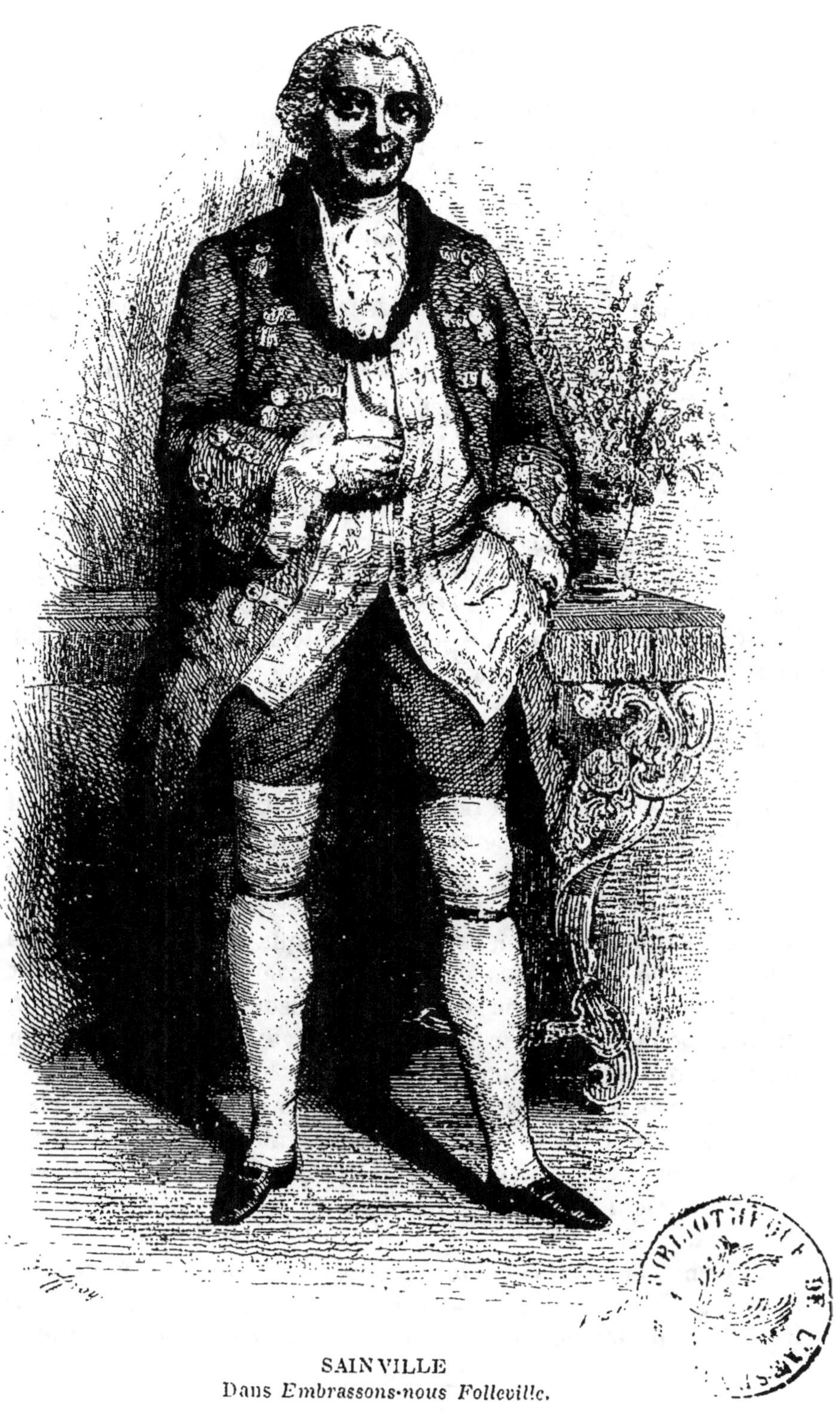

SAINVILLE
Dans Embrassons-nous Folleville.

personnel, n avait pas les épaules assez larges pour supporter seul l'entière responsabilité d'une pièce en plusieurs actes. Lhéritier n'était qu'un admirable compère. Sainville, lui, pouvait soutenir tout le poids d'une longue intrigue. Son comique savait se renouveler toute une soirée, sans parvenir à lasser le spectateur.

Il s'appelait *Morel*, de son nom de famille. Mais son père l'ayant désavoué, comme déshonorant l'aune qu'il avait voulu lui mettre en main chez un marchand de draperie en gros de la rue des Bourdonnais, il se fit d'abord appeler *Sainval*, jusqu'à ce qu'un Sainval ayant été, en 1825, condamné pour vol et viol, Morel changea Sainval en *Sainville*.

En 1824, sur la place Baudoyer, rue Saint-Antoine, existait un tapissier du nom de Caron, très épris de théâtre, qui avait installé, au milieu de sa cour, une petite salle de spectacle dans laquelle, le jeudi et le dimanche, de jeunes amateurs se joignaient à lui, pour donner des représentations.

Morel, dit Sainval, dit Sainville, qui avait alors 19 ans, organisa une de ces représentations sur le dit petit théâtre et joua *Préville et Taconnet*, pièce du répertoire des Variétés, dans laquelle il représenta le rôle de *Jérôme*, garçon marchand de vin.

Son succès fut énorme. A ce point qu'il arriva jusqu'aux oreilles du maître drapier, son maître, lequel flanqua aussitôt son commis à la porte, ne voulant pas avoir dans ses comptoirs un « semblant de cabotin ». Le bruit en arriva même jusques à M. Morel père, honnête bonnetier de la rue Saint-Louis, au Marais, qui lança un ballot de bonnets de coton à la tête de son héritier, en lui disant : « Tu déshonores le nom de tes pères ! Je t'envoie à Bordeaux, chez mon ami Cotrel, où tu apprendras à devenir un honorable courtier de commerce ; je te défends, tu m'entends bien, je te défends d'être un ignoble histrion de bas étage. »

Le jeune homme s'en fut tout geignant à Bordeaux, où, ne pouvant résister à sa vocation — car c'en était une véritable, — il lâcha M. Cotrel, l'ami de son père, pour s'engager dans une troupe de comédiens ambulants, qui allaient exploiter Bazas, Langon, Lesparre, Libourne et autres localités minuscules des bords fleuris de la Gironde.

Il jouait l'emploi des amoureux !... Sainville jouant les amoureux, on ne peut se le figurer. Cela fut pourtant.

En 1827, il revint à Paris et finit par se faire engager avec les frères Seveste, sur leur théâtre du Montparnasse ; il y joua, de façon à se faire très remarquer, jusqu'en 1831, époque à laquelle Dormeuil, formant son Palais-Royal, s'empressa d'engager le très spirituel et si amusant comique.

Jusqu'en 1853, Sainville connut tous les succès ; il eut toutes les gloires qui s'attachent au rire, dans *Madame Favart, La Chanteuse et l'Ouvrier, Dieu vous bénisse, La Liste de mes maîtresses, Les Dîners à trente-deux sous, Les Enfants du délire, Le Vicomte de Léto-rières, Le Tigre du Bengale, Embrassons-nous Folleville, E.-H., La Rue de la Lune, Mon Isménie, Les Folies dramatiques, Le Bonhomme Richard, Le Bourreau des crânes,* etc.

C'était un véritable artiste, un comédien sincère, ne sacrifiant jamais à la charge, amusant au delà de toute expression.

Il alla mourir tristement à Pau, tourmenté par la goutte, et finalement terrassé et vaincu par la terrible maladie.

DUPREZ

(1806 — 1896)

Ce fut M. Choron, l'illustre professeur, qui instruisit Duprez dans
le bel árt du chant, lui en fit comprendre toutes les difficultés,
et franchir tous les obstacles. *Duprez, Gilbert-Louis,* était le dou-
zième enfant d'un brave bonnetier de la rue Saint-Denis, qui crut
son fils ensorcelé quand celui-ci lui dit qu'il se sentait une formidable vocation pour le chant, et désirait entrer au Conservatoire.

Les onze autres fils et filles étaient honorablement placés dans le
commerce, les garçons établis, les filles mariées à de braves indus-
triels. Pourquoi ce petit dernier ne voulait-il pas suivre la paisible
carrière de ses estimables aînés ?

Gilbert était entêté, son père était faible ; et le jeune Duprez, le
petit dernier éclos de la ponte entra au Conservatoire, dans la
classe de M. Rogat, pour passer ensuite dans le cours de chant
particulier que M. Choron avait ouvert rue de Vaugirard.

Je lis dans une biographie signée Eugène Briffaut : « Duprez fut
initié par Choron aux grands effets de l'art musical. L'harmonie
et la pompe des concerts religieux, les chœurs d'*Athalie, Armide,*
et autres partitions, chantés à la Comédie-Française et à l'Opéra,
voilà ce qui préparait l'avenir de Duprez. »

Le jeune Duprez voulut voler de ses propres ailes. Il était né à
Paris, le 6 décembre 1806. Armé de ses dix-neuf ans — ceci se passait en 1825, — il abandonna l'école de son cher maître et parvint à
se faire engager à l'Odéon, où l'on jouait alors l'opéra-comique ;
c'est sur ce théâtre que, le 3 décembre de cette même année, il
débuta par le rôle du *Comte Almaviva* dans *Le Barbier de Séville.*
On l'applaudit après la sérénade du premier acte ; mais la fin du
rôle, trop légère pour l'étendue et la force de sa voix, ne lui fut pas
favorable.

Il prit sa revanche, peu de temps après, dans le rôle d'*Octave* du
Don Juan de Mozart.

L'Odéon ayant fermé ses portes et la faim se faisant sentir,
Duprez s'engagea, pour une très modique somme mensuelle, à
l'Opéra-Comique où, le 13 septembre 1828, il s'entêta à redébuter
par *La Dame blanche.* Sa voix rude ne se prêtait pas aux vocalises
légères du second acte ; aussi échoua-t-il complètement. Il partit
alors pour l'Italie avec sa femme — il avait épousé une des meilleures élèves de Choron, Mlle Alexandrine Duperron — et s'y transforma la voix par un travail opiniâtre, une volonté ardente ; à ce
point, qu'en neuf années, il sut s'y établir une colossale réputation
d'incomparable ténor.

Il y créa, tant à Milan qu'à Gênes, Bergame, Vicence, Turin,
Lucques et Florence : *Inès de Castro, Lara,* de Ruolz, *Parisina,*
Rosamunda, et *Lucia,* de Donizetti, etc., etc. Ses appointements
s'élevèrent au chiffre, fabuleux pour l'époque, de 40,000 francs
pour une saison.

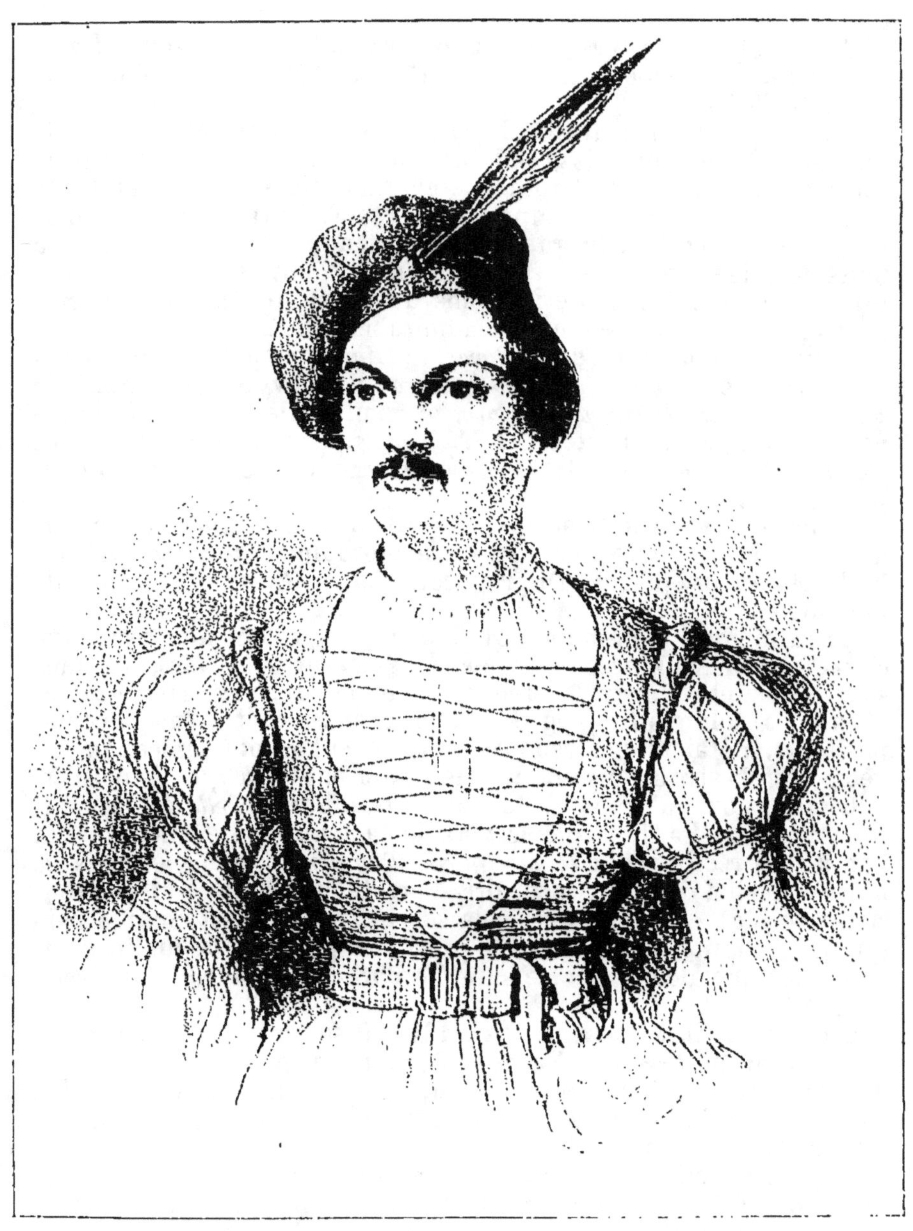

DUPREZ.

Rôle d'Arnold dans *Guillaume Tell*.

Ce fut alors que, précédé d'une formidable réputation, il s'en vint débuter à l'Opéra de Paris, le 17 avril 1838, par le rôle d'*Arnold*, de *Guillaume Tell*.

Duprez était petit, trapu, laid; il venait remplacer Nourrit, le créateur du rôle, qui était grand, beau, de superbe et noble prestance. La voix de Nourrit était toute de charme; celle de Duprez toute de force et de science. L'impression première fut mauvaise; mais l'ampleur de cette admirable voix, l'étendue de son registre, la puissance de sa méthode large et savante, triomphèrent bientôt des injustes comparaisons. Ce fut dans une explosion d'enthousiasme indescriptible qu'il termina cet admirable début.

Il fut moins heureux dans *Robert le Diable*, mais il prit une éclatante revanche dans *Guido et Ginevra*, d'Halévy. Puis vinrent *La Favorite* et *La Reine de Chypre*, qui mirent le comble à la renommée du grand artiste. *Les Huguenots, La Juive, La Muette de Portici, Le Lac des fées* et *Les Martyrs*, furent autant de triomphes pour Duprez.

Le fameux *ut* de poitrine, qu'il lançait dans *Guillaume Tell*, ne fut détrôné que beaucoup plus tard, par le plus fameux *ut dièze*, de Tamberlick. Jamais, jusqu'à Duprez, cette note n'avait été donnée de poitrine.

Ce fut lui qui, le premier, sut donner de la valeur aux récitatifs, c'est-à-dire aux phrases musicales placées entre les airs, les duos et les trios, étc., pour les relier ensemble. Jusqu'à Duprez, ces phrases, absolument négligées par les chanteurs et même les compositeurs, n'étaient que fredonnées et souvent accompagnées au clavecin, l'orchestre se taisant pour ne laisser entendre que les paroles.

Quand, pour la première fois, dans *Guillaume Tell*, à la répétition, Duprez chanta à pleine voix le fameux — devenu fameux par lui — récitatif : « *Il me parle d'hymen, jamais, jamais le mien* », le chef d'orchestre surpris l'arrêta et lui dit : « Mais, monsieur, ce n'est pas ainsi que cela se chante. — C'est comme cela que je le chante, monsieur ! » répondit Duprez. Et le public comprit toute la valeur de cette superbe phrase, demeurée inaperçue jusqu'alors.

Duprez quitta l'Opéra en mars 1849. Il se sentait fatigué, et se consacra au professorat. Parmi ses très remarquables élèves, nous devons citer sa fille, Caroline Duprez, devenue Mme Van den Neuven, qui fut une cantatrice savante, de grand charme et de toutes grâces.

Duprez a écrit : *Les Souvenirs d'un chanteur*, en 1880; puis, en 1887, *Les Joyeusetés d'un chanteur dramatique*; en 1882, *Sur la voix et sur le chant*, un volume de très modestes vers, et en 1884, *Graines d'artistes, Silhouettes vocales*.

Il fut aussi le compositeur d'une *Jeanne d'Arc*, qui fit beaucoup plus de bruit qu'elle n'avait de valeur.

Il mourut, chevalier de la Légion d'honneur, le 23 septembre 1896, presque pauvre.

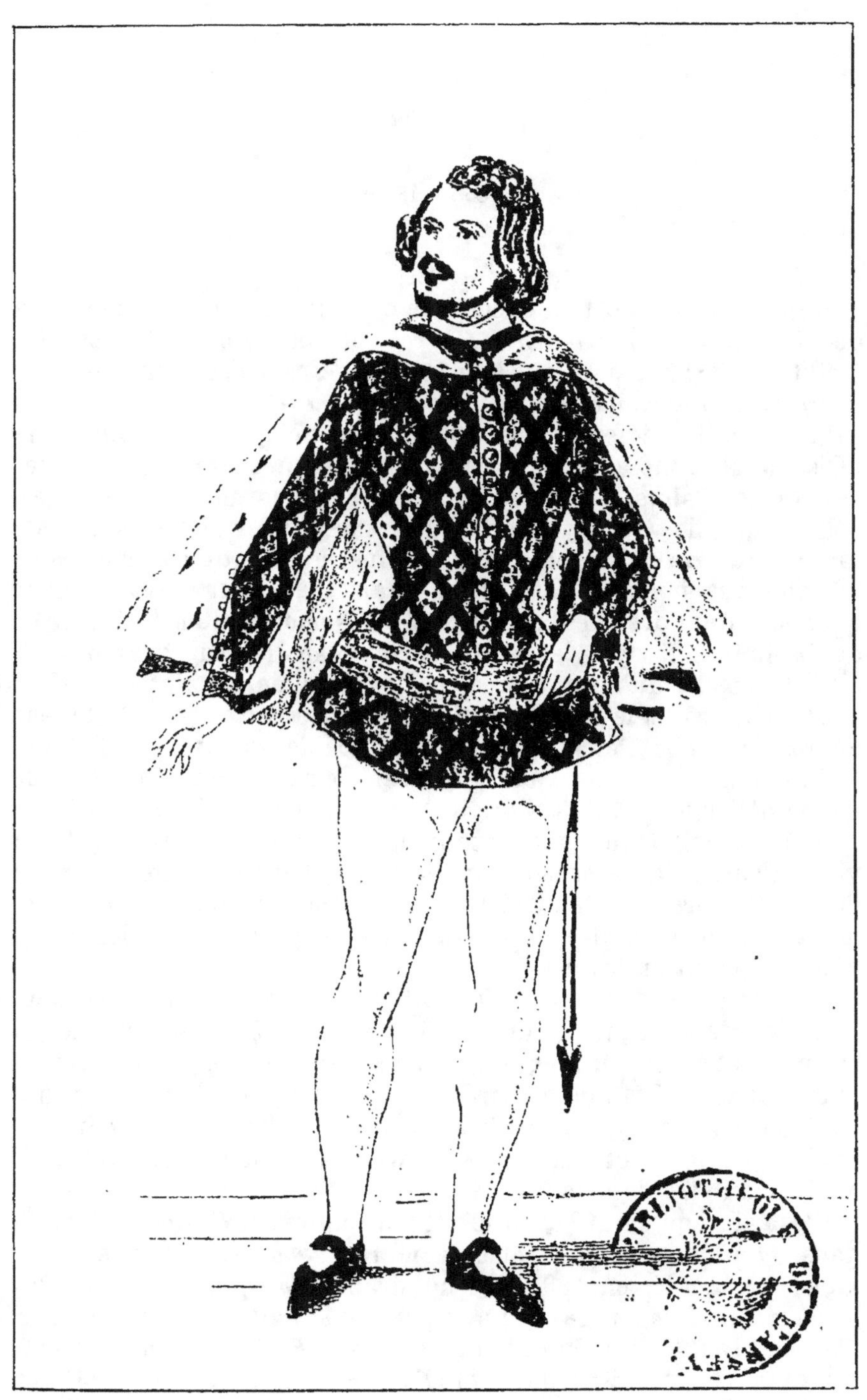

DUPREZ.
Rôle de Fernand dans *La Favorite.*

GEFFROY

(1806 — 1895)

Rose Dupuis, une très excellente comédienne, fut la belle-mère de *Florentin-Edmond-Aimé Geffroy* et, par son influence, lui facilita, en 1829, ses débuts à la Comédie-Française, dans les rôles d'*Oreste*, d'*Andromaque*, d'*Hamlet* et d'*Othello*.

Le jeune tragédien, né en 1806 à Maignelay, petit village de l'Oise, avait donc alors vingt-trois ans. Il se présentait comme successeur des Talma, Larive et autres, avec d'énormes désavantages.

L'organe de Geffroy était d'une excessive rudesse, sec, cassant; il dut travailler beaucoup son instrumentation vocale, pour lui enlever la monotonie et l'assouplir aux tendres caresses d'amour que nécessitent des rôles comme ceux de *Nemours*, dans le *Louis XI* de Casimir Delavigne, et de *Chatterton*, dans le beau drame d'Alfred de Vigny, qu'il eut à créer par la suite, en 1832 et 1835.

Ces deux rôles, le dernier surtout, le placèrent en grande faveur auprès du public. Par la force d'une inflexible volonté, par l'étude, Geffroy était parvenu à vaincre l'âpreté de sa diction, et l'ensemble de son attitude qui, dans l'origine, était d'une rigidité glaciale.

Geffroy, plus jeune, avait étudié la peinture et, parvenu à l'âge viril, la cultiva avec ardeur. Amaury Duval fut son professeur; et l'on peut affirmer qu'en Geffroy, le peintre seconda merveilleusement le comédien. Il peignait ses personnages avant de les jouer, puis les jouait en les dépeignant.

Il avait passé par l'École de droit, et avait psalmodié Justinien, dans l'étude d'un procureur. C'était un lettré délicat et c'est ce qui le conduisit à devenir un grand artiste. Les personnages historiques l'intéressaient plus que d'autres. Il se passionnait dans la psychologie de leur caractère, de leurs traits, de leurs mœurs individuelles, de leur costume, et les restituait à la scène, tels qu'ils avaient dû être de leur vivant.

C'est ainsi qu'en 1831, on le vit faire un exact *Fouquier-Tinville* dans *Camille Desmoulins*, et un sombre *Laubardemont* dans *Dominique le possédé*; en 1835, un admirable *Philippe II* dans *Don Juan d'Autriche;* en 1845, un superbe *Corneille* dans *Corneille et Rotrou;* en 1848, un *Pascal* illuminé dans *Blaise Pascal;* en 1849, un majestueux *César* dans *Le Testament de César;* en 1850, un terrible *Marat* dans *Charlotte Corday;* en 1852, un colossal *Riche-*

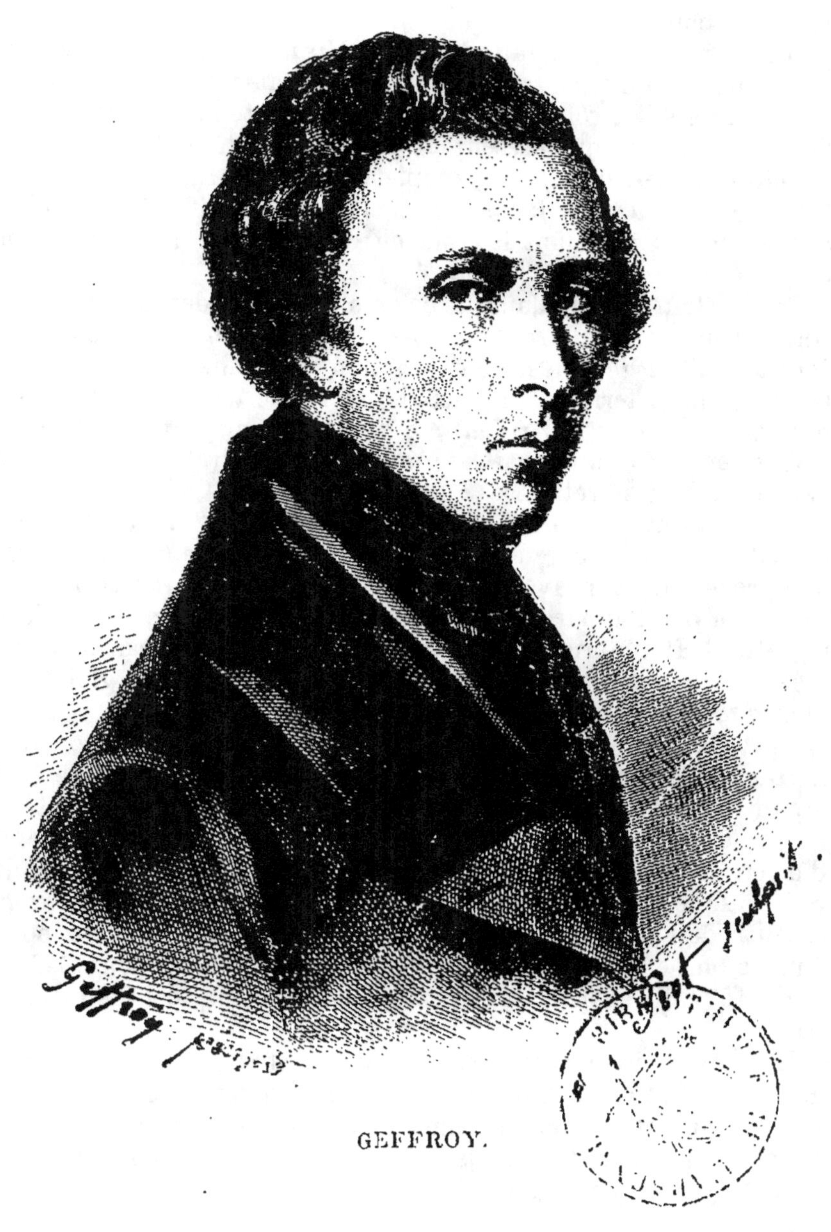

GEFFROY.

15.

lieu dans *Diane*, puis un *Ulysse* épique dans *Ulysse;* en 1853, un *Voltaire* sarcastique et mordant dans *La Comédie à Ferney*, et en 1854, un bon *Roi Stanislas* dans *La Joconde*.

Il fut un *Alceste* parfait dans *Le Misanthrope*, ce rôle terrible contre lequel tant de grands comédiens sont venus se heurter et se sont brisés. Le rôle d'*Alceste* est, dans toute la comédie de Molière, un de ceux qui présentent le plus de difficultés à vaincre. Jamais il n'y eut un *Alceste* complet; Geffroy le fut presque.

Il joua *Tartufe* de façon un peu noire, sacrifiant le comique que Molière a mis dans le rôle au côté terrible qu'il peut comporter.

Ce fut Geffroy qui, dans la colossale trilogie des *Burgraves* de Victor Hugo, créa *Otbert;* dans *Une fille du Régent*, il sut devenir un *Philippe d'Orléans* plein de distinction et de finesse. *La Fiamina* le vit un mari terrible, implacable, en même temps que le père le plus tendre. Dans *L'Africain*, il se fit un puissant caïd *Hamsa*.

C'est en 1836 qu'il avait été nommé Sociétaire; c'est en février 1865 qu'il prit sa retraite.

Est-ce à dire que cette retraite fut définitive?... Non!... Quel comédien consent à renoncer « pour toujours », aux enivrements que procurent les bravos, les rappels et les acclamations de salles soulevées par l'apparition de celui qu'elles ont aimé et qu'elles regrettent. Il reparut en 1867 à son cher Théâtre-Français, pour créer *Galilée,* de Ponsard. Ce rôle n'ajouta rien à sa gloire, pas plus que la pièce à celle du poète.

En 1872, sollicité par Victor Hugo, il reparut à l'Odéon dans le *Don Saluste* de *Ruy Blas*, et ce fut le couronnement de cette grande carrière d'artiste. Jamais le rôle n'avait été représenté de façon aussi magistrale. Ses sarcasmes sifflaient comme des lames d'acier. C'était le grand d'Espagne, tel que l'imagination la plus romanesque peut se l'imaginer, lorsqu'il descendait le gigantesque escalier de l'Escurial. Il était de la grandeur des vers du poète. Jamais on ne joua et l'on ne jouera ce rôle comme le joua Geffroy.

En 1877, il reparut à l'Odéon, dans *L'Hetman*, de Paul Déroulède.

Il s'était retiré à Nemours, en la chère compagnie de Cholet et de Bressant. Cet admirable trio de grands artistes jouait le bézigue, et de fréquentes querelles naissaient entre eux, terribles et provocantes, jaillissant de ce jeu si pacifique et si débonnaire.

Geffroy est mort le 9 février 1895.

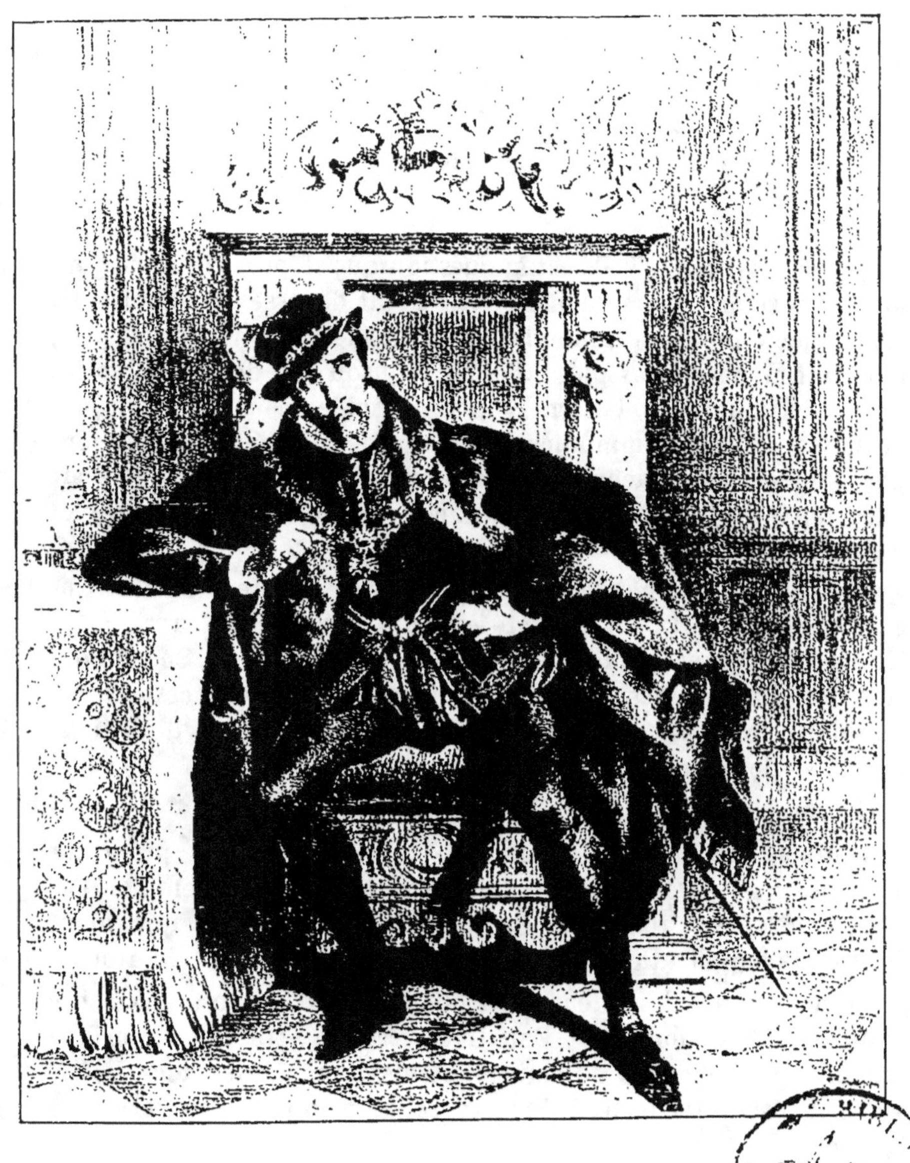

GEFFROY.

Rôle de Philippe II dans *Don Juan d'Autriche*.

LAFERRIÈRE

(1806 — 1877)

Quel âge a-t-il ?... Telle est la question que se posa le public pendant quinze ans, alors que Laferrière avait dépassé la soixantaine. Et ce même public se répondait à lui-même : Il a vingt-cinq ans, puisqu'il ne paraît pas plus ! C'est que, jusqu'aux dernières limites de sa vie, Laferrière, l'éternel « jeune premier », conserva sa jeunesse, sa chaleur communicative, son ardeur juvénile et ses fougues amoureuses, cachant précieusement cet âge qu'il déguisait avec tant de soins. Ce en quoi damé Nature l'aidait admirablement.

Larousse l'a fait naître vers 1801, Georges Bell en 1817, et Eugène Guinot en 1814. La vérité est qu'il naquit le 12 avril 1806. Il avait fait jurer à Thuillier, l'ancien trésorier de la Société des Artistes dramatiques — auquel, pour faire partie de cette association, il avait été contraint de décliner son acte civil de naissance, — de ne le communiquer à personne.

Il avait donc, pour tous, l'âge qu'on lui donnait.

Toute sa vie, Laferrière joua des « amoureux », et ne put jouer que des « amoureux ». Quand il voulut passer à l'emploi des « premiers rôles », il échoua. Sa voix, ses allures, son geste, avaient tout de la supplication, rien du commandement, ni de l'autorité.

Un parfumeur-chimiste inventa une eau qu'il proposa au célèbre comédien de dénommer « Eau Laferrière ». Cette eau empirique empêchait les cheveux de blanchir et faisait reculer les rides. Laferrière se prêta facilement à cette réclame, qui lui en servait à lui-même.

Né à Alençon, d'une famille qui s'était distinguée dans la magistrature, venu fort jeune à Paris, *Louis-Fortuné-Adolphe Laferrière*, que des revers de fortune contraignaient à se choisir une carrière, après d'excellentes études au Collège Bourbon, voulut

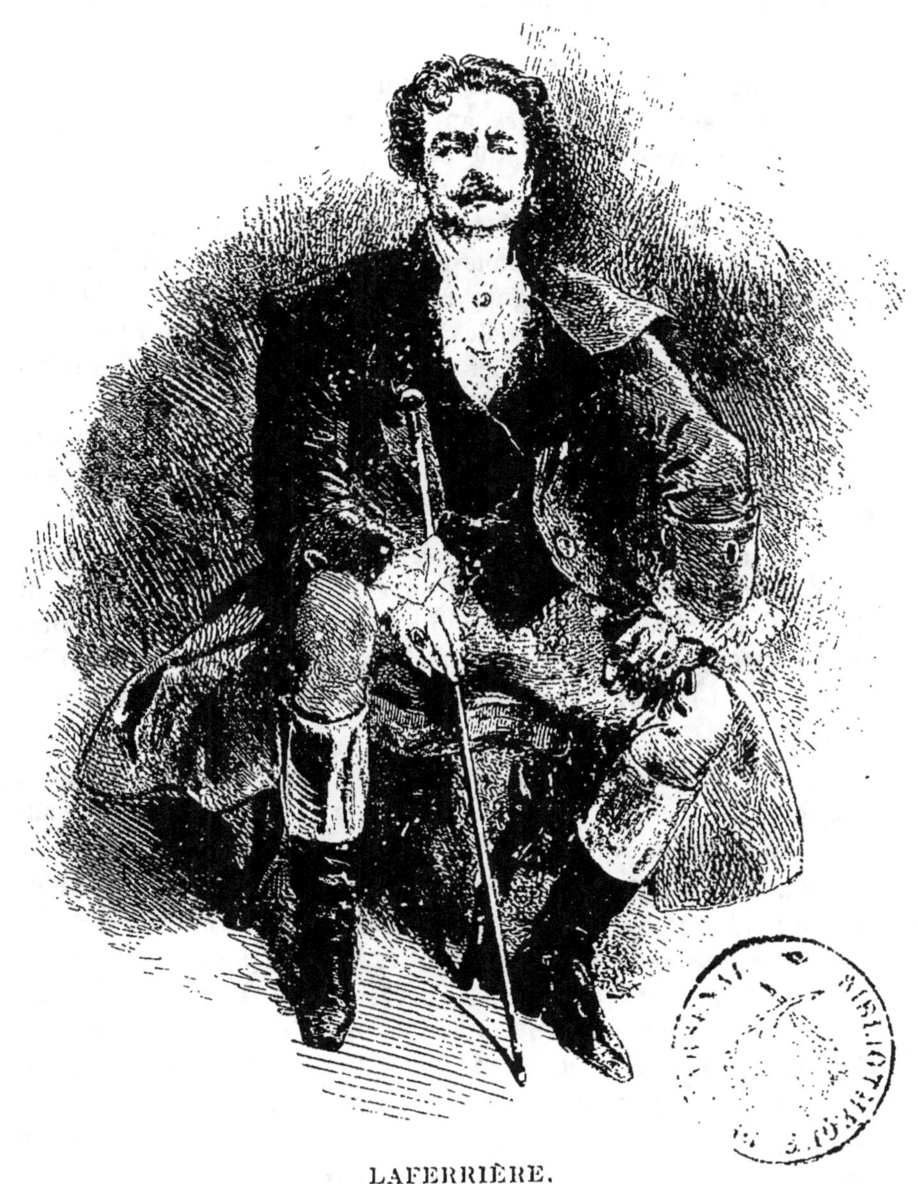

LAFERRIÈRE.

Dans *Le Médecin des enfants.*

profiter de la jolie voix que la nature lui avait départie, et, peu de temps après la Restauration, entra à Paris dans l'école de chant dirigée par le maître Choron.

Un soir, il alla chanter les chœurs d'*Athalie*, en la compagnie de ses jeunes camarades, au Théâtre-Français. Ceci se passait en 1820 ; surpris par l'impeccabilité des vers de Racine, dont il comprit seulement alors toute la beauté, en les entendant dire comme ils l'étaient par les tragédiens qui s'appelaient Talma, Michot, Michelot, Mmes Duchesnois et Bourgoin, le jeune Laferrière n'hésita pas à dédaigner Euterpe pour Thalie, et s'en fut heurter tout droit aux portes de cette dernière Muse, dont les frères portiers se nommaient alors les frères Seveste, directeurs privilégiés de tous les théâtres suburbains.

Ceux-ci, charmés par l'agréable physique et le grand air du néophyte, l'accueillirent favorablement et le firent débuter par le rôle de *Séïde* dans *Mahomet*.

Georges Bell raconte que Laferrière ayant appris que Talma était ce soir-là dans la salle, se trouva mal d'émotion au moment de poignarder Zofrine. Mais, comme Georges Bell fait naître Laferrière en 1817 et que, selon lui, le fait se serait passé vers 1830, Talma, mort en 1826, ne pouvait guère assister à ce début. Cependant l'erreur s'est propagée.

Au bout d'une année de banlieue, notre héros fut engagé à l'Ambigu, et débuta sur ce théâtre par le rôle d'*Édouard*, dans *Calas*. On le remarqua.

Puis, il s'en fut à la Porte-Saint-Martin jouer, aux côtés de Frédérick-Lemaître qui venait de reprendre, dans *Marino Faliero*, le rôle de *Fernando*. Il ne portait alors que son prénom d'Adolphe. On le vit ensuite triompher — c'est le mot — dans le personnage de *Frédéric Staps* de *Schœnbrunn et Sainte-Hélène*. Alors la Comédie-Française l'appela à elle ; mais il ne fit que passer sur ce théâtre, repoussant le bel engagement qu'on lui proposait, parce qu'on refusait de le laisser effectuer son troisième début dans *Hamlet*, sous le prétexte que ce rôle devait servir à la rentrée d'un « chef d'emploi ».

Il partit pour la Russie, et y demeura plusieurs années, choyé, adoré ; mais des raisons de santé le firent revenir à Paris ; et, au mois de septembre 1837, il reparaissait à la Gaîté, dans le rôle de *Georges*, de *Pauvre mère*, qui lui valut des ovations. A la suite vinrent ceux d'*Albinus* du *Sonneur de Saint-Paul*, et du *Pauvre Idiot*, un enfant de seize ans, qu'il joua jusqu'à la fin de sa très longue carrière.

Après être resté quatre années au Vaudeville, il joua à Belleville, à Beaumarchais. Le méchant pamphlétaire Charles Maurice, qu'il avait fait condamner comme diffamateur à 3,000 francs de dommages-intérêts et 500 francs d'amende, lui avait fait fermer les portes de tous les théâtres de Paris. Ce journaliste haineux, vindicatif et fort injuste, par conséquent fort redouté, avait juré à Laferrière, après une paire de soufflets que lui avait administrés le comédien, qu'il briserait son avenir. Il tenait parole.

Alexandre Dumas seul était de force à braver le pamphlétaire éhonté ; il venait d'ouvrir son Théâtre-Historique, et n'hésita pas à engager Laferrière, en lui faisant créer avec très grand succès *Buckingham* dans *La Jeunesse des Mousquetaires*, *Les Mystères de Londres* et *Le Chevalier d'Harmental*.

En 1853, Laferrière alla à l'Odéon créer, d'inoubliable façon, *L'Honneur et l'argent*, *Que dira le monde ? La Conscience, La Bourse*.

Il revint à la Gaîté, où il fit réussir le répertoire mélodramatique. *Georges et Marie, L'Aveugle, Le Médecin des enfants, Le Fou par amour*, furent pour lui de très éclatants succès.

Sa dernière création fut, en 1874, à Cluny, *Les Ingrats*, une très fine et très jolie comédie de M. Jules Claretie.

C'était un comédien beau, passionné, entraînant. Et l'on comprenait aisément qu'aucune femme ne lui résistât. Il avait le don des larmes. Et jamais aucun artiste ne fut plus captivant et plus charmeur que lui dans ses déclarations amoureuses. Doué d'une physionomie expressive et belle, d'une voix chaude et vibrante, il avait tout, pour cet emploi si difficile du « jeune premier ».

Il mourut très pauvre, comme tant d'autres de son époque, le 17 juillet 1877.

« Si jeune ! » dit-on dans le monde des Théâtres et dans le public !

Il avait soixante et onze ans.

TAILLADE

(1806 — 1878)

Paul-Félix-Joseph Tailliade, dit *Taillade*, a été le dernier de ces grands comédiens dramatiques qui illustrèrent le vieux boulevard du Temple, et dont le vieux boulevard s'illustra.

Gobert avait ressuscité Napoléon Ier ; Taillade ressuscita Bonaparte. Ce fut en 1850, au théâtre du Cirque, qu'il apparut, dans *Les Premières pages d'une grande histoire !*... avec la silhouette maigre, la démarche irrégulière, saccadée, le geste bref, la parole cinglante du héros de Rivoli et d'Arcole.

Il gagnait 200 francs par mois, ou plutôt 2,400 francs par an. A cette époque, les directeurs engageaient les comédiens à l'année et non à la pièce.

Taillade sut s'établir un grand succès dans la composition de son personnage. A ce point que Napoléon III, qui n'était encore que Louis-Bonaparte, Président de la République Française, voulut aller voir sur le théâtre du Cirque la personnification de son oncle et fit annoncer au directeur Mayer et aux auteurs Ferdinand Laloue et Fabrice Labrousse, qu'il assisterait le lendemain, officiellement, à la 51e représentation de leur pièce.

Ce jour-là, Taillade, désespéré de gagner si peu, lui qui faisait faire grasse recette, mit le couteau sur la gorge de son directeur : « Je ne joue pas ce soir, osa-t-il dire, si vous ne m'augmentez pas de 100 francs par mois ».

M. Mayer refusa net ; et il fit habiller son régisseur Albert, artiste de talent, qui avait dirigé les répétitions et savait à peu près le rôle.

Mais Albert n'était pas Taillade. Albert eût pu jouer Marceau, mais non Bonaparte. Et malgré une très intelligente annonce faite au public, la salle entière siffla, pendant tout le premier acte, le pauvre Albert, qui n'en pouvait mais.

Ce que voyant et entendant, M. Mayer courut affolé chez Taillade et lui dit : « Venez, vous avez vos 300 francs par mois ! » On fit une nouvelle annonce, dans laquelle on informa le public « que M. Taillade, très malade, venait de s'arracher de son lit de douleur et d'accourir au théâtre pour avoir l'honneur de paraître dans son rôle de Bonaparte ». Son entrée en scène fut saluée par de chaleureux applaudissements et par quelques sifflets, émanant de ceux qui étaient dans le secret de la comédie.

Le lendemain, Louis-Bonaparte envoya 500 francs à Taillade, avec un billet ainsi conçu : « Pour s'acheter son manteau de Premier Consul ».

Malgré ce succès, notre comédien trouvait fort peu d'engagements. Charles Desnoyers le prit cependant à son Ambigu-Comique et lui fit jouer quelques « amoureux », emploi dont il était loin

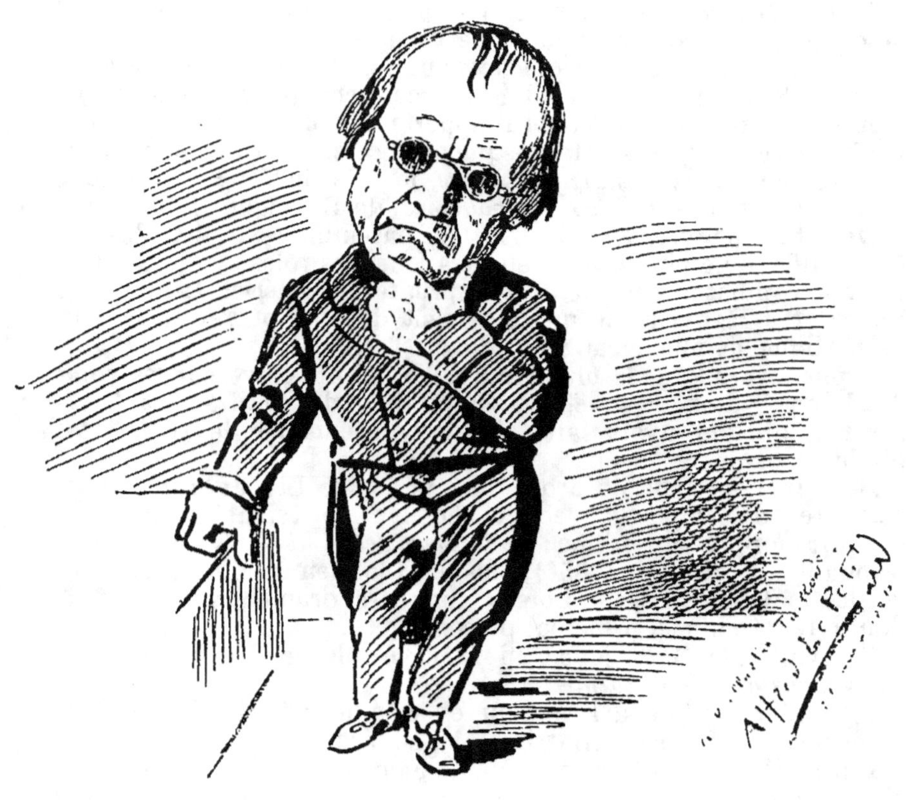

TAILLADE.
Rôle de Jacques Ferrand dans *Les Mystères de Paris.*

d'avoir l'allure et la distinction exigibles. C'est ainsi qu'il créa *le colonel Roger* dans *Jean le Cocher*, et *Lionel* dans *Berthe la Flamande*. On était en 1852.

En 1853, il fut engagé à la Gaîté, où le directeur Hostein le fit paraître dans *L'Ane mort* de Jules Janin ; en 1854, dans le rôle d'*Odoard*, du *Sanglier des Ardennes*, et, en 1855, dans *Pierre Bariloff*. du *Masque de poix*, mauvaise pièce de Benjamin Antier et Macquart, secrétaire particulier de l'Empereur.

En 1856, réengagé au Cirque devenu Impérial, il reprit *Charles IX* dans *La Reine Margot*, rôle admirablement créé par l'étrange comédien Rouvière, et dans lequel il apporta des nuances que n'avait pas su faire ressortir son fantasque prédécesseur. L'année suivante, il joua, dans *Marie Stuart en Écosse*, le rôle de *Darnley*, et celui de *Jacques* dans *Les Deux Faubouriens*, de Devicque et Crisafulli.

De nature pauvre, de taille fluette, d'ensemble restreint, d'aspect dur, Taillade ne pouvait prétendre à jouer les rôles sympathiques. Pour se composer son talent, il emprunta à Frédérick-Lemaître, à Ligier et à Rouvière ce qu'ils avaient de plus puissant, de plus dramatique, de plus étrange, et devint Taillade !

Orphelin dès l'âge le plus tendre, il avait été élevé par les soins d'Adolphe Adam, le gracieux compositeur du *Postillon de Longjumeau*, qui lui avait fait faire à Charlemagne de très fortes études.

Il écrivait et pensait droit, fort et juste. Lié avec Théodore Barrière, il composa, avec cet homme de talent original et d'esprit mordant, un drame : *Le Château des Ambrières*, dans lequel il joua le rôle de *René* (1856) ; puis, en 1857, en collaboration avec le dessinateur Eustache Lorsay, un autre drame : *Charles XII*, dont il représenta le principal personnage.

Il revint à la Gaîté jouer, en 1858, le rôle de *Maufilâtre*, dans *Les Chiens du Mont Saint-Bernard*.

En 1859, il passa à l'Ambigu et créa le rôle de *Raoul* dans *L'Outrage*, de Théodore Barrière et Edouard Plouvier.

Enfin, il fut engagé, par Marc Fournier, à la Porte-Saint-Martin, où, toujours en 1859, il créa avec un très éclatant succès *La Jeunesse de Louis XI*, de Jules Lacroix ; puis, en 1860, *Charles-Quint* du *Gentilhomme de la montagne*, d'Alexandre Dumas, et, en 1861, *Jean Ferrier* des *Volontaires de* 1814, de Victor Séjour.

En 1863, il alla à l'Odéon jouer triomphalement *Macbeth*, pour revenir l'année suivante à l'Ambigu jouer un *Don Carlos*, dans *Les Fils de Charles-Quint*, et le célèbre *Rocambole*, sombre et pauvre mélodrame du vicomte Ponson du Terrail.

En 1866, il était encore à l'Ambigu, créant *François Renaud* dans *La Bergère d'Ivry* ; en 1867, retournait à l'Odéon ; en 1869, paraissait au Châtelet dans *Les Blancs et les Bleus*, d'Alexandre Dumas ; pour revenir à la Porte-Saint-Martin en 1870, reprendre *Gennaro* dans *Lucrèce Borgia*, et créer *Michel Pauper*, la première pièce de ce remarquable écrivain Henri Becque.

Après la guerre, en 1871, Taillade alla au Théâtre Cluny, jouer *Richard d'Arlington*; en 1872, au théâtre du Château-d'Eau, créer *Le Spectre de Patrick*, d'Édouard Cadol; en 1873, jouer à côté de Frédérick-Lemaître le rôle de *Gaston de Saint-Harem*, dans *Un Lâche*, d'Alfred Touroude; enfin, en 1873, à la Porte-Saint-Mar-

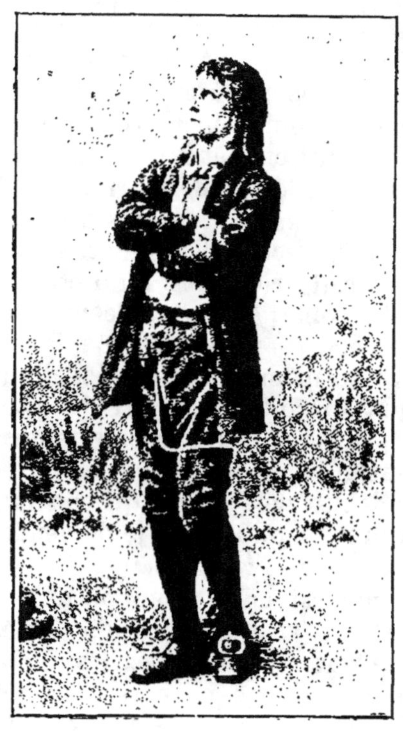

TAILLADE.

Rôle de l'Imânus dans *Quatre-vingt-treize*.

tin, faire cette inoubliable création de *Pierre*, dans *Les Deux Orphelines*.

Jamais aucun acteur ne parcourut autant de théâtres, jamais aucun ne joua, ne reprit et ne créa autant de rôles. Et le pauvre grand artiste justifia la véracité du proverbe : « Pierre qui roule n'amasse pas mousse » car il mourut à soixante-douze ans, très pauvre, le 26 janvier 1878, à Bruxelles, en répétant au théâtre de l'Alhambra le rôle de *Kérouan* dans *La Closerie des genêts*.

Ce fut Alphonse Lemonnier qui fit revenir son cadavre en terre de France.

RÉGNIER

(1807 — 1885)

Un auteur dramatique, M. de Rougemont, fit, en 1811, une pièce intitulée : *Paris, Rome et Vienne*, pour laquelle il fallait un enfant ne paraissant pas plus de quatre à cinq ans. Le jeune Régnier de la Brière, âgé alors de quatre ans, fut choisi par M. de Rougemont, et débuta dans cet à-propos, écrit en vue de la naissance du Roi de Rome. Le comédien improvisé se laissa paisiblement habiller ; mais, quand il fut en scène, il prit peur, pleura, et l'on fut contraint de le faire sortir, à la grande hilarité du public. On espérait, le lendemain, que la crainte des gros yeux que lui faisait un vieux comédien, costumé en Maréchal de France, s'amoindrirait et que l'enfant, rassuré,. pourrait crier, ainsi qu'il était indiqué dans son rôle : « Vive le Roi de Rome ! Vive Napoléon II ! » On se trompait. Le petit Régnier eut encore plus peur que la veille, lorsqu'il se retrouva en présence du même vieux Maréchal aux énormes yeux, et poussa des cris plus formidables encore que ceux de la veille, ce qui fit qu'il fut remplacé, pour la troisième représentation, par un enfant moins impressionnable.

Voici les premiers débuts de Régnier, qui concluait, en contant le fait : « Nul n'eût pu prévoir qu'un jour je deviendrais un des comédiens estimés de la Comédie-Française. »

Estimé !... disait-il modestement. Il eût pu dire : aimé ! justement adoré ! Mais Régnier était aussi simple qu'il possédait de talent.

Il avait fait d'excellentes études chez les Oratoriens de Juilly et ne quitta ses professeurs que pour devenir peintre. Le Maître Hersent lui donna les premiers conseils dans ce bel art de la couleur qu'il ne tarda pas à abandonner pour celui de l'architecture.

Un soir qu'il était à la Comédie-Française, en la compagnie de Peyre, son professeur en l'art de construire des Colisée, des Notre-Dame et des Opéra de Paris, il vit jouer *Le Menteur* par Monrose — le père, — admirable dans le rôle de *Cliton*. Du coup, le voile se déchira devant ses yeux, clos jusqu'alors. Comme pour l'apôtre des Gentils, la pièce de Corneille fut sa route de Damas. Il était entré à sept heures du soir, s'ignorant ; il en sortit à onze heures, se connaissant. Et ce fait est d'autant plus surprenant que, fils d'une comédienne appréciée, Mlle Régnier de la Brière, devenue dame Tousez, l'enfant fréquentait assidûment les théâtres.

Il devint donc comédien ! et grand comédien ! d'autant plus grand

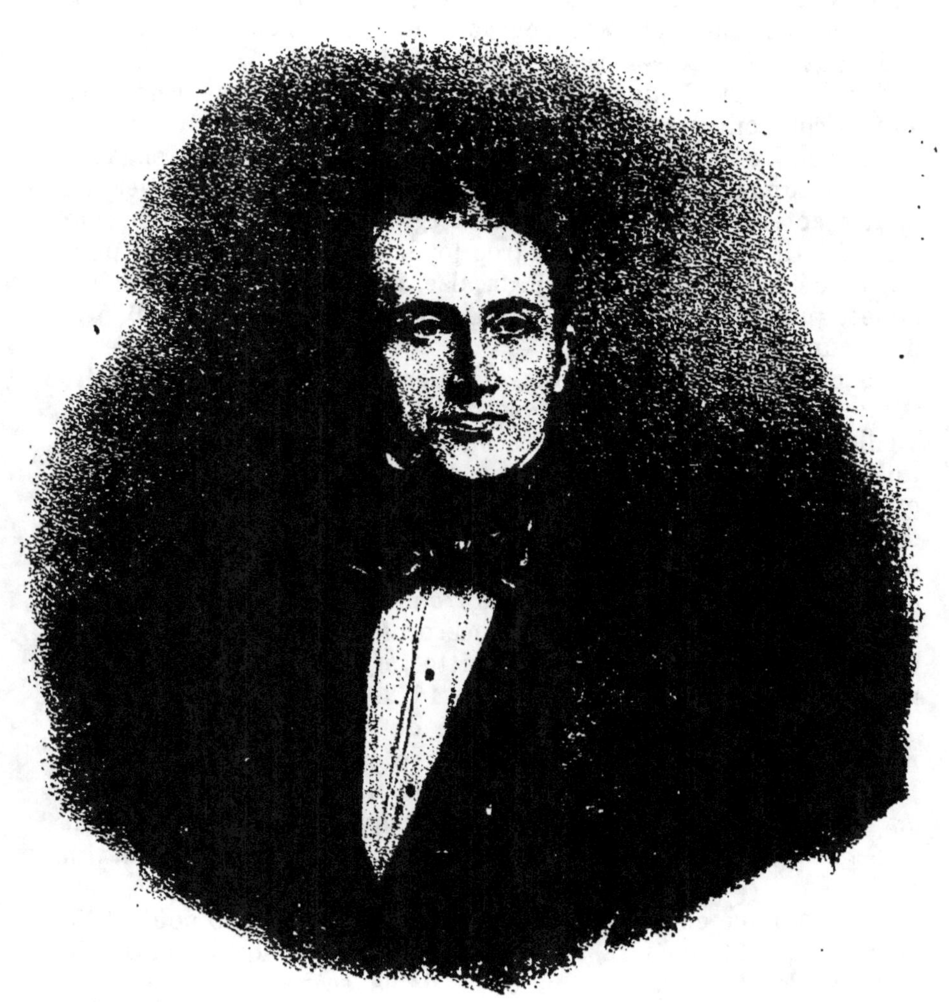

RÉGNIER.

qu'il eut toute sa vie à lutter contre un physique dur et triste, un accent assez accentué pour le faire souvent confondre avec un compatriote de Vercingétorix. Il sut plus tard se corriger de ce malencontreux accent. Mais revenons à ses commencements.

En 1827, *François-Joseph-Pierre Régnier de la Brière* débutait à Nantes, sous l'unique nom de *Régnier*, et y demeurait trois années consécutives.

Dormeuil, qui venait d'ouvrir son Palais-Royal, en 1831, engagea le jeune comédien sur l'expresse recommandation de Gontier, un maître acteur du Gymnase; mais Régnier ne demeura que cinq mois au théâtre de Dormeuil, trop joyeux et trop fantaisiste pour lui, et débuta à la Comédie-Française, le 6 novembre de la même année, par le rôle de *Figaro* du *Mariage,* rôle dans lequel il produisit un effet énorme.

Pendant quarante et un ans, Régnier donna sur notre première scène toutes les ressources de son immense talent. Jeunes gens, vieillards, niais, rusés, hommes du monde, prolétaires, il aborda tous les genres, il personnifia tous les caractères : émouvant jusqu'aux larmes dans son *Noël* de *La Joie fait peur;* naïf et distingué dans son *Grignon* de *Bataille de dames;* mordant et finassier dans son *Destournelles* du *Marquis de la Seiglière;* arrogant et incisif dans son *Vernouillet* des *Effrontés.* Il anima tous ces rôles de son esprit raisonné, de sa science profonde, de son art délicat, de son souffle puissant. Il ne quitta la Comédie-Française que pour prendre sa retraite, le 31 mars 1872.

Comme professeur, Régnier a été de tout premier ordre. Il a formé Coquelin, c'est tout dire! Comme écrivain, il produisit une *Histoire du théâtre* et des *Mémoires inédits pour servir à l'histoire du Théâtre-Français.* Jules Sandeau fit avec lui *Mademoiselle de la Seiglière,* Paul Foucher, *La Joconde,* et Louis Leroy, *Le Chemin retrouvé.*

Il fut nommé chevalier de la Légion d'honneur le 5 août 1872, et mourut le 27 avril 1885, après être revenu quelque temps à la Grande Comédie, comme directeur de la scène, puis, en 1879, avoir été nommé Directeur des études à l'Académie nationale de musique.

Son immense talent était de la plus belle simplicité. Jamais il ne le gâta par une charge de mauvais goût, qui eût pu forcer le rire du public.

Ce fut un illustre sage parmi les sages. Combien le théâtre en compte-t-il?

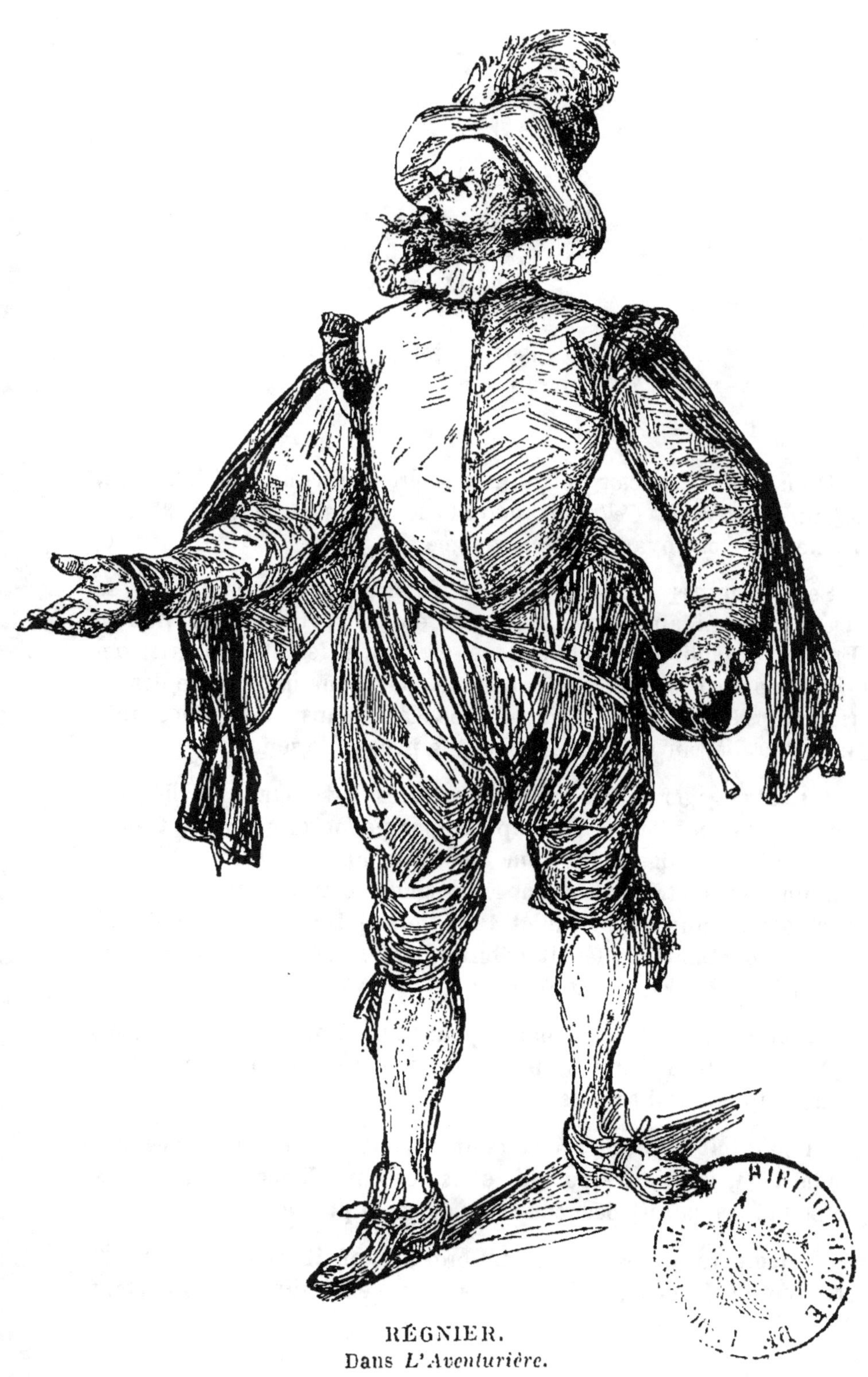

RÉGNIER.
Dans *L'Aventurière*.

FÉLIX

(1807 — 1870)

D'un père français et d'une mère italienne, *Félix-Pierre-Alexandre-Ursule Cellerier* naquit le 18 septembre 1807, à Alexandrie, en royaume de Sardaigne.

Ses premières études — sur la volonté de ses parents — se firent au Séminaire; mais, son père étant mort, sa mère vint en France recueillir un petit héritage, s'y fixa, et le petit Cellerier devint apprenti ébéniste, puis commis dans une maison de draperie en gros de la rue Bertin-Poirée. C'est dans cette place qu'il se mit à aller au théâtre et conçut la pensée de se faire acteur.

Il se fit engager par les frères Seveste, les Directeurs « privilégiés » de tous les théâtres de la périphérie parisienne, et gagna 30 francs, puis 40 francs par mois, pour jouer les « *amoureux* », après avoir fait un stage de trois mois sans rien gagner, comme sorte d'apprenti-comédien. Enfin, le 1er juillet 1828, le théâtre du Vaudeville, situé rue de Chartres, le vit débuter dans le rôle de *Rodolphe,* de *Léonide* ou *La Vieille de Suresne.*

Il réussit peu. Alors, il partit pour la province et fut accepté à Bordeaux, dans l'emploi des « premiers rôles de comédie et de vaudeville ». Ceci se passait en 1829.

Il chantait le couplet avec goût, portait sans extrême élégance, mais bien, la toilette de ville et le costume, lançait le mot avec esprit et produisait beaucoup d'effet sur le public.

Il demeura quatre années à Bordeaux, où il était adoré! Le directeur de Rouen lui fit proposer de venir affronter le parterre

rouennais, lequel, à cette époque, passait pour le plus difficile de
France; Félix accepta. Il réussit tellement à Rouen, qu'il y resta
de 1833 à 1840, époque à laquelle il s'en vint enfin redébuter à
Paris, sur ce même théâtre du Vaudeville qui l'avait méconnu

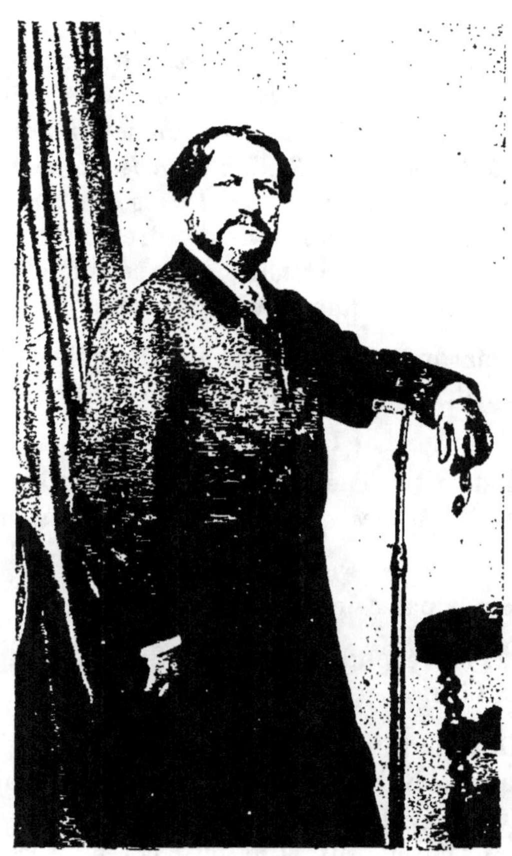

FÉLIX.

douze ans auparavant, et qu'il ne quitta plus qu'en 1870, quelques
jours avant sa mort.

Il était rentré au Vaudeville, dans une pièce de Paul de Kock :
La Jolie fille du Faubourg; il s'y montra vif, alerte, jeune, ver-
veux et plein de gaîté. En 1842, le rôle de *Robin,* dans *Les Mé-*

moires du Diable, le mit en première ligne. Tout Paris courut le voir dans cette importante et superbe création. Cette pièce fut l'une des meilleures de cette époque de transition théâtrale.

C'est à partir de ce moment que sa réputation grandit à chaque nouveau rôle qu'il représenta : *Le Héros* du *Marquis de quinze sous, Roger Bontemps, Les Suites du premier lit, Pas de fumée sans feu, Louise de Nanteuil, La Joie de la maison, Les Filles de marbre, Les Vivacités du Capitaine Tic, Les Faux Bonshommes, Les Parisiens, Les Brebis de Panurge, Le Roman d'un jeune homme pauvre, Nos Intimes, La Famille Benoiton, Le Mariage d'Olympe,* et nombreuses autres merveilleuses créations d'ordre nouveau, dans lesquelles il avait apporté son originalité très personnelle, sa verve gouailleuse et son esprit endiablé, lui qui n'en avait aucun.

Car il est à remarquer que ce comédien d'élite, qui ne joua que des gens d'esprit, était « un simple » dans toute l'acception du mot.

Souvent il demandait à Théodore Barrière, l'auteur très mordant du *Desgenais,* des *Filles de marbre* et des *Parisiens,* qu'il lui fît créer :

« Je ne comprends pas ce que tu me fais dire là.

— Tant mieux, lui répondait Barrière! Si tu le comprenais, tu ne le dirais pas si bien. »

Le rôle de *Desgenais* fut incontestablement celui que Félix joua le mieux dans sa brillante et longue carrière. C'était tout lui, railleur, fouettant les ridicules d'une société mal construite, flagellant les vices. Nul ne sut et ne put reprendre ce rôle après Félix ; cependant, beaucoup d'artistes de grande valeur le tentèrent.

Il mourut le 11 octobre 1870, partageant sa fortune, qui était assez considérable, en legs généreux à des amis et à des œuvres de bienfaisance.

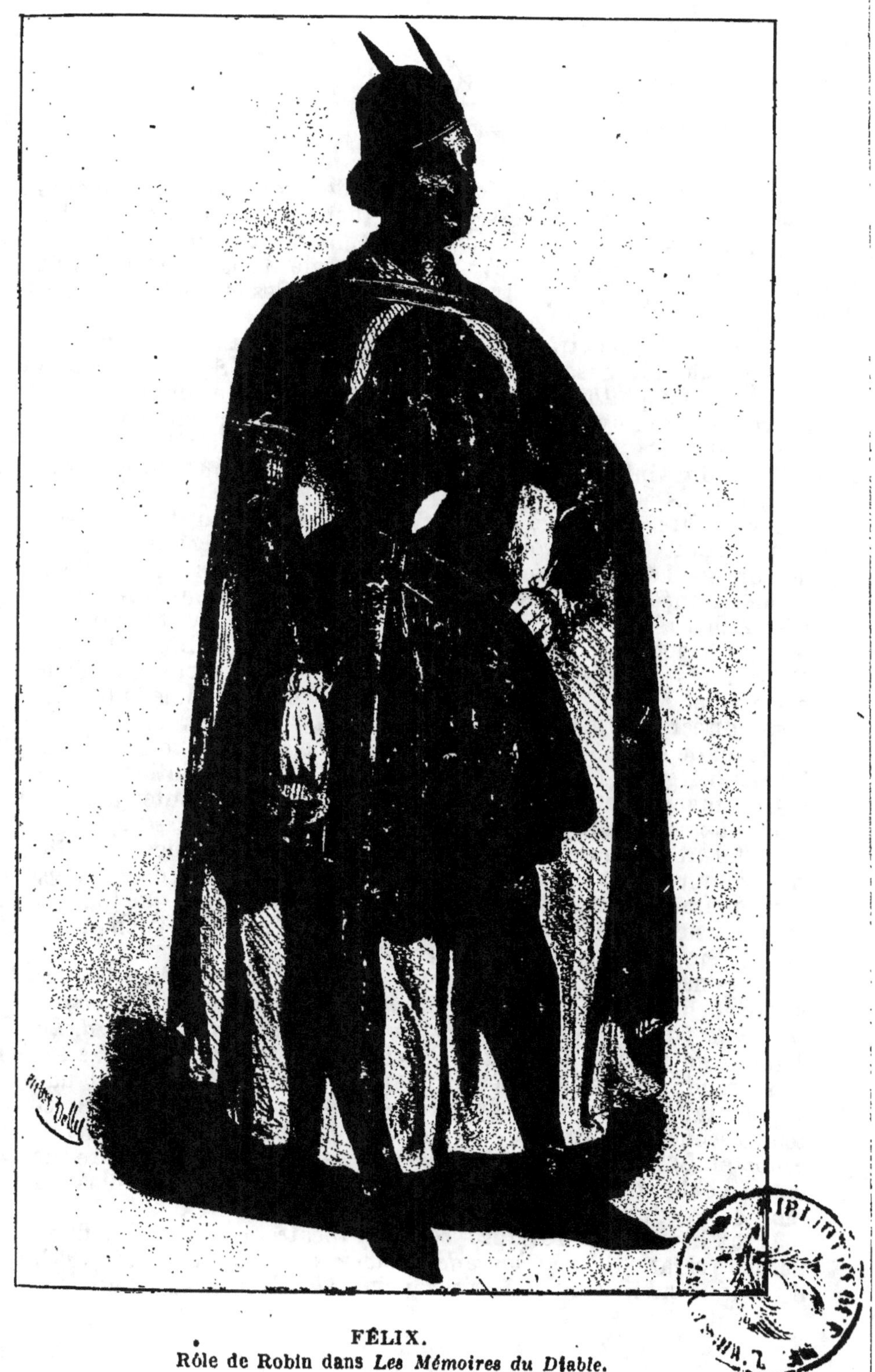

FÉLIX.
Rôle de Robin dans *Les Mémoires du Diable.*

ACHARD

(1808 — 1856)

Achard, Pierre-Frédéric, fut un canut de Lyon ; né le 4 novembre 1808, il fut tisseur comme son père. Allant assidûment au théâtre des Célestins, le goût de la comédie s'empara du jeune ouvrier ; le dimanche, il fréquentait les acteurs au café de la Comédie ; il fit tant et si bien qu'un jour il remplaça l'un des comédiens, indisposé.

Il possédait une très jolie voix ; on lui fit bisser ses couplets. Quelques jours après, Achard partait pour Lons-le-Saulnier, mais le directeur, ou plutôt celui qui s'était érigé directeur de ce théâtre, se voyait impitoyablement fermer les portes du « monument » par le véritable directeur, à cheval sur son droit de privilégié.

Achard revint à Lyon très penaud de sa déconvenue et reprit son métier de tisseur.

Loin d'être découragé — même par la malédiction de son père, vieux canut de la Croix-Rousse, imbu des préjugés contre les acteurs, — il s'engagea à Grenoble, pour revenir ensuite en emploi à ce même théâtre des Célestins, où ses succès devinrent tels, que le père Achard, vaincu, finit par dire à son fils : « Le ciel t'avait créé pour être acteur, sois-le ». Notre comédien était à Bordeaux, au théâtre des Variétés, quand Déjazet vint en représentation dans cette ville. Elle s'éprit du jeune homme et écrivit immédiatement à son directeur, Dormeuil, de ne pas laisser échapper une si belle occasion de s'attacher un acteur doué d'une adorable voix et d'une irrésistible gaîté. M. Dormeuil, confiant dans l'appréciation de son actrice favorite, engagea le jeune Achard qui vint débuter à Paris dans *Lionnel* ou *Mon avenir,* puis *Le Commis et la Grisette.*

Le talent d'Achard consistait surtout en une abondance de gaîté très communicative. Il riait, on riait. Tout de rondeur et de vivacité, il s'emparait du public. Il soupirait la romance mieux que tous les chanteurs de son époque et triomphait dans le genre de la chansonnette, genre que venaient de créer Levassor et Déjazet.

De remarquables créations firent d'Achard le comédien le plus apprécié du Palais-Royal. *L'Aumônier du Régiment, La Tirelire, Bruno le fileur, La Maîtresse de Langues, Pascal et Chambord, La Famille du fumiste, Indiana et Charlemagne,* pour ne citer que ses très grands succès, le grisèrent un peu ; et en 1845, exigeant une augmentation exagérée d'appointements — que lui refusa son directeur, l'économe Dormeuil, — il alla créer au Gymnase *La Morale en action* et *Le Petit homme gris.* Mais telle est l'influence du cadre sur le talent du comédien, qu'Achard ne retrouva pas au Gymnase la moitié des effets qu'il produisait au Palais-Royal.

Il fut heureux de revenir à son cher théâtre, en 1850, et y fit sa dernière création, *Une Charge de cavalerie,* en 1853. Le 13 août 1856, il mourait subitement à Paris, à peine âgé de quarante-huit ans.

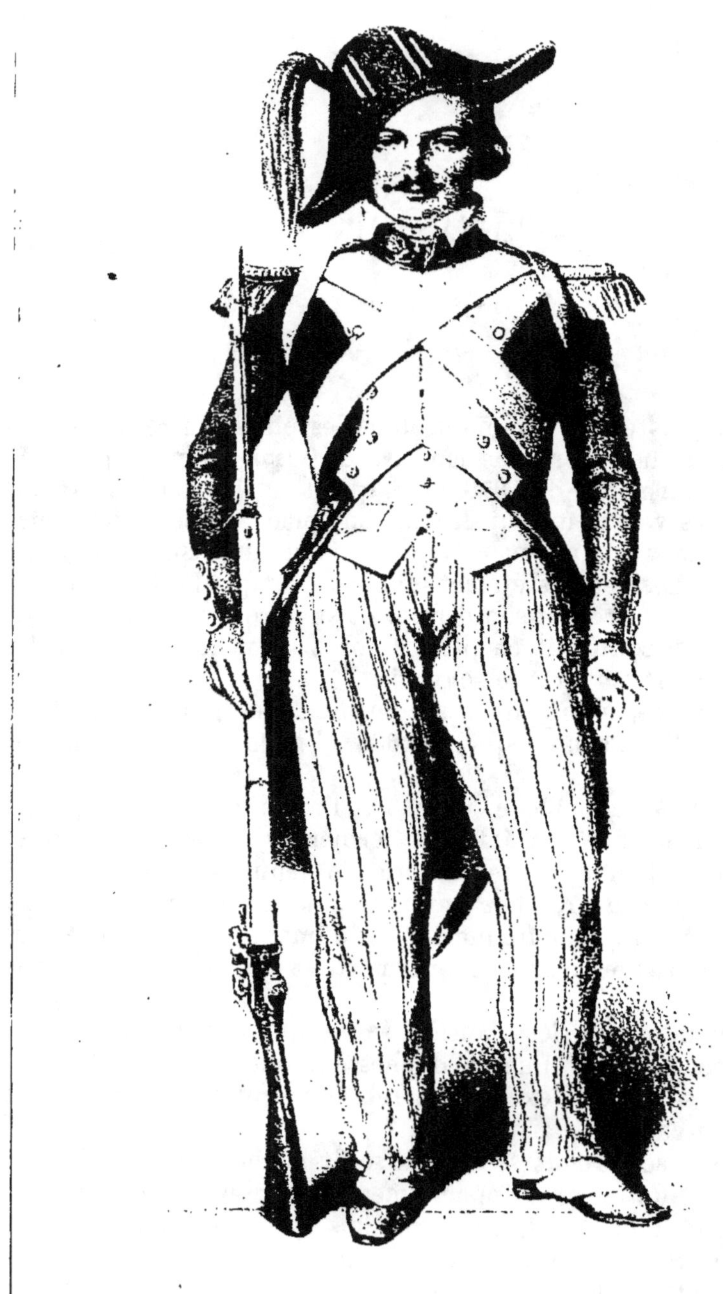

ACHARD.
Rôle de Chambord dans *Pascal et Chambord.*

LEVASSOR

(1808 — 1870)

Il est des artistes — comme de tous les êtres, du reste — qui savent vivre et ne savent pas mourir. *Levassor* est mort pendant l'effroyable tourmente de 1870, alors que tous les esprits étaient portés vers les valeureux qui défendaient pied à pied le territoire envahi. On ne s'occupa pas de cette soudaine disparition d'un grand artiste. Les pensées étaient ailleurs. Lorsque la dernière pelletée de terre eut produit son dernier et sinistre bruit, en tombant sur la boîte qui contenait ce pauvre corps, tout fut bien fini. La bourrasque avait emporté le souvenir.

Levassor fut cependant un des comédiens les plus complets et les plus parfaits de son époque, de 1835, et même avant, à 1870, et même après.

Il naquit à Fontainebleau, en 1808, d'un père qui avait gagné les épaulettes de capitaine dans les dernières guerres de l'Empire. Venu de très bonne heure à Paris, le jeune Levassor devint commis, puis voyageur, chez un marchand de soieries en gros. C'était un prétexte pour fréquenter assidûment les petits théâtres du boulevard, ses moyens ne lui permettant pas de pénétrer dans les grands.

Ses premiers pas sur les planches se firent dans un théâtre de société, appartenant à Mme la duchesse d'Uzès. Là, simple amateur, il sut se créer d'excellentes relations qui le servirent plus tard, dans sa carrière artistique.

Enhardi par ses premiers essais, il se fit engager au théâtre des Nouveautés, à de maigres appointements, pour entrer ensuite, sur la recommandation de Déjazet, au Palais-Royal, où commença la brillante réputation qu'il devait acquérir.

La mode était alors à ce que l'on appelle « les spectacles coupés »; c'est-à-dire des pièces en un acte, que l'on offrait par tas de cinq et même six dans une seule soirée.

Ce fut dans ces spectacles que Levassor glissa le genre de la

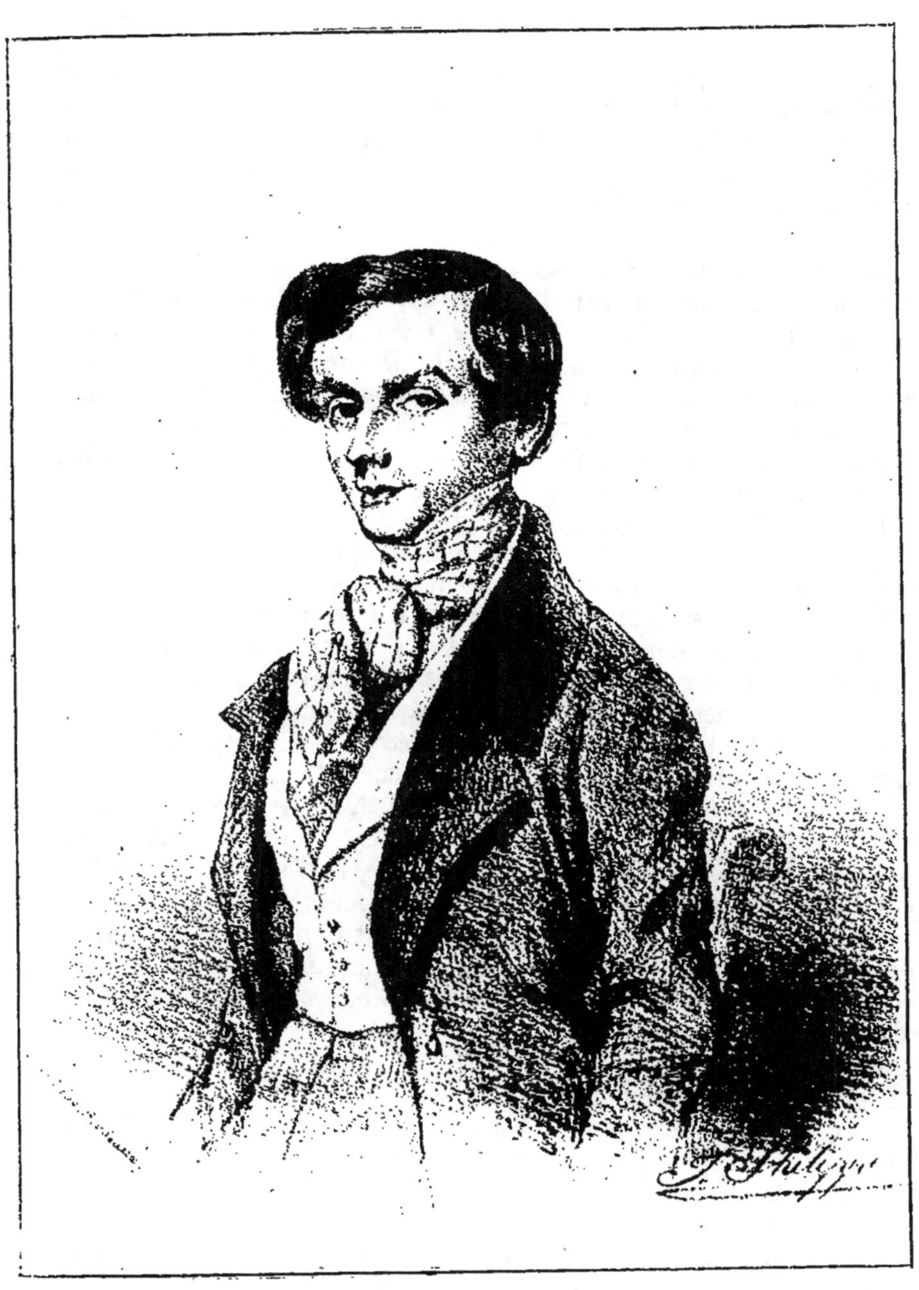

LEVASSOR.

« chansonnette », dont il est le véritable créateur. La première qu'il chanta entre deux vaudevilles fut : *Le Postillon de M'ame Ablou.* Le tout Paris d'alors accourut voir le comédien, à cheval sur une chaise, un collier de grelots à la main, et galopant, ou trottant sur sa chaise, à laquelle il tentait de donner les allures d'un cheval de poste.

Après ce fameux *Postillon de M'ame Ablou,* qu'il alla chanter dans tous les salons, ce furent : *Qui veut voir la Lune? Alcindor à la Chaumière, Le Cochon de Barbarie, Les Tribulations d'un choriste, Le Maître d'école, Le Feu d'artifices, Le Renard et le Corbeau, Cendrillon, Geneviève de Brabant, Le Père Trinquefort,* et des centaines d'autres chansonnettes, dont il savait faire des petits poèmes, des cocasseries amusantes, sans jamais dépasser les bornes de la plus stricte réserve.

Le Petit François devint aussi l'un de ses plus gros succès. C'est Boutin, son camarade du Palais-Royal, qui le lui avait seriné sur la guitare, dont s'accompagnait cet autre grand comique.

Levassor, après huit années de Palais-Royal, passa aux Variétés, où il se fit une immense réputation d'originalité et de drôlerie dans des rôles de toutes sortes et de toutes interprétations, c'est-à-dire en jouant des personnages de caractères très opposés.

La Meunière de Marly, Le Maître d'école, Le Bas-bleu, La Nuit aux soufflets furent pour lui de grands succès.

Il revint en 1843 au Palais-Royal et y demeura jusqu'en 1856, jouant son admirable *Brelan de troupiers,* son inimitable *Sir Esbrouff, Le Poisson d'avril, Le Lait d'ânesse, Le Garçon de chez Véry, Les Folies-Dramatiques, 33.333 francs par jour,* et cent autres qui firent de lui le comédien le plus original et le plus excentrique de Paris. En 1857, il reparut aux Variétés, dans *Le Poignard de Léonora, Le Mal de mer, La Conférence de Baubichon;* puis il se mit à courir la province, où il était adoré et faisait toujours d'énormes recettes.

Voici, sur Levassor, une touchante anecdote :

Il avait prêté son concours à une représentation donnée à Rueil, au bénéfice des pauvres. Le maire avait réuni les comédiens qui avaient pris part à la représentation en une collation de reconnaissance. Levassor trouva sous sa serviette un œuf, duquel s'échappèrent cinq louis d'or. « Ah! Monsieur le maire, fit Levassor, sur le ton du reproche, je ne mange que le blanc des œufs à la coque, veuillez garder le jaune pour vos pauvres. »

Il mourut silencieusement en 1870, je l'ai dit.

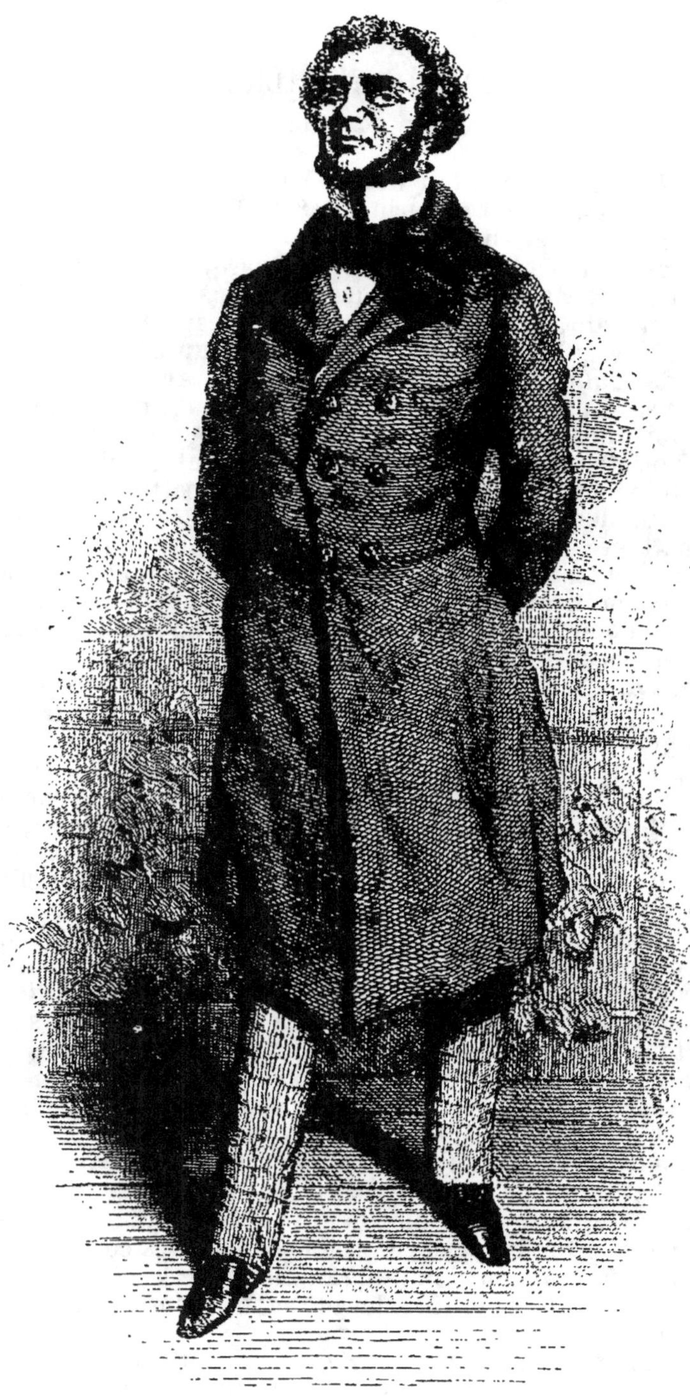

LEVASSOR.
Rôle de Sir John Esbrouff.

MADAME MALIBRAN

(1808 — 1836)

Marie-Félicité Garcia, qui devint Mme *Malibran,* fille du ténor espagnol *Garcia,* naquit à Turin en 1808. D'aucuns la font naître à Paris; c'est une erreur.

Dès l'âge de huit ans, l'enfant se fit remarquer par la facilité avec laquelle elle profitait des leçons que lui donnait son père, « homme colère et brutal », qui la maltraitait fort. C'est « par ordre » de ce père dénaturé qu'elle épousa, en Amérique, un négociant français du nom de *Malibran.* Elle vécut malheureuse avec ce mari qu'elle n'aimait pas, qu'elle ne pouvait aimer parce qu'il ne la comprenait pas et était incapable de la comprendre. « Ceux qui ont connu la célèbre cantatrice dans l'intimité se rappellent la pitié dont leur âme était pénétrée, en voyant quelquefois cette jeune et belle femme rester des heures entières, comme absorbée dans une muette contemplation », écrit un des contemporains. Elle avait quinze ans, quand elle contracta ce premier mariage. M. Malibran, déclaré en faillite, fut emprisonné. Alors, la pauvre jeune femme put revenir en France et épousa M. *de Bériot,* célèbre violoniste belge, âme d'artiste comme la sienne.

On peut dire que la Malibran — car elle conserva au théâtre le nom de son premier mari, nom sous lequel elle s'était illustrée — fut une des gloires de la scène française.

En représentation à Aix-la-Chapelle, le roi de Prusse, après une audition de *La Sonnambula,* fit prendre les armes à sa garde quand sortit du théâtre l'admirable cantatrice, et lui fit rendre les honneurs militaires, comme il était d'usage de le faire aux familles royales.

La Malibran était en état de grossesse assez avancée; elle consentit pourtant à partir pour Manchester et à paraître dans un grand festival, où devaient se faire entendre *Lablache, Pranoff, Philipps,* Mmes *Caradori, Assandri,* et « tous les chanteurs et instrumentistes renommés alors dans le monde entier ». A la répétition, elle chanta admirablement, et tellement recommença, pour la satisfaction de tous, que son mari fut forcé de lui dire : « Prends garde, ton état n'est pas naturel, tu t'énerves trop. » Le lendemain 13 septembre 1836, le matin à l'église et le soir au théâtre, elle s'évanouissait plusieurs fois, après avoir chanté.

Le 14, eut lieu le grand concert annoncé; elle arriva en retard, pâle, faible, tremblante. Après avoir enthousiasmé un auditoire extraordinaire, avec un air de *Cimarosa,* tiré du *Sacrifice d'Abraham,* elle tomba sans connaissance dans les coulisses.

Le 23 septembre, neuf jours après, elle mourait, à minuit vingt minutes, sans avoir, durant sa longue agonie, repris un seul instant connaissance. Elle avait vingt-huit ans.

Le monde entier la pleura. L'art du chant fut en grand deuil. Le poète illustre des *Nuits* la chanta et la pleura. De célestes harmonies accompagnèrent ce brusque départ de la terre. Puis le silence se fit. C'était un ange qui venait de passer.

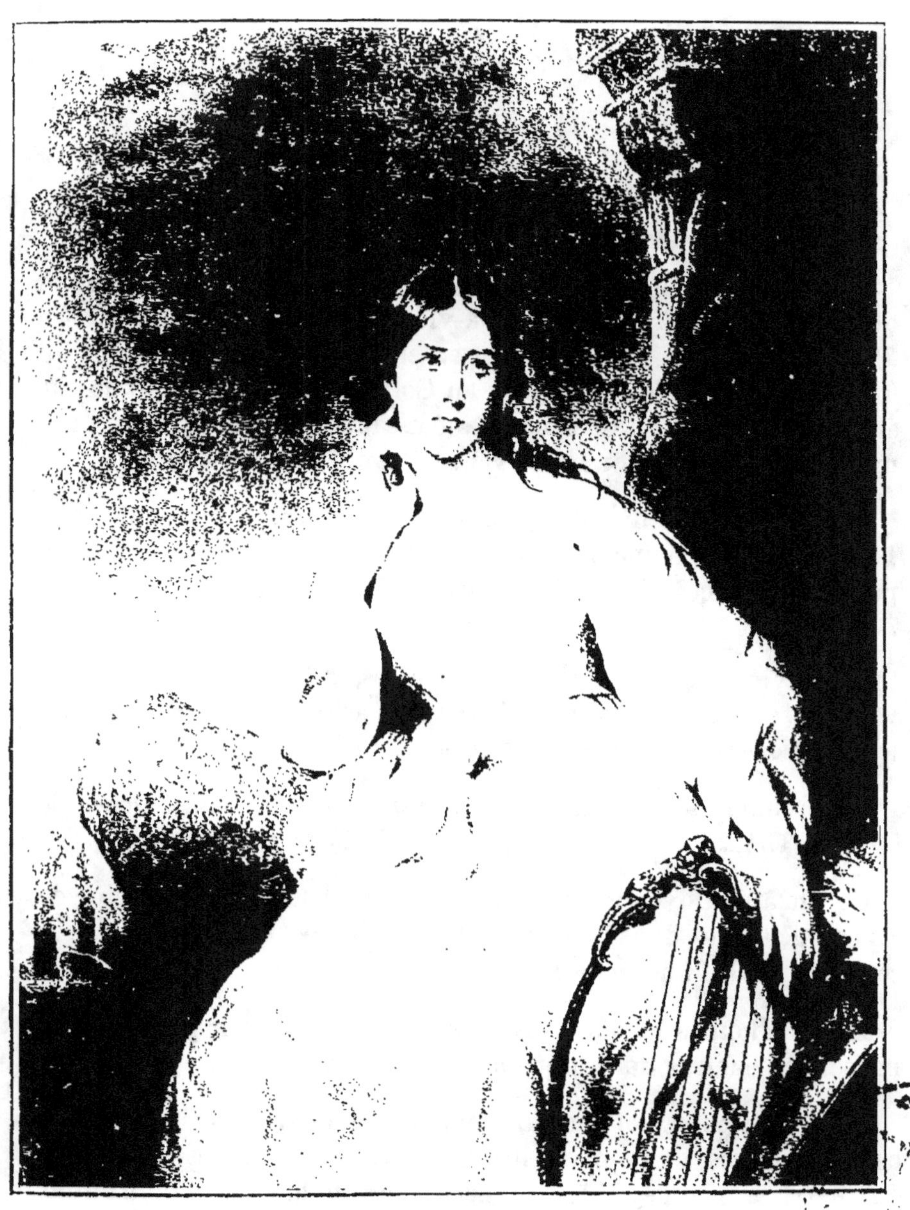

Madame MALIBRAN.
Rôle de Desdemona dans *Othello*.

LHÉRITIER

(1809 — 1885)

Thomas !... tel était le nom de son père ! Le comédien original dont nous avons à rappeler ici la vie et les traits s'appelait donc *Paul Thomas*. Il est né le 14 septembre 1809. Ses parents lui firent faire des études sérieuses au Collège Bourbon. Il fut même élève de Brard et Saint-Omer, les éducateurs célèbres, dont l'immortel Joseph Prudhomme se vante d'avoir suivi les cours.

M. Thomas père fit entrer Monsieur son fils dans une maison de banque. Mais le jeune homme, en rentrant chaque soir à la maison paternelle, ne cessait d'y fredonner : « *La Banque n'est pas ce que j'aime !* »

Il y avait alors à Paris trois théâtres, dits « de société », où venaient se récréer à l'apprentissage de l'art du comédien, les amateurs effrénés de Melpomène et de sa sœur Thalie.

Le premier de ces théâtricules s'intitulait Théâtre *Doyen ;* le second, Théâtre *Ducrocq ;* le troisième, Théâtre *Carlotti.*

Le Théâtre Doyen était perché à un quatrième étage ; celui de Ducrocq, enfoui dans une cave ; celui de Carlotti, blotti dans une cour, au fond d'une impasse.

Le fils Thomas joua sur les trois, sans abandonner pour cela la maison de banque dans laquelle il grossoyait.

On ne sait pourquoi certains noms deviennent plus ridicules que certains autres, et pour quelle raison celui de Thomas a bénéficié de ce triste privilège. Est-ce parce que de facétieux plaisantins l'ont appliqué à ce récipient nocturne qu'à la caserne on dénomme « Jules » ? Toujours est-il que notre Thomas recula devant la perspective de voir imprimé sur une affiche son nom patronymique et qu'il se fit appeler *Lhéritier,* parce que son père, dans un transport de fureur, lui avait dit : « Songe que tu es *l'héritier* d'un nom respectable et que je te défends de le traîner sur la claie de tes paillasseries ! »

L'héritier !... Son pseudonyme était trouvé !... Il répondit à son

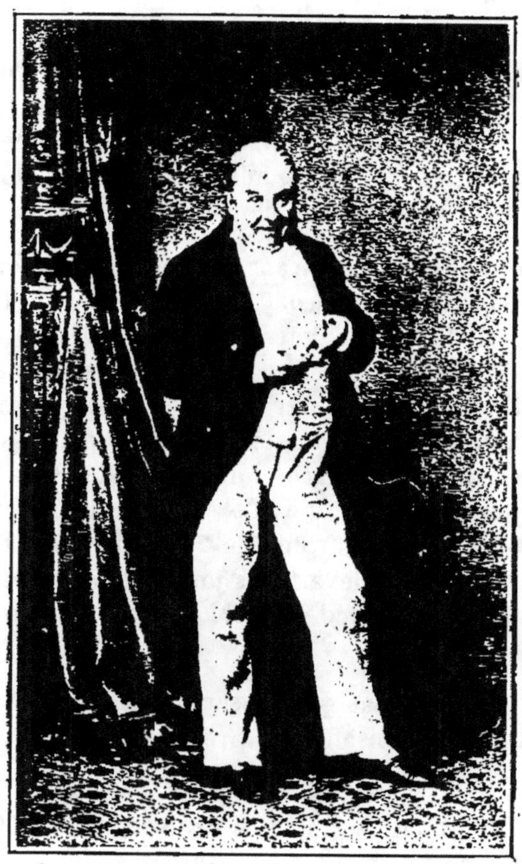

LHÉRITIER.

père : « J'aurais pu rendre célèbre ce nom des Thomas, qui ne le fut jamais que par l'entêtement imbécile d'un saint, auquel il ne fallait pas essayer de faire croire que des vessies étaient des lanternes !... Tu ne le veux pas !... Je me soumets ! Mais, tu m'as appelé l'héritier de ton nom, j'accepte cette dénomination. Je cesse d'être Thomas, je deviens *Lhéritier !*

Alors, sous ce nouveau nom, il joua à la salle Chantereine, puis à celle de Tivoli. Enfin, la Révolution de 1830 ayant apporté l'ère de la Liberté des théâtres, deux vieilles salles se rouvrirent à Paris : l'une située dans la rue Saint-Martin, fermée depuis 1807, que Boursaut avait créée en 1802 et qu'il avait décorée du titre ambitieux de Théâtre Molière ; l'autre, située au Palais-Royal, ancienne salle des Beaujolais, illustrée par la demoiselle Montansier, que rouvraient deux puissants administrateurs, MM. Dormeuil et Charles Poirson, avec le titre de Théâtre du Palais-Royal.

Lhéritier, qui avait vingt et un ans, se décida à abandonner complètement l'art d'accumuler, au profit d'autres, les billets de la Banque de France, et prit la grande détermination de devenir acteur. Il se fit engager au Théâtre Molière. Au bout de six semaines, ce théâtre ferma ses portes ; mais, si courte qu'eut été l'apparition du jeune émule de Lekain et de Talma, elle avait suffi pour que Dormeuil le vît, l'appréciât et l'engageât aux côtés de Sanson, Régnier, Philippe, Lepeintre aîné, Sainville, et des demoiselles Déjazet, Falcoz et Baroyer. C'est pourquoi, le 7 octobre 1831, Lhéritier débuta à ce théâtre, qu'il ne devait plus jamais quitt r, dans *Louis XV chez madame Dubarry*, pièce de MM. Anicet Bourgeois et Vanderburk.

Ses débuts ne firent pas grande sensation. On trouva ce comédien original, plein d'aisance, « presque amusant », et ce fut tout.

On lui reprochait une certaine contrainte, qui arrêtait ses élans comiques. Selon une expression consacrée au théâtre, « il jouait en dedans ».

Peu à peu, cette timidité se dissipa ; et Lhérit er se livra complètement. Il sut alors se faire apprécier dans *L'Enfant du faubourg, L'Aumônier du Régiment, Le Vicomte de Létorières, Les Secondes noces, L'Almanach des 25,000 adresses, Le Chapeau de paille d'Italie, Le Bourreau des crânes*, etc., etc.

Il resta trente ans confiné dans cet emploi secondaire des

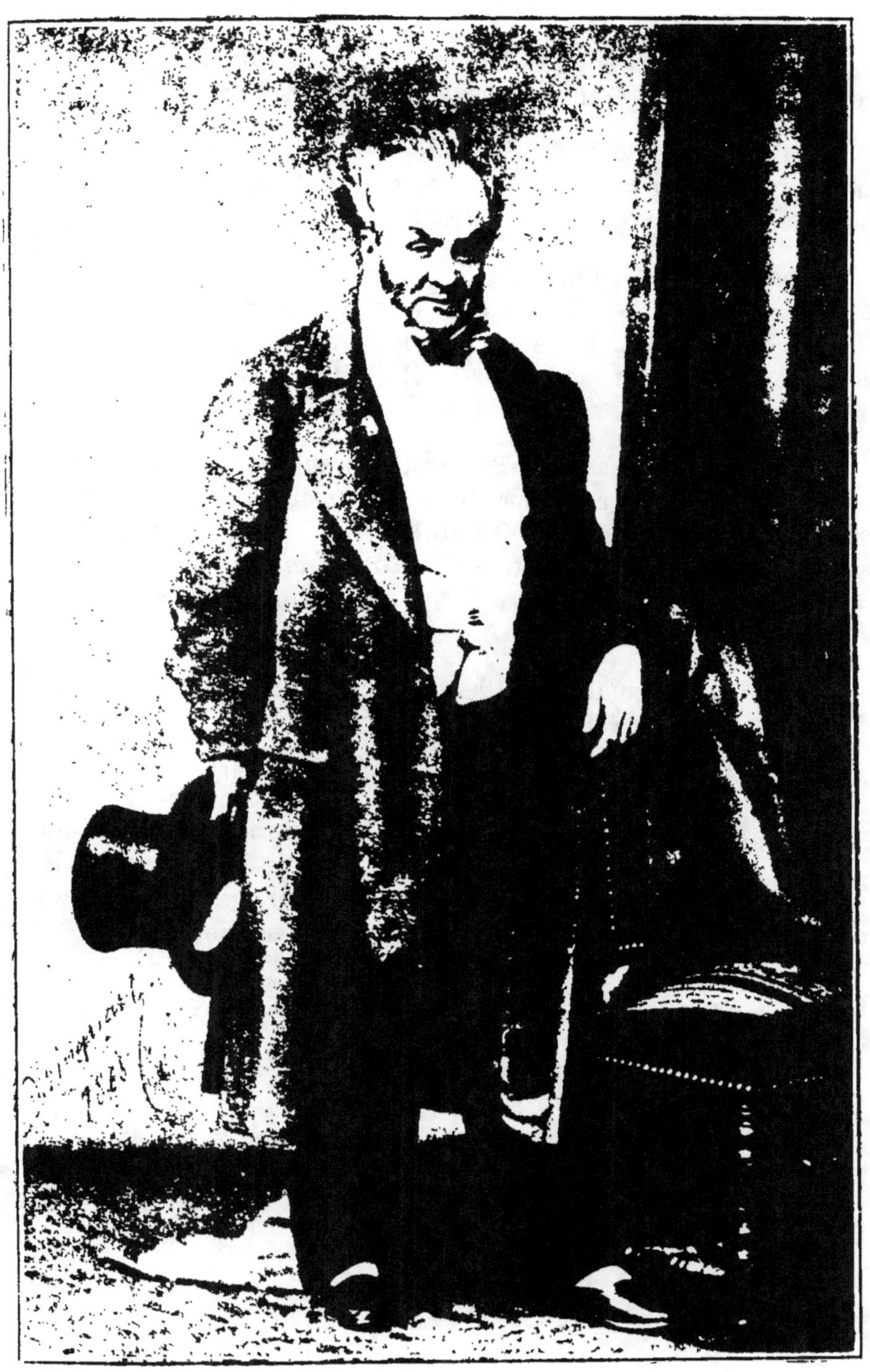

LHÉRITIER.

« grimes », sans qu'on pensât à lui confier un rôle de « premier comique marqué ». C'était un sage, un patient, il se résigna.

En 1856, le désopilant Sainville mourut. On alla chercher successivement Delannoy, Petit-Delamarre, Désiré, des Bouffes, pour le remplacer. Tous échouèrent.

On engagea l'admirable Geoffroy. Lhéritier put et devait se dire : « C'est fini ! Je suis éteint. » Ce fut au contraire la cause de son rebondissement. Il devint le compère de cet incomparable comédien. De simple cascadeur qu'il était, à ses côtés il se fit artiste.

Un jour de 1862, Lambert Thiboust, passant au Havre, me dit : « Voilà huit ans que nous cherchons le remplaçant de Sainville. Il est trouvé ! C'est Lhéritier. » C'était la vérité. Il créa, pour la jouissance et la réjouissance de tous : *La Grammaire, Célimare le bien aimé, Gavaut, Minard et Cie, Le Roi Candaule, Le Réveillon, Le Mari à Babette,* etc.

Dessinateur original, il fit de nombreuses charges d'auteurs et d'acteurs, très appréciées, et très courues en vente.

Le théâtre du Palais-Royal fêta son cinquantenaire.

Il mourut à Paris, le 23 février 1885, en léguant à la *Société des Artistes dramatiques* dix obligations de la Ville de Paris, dont le revenu sert à secourir des comédiens malheureux. Ce fut donc dans une action de noble charité qu'il termina sa vie.

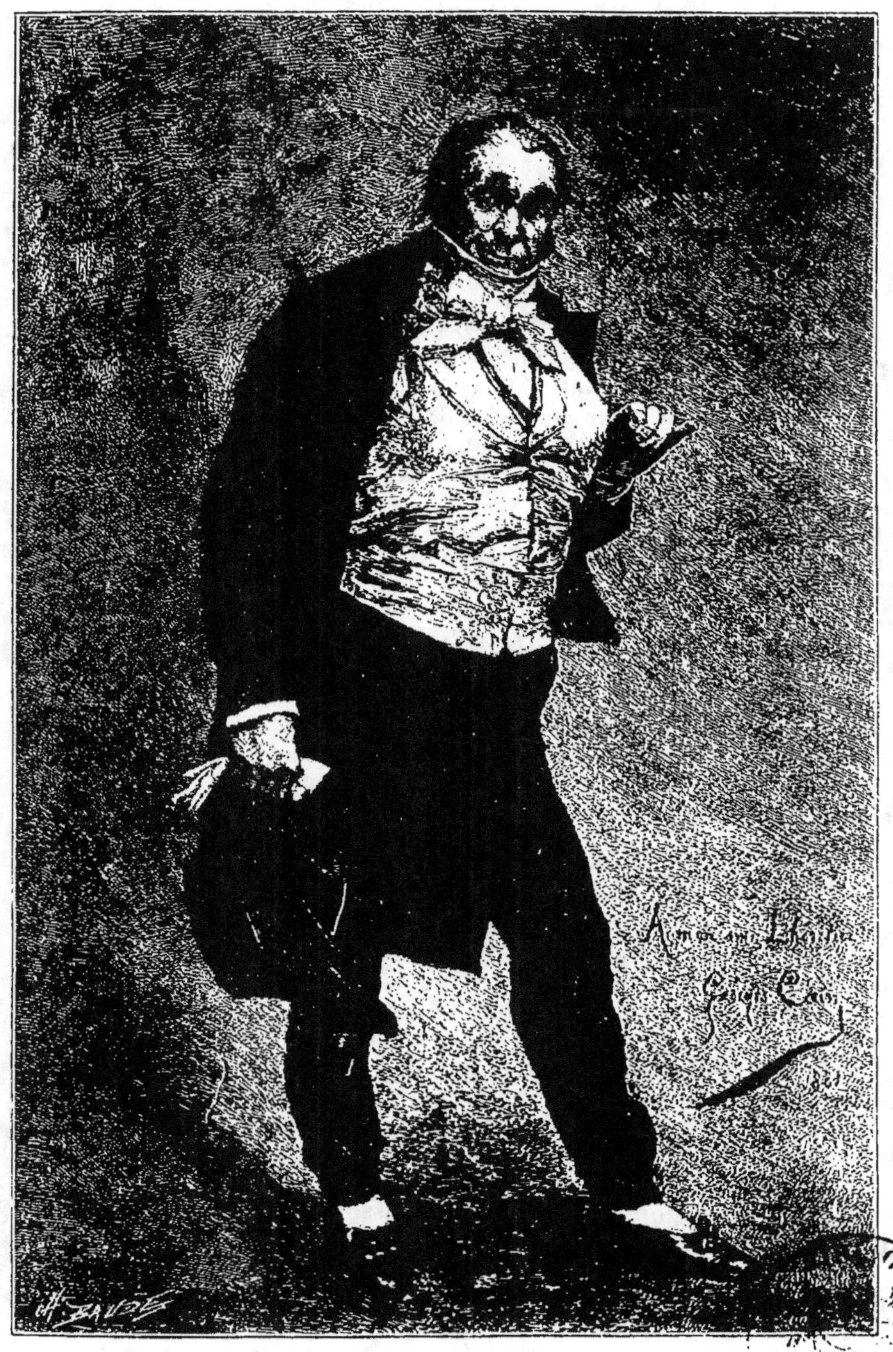

LHÉRITIER.

Dans *Le Réveillon.*

— 205 —

MADAME ALLAN-DESPRÉAUX

(1810—1856)

Mme Allan naquit le 20 février 1810, à Mons, où son père, M. Despréaux — de son véritable nom Ross, — était directeur du théâtre de cette ville.

L'enfant fut baptisée *Louise-Rosalie Ross*; mais, Ross étant une fort vilaine appellation pour figurer sur les affiches d'un théâtre, le père de Mlle Louise-Rosalie avait eu le soin de changer son nom en celui plus euphonique de Boileau-Despréaux, dont il prétendait descendre par les femmes. Certaines épigrammes lui ayant été décochées à propos du nom de *Boileau* lequel prêtait à de fâcheux sarcasmes dont on s'était mis à persécuter le sieur Ross, fort amateur de la dive bouteille, Ross avait jeté Boileau par-dessus bord et s'était résigné au seul nom de Despréaux.

L'enfant, Mlle Louise-Rosalie, eut l'honneur, à l'âge de dix ans, de jouer, à Mons, le rôle de *Joas* dans *Athalie*, aux côtés de Talma, en représentations dans cette ville.

Le grand tragédien fut tellement surpris par l'intelligence précoce et très remarquable de cette enfant, qu'il la fit débuter, le 14 décembre de cette même année, à Paris, sur la scène de la Comédie-Française, par ce même rôle de *Joas*.

Le 22 janvier 1821, dans *Camille* ou *Le Souterrain*, que l'on donnait au Théâtre Feydeau, Mlle Despréaux joua encore un rôle d'enfant.

Enfin, le 2 février 1821, alors âgée de onze ans, elle entrait au Conservatoire, dans la classe de Michelot; et, le 17 août 1825, elle obtenait un second prix de comédie, et remportait le premier l'année suivante (14 août 1826).

A sa sortie du Conservatoire, en 1827, Mlle Despréaux entra à la Comédie-Française, où elle demeura quatre années, jusqu'en 1831, époque à laquelle, rebutée par les petites vilenies et tracasseries que lui suscitait principalement la jalouse Mlle Mars, notre jeune fille s'en fut débuter au Gymnase, où, le 16 mai de cette même année 1831, elle remportait un véritable triomphe dans les rôles de *Clarence*, de *La Favorite*, et *Rose*, de *Jeune et Vieille*.

Ce fut en août 1832 qu'elle épousa son camarade *Allan*, jeune premier d'une grande distinction, et qu'elle prit le nom de Mme *Allan-Despréaux*.

Le couple partit en Russie, en 1836, et fit les belles soirées de Saint-Pétersbourg pendant dix années.

Ce fut Mme Allan qui, revenue à la Comédie-Française en 1847, eut l'esprit et la gloire d'apporter de Russie l'adorable *Caprice*, de Musset, inconnu jusqu'alors à Paris, sinon des érudits.

Elle fit à ce théâtre les plus brillantes créations, jusqu'en 1856, époque à laquelle elle mourut, aimée, honorée et admirée de tous.

Pour ne citer que quelques-uns de ses très grands succès, je nommerai : *la Comtesse*, de *Il faut qu'une porte soit ouverte ou fermée; la Duchesse de Bouillon*, dans *Adrienne Lecouvreur; Jac-*

queline, dans *Le Chandelier;* la *Comtesse d'Autreval,* dans *Bataille de Dames;* M̄me *Desaubiers,* de *La Joie fait peur,* et M̄me *Georges,* de *Par droit de conquête.*

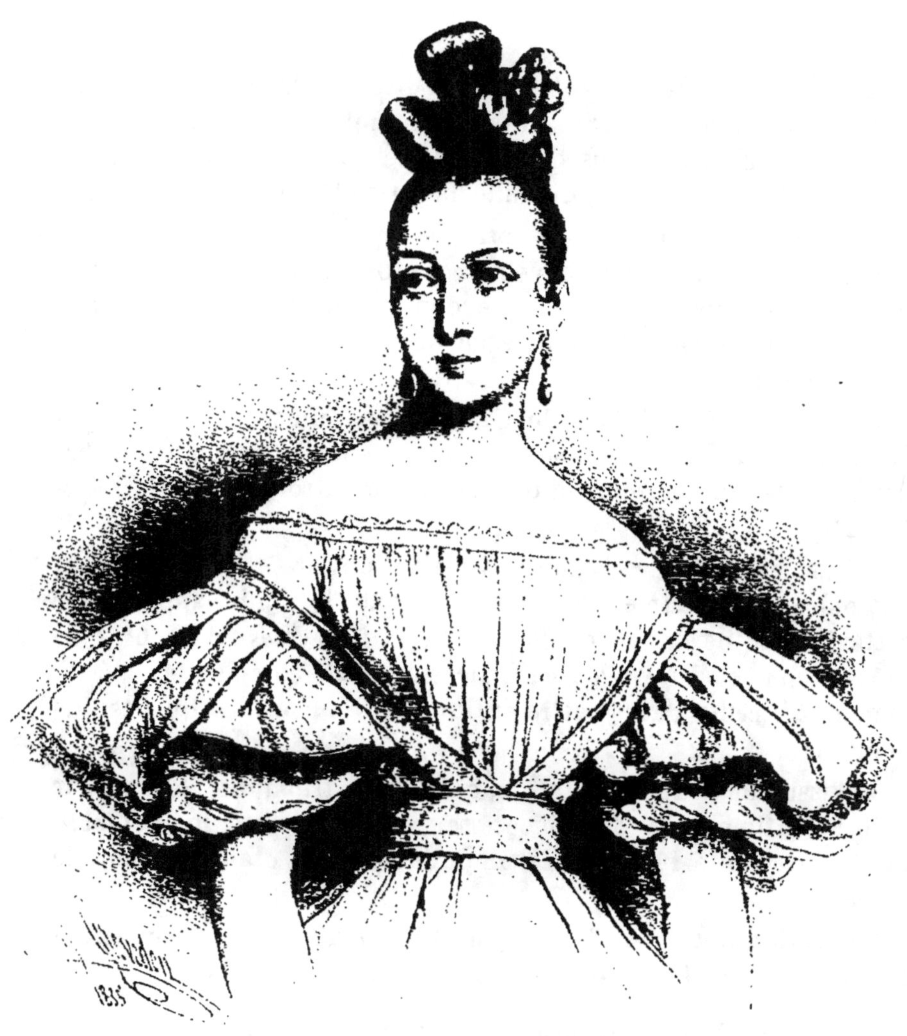

MADAME ALLAN-DESPRÉAUX

Mme Allan fut une comédienne de haute distinction, d'un naturel parfait, et d'une excessive finesse.

Chose étonnante, pour ne pas dire incroyable, elle ne fut jamais Sociétaire.

MADAME LÉONTINE FAY - VOLNYS

(1810 — 1876)

Il y eut, en cette brillante personnalité théâtrale, trois artistes bien distinctes les unes des autres, formant une trilogie unitaire, impeccable, chacune, sous quelque forme qu'elle se soit présentée, de petite fille phénomène, d'adulte parfaite et de femme accomplie.

L'enfant, du nom de son père, s'appelait *Baron*, quand elle naquit à Toulouse, le 9 novembre 1810. Étienne Baron, artiste lyrique de valeur, avait pris le pseudonyme de *Fay;* de même avait agi sa femme *Jeanne Lemerle*, également artiste lyrique de talent, au théâtre du Capitole.

Et c'est sur cette place du Capitole, au numéro 8, que naquit la petite *Louise-Jeanne-Léontine Baron*, laquelle se rendit célèbre dès l'âge de dix ans, sous la dénomination patronymique de *Léontine Fay*.

C'était en 1821, le Gymnase venait d'ouvrir ses portes, sous le patronage de Madame, sœur du roi, quand, le 4 juin, apparut sur cette jolie scène la petite Léontine Fay, dans *Frosine* ou *La Première venue*, et *La Petite Sœur*, pièce nouvelle commandée spécialement à Scribe pour mettre en lumière les gentilles qualités de l'enfant.

A l'issue de la représentation, qui fut un triomphe, Scribe, par une attention toute de délicatesse, voulut que sa merveilleuse petite interprète fût déclarée au public comme étant l'auteur de la pièce.

Le lendemain, il lui fit, ou plutôt il fit au public, le quatrain suivant qui parut dans une feuille publique :

> Vous, qui rêvez une actrice parfaite,
> Accourez voir Léontine ; et, soudain
> Vous reverrez Contat et Saint-Aubin,
> En retournant votre lorgnette.

Elle créa successivement et avec d'immenses succès *Alexis*, pièce dans laquelle son père lui donnait la réplique, *Le Mariage*

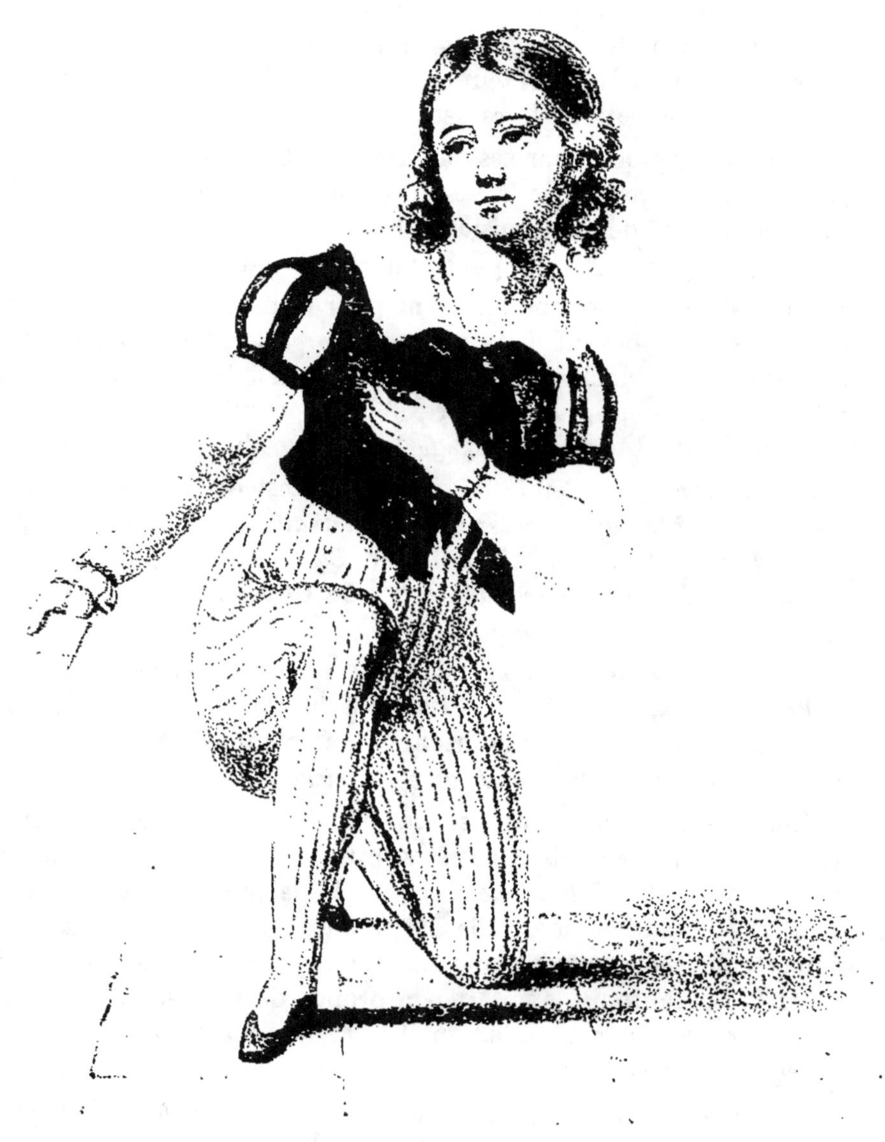

LÉONTINE FAY.

Rôle d'Alexis dans *L'Erreur d'un Bon Père*.

18.

enfantin, *La Petite fille et le Vieux garçon*, *Le Bon papa*, et *La Petite Lampe merveilleuse*.

M. et Mme Fay, devant les triomphes de leur précieuse petite merveille, demandèrent une augmentation d'appointements, assez exagérée pour que le directeur du théâtre, M. Delestre-Poirson, se vît dans la nécessité de la refuser.

L'enfant, exploitée par ses parents, courut alors la province, et partout on s'empressa de la venir voir et l'acclamer. C'était de la surprise! c'était de l'enthousiasme!

Le 26 mai 1826 — elle avait donc seize ans, — Léontine Fay reparut au Gymnase, abandonnant pour la première fois les rôles d'enfants, et débutant dans ceux de « *première amoureuse* », par le personnage principal de *la Pupille*, dans *Simple histoire*. Le même succès, plus grand encore, s'il est possible, accompagna le nouveau brillant papillon, dégagé de sa chrysalide.

Puis vinrent, jusqu'en 1834, les charmantes créations de *La Somnambule*, *Le Mariage de raison*, *Le Diplomate*, *Malvina* ou *Un Mariage d'inclination*, *Yelva*, *Louise* ou *La Réparation*, *La Seconde année*, *Une Faute*, *La Grande Dame*, *La Chanoinesse*, *La Lectrice*, *La Fille de l'avare*, *Estelle*, etc., etc.

Le 29 septembre 1832, elle épousa *Claude-François-Charles Joly*, dit *Volnys*, artiste du Vaudeville, en la compagnie de qui, le 17 octobre 1835, elle débutait à la Comédie-Française, par le rôle de *Florinde* dans *Don Juan d'Autriche*.

Elle demeura cinq années Pensionnaire de ce théâtre, persécutée par la très injuste Mlle Mars; puis revint au Gymnase jouer, le 16 mars 1840, *La Grand'mère*, agréable pièce de Scribe; donnant à sa persécutrice, Mlle Mars, une leçon de délicatesse, en jouant, elle, âgée de trente ans, un rôle que Mlle Mars, qui dépassait alors la soixantaine, avait jugé à propos de refuser, le trouvant trop « marqué » pour elle. Au théâtre, on entend par un « rôle marqué » un rôle d'âge avancé.

En 1844, Mme Volnys fut engagée de nouveau à la Comédie-Française, malgré tout ce que fit Mlle Mars pour l'empêcher d'y revenir, et reparut dans une de ses plus belles créations, *Louise de Lignerolles*, puis dans *Le Mari à la campagne*. Elle apporta au répertoire de la noble Comédie *La Femme de quarante ans*; ce qui

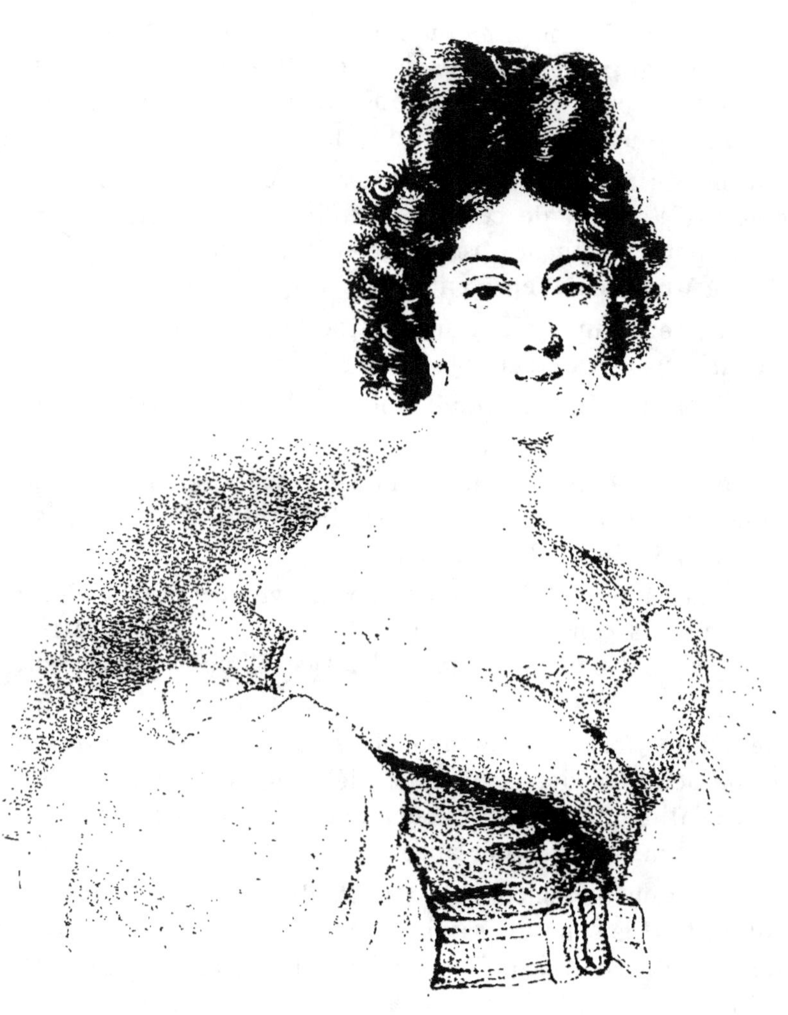

LÉONTINE FAY (Madame VOLNYS).

fit dire méchamment à Mlle Mars : « Elle a bien tout ce qu'il faut pour faire réussir ce rôle-là. »

L'année suivante, Mme *Léontine Volnys* créa, dans *L'Enseignement mutuel,* un autre rôle de femme âgée. Mlle Mars s'empressa de dire encore : « On a cru engager une amoureuse pour me remplacer, et il se trouve que c'est une duègne. »

Ce qui fit écrire à Théophile Gautier : « Mme Volnys ne mérite pas encore l'affront de ces rôles infiniment trop chargés de lustres. Elle pourrait encore très bien jouer les jeunes femmes, à un théâtre où Mlle Mars a représenté les Agnès jusqu'à soixante ans. »

Mme Volnys était une jolie brune, de taille moyenne, au timbre de voix charmeur et caressant.

Son talent était un peu minaudier, mais elle sut se corriger avec l'âge.

. Ne pouvant parvenir à se faire nommer Sociétaire, elle se fit engager, ainsi que son mari, à de très brillantes conditions, au théâtre Michel, de Saint-Pétersbourg.

'Son charme attractif, la dignité de sa vie privée la firent admettre dans la plus haute société russe, et l'Impératrice douairière la choisit pour sa première lectrice. Elle l'accompagnait dans ses voyages.

A la tête d'une fort jolie fortune, elle se retira à Nice avec son mari, se consacrant à des œuvres de piété, et portant l'exagération de ses sentiments religieux jusqu'à vouloir convertir ceux qui l'entouraient, sans en excepter aucun.

Cette exaltation de sentiments s'était, du reste, manifestée en elle, pendant tout le cours de sa vie. Elle avait ainsi refusé de créer le rôle de *Messaline* dans le *Caligula* d'Alexandre Dumas, parce que — avait-elle dit — « une honnête femme ne pouvait, sans blesser les convenances, représenter un pareil personnage ».

Le 29 août 1876, elle mourut d'une hypertrophie du cœur, en murmurant : « Jésus, Marie, faites-moi jouer un beau rôle dans votre ciel de paix et d'amour. »

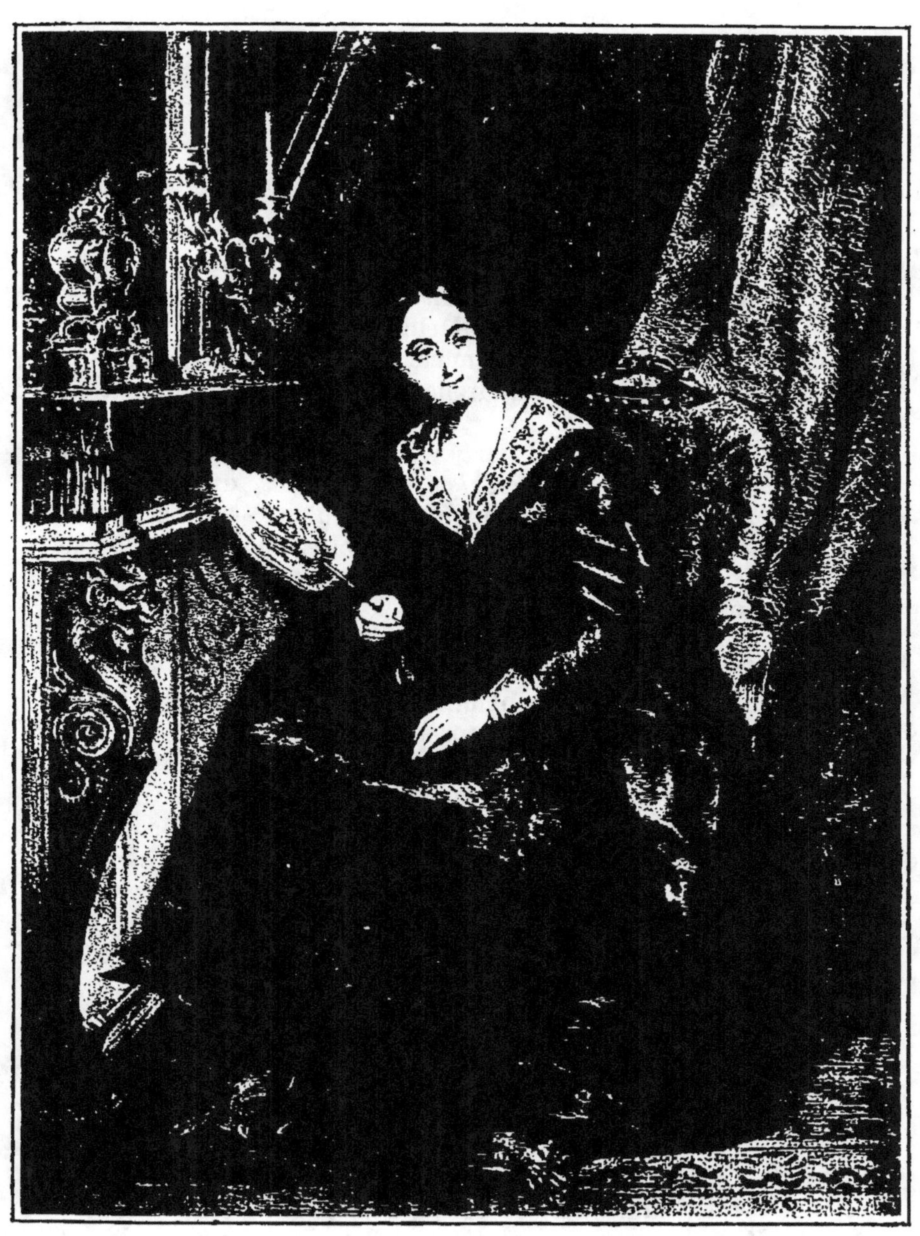

MADAME VOLNYS.

MÉLINGUE

(1812 — 1875)

Alexandre Dumas a écrit un volume charmant de vivacité, de tournure et d'esprit, — comme tout ce qu'écrivait ce grand amuseur et, malgré tout ce que l'on a pu dire, instructeur du peuple, — intitulé : *Une vie d'artiste*. Gaston Mélingue, le fils respectueux du grand comédien dont le célèbre romancier français a tracé l'odyssée, a magnifiquement illustré d'aquarelles vécues et sensationnelles le volume d'Alexandre Dumas.

En Mélingue, incomparable artiste, sculpteur et comédien, le père de *d'Artagnan*, de *Monte-Cristo*, de *Coconas*, du *Comte Hermann*, de *Chicot* et de tant d'autres personnages — sans l'admirable conteur, égarés ou enfouis dans l'histoire, ou .par lui conçus de toutes pièces — avait trouvé l'idéal de ses héros de cape et d'épée, fantaisistes et captivants.

Etienne-Marin Mélingue, avec sa verve étincelante, ses élans puissamment dramatiques, ses intonations mordantes et comiques, était l'homme de ce si puissant créateur de Tranche-Montagnes. Il réunissait toutes les allures superbes, cavalières, aventurières, échevelées, « panacheuses », que concevait le cerveau magique de l'illustre inventeur d'épopées fantastiques et superbes.

Ce brillant comédien était merveilleusement doué par la nature pour manier, comme une plume, la Durandal de Roland, et pourfendre des Pyrénées ; avec sa voix retentissante de trompette victorieuse, avec sa noble et fière prestance de preux chevalier, avec sa grandiosité dans le geste, quand il brandissait une terrible rapière, ou lançait une phrase cinglante.

Sculpteur — je l'ai dit — avant d'avoir été comédien, et sculpteur de talent, on lui doit un Molière apprécié, qui aujourd'hui fait l'ornement principal du parc de la Maison des Comédiens, à Pont-aux-Dames. Ajoutons à ce Molière un Corneille, un Racine, un François Ier, un Frédéric-le-Grand, un Duprez, dans *Guillaume Tell*, un Satan, un Rabelais et un remarquable Histrion, qui peuvent être considérés comme œuvres de maître.

Ce qui fit naître chez le regretté et très puissant auteur dramatique Paul Meurice, la pensée de lui faire un rôle de sculpteur. De là naquit le beau drame : *Benvenuto Cellini*, joué deux cents fois, en

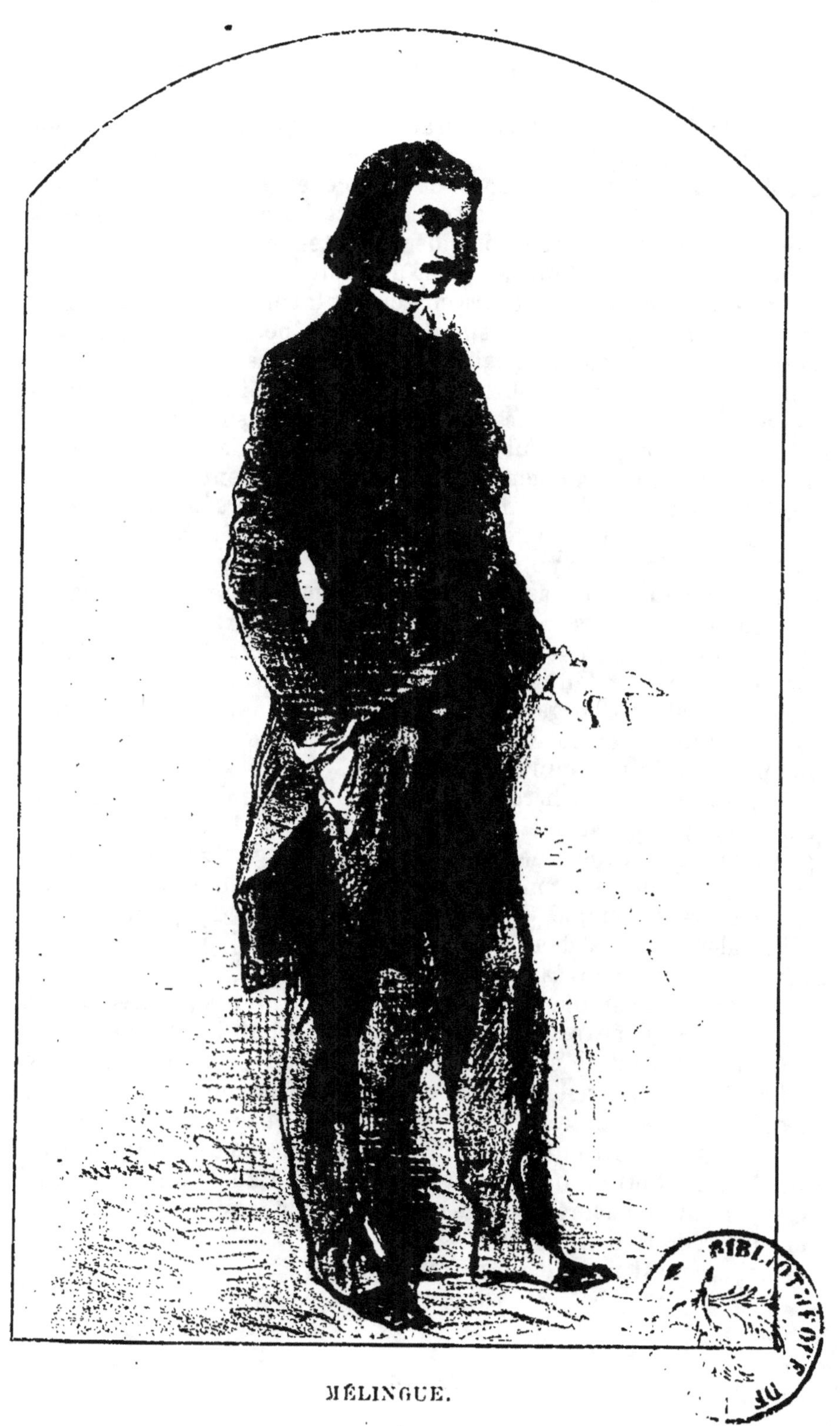

MÉLINGUE.

1852, à la Porte-Saint-Martin, drame dans lequel Mélingue modelait merveilleusement, et en un quart d'heure, une gracieuse statuette d'Hébé. Et ce quart d'heure de silence exigible n'avait que la durée d'une minute, tant il semblait court au public intéressé, captivé, et tant le maître comédien-sculpteur y apportait de verve comique et de magnifique ampleur du geste.

Dans *Salvator Rosa*, un autre conteur de talent, Ferdinand Dugué, le fit peintre ; Mélingue dessinait sur la scène, en six minutes, le portrait d'un brigand, originalement campé sur une roche. Le public voyait naître le brigand sur la toile et applaudissait, à bravos que veux-tu, le prestigieux comédien-dessinateur.

Mélingue composait lui-même ses costumes ; et jamais aucun ne les porta plus noblement et majestueusement que lui. Son *Alphonse d'Este* était un monument descendu de son piédestal ; et quand, sur le second acte de *Lucrèce Borgia*, de Victor Hugo, se levait le rideau, le public ne voyait plus Mélingue, mais l'époux de la terrible Lucrèce, assis dans son fauteuil. Alors la salle éclatait en applaudissements.

Mélingue mit le comble à sa réputation de comédien, en 1862, lorsqu'il créa le fantaisiste *Lagardère*, dans *Le Bossu*, de Paul Féval et Anicet Bourgeois. Pendant plusieurs années, Paris courut le voir interpréter cet admirable rôle, dans lequel personne ne le remplaça et ne le remplacera jamais.

Il était, à côté du héros à panache, l'homme de la famille par excellence ; il ne se mêlait à aucune intrigue de théâtre, ne briguait aucun suffrage, ne sollicitait aucun éloge. Il vivait modestement, ce modeste, confiné dans sa jolie petite maison de Belleville, entre sa femme, Théodorine, tragédienne de grand et sincère talent, et ses deux fils, Lucien et Gaston, dont il fit deux peintres de valeur très appréciée.

Et, de cette famille si belle, si vaillante, antique par ses mœurs patriarcales, il ne reste plus que Gaston, dont l'auteur de cette note a l'honneur de se dire l'ami. On retrouve en lui comme un reflet du grand artiste que fut son père : même philosophie, même dignité, même vie de modestie, de douceur et de bienfaisance.

Mélingue s'était fait construire sa maison sous de grands arbres, rue Levert, tout en haut de la montagne de Belleville ; c'est là que Gaston habite encore dans les souvenirs de la famille aimée, adorée et tant regrettée.

Mélingue est mort le 25 mars 1875.

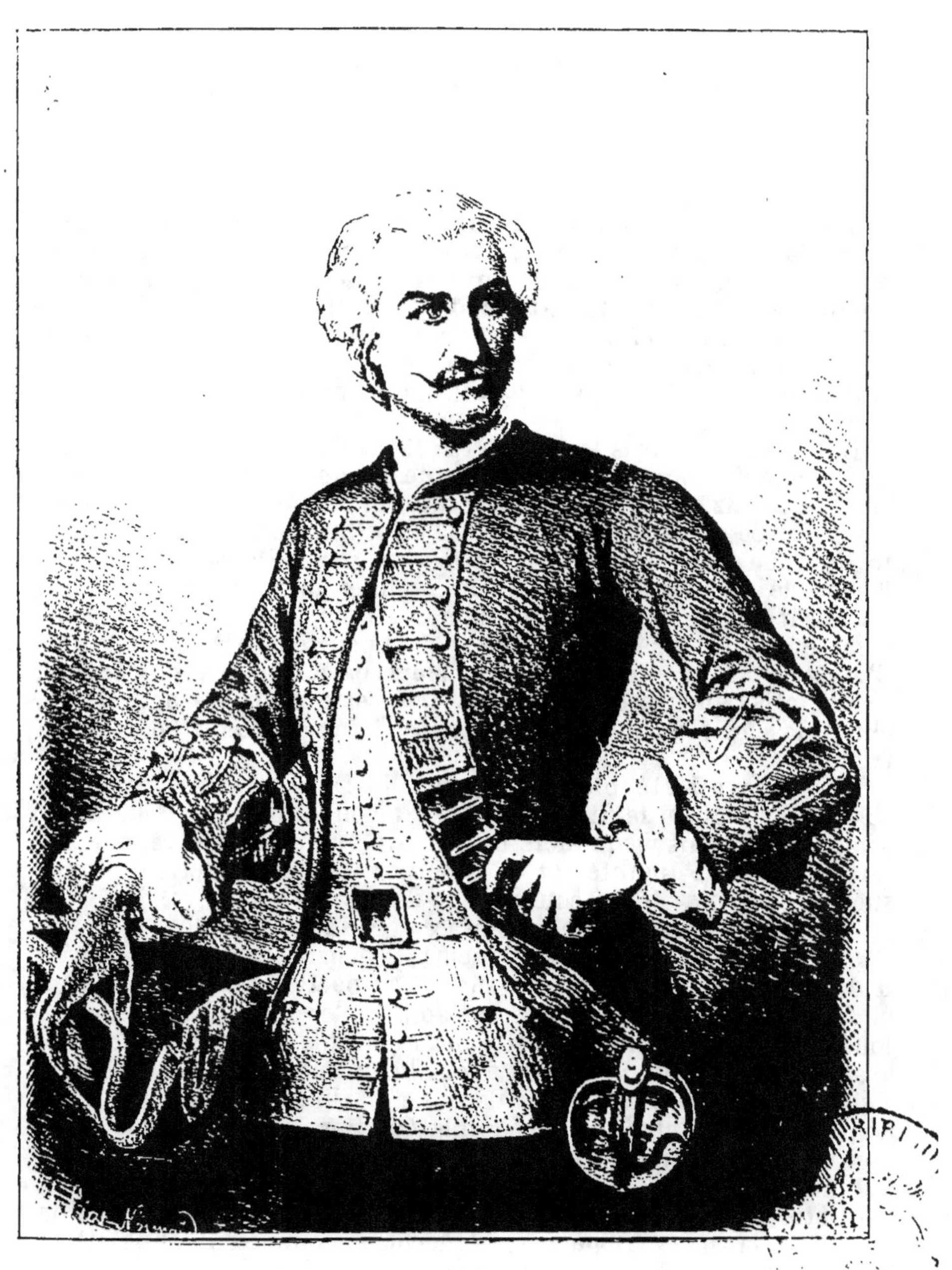

— 217 —

MADEMOISELLE FALCON

(1812—1897)

La beauté sculpturale, la splendeur, la pureté cristalloïde de la voix, l'ampleur et la magnificence du geste, la méthode impeccable et raisonnée, l'intelligence supérieure de la scène, la passion communicative, tels furent les dons exceptionnels qui firent de *Marie-Cornélie Falcon* une des plus puissantes cantatrices de l'Opéra français, sinon la plus grande.

Son père était un pauvre tailleur d'habits, surgi du Puy-en-Velay.

Elle est née à Paris le 28 janvier 1812. Ce fut le chanteur Henri, de l'Opéra-Comique, qui lui donna des leçons de vocalises et la fit, en février 1827, entrer au Conservatoire. Ses professeurs véritables furent successivement Bordogni et Pellegrini. Puis Adolphe Nourrit lui indiqua l'art de la déclamation lyrique. Elle sortit de leurs leçons, le 28 mai 1831, avec un premier prix de chant, un de vocalisation et un de grand opéra. Et, le 20 juillet 1832, elle commençait à l'Opéra sa glorieuse et si courte carrière, par le rôle d'*Alice* de *Robert-le-Diable*, que Meyerbeer, l'année précédente, avait fait représenter à l'Opéra. Dès cette première apparition, elle fut acclamée, adulée, couronnée Reine du chant, portée en triomphe.

Le rôle avait été bien créé par Mlle Dorus, mais sans grand éclat. Mlle Falcon le fit vivre! Mlle Falcon le révéla!... Elle avait vingt ans. Jamais jusqu'alors on n'avait vu semblable réunion en un seul être de qualités et de talent. « Jamais, a écrit Nourrit, succès pareil n'a été obtenu par une débutante. »

Cette inoubliable soirée la consacra grande artiste.

En 1833, elle créa magnifiquement, dans *Gustave III*, le rôle d'*Amélie;* et, en 1835, Halévy lui dut en partie son énorme succès de *La Juive*. En aucun temps, cet admirable rôle de *Rachel* n'a été joué et chanté comme par cette incomparable cantatrice. Nourrit, le superbe créateur d'Eléazar, avoue lui-même qu'il s'était surpris « s'arrêtant de chanter, pour l'écouter ». Un critique du temps et non des moins autorisés, Théophile Gautier, cet admirable ciseleur de vers, disait : « Ce gosier est une rivière de perles ».

L'année suivante, en 1836, Meyerbeer donna la plus grande, peut-être, de ses immenses conceptions musicales; et, du rôle de *Valentine* dans *Les Huguenots*, la Falcon —comme on l'appelait— fit une création qui — le mot a été prononcé par les Maîtres — s'éleva jusqu'au sublime.

Castil-Blaze écrivit, dans son *Histoire de l'Opéra français :* « De voix de soprano plus étendue, plus limpide, plus admirablement

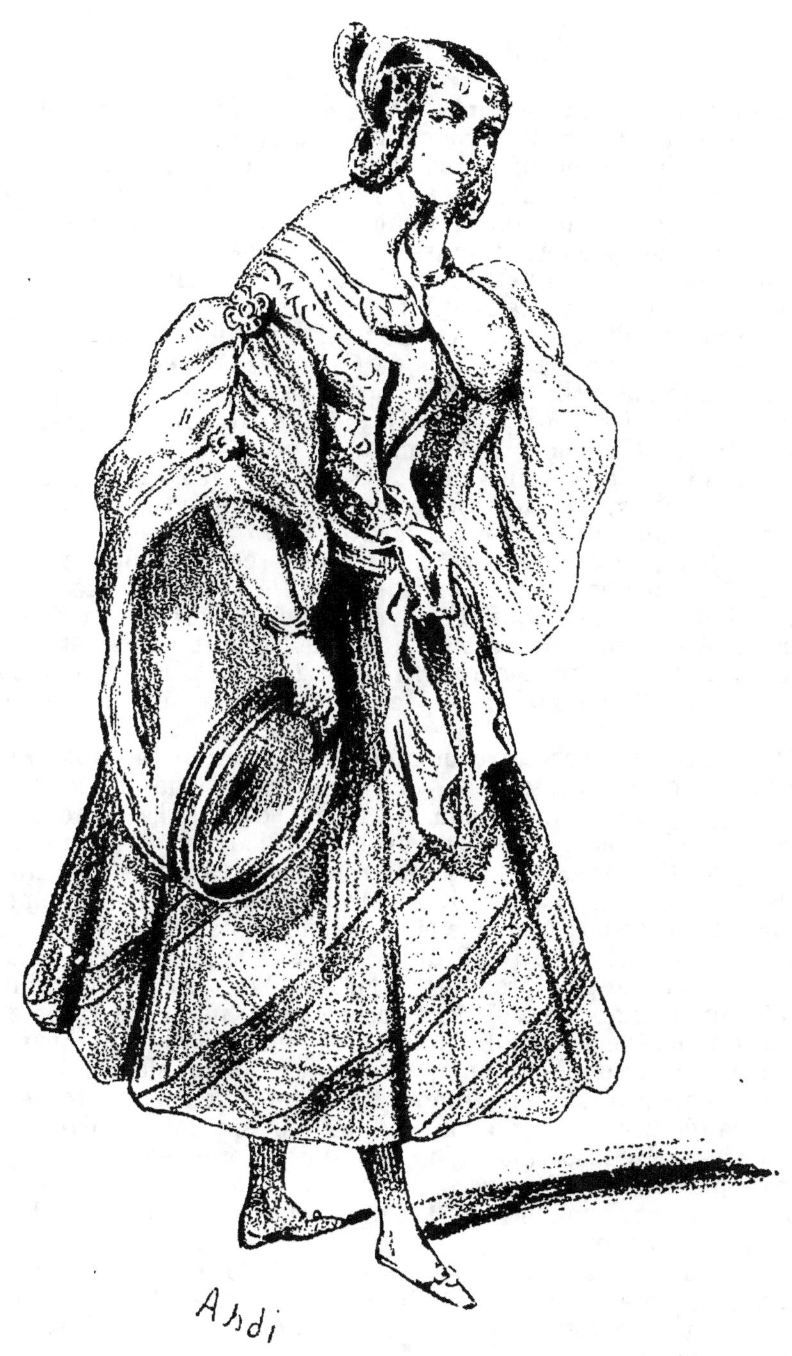

MADEMOISELLE FALCON.
Dans La Esmeralda.

belle, on n'en saurait imaginer. Avec cela, la grâce et la distinction de la personne, un front rayonnant d'intelligence. »

Il s'était formé autour d'elle un rayonnement de respectueuse admiration. On la savait pure. Et cela ne contribuait pas peu à l'auréole de gloire dont on la nimbait. Un prince, un grand-duc, l'héritier d'un souverain puissant, demandèrent sa main. Elle repoussa ces offres, quelque brillantes et éblouissantes qu'elles fussent. C'était la fiancée de l'Art.

Le respect qu'inspirait la conduite si vertueuse de Mlle Falcon alla jusqu'à ce que, dans ce rôle de *Valentine*, Meyerbeer demanda à Scribe de vouloir bien modifier quelques expressions qu'il trouvait trop hardies pour la bouche si pure de son incomparable interprète. Scribe comprit et modifia.

Castil-Blaze écrivit plus tard : « On ignore que les Vestales de l'art y sont les vraies Reines. Là fut le secret de la toute-puissance exercée par Mlle Falcon et par Jenny Lind. »

En 1837, elle créa encore *Stradella;* et ce fut tout. Atteinte presque subitement d'une terrible maladie de voix, elle alla se faire soigner en Italie, sous le beau ciel bleu de Florence. Au bout de trois années d'un repos réparateur, elle se crut guérie et revint chanter à l'Opéra son triomphal rôle de *La Juive*. Elle répéta sans forcer, tout allait bien. Hélas, le lendemain, ce fut un effondrement.

Berlioz a écrit sur cette unique représentation la douloureuse impression qu'il en ressentit : « La cantatrice, saluée d'une longue ovation, se trouve mal à son entrée en scène. Elle se remet et essaye de chanter : Plus de voix!... On l'attend à un morceau développé. Plus rien, que des sons rauques, des notes gutturales, sifflantes, qui tantôt partent, et tantôt se taisent brusquement, comme ceux d'une flûte dans laquelle on a laissé de l'eau. »

M. Henri Castets écrivait, de son côté, dans la *Revue encyclopédique* : « Une émotion profonde s'était emparée du public; Falcon éclata en sanglots convulsifs. Penchée sur l'épaule de Duprez — qui avait succédé à Adolphe Nourrit, — elle resta quelques instants abîmée dans sa douleur; puis, reprenant courage, elle voulut continuer; mais la représentation se traîna péniblement, entre le râle de la cantatrice et les bravos arrachés aux spectateurs par la vue d'une si grande infortune. C'en était fait! Cornélie Falcon était à jamais perdue pour l'Opéra. »

Forcée d'abandonner le théâtre, elle se maria et devint Madame Malançon.

Elle donna des leçons en Russie et en France, vécut modestement, ignorée, et mourut à Paris, le 25 février 1897, au grand âge de quatre-vingt-cinq ans, tellement oubliée que depuis longtemps on la croyait morte.

Ce qui était de fait. L'artiste ne vivant que l'espace de son talent.

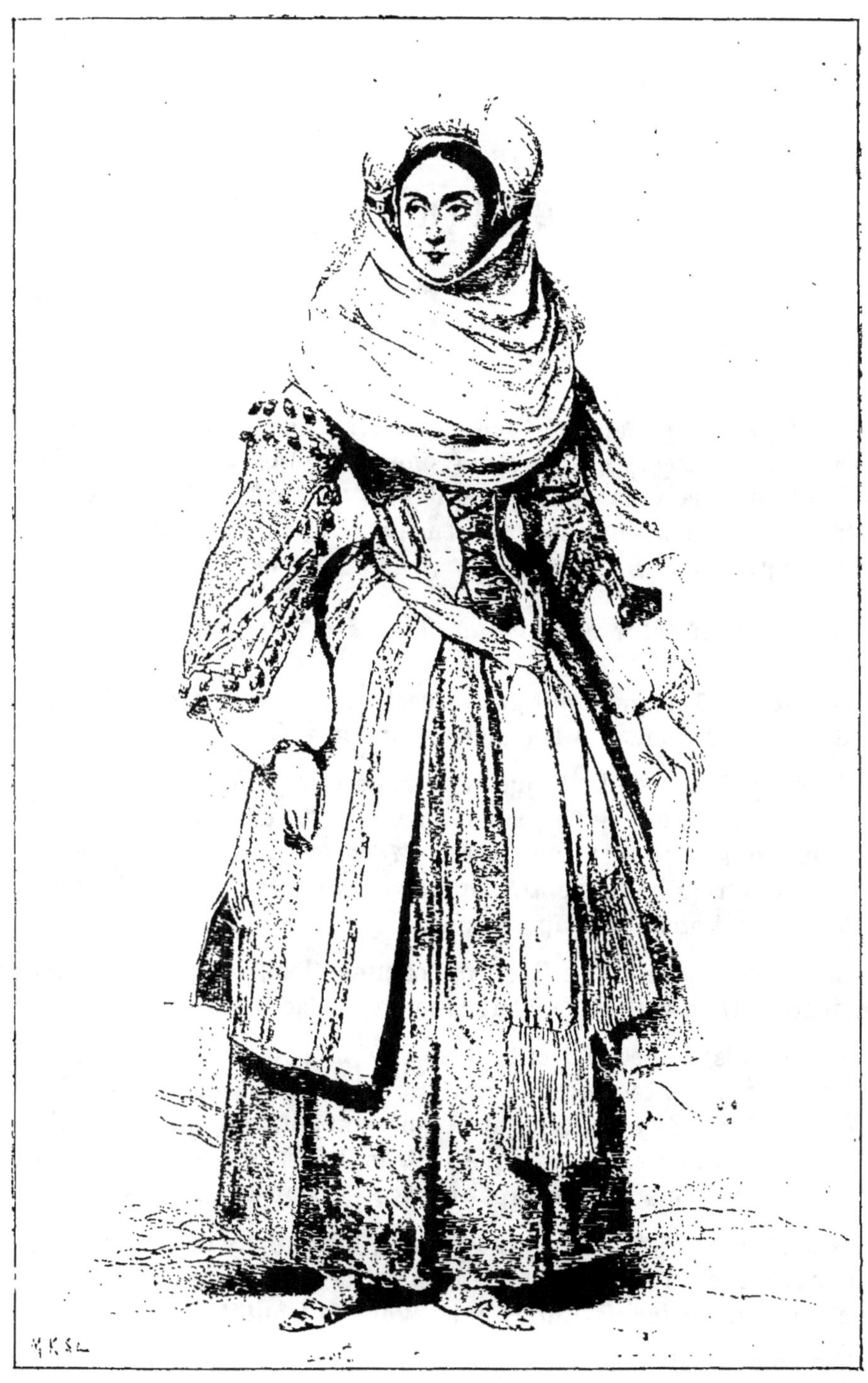

MADEMOISELLE FALCON
Dans *La Juive.*

GEOFFROY

(1813 - 1883)

Geoffroy n'a jamais été, pendant les soixante-dix ans qu'il a vécus, que le *Bourgeois de Paris,* dans toute son acception. Il le fut autant à la ville qu'il le parut être au théâtre. Il en eut la suffisance, l'importance, le côté frondeur. Et pour le peindre en un vers éloquent :

Il fut le parvenu dans toute son horreur!

Ce fut en 1844 que Montigny, directeur du Gymnase de Paris, le découvrit à Rouen et l'engagea pour son théâtre.

Geoffroy joua pendant quelques années les rôles que tous les comiques eussent pu jouer, sinon mieux, tout au moins aussi bien que lui; quand tout à coup surgit *Mercadet,* et Geoffroy devint l'incarnation du héros pensé par Balzac, et *pansé* par d'Ennery, qui s'écrivait alors sans apostrophe.

Mercadet pénétra dans Geoffroy, comme Geoffroy pénétra dans Mercadet. L'un fit l'autre, et réciprocité de facture s'en suivit.

De grands comédiens ont représenté, depuis, cette admirable physionomie contemporaine qui est et restera de toutes les époques; aucun n'y apporta, et ne put y apporter cette bonhomie placide sous laquelle se masque tant de finesse et — qu'on nous permette ici le mot consacré par l'usage — tant de « roublardise ».

Aucun ne sut jeter avec tant de force triomphale ce cri de Mercadet: « Enfin! je suis créancier! » qui est le radical de la fameuse réclame américaine : « Enfin! nous avons fait faillite! »

On comprenait, en voyant Geoffroy, dans ce personnage, sympathique, avenant, joyeux, tout sourire, toutes mains tendues,

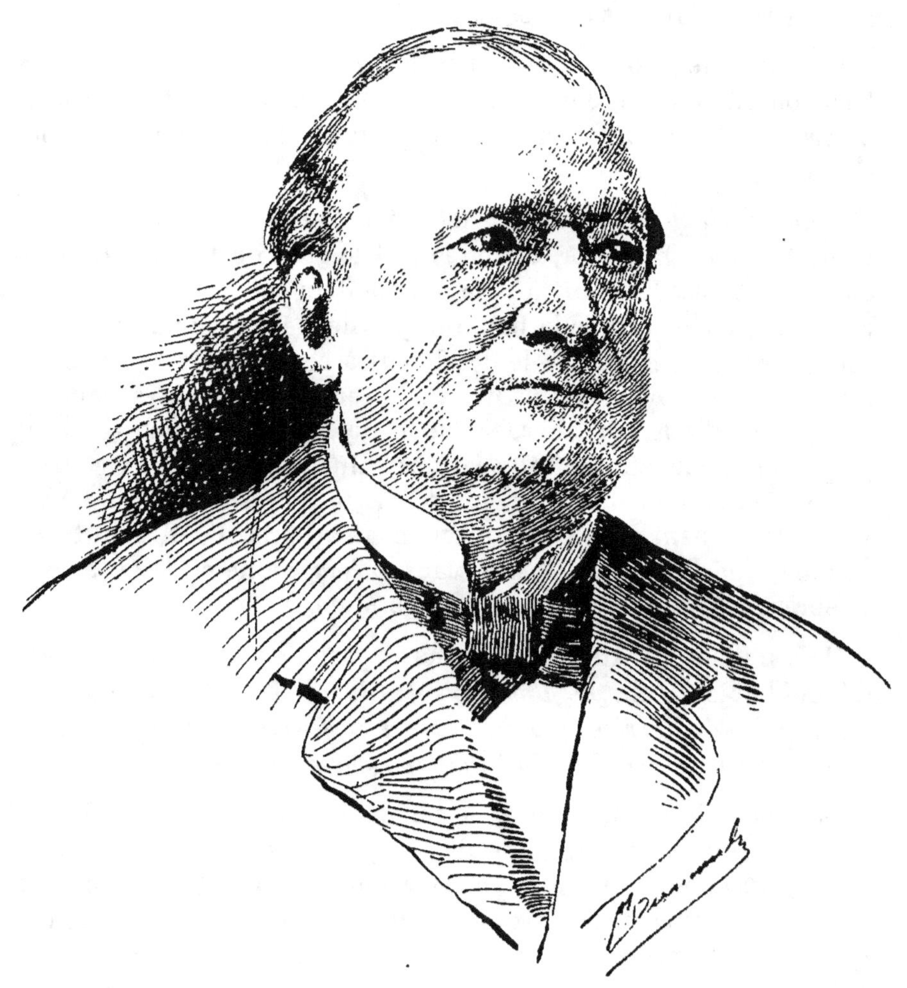

GEOFFROY.

que les gogos ne pussent se méfier un instant de ce carnassier si bonhomme, cachant ses serres, ses griffes et ses crocs, sous des patelineries béates et doucereuses.

Le talent de Geoffroy se composait d'un naturel parfait et de beaucoup de finesse, dans une énorme stupidité Quand il parlait, il grasseyait et semblait avoir dans le gosier la pratique de Polichinelle.

Jean-Marie-Joseph Geoffroy est né à Paris, le 5 février 1813. Il était ouvrier bijoutier, quand le prit le goût du théâtre. Il avait alors vingt ans. Il se mit à jouer en amateur avec des comédiens qui exploitaient la grande banlieue parisienne. Ses premiers essais, couronnés par des succès, le décidèrent à courir, pour se fortifier, . les scènes de province. Il fit une saison en Italie et, après nombre de pérégrinations, put aborder Rouen qui, à cette époque — 1840, — passait pour être la ville la plus difficile de France. Geoffroy y réussit grandement. Il y fut rengagé quatre années de suite. C'est de Rouen qu'il vint directement à Paris, où il débuta au Gymnase par le rôle de *Pierre*, dans *L'Image*, une pièce faite pour célébrer la douce beauté de la blonde Mme Doche.

Il resta au Théâtre du Gymnase jusqu'en 1862, et y créa, d'inoubliable façon, *Le Bourgeois de Paris*, *Les Cœurs d'or*, *Le Voyage de M. Perrichon*, *La Poudre aux yeux*, *Le Camp des Bourgeoises*, *Le Pressoir*, *Les Toilettes tapageuses*, etc., etc.

Son ami Plunkett, alors directeur du Théâtre du Palais-Royal, lui avait offert maintes fois de l'engager ; et toujours Geoffroy avait refusé, ne voulant pas quitter son cher théâtre, berceau de ses premiers succès. Il était alors à fin d'engagement et ne gagnait que 12,000 francs par an. Il en demanda 15,000. Montigny les lui refusa impitoyablement. Geoffroy, désespéré, alla signer avec MM. Plunkett et Dormeuil, au chiffre de 25,000 francs, et un congé d'un mois payé.

Il demeura vingt ans à leur joyeux et incomparable Palais-Royal, de 1862 à 1882, époque à laquelle il ne quitta la scène que pour s'en aller mourir tristement, le 6 septembre de l'année suivante, dans sa petite maison de la rue des Solitaires, à Belleville.

Il créa, pendant ces vingt années, le plus joyeux et le plus spiriel répertoire de Labiche : *La Cagnotte, Célimare le bien-aimé, Le plus heureux des trois;* puis *Gavaud, Minart et Cie, La Boule, Un pied dans le Crime, Le Homard, La Grammaire,* etc.

Il refusa plusieurs fois d'entrer à la Comédie-Française. Sa mémoire était devenue rétive, et il était quelque peu effrayé d'apprendre l'ancien répertoire.

En quittant le Gymnase, il avait dit à Montigny : « Vous me regretterez. »

Et Montigny lui avait fièrement répondu : « Je ne regrette jamais personne. Les comédiens, c'est moi qui les fais. Quand il passe un maçon sur le boulevard, je le prends et j'en fais un comédien. »

Plus tard, alors que la belle troupe du Gymnase s'était disséminée et que la nouvelle était composée d'artistes de valeur, mais beaucoup moins talentueux que leurs aînés, Geoffroy, passant devant Montigny, lui dit ironiquement : « Eh bien ! il ne passe donc pas de maçons ? »

ROSINE STOLTZ

(1813 - 1903)

Ce fut le prêtre italien saint Benoît de Murcie qui, vers l'an 529, fonda l'ordre des Bénédictins, en Italie, sur le Mont-Cassin.

A côté des Bénédictins s'empressèrent de se fonder les Bénédictines.

Rue du Regard, à Paris, il y avait un couvent de cet ordre. C'est de ce couvent qu'à l'âge de seize ans — en 1829 — sortit la jeune *Rose Niva Stoltz*, née à Madrid, le 13 février 1813, d'un père espagnol et d'une mère française, ex-vivandière d'un régiment de Napoléon 1er. Le père Stoltz étant mort, l'enfant fut ramenée dès 1815 à Paris, où sa mère devint portière — on ne disait pas encore concierge — d'une maison située boulevard Montparnasse, et fut connue longtemps, dans ce quartier de Paris, sous le nom de la *mère Noël*.

La duchesse de Berry, devenue veuve, par l'assassinat du second fils de Charles X, son époux, s'intéressa aux enfants qu'une coïncidence avait pu faire naître un 13 février, date de l'attentat commis par l'ouvrier sellier Louvel sur le malheureux duc.

Ce fut donc par les soins de celle qui, plus tard, devait révolutionner la Vendée, que la jeune Rose Stoltz fut élevée aux Bénédictines, et suivit le cours du maître Choron au Conservatoire, la duchesse ayant remarqué la fort agréable voix que possédait déjà son intéressante protégée.

Merveilleusement douée, la petite Rose se fit remarquer dans les concerts que donnait l'illustre professeur, en sa gentille salle de la rue de Vaugirard ; et c'est à la suite d'une interprétation fort appréciée du rôle de *Rosine*, du *Barbier de Séville*, de Rossini,

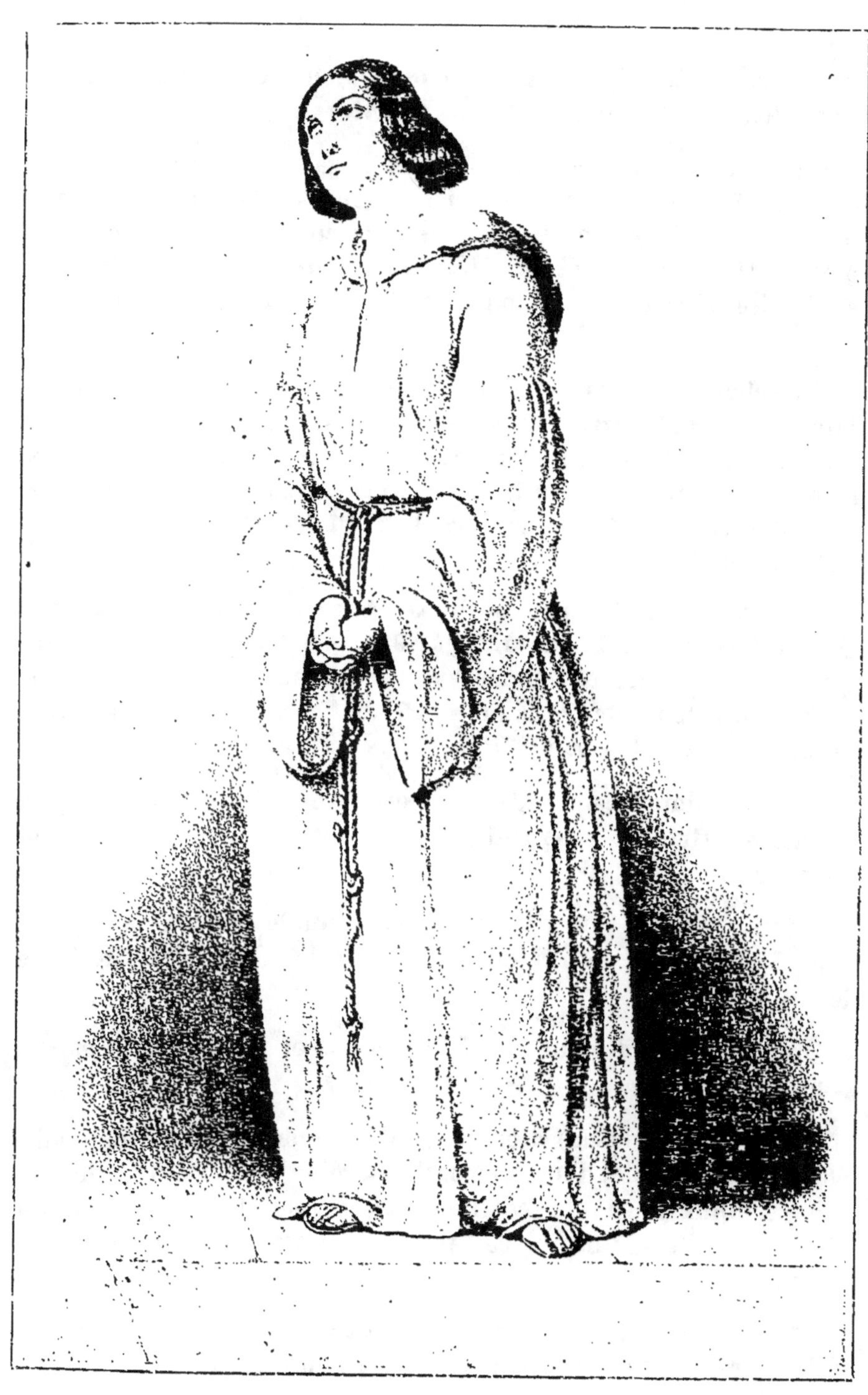

ROSINE STOLTZ.
Dans La *Favorite.*

que Choron lui dit : « A partir de ce jour, mon enfant, tu ne t'appelleras plus Rose, mais bien *Rosine*. »

En 1834, elle contracta son premier engagement avec le théâtre du Parc, à Bruxelles, pour y jouer le genre de la comédie. Elle se montra supérieure dans *La Fille de Dominique*, que venait de créer à Paris Mlle Déjazet, et dans *Les Trois Chapeaux* qu'il ne faut pas confondre avec les plus modernes *Trois Chapeaux* d'Hennequin père.

Elle chantait dans ces deux pièces des airs qui firent dire à l'impresario du théâtre d'Amsterdam : « Mais voilà une voix qui doit monter du Vaudeville à l'Opéra! » et, ayant engagé Rosine Stoltz, il lui fit chanter sur son théâtre *Tancredi*, *Otello* et *Il Barbiere;* puis, à Anvers, *Alice*, dans *Robert le Diable*. Elle fut proclamée « Reine du chant ».

Le théâtre de la Monnaie, à Bruxelles, s'empressa de l'accaparer. Pendant deux années, de 1835 à 1837, elle triompha, à ce point que le grand ténor Nourrit, étant venu chanter à ses côtés, la fit engager à l'Opéra de Paris où, le 25 août 1838, elle débutait avec grand éclat, par le rôle de *Rachel* dans *La Juive*.

Elle possédait une grande et superbe voix de contralto et parvenait à atteindre sans difficulté les notes les plus élevées du soprano.

C'était l'époque où la voix de l'admirable Falcon se brisait, tandis que, l'astre succédant à l'astre, celle de Rosine Stoltz se levait.

Donizetti écrivit pour elle *La Favorite*, et le rôle de *Léonor* la constella.

Douée par la nature d'un profil d'antique camée, d'une taille élégante et flexible, d'une démarche hardie et imposante, elle portait admirablement le costume; et Hippolyte Lucas écrivait d'elle : « Elle a une de ces têtes qu'affectionnait Léonard de Vinci. »

Le rôle d'*Odette*, dans *Charles VI*, et celui de la *Reine de Chypre*, qu'elle créa magnifiquement, mirent le comble à sa réputation.

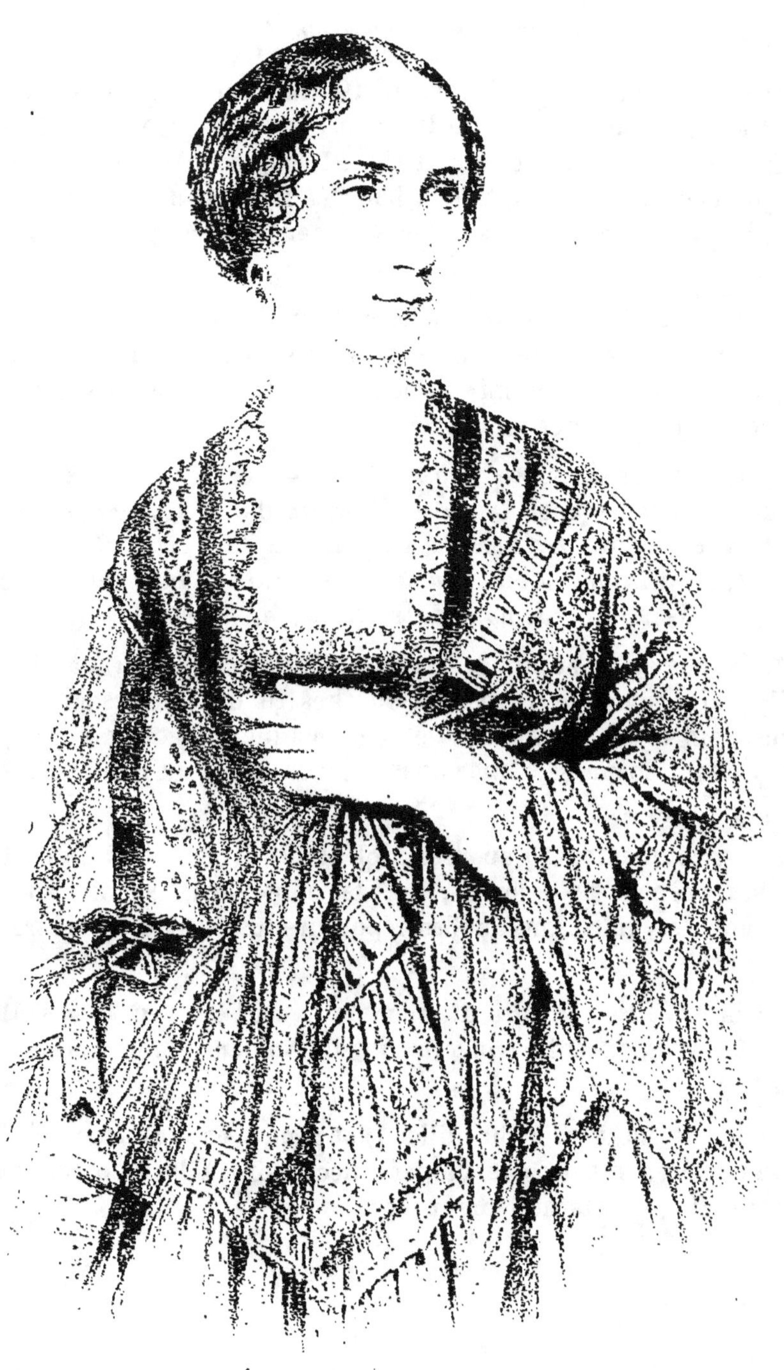

ROSINE STOLTZ.

En 1836, à Bruxelles, elle avait épousé un sieur A. Lécuyer, « à la condition de conserver au théâtre son nom et sa liberté ». Mais elle conserva tant de liberté que le sieur Lécuyer obtint une séparation judiciaire, qui permit à la belle cantatrice de se livrer à ceux vers qui la portaient son tempérament et ses caprices voluptueux.

Pillet, directeur de l'Opéra, la laissa devenir le tyran de cette scène. Pendant neuf ans, toute-puissante, elle accumula des haines, par le soin qu'elle mit à faire tomber et à éliminer celles qui eussent pu lui porter ombrage.

Elle joua et créa encore *Robert Bruce* — ce fut son premier échec, survenu le 1er mai 1847; — *Ascanio* dans *Benvenuto Cellini*; *Marguerite* dans *Le Lac des Fées*; *Saïda* dans *Don Sébastien de Portugal*; *Ginevra* dans *Guido et Ginevra*; *Estrella* dans *L'Étoile de Séville*; *Desdémone* dans *Otello*; et *Marie Stuart*.

En 1856, elle se mit à aimer le mime Charles Déburau, et prit, pour l'y faire jouer, la Direction du théâtre des Délassements-Comiques, sur le boulevard du Temple. Chaque soir, on la voyait, dans son avant-scène, se pâmer d'aise aux cascades du bon Pierrot enfariné.

De cet accouplement d'un rossignol et d'un pierrot naquirent d'affreuses scènes de jalousie; sur le boulevard, certain soir, résonnèrent des gifles, auxquelles répondirent des coups de cravache.

Ce fut la fin. Elle se retira du monde et vécut oubliée, jouissant d'une très grosse rente viagère qu'elle dépensait en bonnes œuvres.

Elle mourut, pauvre, le 30 juillet 1903; mais pauvre à ce point qu'on ne trouva même pas l'argent nécessaire à lui acheter un terrain où elle pût éternellement reposer.

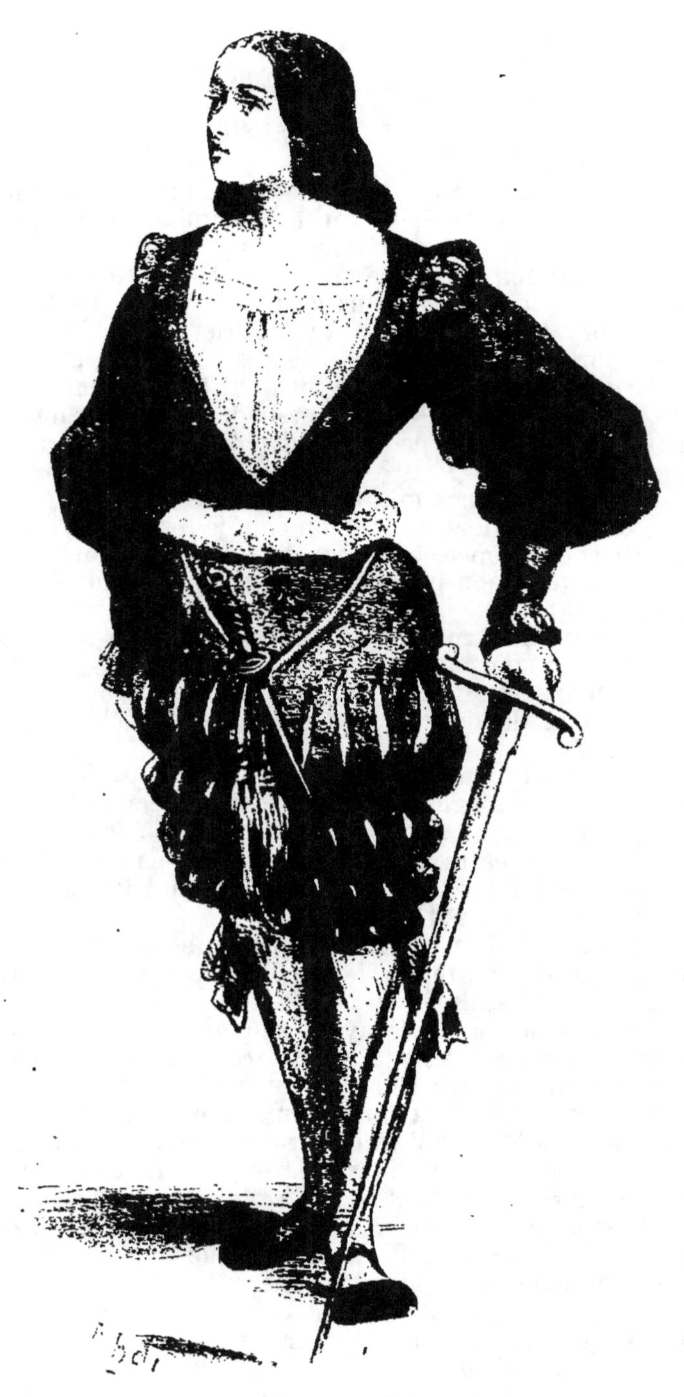

ROSINE STOLTZ.
Dans *Benvenuto Cellini.*

HYACINTHE

(1814—1887)

La vie de *Louis-Hyacinthe Duflost*, l'amusant et plus qu'amusant comique du Palais-Royal, ne fut qu'un tas de points d'interrogation naïfs, qui terminèrent chacune des soixante-treize années que durèrent son existence de calme et de sérénité.

— Pourquoi, disait-il, suis-je né le 15 avril 1814, plutôt qu'un autre jour? à Amiens plutôt qu'à Paris?

— Pourquoi la nature m'a-t-elle suspendu à un nez qui a fait ma fortune et le désespoir de mon entière existence?...

— Pourquoi parle-t-on sans cesse de ce nez pyrennéal, et jamais du talent que je suis persuadé d'avoir, et que je possède véritablement?

— Pourquoi ce nez m'a-t-il condamné à jouer des imbéciles et des grotesques, alors qu'en mon âme je ressentais les passions de Ruy Blas, de Roméo, et les virulentes indignations d'Alceste?

— Pourquoi mon père était-il perruquier plutôt que chef du Protocole?

— Pourquoi ne me fait-on jamais jouer que des gens de basse extraction, quand mes allures, la coupe de mes habits, la forme de mes chapeaux et mes instincts personnels me dirigent si bien vers les rôles de marquis Louis XV, portant la poudre et l'épée en verrou?

— Pourquoi mon père, âpre au gain, m'a-t-il fait jouer la comédie, dans la compagnie de Mme Fusil, directrice à Paris, à l'âge où d'ordinaire on apprend aux enfants que *p-i* font *pi* et *c-a* font *ca?*

— Pourquoi cette exploiteuse théâtrale m'a-t-elle fait jouer à la salle Chantereine *Jocrisse corrigé*, quand j'eusse pu tout aussi bien jouer le *Comte Almaviva?*

— Pourquoi, à la suite de ce triomphe de mon nez, ai-je été engagé par M. Comte, au lieu de l'être par M. l'administrateur de la Comédie-Française?

— Pourquoi, ma taille ayant augmenté dans de très longues disproportions, me suis-je vu contraint d'abandonner ce théâtre *minuscule* du passage Choiseul, avant l'âge d'être homme, pour me faire commis chez un éditeur de musique, comédien de province, puis de Paris, à l'Ambigu, au Vaudeville, enfin aux Variétés?

— Pourquoi, à ce dernier théâtre, ai-je rencontré le succès dans *Madame d'Egmont, Le Maître d'école, Ma maîtresse et ma femme, Les Cuisinières, La Canaille, Les Saltimbanques, Les Trois épiciers, Les Petits mystères de Paris*, plutôt que dans *Le Cid* ou *Othello*, de M. Corneille et de M. Shakespeare?

— Pourquoi, en 1847, ai-je débuté au Palais-Royal, dans *Le Trottin de la modiste*, avec un succès égal à celui de M. Duprez dans *Guillaume Tell?*

— Pourquoi y ai-je triomphé depuis, dans *Le Tigre du Bengale, La Peau de mon oncle, Les Escargots sympathiques, Le Sourd, Les*

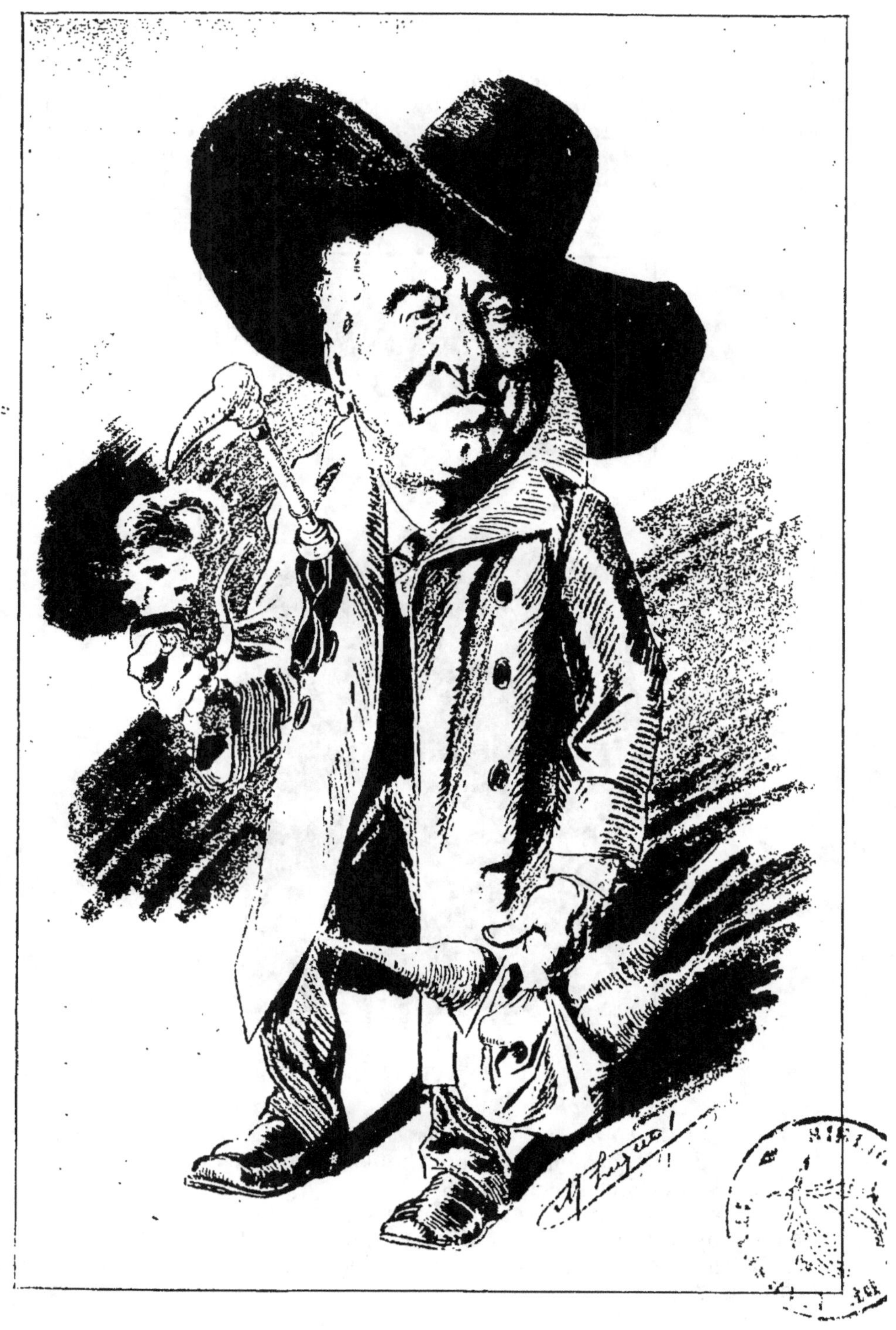

HYACINTHE.

20.

Folies-Dramatiques, Quand on attend sa bourse, La Pile de Volta
(une pièce dans laquelle un monsieur qui s'appelait *Volta* me flan-
quait une pile), *Les Binettes contemporaines, La Sensitive, Monsieur
ça au cercle, Le Lys dans la vallée, Les Jocrisses de l'amour, Le Réveillon, La Femme aux œufs d'or, Les Mémoires de Mimi Bam-*

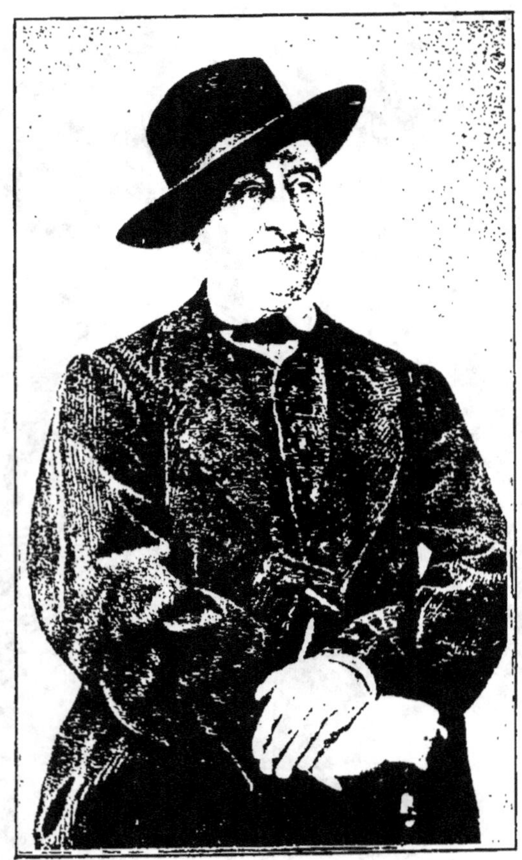

HYACINTHE.

*boche, Les Diables roses, Tricoche et Cacolet, Le Train de plaisir,
Cupidon, La Briguedondaine,* pour jouer encore de multiples idiots,
crétins et imbéciles, jusqu'en 1886 ?

— Pourquoi m'a-t-on acclamé dans tous ces rôles, à ce même
Palais-Royal, plutôt qu'on eut pu le faire dans de gracieux ténors
à l'Opéra-Comique, ou dans de gentils amoureux à la Comédie-
Française ?

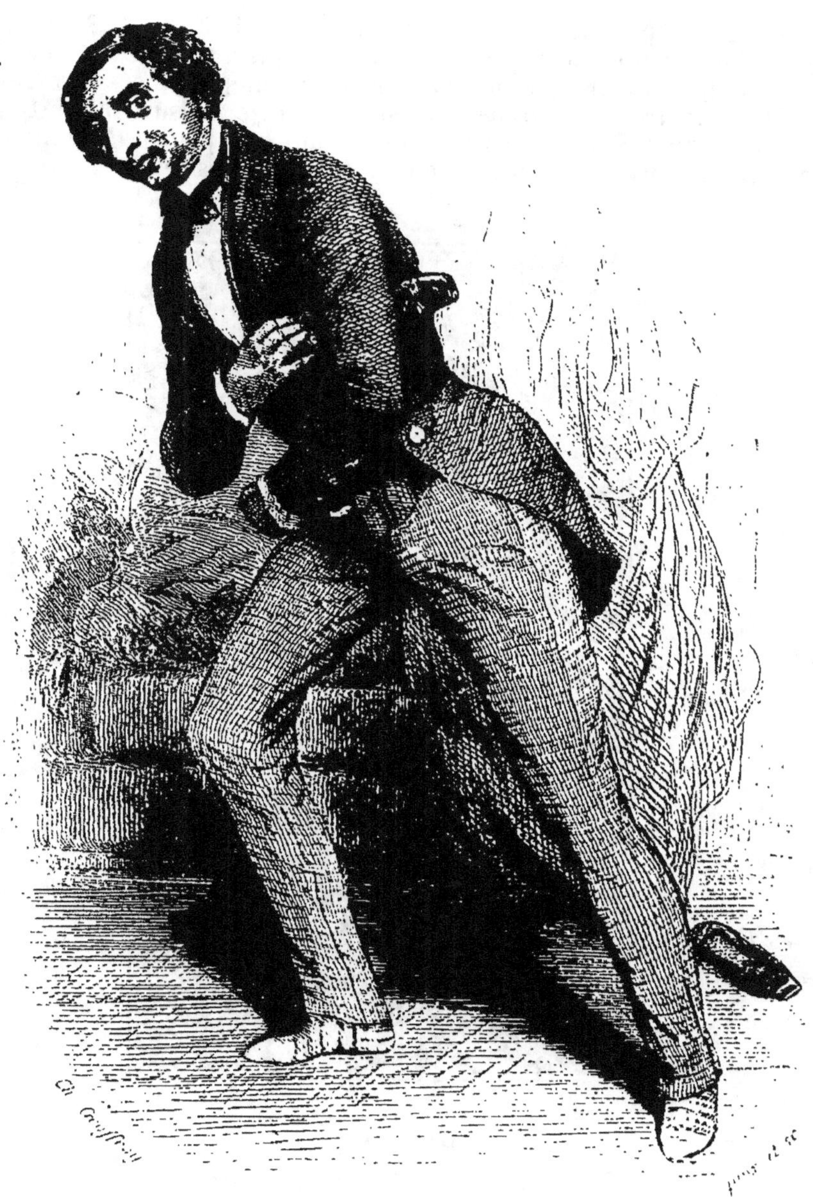

HYACINTHE.

Dans *Le Tigre du Bengale.*

— Enfin, pourquoi suis-je bêtement mort le 8 mai 1887, en mangeant ma soupe, alors que tant d'autres, qui avaient l'air aussi bête que moi, ont continué de vivre tranquillement, sans s'être retirés à Montmartre d'abord, puis à Asnières où je me suis fait enterrer?

Voilà toutes les questions que l'un des princes détenant le record du rire s'est naïvement adressées dans les soixante-treize

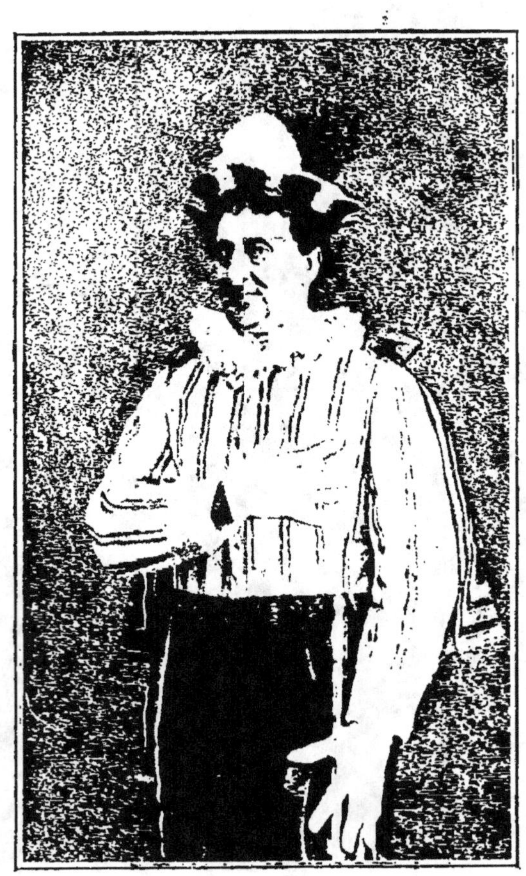

HYACINTHE.

Dans *La Mariée du Mardi gras.*

années de son existence. et même après sa mort, dans le séjour des grands comiques, où il a été reçu joyeusement par Alcide Tousez, Odry. Lassagne, Brunel et tant d'autres, heureux de serrer dans leurs bras leur héritier. sur la terre, du naturel grotesque et de la sublime bêtise.

BRINDEAU

(1814—1882)

Louis-Paul-Édouard Brindeau fit ses études premières chez l'instituteur Goubaux, qui écrivait des pièces de théâtre sous le pseudonyme de Dinaux.

Brindeau est né à Paris, le 29 décembre 1814. A dix-huit ans, après avoir fait un stage très court chez un banquier, il se décida à aller trouver les frères Seveste, ces lanceurs d'étoiles, qui dirigeaient alors tous les théâtres de la périphérie parisienne.

Devant les allures distinguées, le physique intelligent et spirituel, l'enthousiasme plein d'élan et de chaleur du jeune homme, l'aîné des Seveste lui demanda :

— Qui vous a conduit à adorer ainsi le « théâtre »?

Il répondit :

« Le nom de Talma, et la façon dont en parlent ses fils qui sont mes amis.

— Alors, c'est la tragédie que vous voulez jouer?

— Non, répondit l'illuminé, c'est la comédie, c'est le vaudeville, ce sera la tragédie, si vous le voulez; pourvu que je débute au théâtre, tout m'est égal.

— Chantez-vous?

— Jugez-en! »

Et il se mit à chanter l'air de *La Dame blanche*, sans aucune notion, sans aucune méthode, mais d'une voix délicieuse.

Il fut immédiatement engagé et débuta sur le théâtre de Belleville.

Je tiens ces détails intimes de Brindeau lui-même, que j'eus le plaisir de connaître, et aux côtés de qui j'eus l'honneur de jouer la comédie.

De Belleville, il passa au Gymnase, mais n'y fit qu'une courte apparition; puis il alla en province, à Dieppe, à l'étranger, en Suisse.

Le 2 mai 1834, il rentrait à Paris et débutait au Vaudeville de la place de la Bourse, dans *Un Duel sous le cardinal de Richelieu*, fort jolie pièce, dans laquelle il jouait fort aimablement l'*Abbé de Gondi*.

Le 6 avril 1837, il passait aux Variétés et obtenait sur ce théâtre un très vif succès dans *Léon* de *La Semaine des amours*.

Enfin en 1842, la Comédie-Française l'appelait à elle, et le 18 mai, il y débutait par le rôle de *Bolingbroke*, du *Verre d'eau* de Scribe. Ce début ne lui fut pas des plus favorables; car il venait remplacer un comédien des plus aimés, des plus estimés, Menjaud, un de ceux que l'on déclare irremplaçables et que l'on voit remplacer quand même. Cependant, il avait tellement tout ce qu'il fallait pour remplir l'emploi des « jeunes premiers », qu'on lui accorda, malgré son demi-succès, 6,000 francs d'appointements par an, et que le 1er avril de l'année suivante, il était reçu Sociétaire.

Il demeura douze ans dans la noble maison de Molière; il eut l'honneur d'y créer la première comédie d'Alfred de Musset, mise au théâtre, *Le Caprice*, et personne ne joua jamais mieux que lui le répertoire si délicat du Poète des Poètes, transporté du livre à la scène.

En 1854, Bressant ayant été engagé à ses côtés, Brindeau en prit ombrage, et par dépit, donna sa démission. Selon beaucoup, il eut tort. Il n'avait rien à redouter de la rivalité de Bressant. Il possédait des qualités de chaleur et d'emportements juvéniles que son rival ne posséda jamais.

Sanson, qui appréciait beaucoup sa façon cavalière de se camper en scène, appelait Brindeau « son trompette de cavalerie ».

Après être allé du Vaudeville à la Porte-Saint-Martin où il créa, dans le fameux *Bossu*, le rôle de *Gonzague*, puis à l'Odéon, il mourut, aimé, respecté, regretté, le 9 mars 1882.

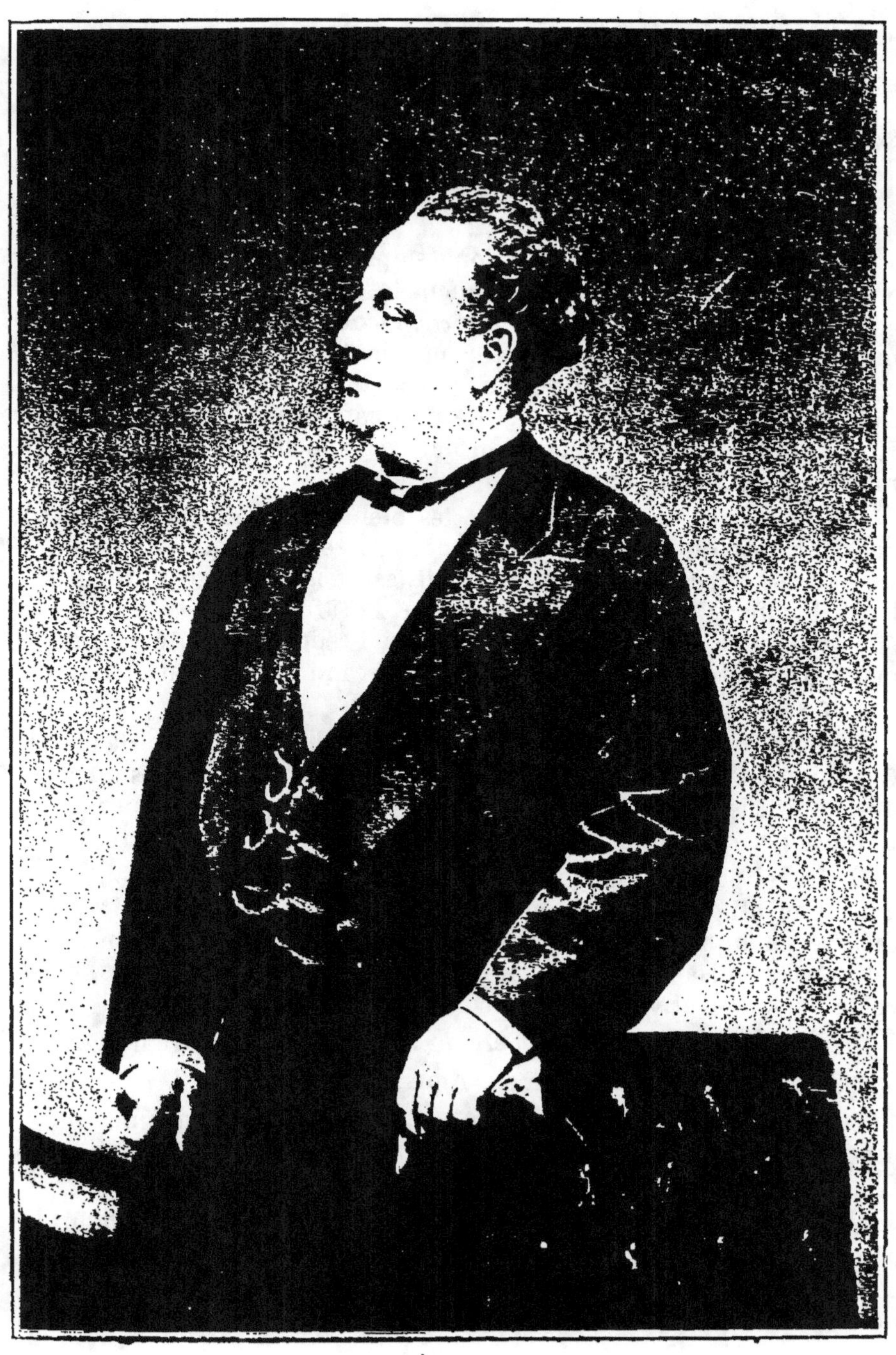

BRINDEAU.

RAVEL

(1814 — 1885)

Pierre-Alfred Ravel, qui fut longtemps appelé le continuateur d'Arnal, non seulement ne fut jamais le continuateur du célèbre créateur des *Idées de madame Aubray* et de *Riche d'amour*, mais, bien au contraire, sut se composer un talent très opposé à celui du célèbre comique. Arnal procédait par la bêtise naïve, Ravel était tout finesse, tout esprit. Arnal était de sang-froid imperturbable, Ravel était plein de chaleur et brûlait les planches. Arnal était un placide, Ravel était un trépidant.

Les comiques, au théâtre, sont les bienfaiteurs de l'humanité, par la raison qu'ils dégagent l'homme de ses préoccupations, de ses ennuis, de ses soucis. Tel, souvent, est venu, morose, entendre Ravel, dans *Edgard et sa bonne*, ou *Le Monsieur qui suit les femmes*, qui s'en est retourné chez lui l'esprit en gaîté. Ravel peut donc être considéré comme un grand humanitaire, sans l'avoir su et sans l'avoir voulu.

Le père de Ravel était marchand de chevaux à Bordeaux. C'est dans cette belle patrie de l'illustre baron de Montesquieu, du si spirituel Charles Monselet et du grand artiste dramatique Lafontaine, que naquit Ravel, en 1814.

M. Ravel père voulait faire de son fils un notaire; il le fit entrer dans une étude de Bordeaux; mais le jeune homme allait au théâtre, manquait souvent l'étude, et peu à peu prenait goût à cet art si séduisant qui s'empare de votre pensée, de vos rêves, de votre personne, et vous dévore, comme la flamme dévore tout.

Pierre-Alfred déclara à son père qu'il ne voulait pas être notaire.

« Très bien! répondit le père... Alors, tu seras opticien. »

Et il expédia le jeune homme à Paris, chez un sien ami, qui pratiquait ce genre d'industrie et se proclamait *Chef de dix visions*. C'est ce que demandait notre Pierre-Alfred.

Aussitôt chez son opticien, Ravel, qui avait fait semblant d'accepter avec joie la proposition paternelle, changea de vue; et il se mit à jouer la comédie, dans des théâtres de société, négligeant les verres de son patron, au profit des vers de Molière.

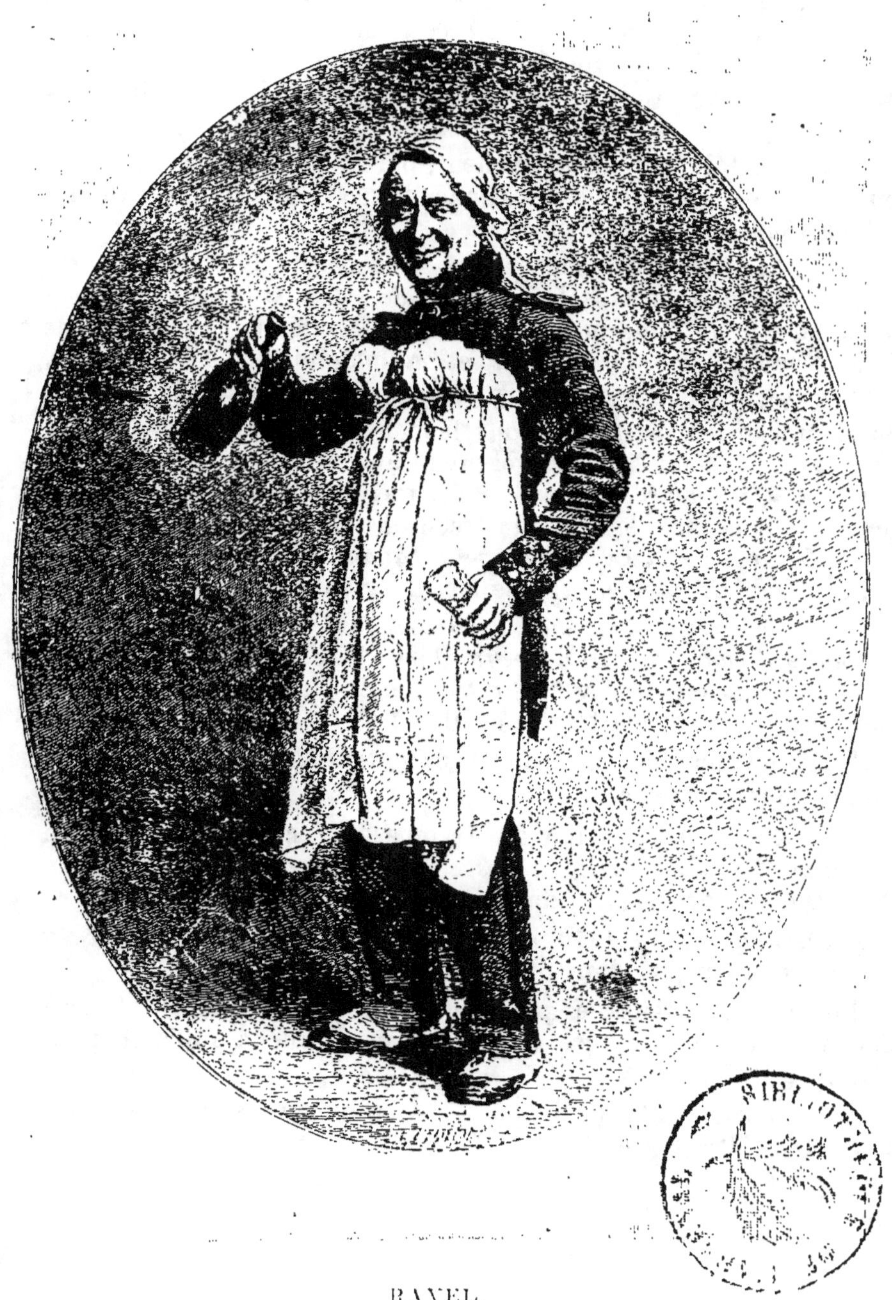

RAVEL.
Dans *Le Caporal et la Payse.*

Un soir, en excursion, à Château-Thierry — cette patrie de l'autre plus grand La Fontaine, — il remplit le rôle de *Pasquin*, dans *Le Jeu de l'amour et du hasard*. Mlle Mars, qui jouait en représentation le rôle de *Sylvia*, le complimenta de sa verve, de son entrain, de son aisance, et lui recommanda de la venir voir à Paris.

Ravel, fort de cet encouragement, partit pour la province, débuta à Rouen, où il demeura une année, de 1837 à 1838. De 1838 à 1839, il s'en fut à Marseille.

Enfin, en 1839, il est engagé aux Variétés du boulevard Montmartre, et y débute dans *Les Amours de Paris*. Il trouve le moyen de se faire très remarquer et passe au Vaudeville (alors rue de Chartres), où il crée de plaisante et originale façon *Le Tourlourou*.

En 1841, il entre au Palais-Royal, et débute dans *Les Secondes noces*, une pièce douteuse, dont le doute rejaillit un peu sur le comédien. Mais aussitôt, Ravel prend une revanche remarquable, dans *Le Caporal et la Payse*. Puis, arrivent, se succédant nombreux, tous les gros succès qu'il recueillit dans *L'Omelette fantastique*, *La Rue de la Lune*, *Tambour battant*, *Un voyage sentimental*, etc. Dans *L'Étourneau*, il se montre grand comédien.

Les Ressources de Jonathas, *Le Bourreau des crânes*, *Le Chapeau de paille d'Italie*, *Chez une petite dame*, *Une Fièvre brûlante*, *Les Coulisses de la vie*, *Le Serment d'Horace*, *La Veuve aux camélias*, et cent autres pièces, mettent le comble à sa réputation.

Il disait le monologue de façon exceptionnelle, parlant avec le public, le mêlant à son rôle.

En 1868, il est engagé au Gymnase, y crée *Mongiscar*, de *Madame est trop belle*; *Blassac*, de *Gilberte*; *d'Aubignac*, de *Mlle Duparc*, et *Brigard*, dans *Froufrou*.

Après la guerre de 1870, il entra à la Porte-Saint-Martin et s'y fit encore remarquer dans plusieurs rôles.

Il fut un des artistes les plus heureux dans ses représentations à l'étranger et en province. Son nom sur l'affiche suffisait pour attirer la foule.

Il est mort, le 26 avril 1885, à Neuilly-sur-Seine, très aimé, très estimé, très regretté

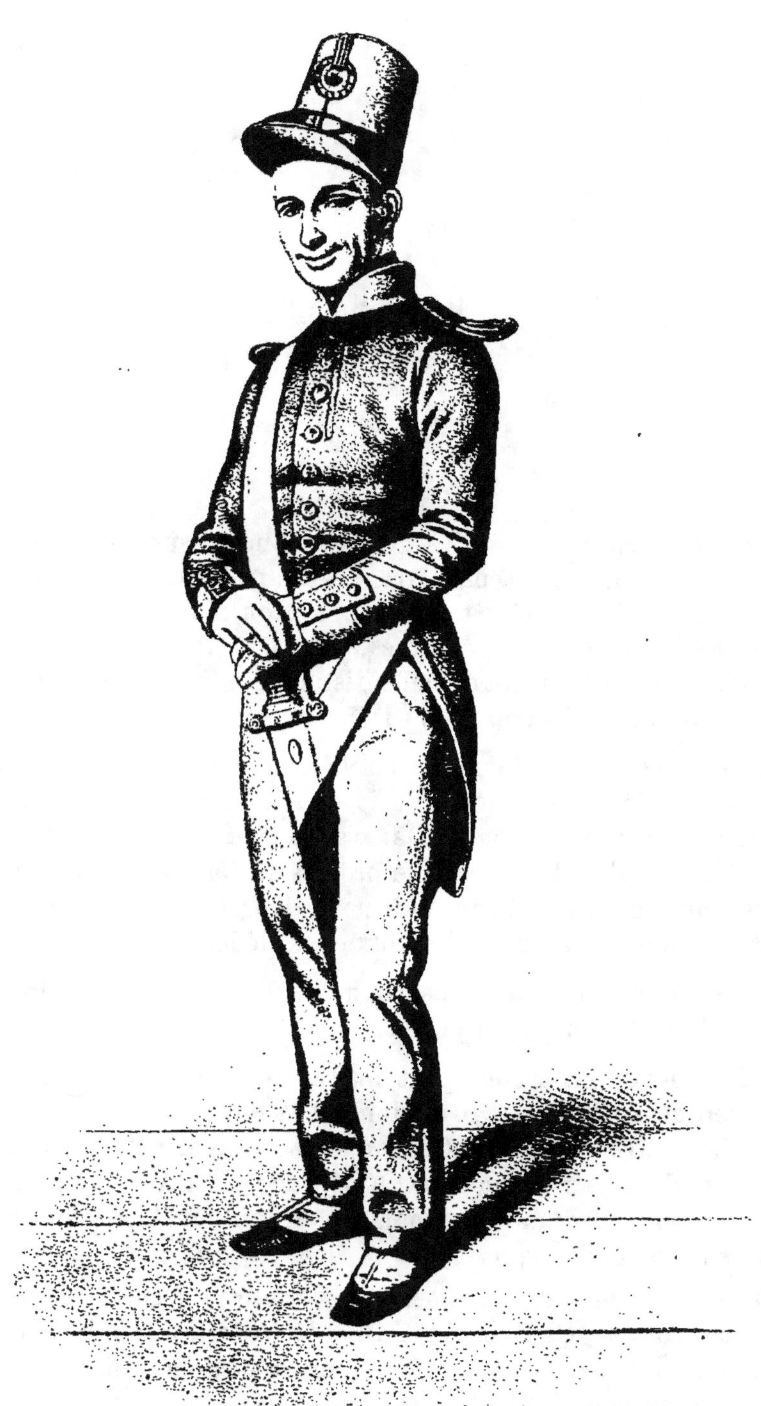

RAVEL.

Dans le même rôle.

BRESSANT

(1815—1886)

Jean-Baptiste-Prosper Bressant, né à Chalon-sur-Saône le 23 octobre 1815, commença par être « saute-ruisseau », à Paris, puis commis. Il prit le théâtre en 1832, à Montmartre, direction des frères Seveste qui, le voyant très élégant et très élancé, car déjà il était de haute taille et de belle distinction, lui faisaient jouer les rôles travestis que créait alors Déjazet.

Après être allé à Londres, en la compagnie de Perlet et de Mlle Jenny Colon, il revint à Paris, et, le 13 avril 1833, débuta aux Variétés, direction Armand Dartois, dans *Les Amours de Paris.* Mlle Jenny Colon, l'aimant et le protégeant fort, le fit un soir remplacer, au pied levé, Vernet indisposé, dans *La Prima Dona.* Bressant fit apprécier sa très jolie voix et sa délicieuse tenue.

C'est à partir de cette apparition que Bressant entra pleinement dans la grande faveur du public.

Il fit alors de brillantes créations ; le lendemain de la première représentation de *Kean,* 10 septembre 1836, on répétait dans tous les milieux artistiques du Paris d'alors : « Avez-vous vu le jeune Bressant dans le rôle du *Prince de Galles ?...* il est adorable ». Il gagnait alors 500 francs par mois et 5 francs de feux, ce qui était fort beau, pour l'époque.

En 1838, il quitta furtivement les Variétés et s'en fut en Russie, où il demeura sept ans, choyé, adulé, fêté. Certaines dames russes, engouées du beau jeune premier, allèrent jusqu'à brûler des cierges à son intention. Ses appointements s'élevèrent jusqu'à la forte somme de 43,000 francs.

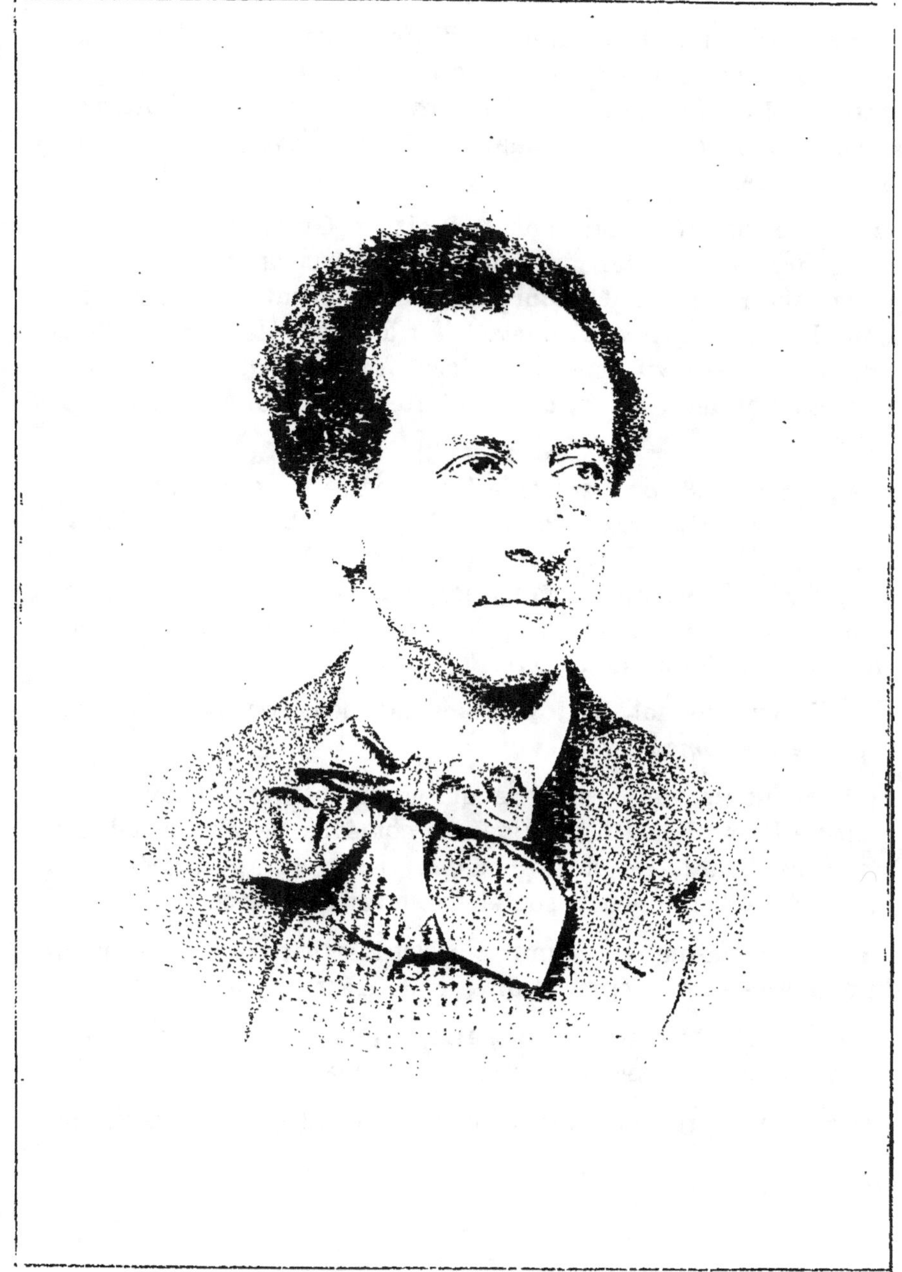

BRESSANT.

Une de ces tendres amoureuses, d'une noblesse plus élevée que celle des autres grandes dames, se compromit ou se fit compromettre à tel point, que Bressant fut invité à passer immédiatement la frontière, avec une condamnation qui ne s'éleva pas à moins de 16,000 francs.

Le 21 février 1845, Bressant débutait au Gymnase-Dramatique dans *Georges et Maurice,* plus jeune, plus charmeur, plus amoureux que jamais. Et tout Paris courut le voir. Il obtint un succès considérable dans *Clarisse Harlowe.* Il fut dans ce rôle — écrit Théophile Gautier — « vif, hautain, élégant, impétueux, soumis, plein de caresses et de menaces, d'une fatuité superbe, d'une arrogance folle ».

De 1846 à 1853, Bressant créa à ce théâtre *La Comtesse de Sennecey, Brutus lâche César, Faust et Marguerite, Le Piano de Berthe, Le Fils de Famille, Philiberte, Le Pressoir, Diane de Lys,* puis il fut engagé à la Comédie-Française, où il entra d'emblée comme Sociétaire, haute faveur exceptionnelle qui fit pousser de hauts cris et couler beaucoup d'encre.

M. Henry Lyonnet écrit sur Bressant, dans son excellent *Dictionnaire des Comédiens :*

« Pendant les vingt-trois ans que Bressant resta attaché à la Comédie-Française, il fut toujours le comédien le plus séduisant, le plus captivant, incomparable dans les rôles appropriés à sa nature, à sa distinction, à son élégance sans afféterie. »

Et tous ceux qui ont connu ce brillant artiste — nous sommes du nombre — affirmeront le dire de M. Henry Lyonnet.

Son talent était surtout le charme. Quand la vieillesse arriva, le charme disparut. Et Bressant cessa d'être Bressant.

Il mourut, après une lente agonie de plusieurs années, le 23 janvier 1886.

ROGER

(1815 — 1879)

L'auteur-acteur-directeur de l'Ambigu, M. Corsse, collaborateur des sieurs Caignez, Guilbert de Pixérécourt et Aude, dans *L'Héroïne américaine*, *Hariadan Barberousse* et tas d'autres mélodrames du vieux boulevard, créateur célèbre du personnage de *Madame Angot*, fut le grand-père du célèbre ténor *Gustave-Hippolyte Roger*.

M. Corsse, très en succès, et de ce fait très en fonds, honnêtement acquis, avait marié sa fille à un notaire fort honorable de La Chapelle-Saint-Denis, et de cette union naquit le grand artiste dont nous avons à nous occuper ici.

Dès l'âge le plus tendre, le petit Roger fut voué au notariat. L'enfant grandit dans l'étude des *Pandectes*, et de Monsieur son père. Mais l'atavisme fit que le petit clerc tenait beaucoup du côté maternel, et que le goût du théâtre germait en lui, comme l'ivraie naît instinctive, dans le champ de blé.

Son père et sa mère décédés, son oncle M. Roger, député du Loiret, envoya l'enfant, ou plutôt le jeune homme — car Gustave Roger, né en 1815, avait alors vingt et un ans, — chez un notaire d'Argentan. Mais ce brave tabellion, voyant son clerc débaucher ses compagnons en grossoyage, les faire jouer la comédie « en société » intimement et même publiquement, dans une représentation montée par le dit Gustave sur une scène improvisée de l'hôtel du Lion d'Or, laquelle scène le voyait interpréter *Buridan* de *La Tour de Nesle*, *Jocrisse* du *Désespoir de Jocrisse*, et chanter le *Duo de la Vestale*, congédia l'apprenti acteur, lui disant qu'il l'avait pris en son étude pour transcrire des actes et non pour en jouer.

Le jeune clerc, qui venait d'en faire un pas, n'eut d'autre ressource que de se réfugier chez un second notaire, celui-là de Montargis. En cette nouvelle étude, il recommença sa fredaine d'Argentan; ce que voyant, le second notaire s'empressa d'imiter le premier et renvoya le jeune homme à son député du Loiret, l'honorable M. Roger, oncle et tuteur du futur ténor.

C'est alors que Gustave-Hippolyte Roger entra au Conservatoire dans la classe du professeur Morin, pour passer ensuite dans celle de Martin ; et qu'il en sortit en l'an 1837, armé d'un premier prix de chant et de déclamation lyrique.

Le 16 février 1838, engagé à l'Opéra-Comique, il débuta, avec le plus grand succès, dans le rôle de *Georges* de *L'Éclair*.

Empressons-nous de dire qu'à son talent de chanteur, il joi-

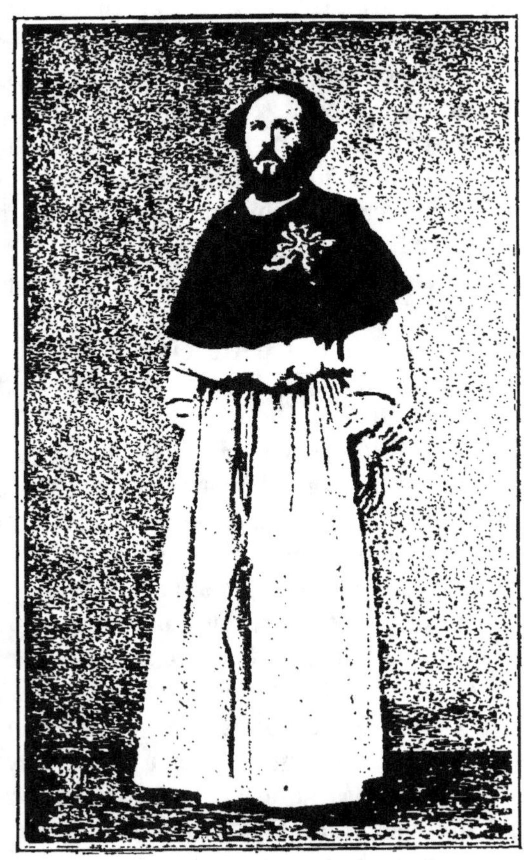

ROGER.
Dans *Le Prophète*.

gnait celui du comédien. Roger savait, ce que la plupart des ténors ignorent, en citant comme rares exceptions Nourrit et Capoul — pardon à ceux que j'oublie, — Roger savait jouer en chantant.

De maintien élégant, d'agréable prestance, de taille au-dessus de la moyenne, de gracieux physique, il avait tout pour séduire.

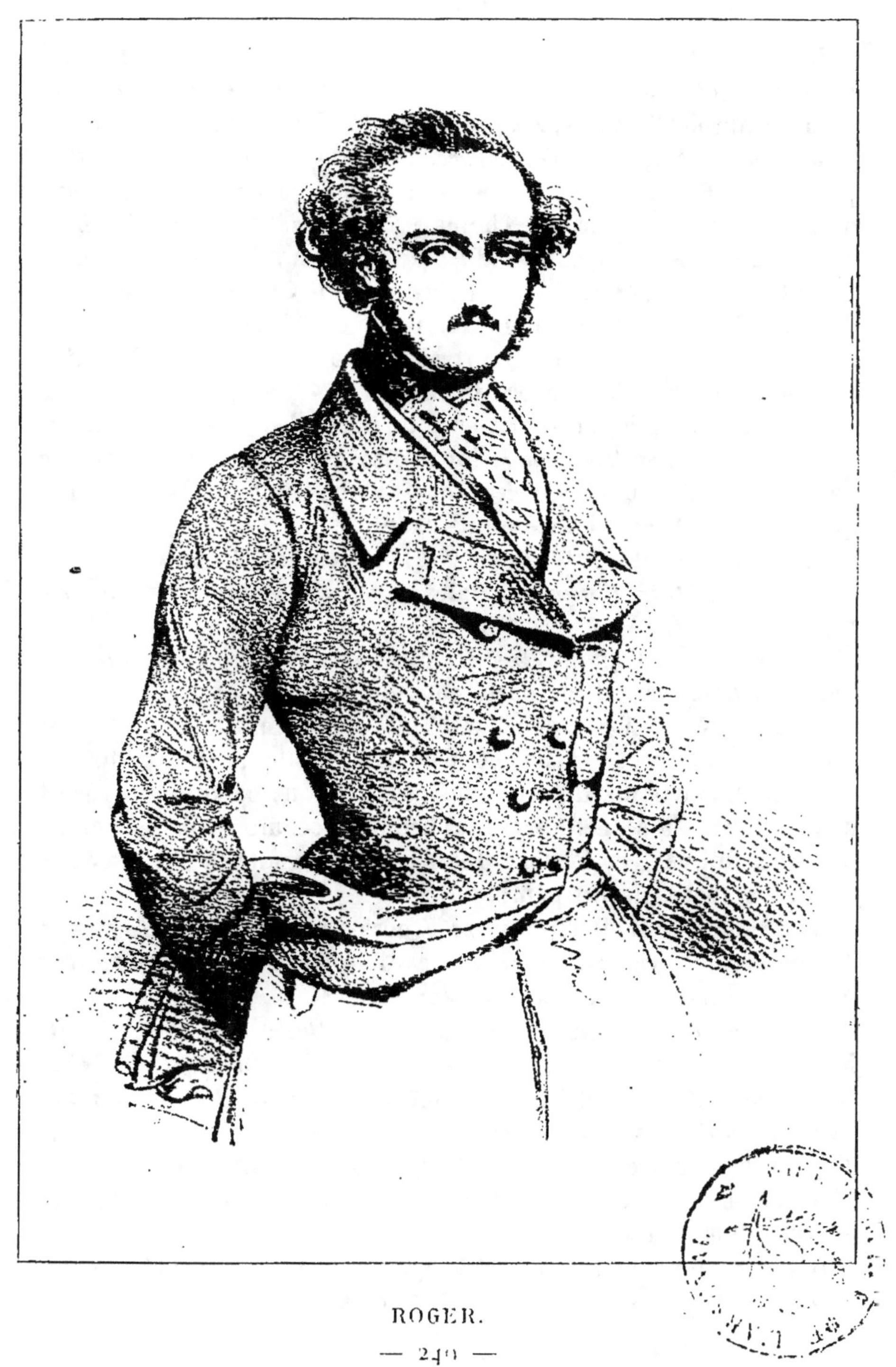

ROGER.

— 240 —

Et pendant les dix années qu'il passa dans ce beau théâtre, il entassa succès sur succès, créant *Le Perruquier de la Régence*, du jeune Ambroise Thomas; *La Figurante*, de Clapisson; *Régine* ou *Les Deux nuits*, d'Adam; *Le Guittarero*, d'Halévy; *Le Code noir*, de Clapisson; *La Part du Diable*, d'Auber; *Mina*, ou *Le Ménage à trois*, du même jeune Ambroise Thomas; *La Sirène*, d'Auber; *La Barcarolle*, une des rares chutes du grand Auber; *Les Mousquetaires de la Reine*, d'Halévy; *Giby la Cornemuse*, de Clapisson, et *Haydée*, d'Auber, la dernière création du beau ténor à l'Opéra-Comique.

On était en 1847. Roger fut engagé à l'Opéra. *Le Prophète*, écrit pour lui par Meyerber, devint, en 1849, sa première et très remarquable création. Il reprit ensuite *Lucie, La Favorite, La Reine de Chypre* et *Les Huguenots*, tous rôles qui le grandirent encore dans l'esprit du public. On les voyait donc enfin joués, ces rôles, qui jusqu'alors n'avaient été que chantés.

Cependant, il ne put sauver de leur chute *L'Enfant prodigue*, d'Auber, *Le Juif Errant*, d'Halévy, et *La Fronde*, de Niedermeyer.

Il chanta en allemand *Les Huguenots* à Francfort, et *Le Prophète* à Hambourg. Il fut porté en triomphe.

En 1859, à la chasse, son fusil éclata et lui mutila le bras droit que l'on fut forcé de lui couper. Un habile praticien lui en inventa un, articulé de très ingénieuse façon; ce qui lui permit de reparaître en scène. Le public badaud accourut voir le fameux bras mécanique; car la voix du ténor s'éteignait en lui sensiblement. Le spectacle fut pénible.

En 1860 et 1861, il reparut à l'Opéra-Comique dans *Haydée* et *Les Mousquetaires de la Reine;* il avait quarante-six ans; sa voix avait perdu sa force et sa fraîcheur.

En 1868, il eut la malencontreuse idée d'aller à la Porte-Saint-Martin, jouer, en un drame de George Sand, le rôle de *M. de Saint-Gildas* dans *Cadio*. On lui avait tellement répété et il avait tellement su qu'il était un superbe comédien — on peut l'être dans l'opéra, sans l'être dans la comédie, — que le mirifique et grand ténor se laissa tenter, et échoua piteusement à côté de Mélingue, superbe dans *Cadio*.

Roger a publié un volume, édité après sa mort : *Carnet d'un ténor.*
Cette mort arriva le 22 septembre 1879.

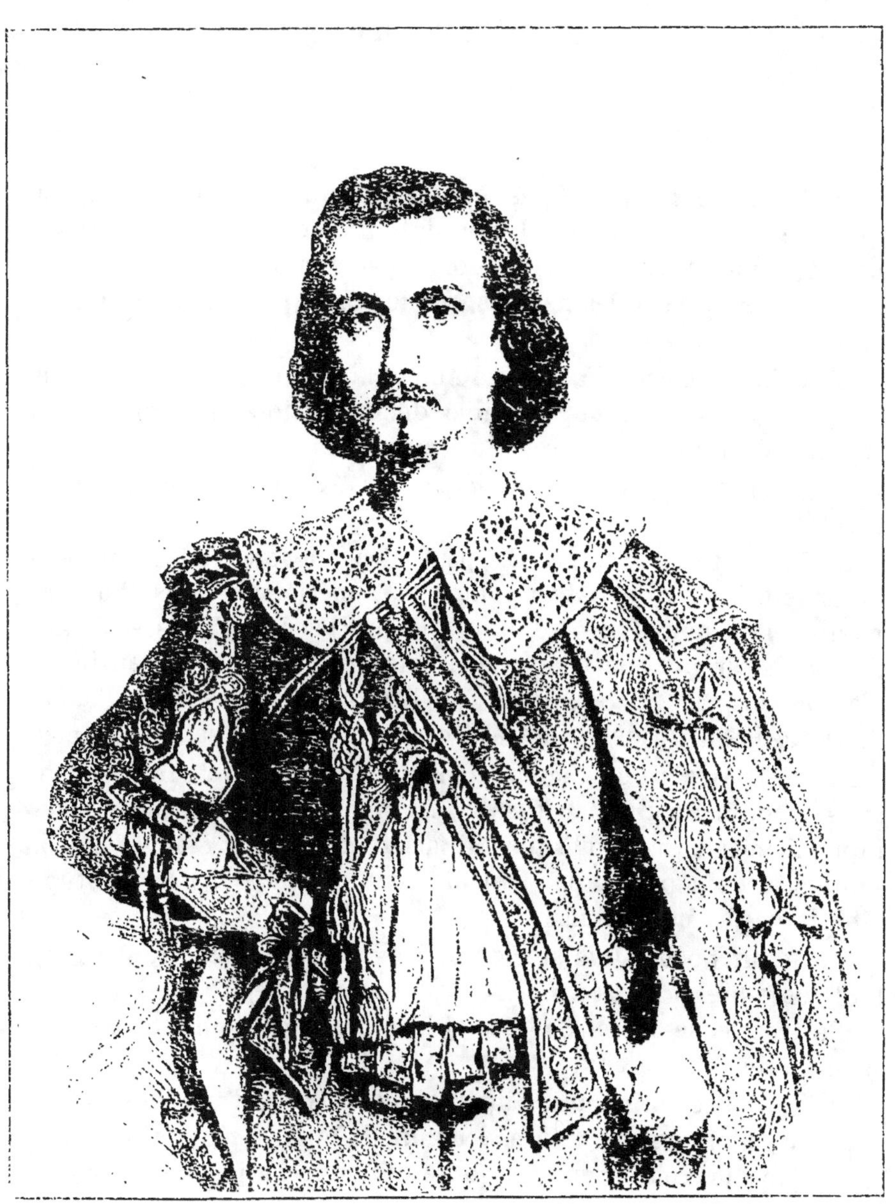

ROGER.

ALCIDE TOUSEZ

(1816 — 1850)

Alcide Tousez ne fut pas un très grand comédien ; il ne fut qu'un très grand comique. L'appellation de comédien ne peut s'adresser qu'à l'acteur qui compose un personnage, qui en recherche l'esprit, les finesses, les dessous, les tenants, les aboutissants, les allures, la physionomie.

En dehors de ceux-là, il y a l'Acteur !... Comédien est une qualification. Acteur est la véritable dénomination de l'homme de théâtre. Certains s'en froissent, ils ont tort.

Larousse détermine le mot *acteur :* « Artiste qui joue dans un théâtre. »

Et Larousse se trompe. On peut être un acteur et ne pas être un artiste. Le mot artiste implique la supériorité. Dans tout art, peinture, musique, théâtre, il y a le praticien et l'artiste. Quand l'acteur s'est intitulé « artiste dramatique », c'est un sentiment d'amour-propre exagéré, c'est un besoin de s'élever, qui l'a fait s'accorder ce titre de noblesse. On peut l'excuser, sans le blâmer.

Alcide Tousez fut un « acteur comique », un grand acteur comique ; mais ce qu'il donnait au théâtre n'avait absolument rien d'artistique. Il faisait rire, voilà tout. Il faisait rire sans y essayer, par la simplicité de son jeu, par son air béat et placide, par sa stupidité naturelle, par son nez.

Fils d'un poêlier-fumiste, dont il avait appris l'état, il savait tout juste lire et écrire. A seize ans — il est né en avril 1816 — il alla trouver les frères Seveste et leur proposa « sa figure ». Ce fut ainsi qu'il s'offrit à eux.

Alcide Tousez, à défaut d'instruction, possédait un énorme bon sens. « Je n'ai que ma figure, leur dit-il ; tout le monde la trouve drôle ; mais je crois cependant que je suis appelé à jouer la tragédie. Voulez-vous m'essayer ? »

On l'essaya. Il joua *Nérestan*, de *Zaïre*.

Jamais le public de Belleville ne passa une plus joyeuse soirée.

Les frères Seveste rirent aussi beaucoup, et classèrent parmi leurs

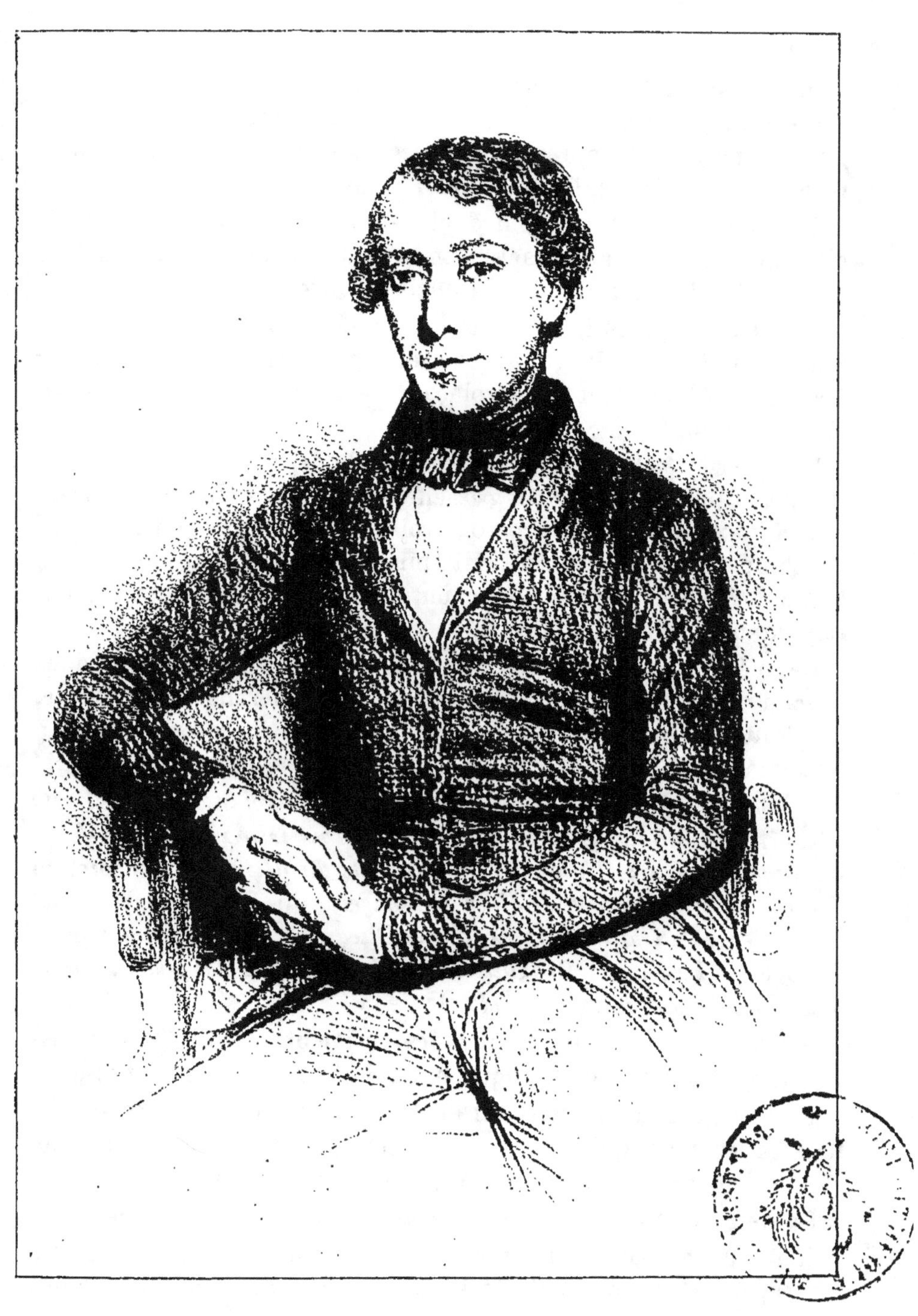

ALCIDE TOUSEZ.

comiques cette figure si naïve, si niaise. Reconnaissant en Alcide Tousez un grand esprit d'ordre, une activité sans frein, ils le déléguèrent, trois années après son premier engagement avec eux, comme régisseur de leur théâtre du Mont-Parnasse.

Là, continuant à jouer, il déploya toutes ses grandes qualités d'honnête homme, au caractère impartial et loyal. Il fut adoré de ceux qu'il administrait. C'est difficile et rare.

En 1833, Dormeuil, directeur du Palais-Royal, l'engagea, pour remplacer Samson, le grand Samson, qui entrait à la Comédie-Française. Alcide Tousez remplaçant Samson ! cela ne semble-t-il pas un comble ?

Le 6 avril 1833, il débutait dans le rôle de *Maclou*, du *Valet de Ferme*, et produisait un très gros effet de rire. Son blaisement naturel, sa voix éraillée, son gros œil voilé, sa sottise prétentieuse, son enveloppe balourde l'eurent vite mis au premier rang du second.

Alcide Tousez n'eût pu jouer un maître, un actif; il était admirable dans un valet, un passif.

Ce n'était point une originalité nouvelle qu'il apportait dans chacun de ses rôles; toujours le même, sans chercher autre chose, il offrait son originalité personnelle. Les auteurs commençaient à le connaître et lui taillaient des habits à sa mesure.

C'est ainsi qu'il fut sublime de bêtise dans *Jobin*, de *Vert-Vert*; *Melon*, de *La Salamandre*; *Castor*, des *Trois Dimanches*; *Ka-Kao*, de *Fich-ton-Kan*; *Crampon*, des *Enfants du délire*; *Berlingois*, de *Charolais*; *Mérinos*, de *Judith*; *Fromageot*, du *Scandale*; *Bobêche*, de *Bobêche et Galimafré*; *Sosthène Ducantal*, des *Saltimbanques*; *Dogard*, de *Le Kain à Draguignan*; *Falampin*, des *Baigneuses*; *Magloire*, de *La Servante du curé*, etc., etc.

Seuls ses costumes et les époques variaient; Alcide Tousez restait toujours le même, comique, naturel et de magnifique stupidité.

Il était roux de cheveux, tirant même sur le rouge. Aussi disait-il : « La différence qu'il y a entre une pelle rouge et moi, c'est qu'une pelle rouge est chaude, et que moi, je ne le suis pas... chaud. »

Sa dernière création fut *La Première lance de l'Allemagne*.

Il tomba malade, le fut longtemps, et mourut, après une agonie atroce, en 1850, entouré de l'affection de tous, sans un jaloux, sans un ennemi.

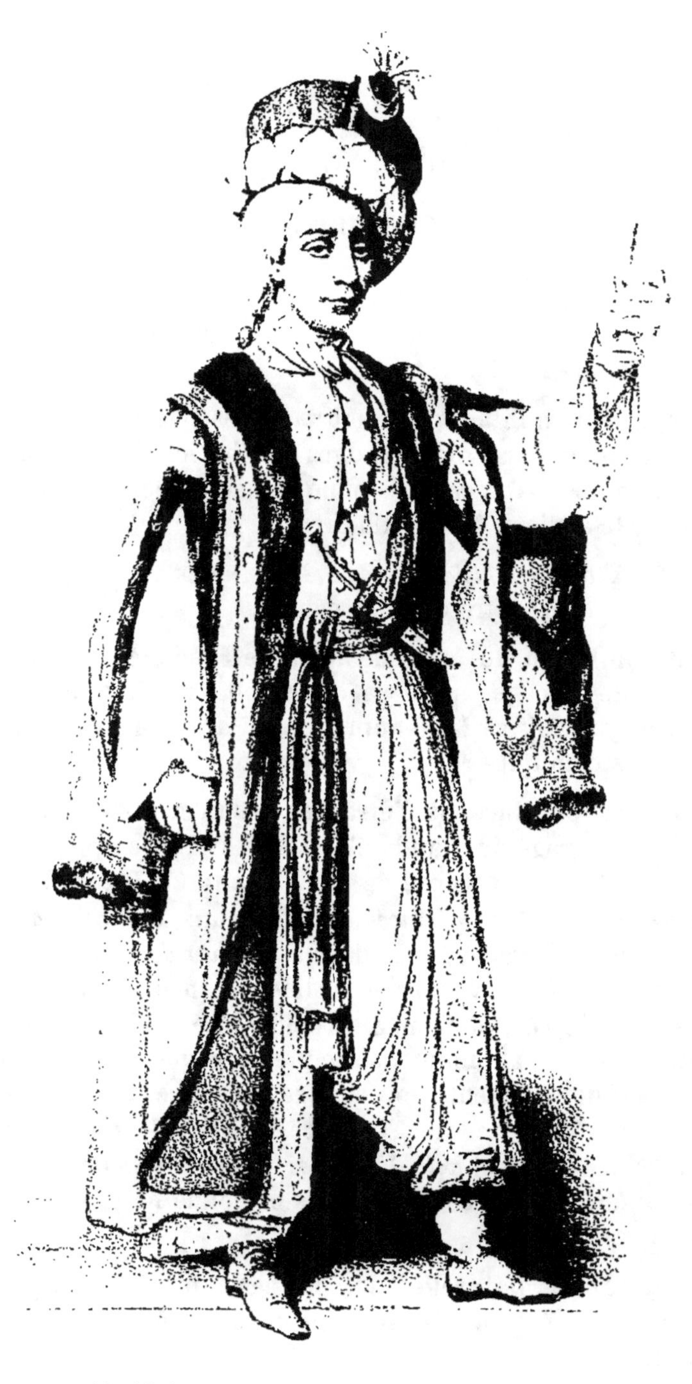

ALCIDE TOUSEZ.
Rôle de Dogard dans *Le Kain à Draguignan*.

DELANNOY

(1817—1888)

Il était le fils d'un lieutenant-colonel, retraité à Arras, où notre acteur naquit le 7 février 1817.

Destiné à l'état militaire, à la mort de ses parents il descendit du char de Mars pour monter dans le chariot de Thespis, non comme poète poétisant, mais comme comédien comédiennant, et débuta en 1835 à Niort, à l'âge de dix-huit ans.

En 1840, *Léopold-Émile-Edmond Delannoy* fut engagé par les frères Seveste, au théâtre de Montmartre.

Il avait l'ambition de jouer l'emploi de Frédérick-Lemaître, de Mélingue et de Bocage; aussi sa déception fut-elle grande, toute sa vie, de ne pouvoir se faire apprécier, à Paris, que dans l'emploi des « premiers comiques ».

Il courut la province et l'étranger jusqu'en 1848, époque à laquelle il fut engagé au Vaudeville et sut s'y faire apprécier à sa valeur dans un grand nombre de pièces, dont *La Propriété c'est le vol, Les Représentants en vacances, La Foire aux Idées, On demande un gouverneur*. Il avait débuté dans *Un Coup de pinceau*, vaudeville en un acte, et y avait paru médiocre dans son rôle de *Bianchon*. C'est que le rôle était médiocre, la pièce nulle; et cela avait contribué beaucoup à la mauvaise impression que le public conçut de lui, mais il devait bientôt prendre sa revanche. Le rôle de *Martin*, dans *Les Parisiens*, de Théodore Barrière, le mit en grande vedette; celui de *Péponnet*, dans *Les Faux Bonshommes*, fut le point culminant de sa carrière. Jamais personne ne le joua comme lui, ni mieux que lui.

Ses exagérations naturelles, le côté caricatural qu'il apportait dans toutes ses créations, le servirent dans ce rôle, plus que dans tous autres.

En 1858, il fit une apparition au Palais-Royal, où l'on avait

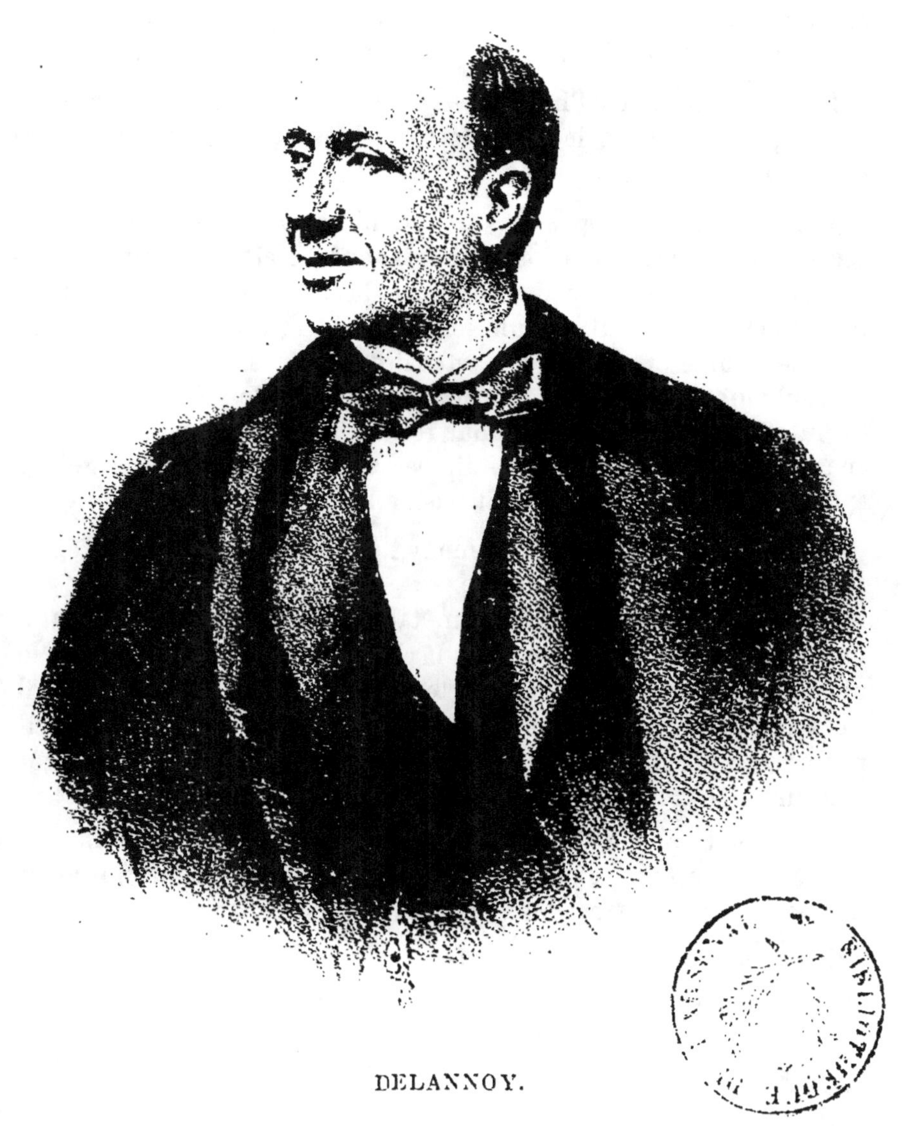

DELANNOY.

espéré le voir remplacer Sainville. Mais il se heurta à des natures tellement simples dans leurs grotesques incarnations qu'il se vit contraint de revenir au Vaudeville, où il retrouva sa très honorable place dans *L'Héritage de M. Plumet, Aux crochets d'un gendre,* et autres pièces de Barrière, dont il semblait être l'homme.

Il avait créé, dans l'immortelle *Dame aux Camélias,* le rôle de *Duval père.* D'autres le remplacèrent dans cette création, qui lui furent de beaucoup supérieurs.

Trop souvent, il dépassait le but, n'arrêtant pas de parler, de gesticuler, d'ajouter à ses personnages; aussi était-il peu aimé de ses camarades. Et cette façon de jouer la comédie était tellement inconsciente chez lui, qu'un soir, dans *L'Héritage de M. Plumet,* Parade, Munié et ses autres partenaires résolurent de ne pas dire un seul mot pendant toute la durée de la grande scène du 3e acte. Ce fut Delannoy qui parla pour tout le monde, et cela sans s'en apercevoir, se contentant de dire en sortant : « Qu'est-ce qu'il y avait donc ce soir? On n'avait pas l'air d'être en train. »

Parade disait : « Quand Delannoy tient le crachoir, on a le temps de ne pas manquer son entrée. »
On a écrit sur lui : « C'est un talent franc, ouvert, communicatif, qui ne tombe jamais dans la charge. » C'est l'appréciation la plus fausse que l'on ait pu porter sur ce comédien. Du talent, il en avait ; mais un talent compassé, composé, trop étudié, plus antipathique que sympathique, et toujours porté à frapper fort plutôt que juste. Il produisait beaucoup d'effets, à tort.

En 1883, il alla à l'Ambigu jouer *Pot-Bouille* et *L'Homme de peine,* pour terminer sa carrière à la Renaissance. Ce fut toujours un très honnête et très galant homme.

Il mourut le 29 décembre 1888.

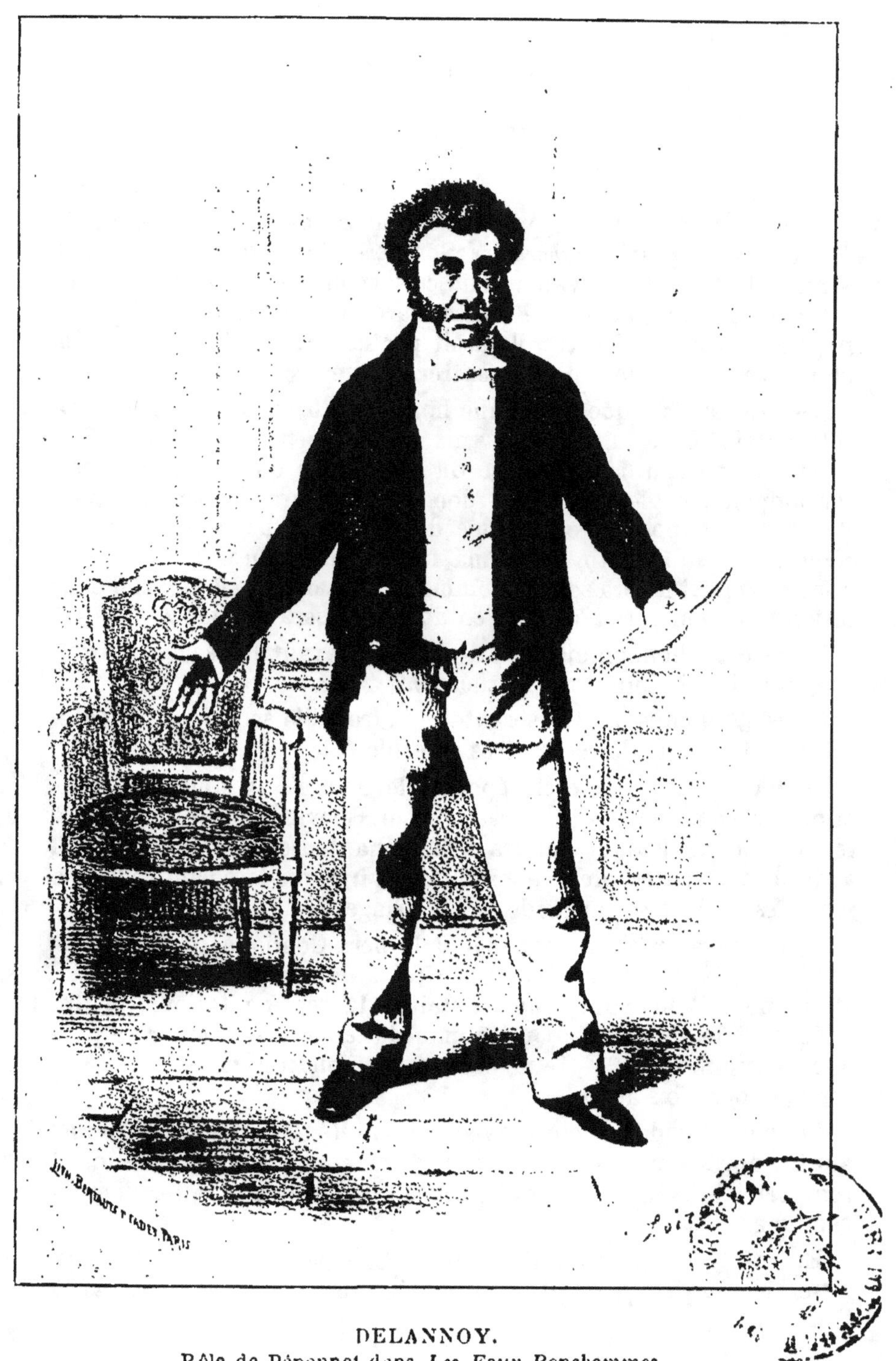

DELANNOY.
Rôle de Péponnet dans *Les Faux Bonshommes*.

— 259 —

SAINTE-FOY

(1817 — 1877)

Le 13 février 1817, à Vitry-le-François, naquit *Charles-Louis Sainte-Foy*, ou plutôt *Pubéreaux*. Son père, *Jean Pubéreaux*, soldat retraité de Napoléon, avait mérité ce surnom de *Sainte-Foy*, appliqué par ses camarades de l'armée, parce qu'en place de sacrer le vulgaire « Nom de Dieu! » il jurait par la « Sainte-Foy! » Son fils adopta cette appellation pour entrer au théâtre.

Les études classiques du jeune homme se firent au collège de sa ville natale. Doué d'une jolie voix, ce fut le principal du collège lui-même qui souffla à l'oreille du père l'idée d'utiliser, chez son pensionnaire, cet exceptionnel don de la nature. Pubéreaux père était assez opposé à cette idée de voir son fils *monter sur les planches*. « Un cabotin dans ma famille, murmurait-il, le sourcil froncé, jamais! Il sera soldat, comme moi; et comme il a plus d'éducation que mon père n'a pu m'en donner, il sera officier. »

Le rêve du bonhomme devait s'effacer devant la réelle vocation du jeune Pubéreaux pour le théâtre.

En 1837, il entra au Conservatoire et travailla sa voix de « haute-contre » de façon à la rendre très agréable.

Le tort qu'avait, à cette époque, le Sainte-Foy que nous connûmes si comique, était de se croire un Elleviou, un Roger, apte à rendre amoureuses de lui les belles chanteuses des opéras qu'il avait à représenter, alors que son doux physique le portait plutôt à jouer les niais, les lourdauds et les villageois.

Il débuta, au mois de mai 1840, à l'Opéra-Comique, dans l'emploi des jeunes ténors amoureux. Il fit rire!... alors qu'il fallait charmer. Et le père Pubéreaux, qui assistait à la représentation, lui dit, furieux, le lendemain : « Quitte immédiatement ton métier de paillasse, ou je te renie! — Je ne peux pas, répondit Sainte-Foy, je suis engagé pour trois ans. »

Le vieux soldat rompit avec cet entêté, et mourut quelques années après, lui ayant pardonné, devant les succès que se mit à remporter le jeune ténor, quand il se fut décidé à adopter l'emploi comique.

En même temps que lui, débutait à l'Opéra-Comique Mlle Clarisse Henry, plus jeune de cinq années que le nouveau successeur

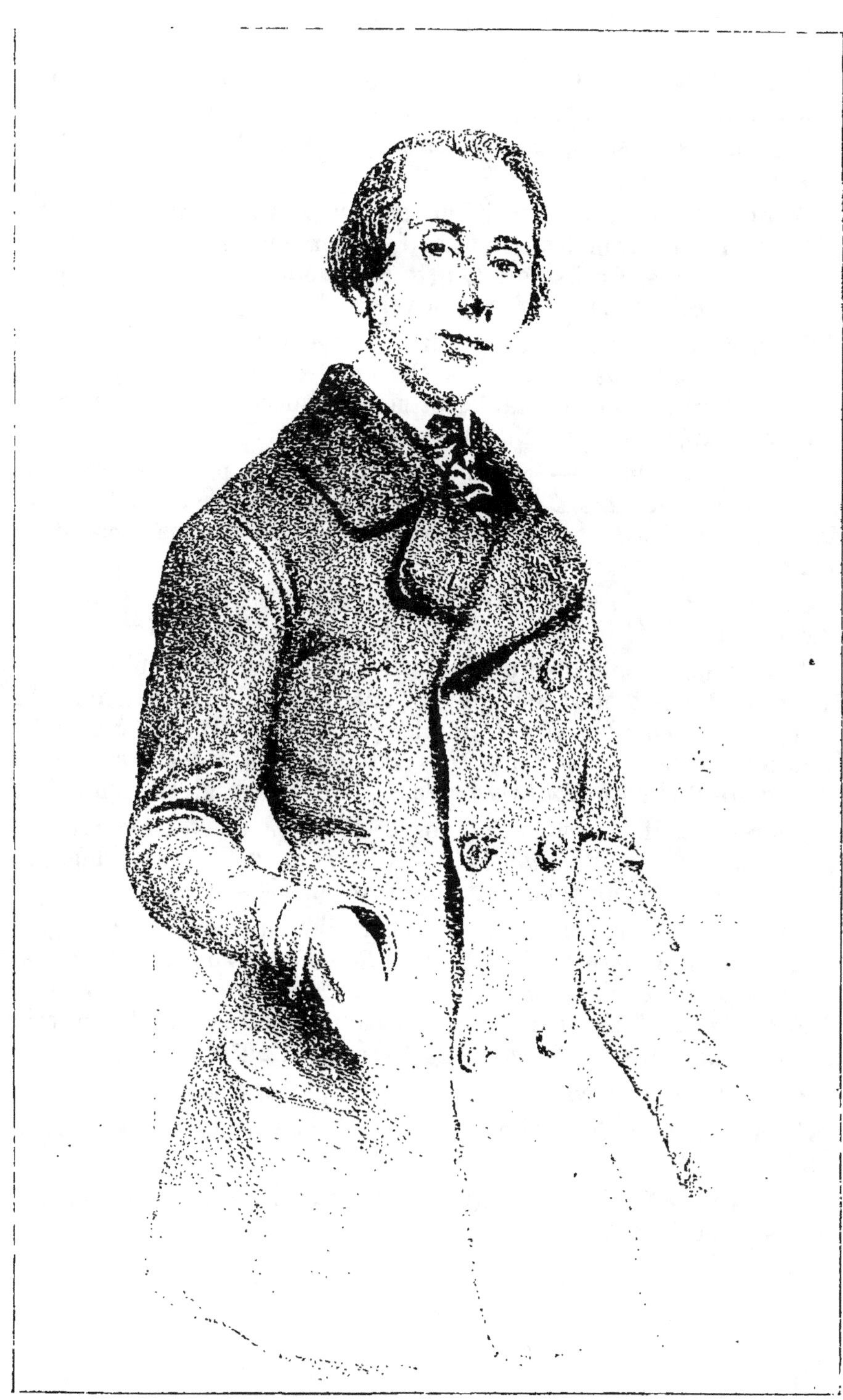

SAINTE-FOY.

de Trial et de Ferréol, les créateurs du genre. Mlle Clarisse Henry, douée d'une jolie voix et d'un physique fort agréable, chantait les « premiers dessus », dans les chœurs. Sainte-Foy s'éprit d'elle et l'épousa.

Ce fut cette femme d'esprit qui, un jour, osa lui dire : « Mon ami, tu n'es pas bâti pour les héros; et l'emploi comique te tend ouvertement les bras. Crois-moi! Quitte ceci pour cela. En ceci, tu as à combattre; en cela, tu n'as qu'à vaincre. »

Charles-Louis Sainte-Foy écouta ce sage conseil et demanda à jouer le *Grand cousin*, dans *Le Déserteur* de Monsigny. De cette soirée datent les incontestables et mérités succès qui couronnèrent la carrière très artistique du spirituel chanteur.

Il chanta et joua — car il fut comédien de premier ordre — triomphalement : *Les Deux Gentilshommes*, *Wallace*, *Lord Kolbourg* dans *Fra Diavolo*, cette impérissable et charmeuse partition d'Auber.

Le Pré aux Clercs le sacra inimitable. Le rôle de *Cantarelli* n'avait jamais été interprété ni joué comme par Sainte-Foy.

Sa création inoubliable d'*Ali-Bajou*, dans le si spirituel, si original, si fantaisiste et si harmonieux opéra d'Ambroise Thomas, *Le Caïd*, le mit en plus grande lumière, s'il est possible; et sa jolie composition de *Benoît*, dans *Les Papillotes de Monsieur Benoît*, sorte de pastiche du *Bonhomme Jadis*, le consacra grand comédien.

Les reprises de *Flandrinos*, dans *Le Muletier;* de *Bénetto*, dans *Le Maître de Chapelle;* de *Dandolo*, dans *Zampa;* de *Dickson*, dans *La Dame blanche*, furent pour Sainte-Foy autant de succès.

Dans les derniers temps de sa carrière, il créa encore *Champagne*, dans *Château-Trompette; Midas*, dans *Galathée; Jérôme*, dans *Sylvie; Jocrisse*, *La Fiancée du roi de Garbe*, *Le Joaillier de Saint-James*, et *Les Absents*. Une de ses plus remarquables créations fut le rôle de *Corentin*, dans *Le Pardon de Ploërmel*, en 1859.

Aucun trial ne parvint à chanter ce rôle; il fut classé ténor.

Il chanta, dans les salons, un grand nombre de chansonnettes comiques.

Il mourut à Neuilly le 1er avril 1877, atteint d'un ramollissement de la moelle épinière.

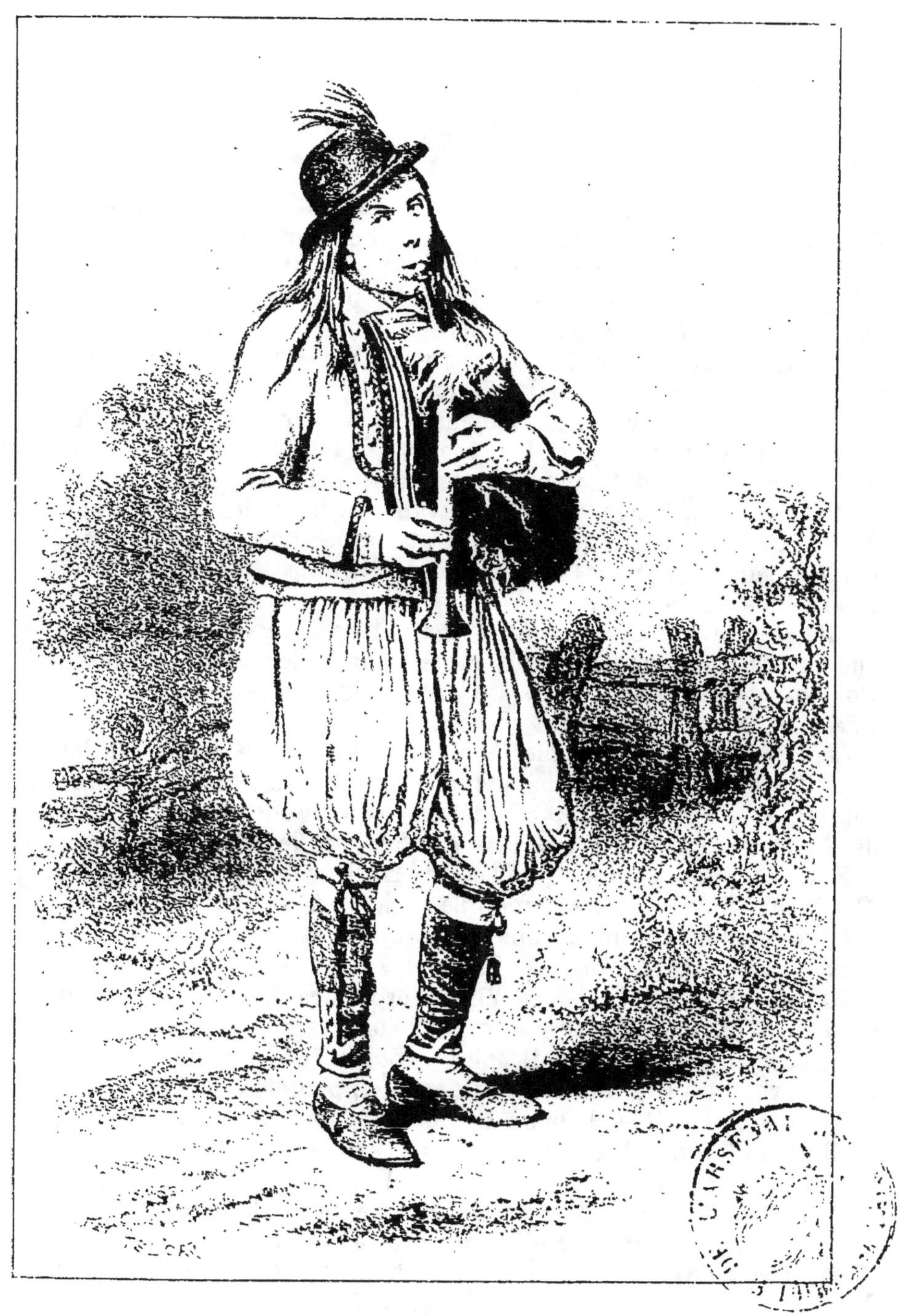

SAINTE-FOY.

Rôle de Corentin dans *Le Pardon de Ploërmel*

— 263 —

ANAÏS FARGUEIL

(1819 — 1896)

Anaïs Fargueil, fille d'un comédien qui jouait en 1830 à l'Opéra-Comique, situé alors place de la Bourse, l'emploi des grimes chantants, dits *Laruette,* du nom que portait le créateur de cet emploi, est née à Toulouse le 21 mars 1819. Le père Fargueil, engagé à Paris, fit admettre la petite Anaïs au Conservatoire. Elle avait douze ans ; elle en sortit trois ans après, avec un prix de chant, un prix de solfège et un prix d'harmonie.

En 1834, — elle avait quinze ans, — elle débuta à l'Opéra-Comique, sous la direction de M. Crosnier, qui lui confia un rôle dans un opéra-comique d'Adolphe Adam, intitulé *La Marquise.*

Mais sa voix, fatiguée par un travail exagéré et les suites d'une fluxion de poitrine, ne répondit pas aux espérances que l'on avait fondées sur elle, et son succès — car elle en eut — fut plus de beauté que de cantatrice.

Elle se releva dans *Adolphe et Clara* et dans *Le Diable à quatre,* que M. Crosnier remonta tout exprès pour elle. Auber lui confia alors un gentil rôle de soubrette, aux allures mutines, dans son *Cheval de bronze.* Elle y fut charmante.

Cependant, la comédienne l'emportait sur la chanteuse ; on lui conseilla d'abandonner le chant pour la comédie. Elle suivit le conseil et, le 11 mai 1836, elle débutait au Vaudeville de la rue de Chartres, dans *Le Démon de la Nuit,* par le rôle de *Mathilde.*

Elle y conquit un énorme succès. Et le critique du journal *Le Corsaire* écrivit : « Cette jeune fille a un lendemain. »

Ce succès se continua dans *Carlina* de *Casanova, Esther* du *Diable amoureux, Une rivale, Polly,* et *Juana.*

Dans toutes ces pièces, le chef d'orchestre Doche composait spécialement pour elle des airs nouveaux, remplis de charme et de grâce, airs qu'elle savait faire ressortir, et qui lui valaient de la part des spectateurs de chaleureux applaudissements.

Sur ces entrefaites, l'Opéra-Comique émigra à la salle Favart, où il est aujourd'hui, et le théâtre du Vaudeville, détruit par un incendie, vint s'installer place de la Bourse. Anaïs Fargueil se retrouva sur les planches qui avaient résonné du bruit de ses premiers pas. Ce fut pour elle une douce émotion.

En 1842, Anaïs Fargueil fut engagée au Palais-Royal, par M. Dormeuil, qui la fit débuter dans *Les Deux couronnes;* elle créa ensuite *La Fille de Figaro,* et s'y montra sous le jour le plus favorable. Mais la pièce ne réussit pas, écrasée par son titre.

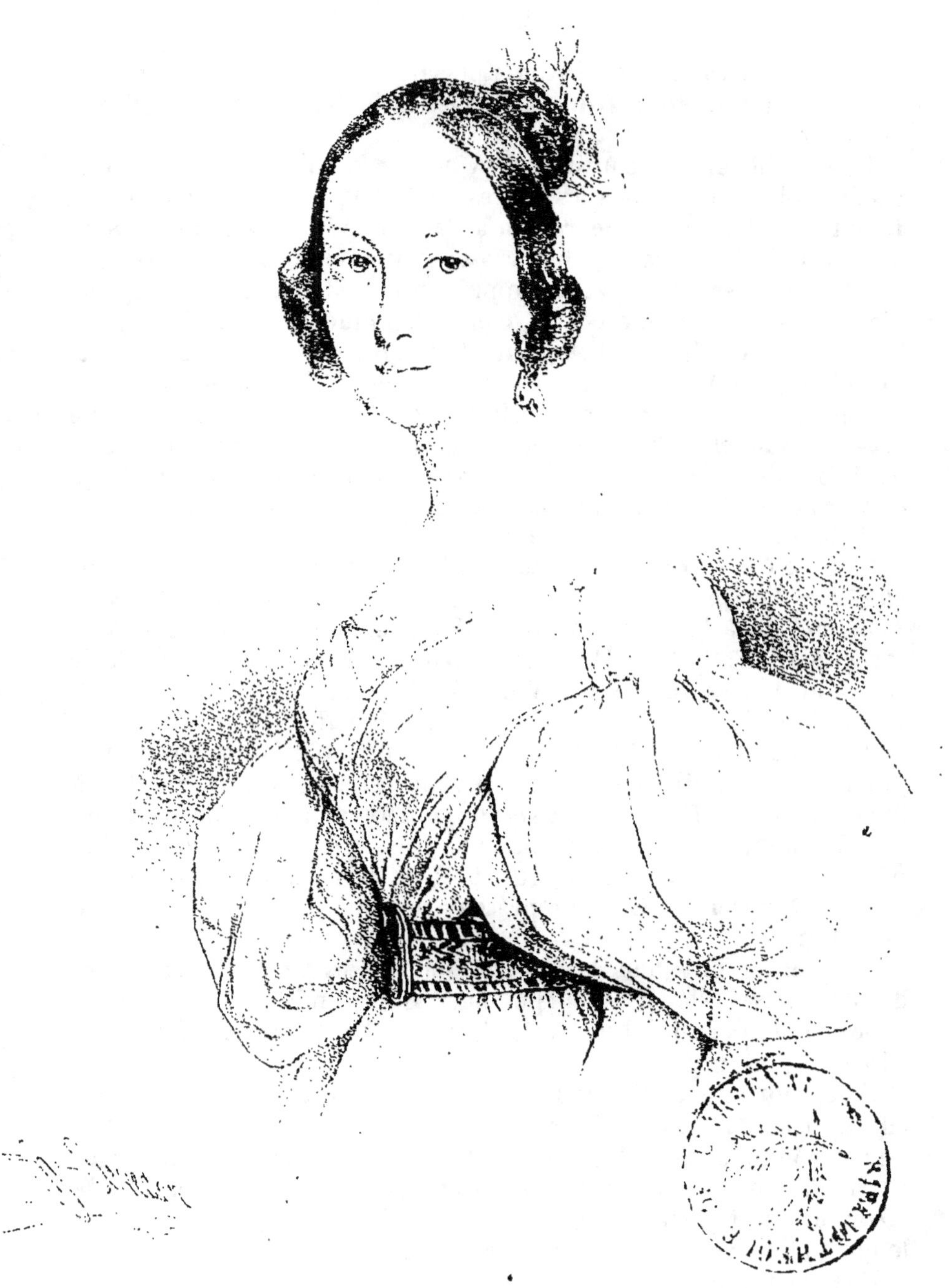

ANAIS FARGUEIL.

L'année suivante, notre Anaïs passait au théâtre du Gymnase, et s'y faisait très remarquer dans les principaux rôles de *Sarah Walter* et du *Roman intime*.

Elle se mit alors à courir la province, se familiarisant avec tous les emplois, jouant tous les genres, fortifiant chaque jour ce jeune talent grandissant, et ne rentra à Paris que le 27 décembre 1852, toujours sur ce même théâtre du Vaudeville, berceau de ses premiers succès, et se faisant apprécier dans *Alexandre chez Apelle*. Mais où son triomphe éclata, complet, immense, retentissant, ce fut dans le double rôle d'*Aspasie* et *Marco*, des *Filles de marbre*. Ce soir-là, Anaïs Fargueil fut sacrée Reine de la rampe.

A partir de ce jour, sa réputation ne fit que grandir. Chaque création nouvelle devint un nouveau joyau ajouté à sa couronne de triomphatrice ; et *La Vie en rose*, *Lucie Didier*, *Le Mariage d'Olympe*, *Rédemption*, *Dalila*, *Les Lionnes pauvres*, confirmèrent sa belle réputation de première comédienne de Paris.

Puis, ce furent *Les Diables noirs*, *Miss Multon*, *Les Femmes terribles*, *Les Femmes fortes*, *Nos Intimes*, *Maison neuve*, *La Famille Benoiton*; et, à la Porte-Saint-Martin, le magnifique drame de Victorien Sardou : *Patrie !* Elle était devenue l'artiste indispensable de ce grand maître du théâtre, Victorien Sardou.

Enfin, en 1880, elle vint créer à l'Ambigu *Rose Michel*, un bon mélodrame d'Ernest Blum, s'y montra plus que jamais de toute-puissance dramatique ; et deux ans après, en 1882, s'en alla à l'Odéon jouer la *Madame de Maintenon* de François Coppée. Enfin, le 8 novembre 1883, on organisa une grande représentation au bénéfice de la pauvre Fargueil, qui, dans ses pérégrinations, était loin de s'être enrichie. Cette représentation lui rapporta plus de 30.000 francs.

Fargueil ne put jamais réussir à franchir les portes de la Comédie-Française. Elle faisait un peu peur aux grandes dames du lieu.

Son talent était absorbant. Ceux qui l'entouraient disaient : « Elle en a trop. »

Fine, mordante, spirituelle, plus que méchante à force d'esprit, elle appelait Félix, le « Paon couronné », et n'écrivait jamais qu'ainsi le nom de Delannoy : « M. de l'Ane Oie ». Elle haïssait particulièrement Eugénie Doche, qu'elle avait surnommée la « Dinde aux Camélias ». Quant à Marie Laurent, passant par sa langue, elle était devenue « trombone pour rien faire ».

Elle est morte le 7 avril 1896.

Trop autoritaire, elle sut se faire beaucoup plus d'ennemis que d'amis.

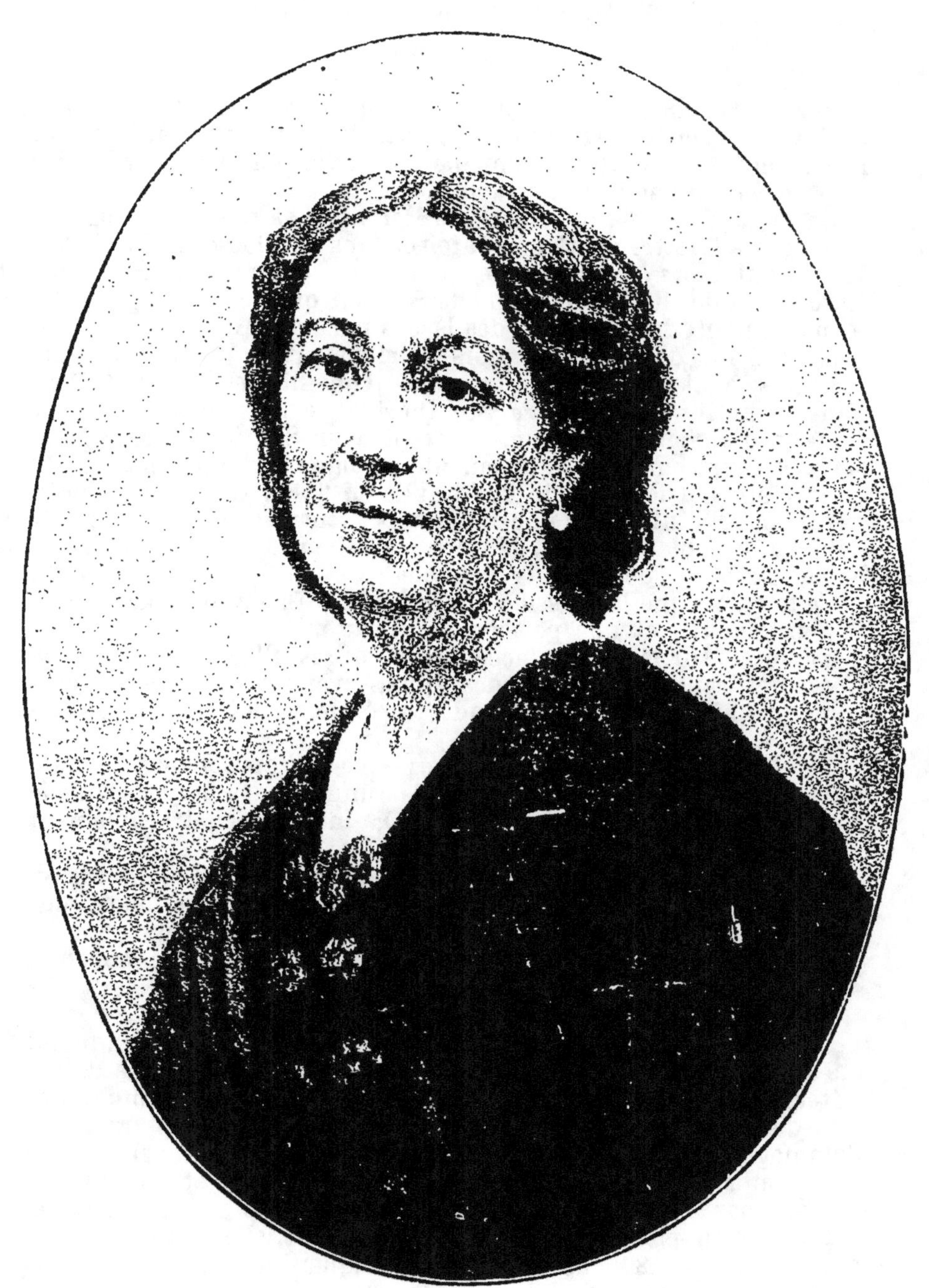

ANAÏS FARGUEIL.

MADAME ARNOULD-PLESSY

(1819—1897)

Jeanne-Sylvanie Plessy, devenue dame *Arnould-Plessy*, est née
à Metz, le 4 septembre 1819. Son père, de prêtre qu'il était avant
la Révolution, s'était fait comédien, et jouait encore l'emploi des
pères nobles quand il mourut, en 1828.

La jeune Sylvanie fut amenée à Paris par sa mère, qui parvint
à la faire admettre au Conservatoire, dans la classe de Michelot.
Elle avait alors treize ans, et non dix, comme l'insère à tort
Larousse. Elle sut intéresser à elle Samson qui lui donna gratuite-
ment, pendant deux années, des leçons particulières.

M. Jouslin de la Salle, alors administrateur de la Comédie-
Française, vint voir jouer à la gracieuse jeune fille le rôle de *Valérie*,
dans la petite salle *Génard*, un théâtre de société situé rue de
Lancry, où, chaque semaine, l'entrepreneur Saint-Aulaire organi-
sait des représentations. Fortement empoigné par le jeu intéressant
de la jeune actrice, Jouslin de la Salle lui fit obtenir de M. Thiers,
ministre de l'intérieur, une indemnité mensuelle et un ordre de
début à la noble Comédie, début qui eut lieu le 4 mars 1834, dans
le rôle d'*Emma*, de *La Fille d'Honneur*.

Ce fut alors que la Russie fit offrir à Mlle Plessy de magnifiques
appointements, et une pension de retraite.

Elle était sur le point d'accepter ces offres alléchantes; mais la
Comédie-Française, jalouse de se conserver un talent aussi gracieux et qui donnait de si grandes espérances, lui conféra sur-le-
champ le titre de Sociétaire.

Le défaut que certains critiques sévères reprochaient alors à
Mlle Plessy était « l'exubérance et la confusion des moyens qu'elle
employait pour animer son jeu ». On lui reprochait également
« l'affectation ».

Un écrivain, Henri Egmond, en 1835, écrivait : « Si Mlle Plessy
embrassait la carrière du drame, elle s'y créerait une place plus
exceptionnelle encore que dans la comédie ». Samson, à qui la
jeune artiste montrait l'article, lui dit simplement : « Ce monsieur
s'y connaît comme à ramer des choux ».

En 1845, elle épousa Auguste Arnould, homme de lettres.

Tout à coup, elle disparut, et l'on demeura fort surpris quand
on apprit qu'elle venait de débuter au Théâtre Michel, de Saint-
Pétersbourg. La Comédie-Française l'attaqua, et la fit condamner
à la déchéance de ses droits de Sociétaire et à 100.000 francs de
dommages-intérêts. Mme Arnould-Plessy y rentrait cependant, le
7 septembre 1855, dans le rôle d'*Elmire*, de *Tartufe*, et grande fête
fut faite par le public et par ses camarades à la jolie enfant prodigue.

Bien qu'en pleine possession de son talent, elle prit sa retraite
au mois de mai 1876, après avoir créé cinquante-trois rôles et repris
plus de quatre-vingts.

Elle mourut le 30 mai 1897, à l'Abbaye-du-Quartier (Côte-d'Or).

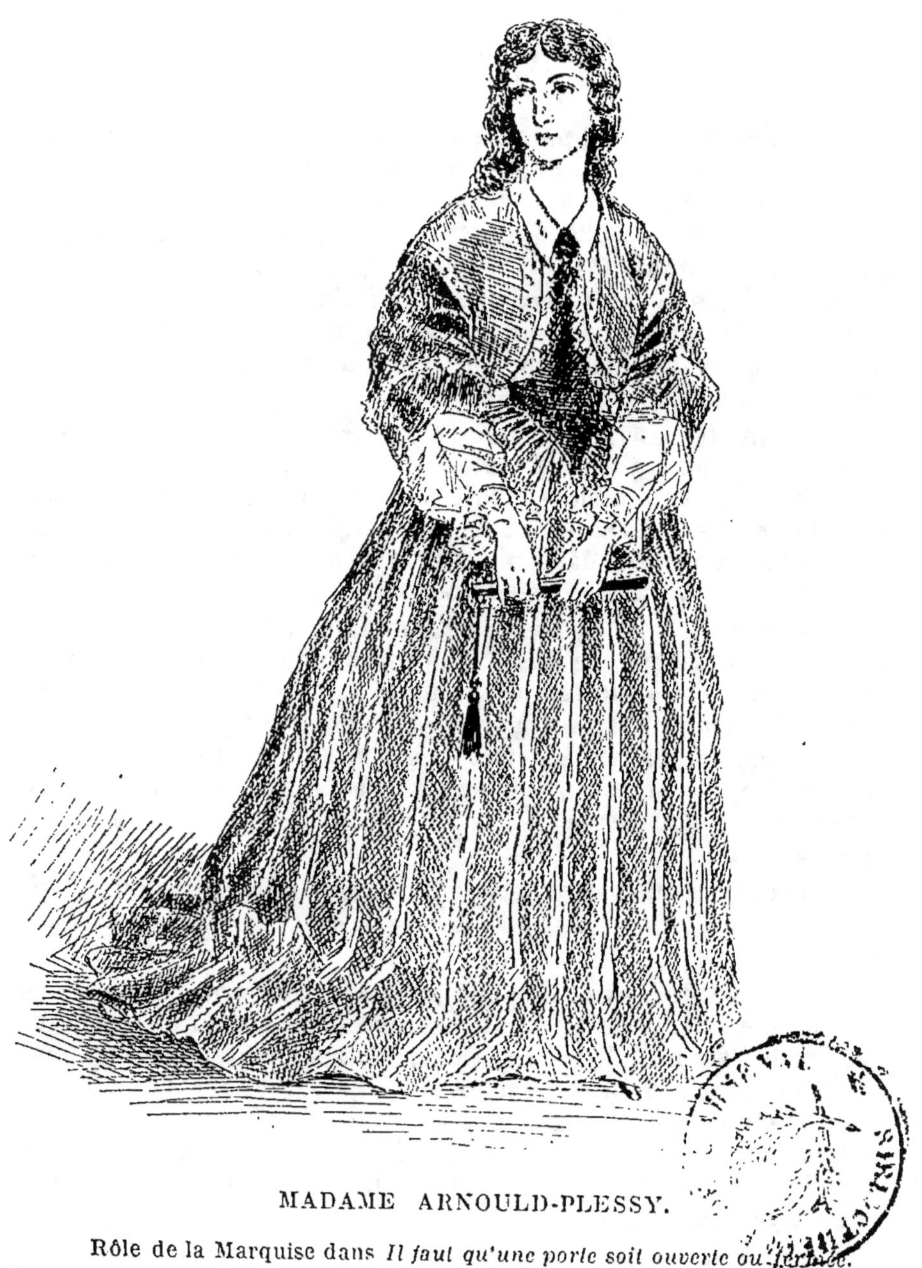

MADAME ARNOULD-PLESSY.

Rôle de la Marquise dans *Il faut qu'une porte soit ouverte ou fermée.*

23.

LASSAGNE

(1819—1863)

Voilà bien la figure la plus étrange, la plus cocasse, la tournure la plus comique, l’organe le plus grotesque que le public ait jamais eu la joie de voir, d’entendre et d’applaudir.

On se disait : « Après Odry, il faut tirer l’échelle du bas comique et de l’énorme stupidité ». On se trompait, *Lassagne* était là, héritier du niais des niais ; mais héritier sans affinité aucune, sans velléité d’imitation, avec sa personnelle originalité, avec sa bêtise naturelle, cette sottise incarnée qui fait naître le rire, le fou rire des torsions abdominales.

Napoléon III, assistant à une représentation aux Variétés, dans laquelle Lassagne jouait *Le Quart de monde*, Napoléon III, ce triste à la paupière éteinte, avait souri du fantoche. Ayant voulu voir de près ce Lassagne qui l’avait déridé, lui, Napoléon III !... le directeur Cognard, dans un entr’acte, amena Lassagne encore costumé et grimé dans la loge impériale.

L’empereur félicita Lassagne de son jeu si naturel, si personnel. Lassagne, interloqué, ne faisait que murmurer : « Oh ! Majesté !... vraiment !... Votre Majesté est *trop bon* ». Napoléon III, qui avait son porte-cigares à la main, y prit un excellent panatellas — à cette époque, le panatellas était le superbe du genre — et l’offrit à Lassagne, qui, interdit, suffoqué, très ému, s’écria dans un élan d’expansif enthousiasme : « Ah ! Majesté ! Majesté ! ce cigare... je le fumerai toute ma vie ! »

Depuis, on a fait naître cette phrase dans la bouche d’un autre naïf, le père Billon ; laissons à Lassagne ce qui appartient à Lassagne.

Né en 1819, il avait fait de bonnes études pour devenir un notaire d’esprit, mais il se tint ce monologue : « Pour être notaire, il faut de l’argent, et je n’en ai pas ! Et cependant papa veut que je sois notaire. Eh bien, pour lui obéir, je vais acheter une étude. Seulement, comme je manque des premiers fonds nécessaires à cet achat, je vais d’abord me faire comédien, et j’économiserai sur mes appointements pour payer mon droit d’être appelé plus tard Maître Lassagne ».

Aussitôt dit que fait, il partit en province, triompha de la misère qui l’accompagna dans ses débuts à Anvers et à Reims, et se mit à jouer les imbéciles pour se préparer à être notaire.

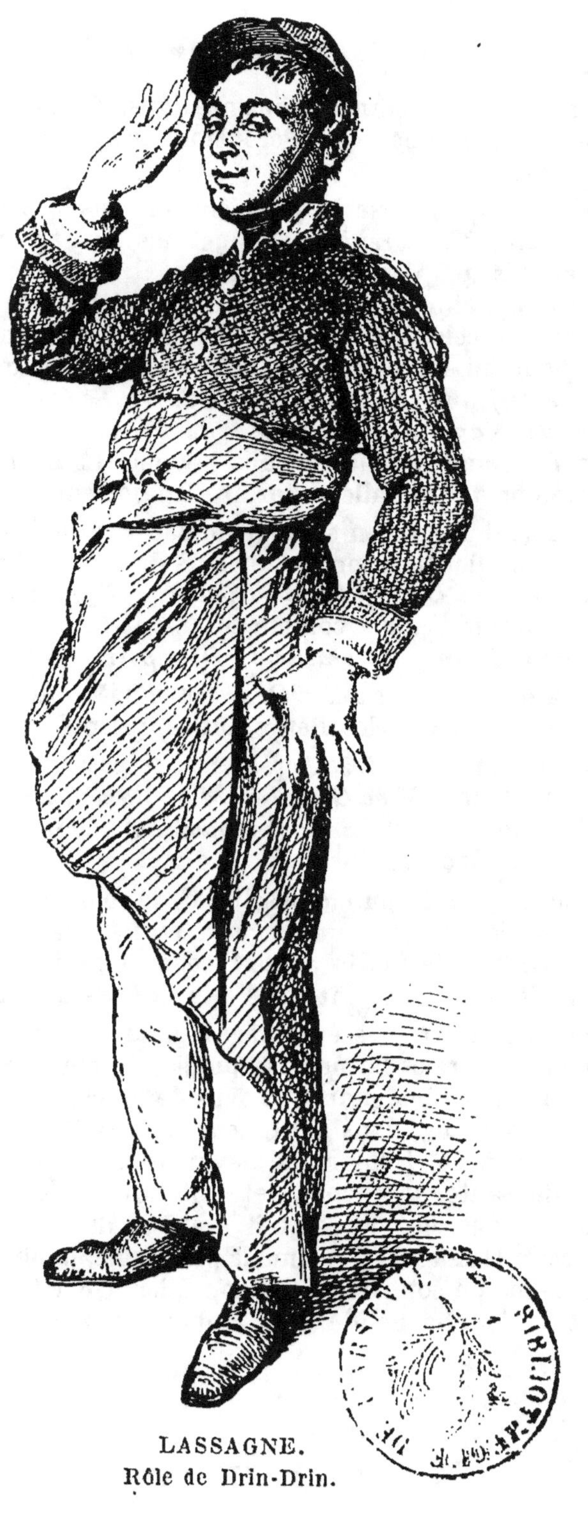

LASSAGNE.
Rôle de Drin-Drin.

A force de persévérance, d'insinuations, de patience, il parvint à se faire engager par « le Père Mourier », directeur des Folies-Dramatiques.

On le remarqua, pour la première fois, dans le rôle du fermier anglais *John*, du *Chevreuil*, créé vingt ans avant par Odry. Engagé aux Variétés par les frères Cognard, il fit, en leur théâtre, un début triomphal avec son troupier *Drin-Drin*. On n'avait jamais vu ni entendu cela. Il trouva son Homère dans Lambert Thiboust, qui fit pour lui successivement : *L'amour qué qu'c'est qu'ça ? Les Souvenirs de jeunesse, Les Enfers de Paris, Le Quart de monde, Les deux Merles blancs, Les Chevaliers du Pince-nez*, et tant d'autres poèmes de franche gaieté, dans lesquels Lassagne n'avait qu'à paraître pour que la salle se tordît en pamoisons.

Il avait à lui une façon étrange de parler. Il ne disait pas : « Mon Dieu !... mon Dieu !... » comme dans les drames du boulevard ; non ! il disait : « *Mon Dieurje ! mon Dieurje !* » Il ne disait pas : « Seigneur !.. Désespoir !... » comme M. Saint-Ernest ou le vertueux Mœssard ; il disait : « *Seigneurje ! Désespoirje !* » et l'on riait !

Grâce à lui, *La Question d'Orient*, une scène de Jules Moineaux qu'il jouait avec Charles Pérey, fut représentée toute une année.

Indépendamment de ses créations, il passa en revue tout le répertoire d'Odry, *Mme Gibout et Mme Pochet, La Canaille*, et cet immortel *Bilboquet*, des *Saltimbanques*, dans lequel Odry avait été déclaré irremplaçable.

Cet empire sur le public suscita, de la part de certains de ses camarades, des jalousies qui dégénérèrent en haines violentes. Un jour, on vit sur de petits papiers collés dans tous les urinoirs et sur tous les murs d'enceinte de Paris : « Lassagne est un voleur ! »

On le lui fit crier en scène, par d'immondes voyous. Le pauvre être pleura de vraies larmes. Le public rit plus ce soir-là que les autres soirs. Il arriva enfin que deux de ses camarades, lâchement, tombèrent sur lui, dans l'intérieur du théâtre, et le laissèrent presque sur place. L'infortuné devint fou. On l'enferma dans une maison de santé de Picpus ; et trois ans après, en août 1863, mourait, inconscient de ce qu'il était et de ce qu'il avait été, le malheureux Lassagne, l'homme le plus drôle, le plus amusant qu'il ait été donné de connaître et d'apprécier. On rit en apprenant sa mort et on l'oublia pour passer à d'autres distractions.

LACRESSONNIÈRE

(1819—1893)

Celui-là a eu beaucoup plus de talent que de réputation. Il est né le 11 décembre 1819, à Chauny, dans le département de l'Aisne. Son père, très honnête commerçant, se nommait Lesot de la Panneterie. Le fils fut baptisé *Louis-Charles-Adrien Lesot de la Panneterie*, et non *de la Ponneterie*, comme l'ont inséré certaines revues biographiques.

Ce fut au collège de Laon qu'il fit ses études ; il était externe et pouvait aller le soir au théâtre, voir jouer les acteurs ambulants de passage. Un soir de 1834, il vit jouer à Bocage, en représentations, *La Tour de Nesle*. Il rentra chez lui émerveillé, transformé, ne jurant plus que par *Buridan* et *Gaultier d'Aulnay*. Son père, à la sortie du collège, l'avait fait entrer dans une maison de commerce. Il avait alors quinze ans ; il s'évada de la maison paternelle, et vint à Paris, muni des légères économies qu'il avait pu amasser. Comment ne mourut-il pas de faim dix fois, c'est un problème que — m'avoua-t-il plus tard — il n'a jamais pu résoudre. Il s'était lié avec des acteurs de Montmartre et figurait le soir, ne demandant qu'à jouer des bouts de rôles, pour gagner les huit sous par soirée qui suffisaient à le faire vivre. Les frères Seveste remarquèrent son assiduité, sa belle prestance, son intelligente physionomie et lui accordèrent 30 francs par mois. Ce fut à cette époque qu'il prit le nom de *Lacressonnière*, surnom que depuis longtemps, à Chauny, on avait donné à ses ancêtres, provenant d'une superbe cressonnière, leur apanage. Sur tous leurs actes civils et notariés, ce nom figure à côté de celui de Lesot de la Panneterie. Il alla jouer un petit rôle à la Gaîté, où il gagna 60 francs par mois. Son père étant mort, il hérita de quelques centaines de francs qui lui permirent de ne pas mourir complètement de faim et d'entrer au Conservatoire, où il ne demeura qu'une année, ayant commis la grave imprudence de dire à haute voix que « les acteurs du boulevard avaient beaucoup plus de talent que les « Bonzes » de la Comédie-Française » et « qu'il donnerait dix Ligier et vingt Beauvallet pour un Bocage ou un Frédérick-Lemaître. »

Il avait alors dix-neuf ans. Désespéré de ne pas jouer de plus importants rôles sur les théâtres de Paris, il partit en province et s'en fut jouer les amoureux dans le Privilège de Bourges, Nevers et Moulins, où il demeura toute une année. L'année suivante, il se fit exploiter à Orléans, Tours et Blois. Las de cette vie errante, et comprenant qu'il y avait en lui plus qu'un amoureux de villes de troisième ordre, il revint trouver les frères Seveste qui l'engagèrent à leur théâtre de Belleville, aux appointements de 80 francs par mois.

En 1842, il fut admis à l'Ambigu. Il était de haute taille, de belle allure, de grande distinction, portait admirablement le costume; il gagna 150 francs par mois.

Alexandre Dumas le désigna pour lui jouer son *Charles I*er dans *Les Mousquetaires*. On peut dire qu'il y obtint un énorme succès; aussi son directeur le fit-il monter du coup au chiffre de 200 francs par mois. C'était le Pactole roulant ses flots d'or, c'était la gloire ! c'était l'avenir et ses rêves diamantés !

Hélas !... La roche Tarpéienne est proche du Capitole. Après ce beau rôle, il retomba dans de mauvais amoureux, tels que ceux des *Bohémiens de Paris* de Dennery, et des *Étudiants* de Frédéric Soulié.

En 1847, Alexandre Dumas, qui venait d'ouvrir son Théâtre-Historique, s'empressa de l'engager pour lui faire créer *La Môle* de *La Reine Margot* et *Le Chevalier de Maison-Rouge*.

Il revint à la Gaîté. Ce fut à ce théâtre qu'il fit, sinon la plus belle, du moins la plus renommée de ses créations, celle de *Lesurque* et *Dubosc* dans *Le Courrier de Lyon*. Il resta inimitable dans ce double rôle. Il joua encore dans *La Boisière*, dans *L'Oncle Tom*, et nombre d'autres.

Je passe sur sa longue carrière artistique et sur ses innombrables créations, parmi lesquelles il faut citer *Georges*, de *La Closerie des Genêts*, *Le Père aux écus*, et le double personnage de *Pascal de la Garde* et d'*Hanouman* dans *La Maison du Pont-Notre-Dame*, à

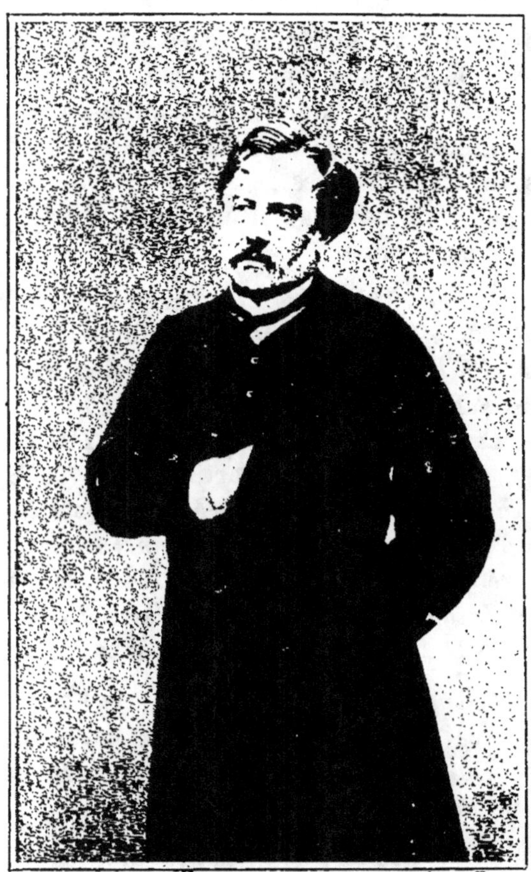

LACRESSONNIÈRE.

l'Ambigu; pour arriver, en 1864, à la Gaîté, au rôle de *Sietc-Iglesias*, dans *La Maison du Baigneur*, rôle dans lequel il se montra de toute supériorité.

En 1847, il avait épousé une artiste de grand talent, Mme Perrier, qui fit à Paris d'admirables créations.

Devenu veuf en 1859, Lacressonnière se remaria avec Mlle Louise-Lucie. Abollard ; et la seconde Mme Lacressonnière, artiste de valeur, fut jusqu'au dernier moment la compagne fidèle de l'excellent artiste, beaucoup plus âgé qu'elle.

Un jour de 1872, il eut la malencontreuse idée de se faire directeur et prit, en association avec son camarade Paul Deshayes, la direction du Châtelet. Peu fait pour l'administration, le pauvre Lacressonnière fit une faillite dont les conséquences se répercutèrent jusque sur les dernières années de sa vie. Toutes ses économies furent englouties, et de nouveau il fut réduit à traîner son beau talent, de théâtre en théâtre.

Il alla à l'Ambigu, en 1873, créer *Le Parricide* ; à la Porte-Saint-Martin, en 1874, jouer le *Comte de Linières*, dans les célèbres *Deux Orphelines* ; puis *Philéas Fogg*, dans le non moins célèbre *Tour du monde en 80 jours*. Il créa encore ou reprit, en 1876, le *Comte*, dans *La Comtesse de Lérins*, au Théâtre-Historique ; *Palkine*, dans *Les Exilés*, en 1877, à la Porte-Saint-Martin ; en 1878, *Harry*, dans *Les Enfants du capitaine Grant* ; l'évêque *Miriel*, des *Misérables* ; puis à l'Ambigu, en 1880, *Le Maréchal de Turenne* ; *Dangely*, des *Mouchards* ; *Maillepré*, de *Diana* ; *Muffat*, dans *Nana*, en 1881 ; *Pierre Girard*, du *Petit Jacques* ; *Jack Tempête* ; *Césambre*, dans *La Glu*, en 1883 ; *Robert*, de *L'As de Trèfle* ; l'*Amiral*, dans *Martyre*, en 1886.

Il devint, avec Taillade, Masset, Mme Marie Laurent, l'un des co-associés du Théâtre de Paris, et créa, sous cette direction malheureuse, *Pierre Darras*, dans *Les Cinq doigts de Birouk*, et *François*, du *Ventre de Paris*.

Les associés, n'ayant pas fait de brillantes affaires et n'étant pas parvenus à s'entendre, cédèrent leur Théâtre ; alors Lacressonnière s'en fut à la Gaîté représenter *Gonzague* dans l'opérette faite sur *Le Bossu*. Il y jouait encore *le roi Louis XV* dans *Le Talisman*, quand, le 9 juin 1893, il mourut presque subitement, admiré de tous et fort regretté de ses amis. Telle fut la vie de cet homme de grand talent après qui le malheur sembla vouloir s'acharner.

Nul n'échappe à son destin. Zeus lui-même y est soumis.

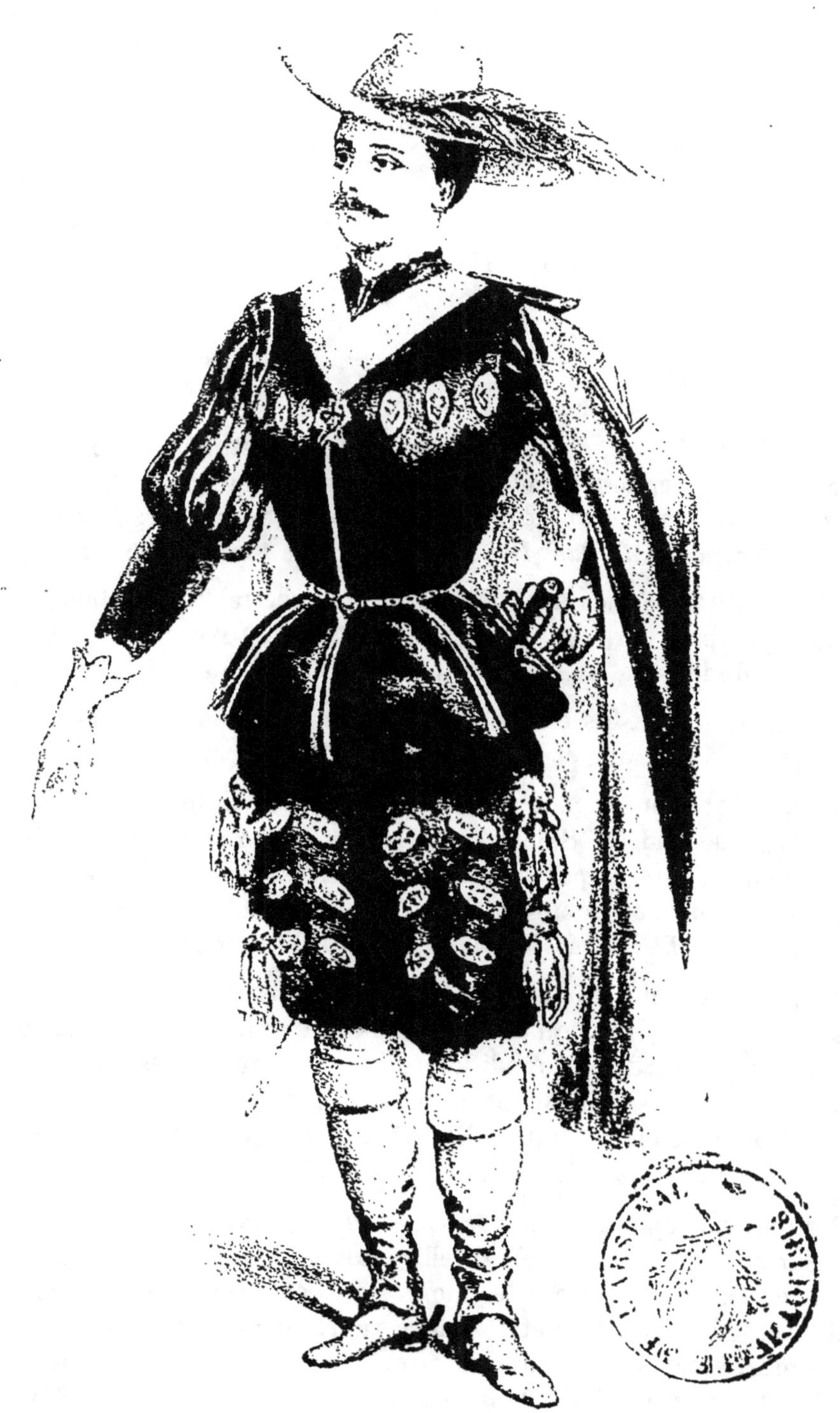

LACRESSONNIÈRE.
Rôle de Philippe IV dans *Le Roi de Bohême.*

24

BERTON PÈRE

(1820 — 1874)

Francisque Berton, dit *Berton père*, pour le distinguer de Pierre Berton, le charmant comédien et l'auteur distingué d'œuvres puissamment pensées et élégamment écrites, s'appelait réellement *Charles-François Montan*. Il naquit à Paris le 14 septembre 1820.

Le surnom de *Berton* avait été pris par l'ancêtre *Pierre Montan*, célèbre compositeur, né à Paris en 1727, chef d'orchestre, puis directeur de l'Opéra, surintendant de la musique du Roi.

Son arrière-petit-fils est donc le Berton père dont nous reproduisons ici le portrait, et traçons une courte biographie.

Michelot fut son premier professeur au Conservatoire, où il entra en 1836 ; le second fut Samson. A dix-sept ans, Berton sortait de cette communauté d'apprentis dramatiques, flanqué d'un premier prix de comédie, et débutait le 12 décembre 1837, au Théâtre-Français, dans *L'École des maris* et *Le Mari et l'amant*.

Il demeura trois cruelles années comme pensionnaire dans la solennelle maison, sans qu'on lui confiât un seul rôle de certaine importance. Lassé de cette indifférence par trop accentuée, il quitta ce théâtre de petites coteries et de mesquines sournoiseries (à cette époque) pour entrer au Vaudeville, où il débuta, en 1840 — il avait donc vingt ans — par *Le Secret*, puis *La Jolie fille du Faubourg*.

Berton avait épousé la fille de son éminent professeur, Mlle Caroline Samson, femme de noble intelligence et de solide instruction. Soutenu, encouragé par elle, alors que désespérant il voulait s'adonner au chant et s'était mis à suivre dans ce but le cours de Duprez, à ce même Conservatoire, d'où il était sorti comme comédien en triomphateur, il redevint acteur de comédie. Son

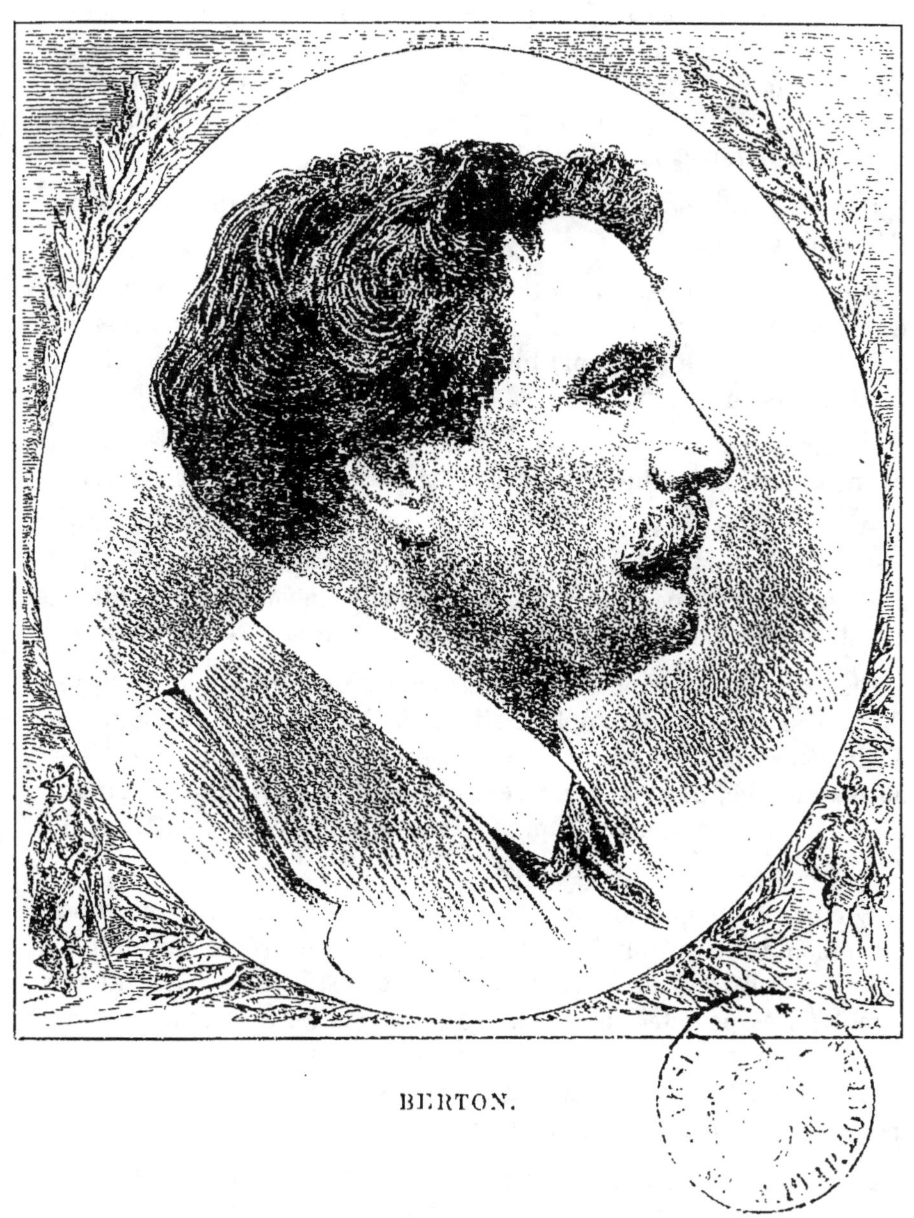

BERTON.

beau-père avait deviné en celui dont il avait fait son gendre le remarquable comédien qu'il fut plus tard, et le fit rentrer une seconde fois au Théâtre-Français, où il redébuta le 4 mai 1843, dans les rôles du *Chevalier* du *Distrait,* et d'*Almaviva* du *Barbier;* le 13 du même mois il effectuait son troisième début dans *Le Menteur* et se voyait de nouveau repoussé par l'impitoyable caprice d'un Comité vraiment intransigeant et aveugle.

Berton garda de ce refus un juste ressentiment qui jamais ne s'éteignit en lui.

Il partit à Vienne, en Autriche, où il y avait alors un théâtre français, et y demeura deux ans. Puis il alla remplacer Bressant à Saint-Péterbourg, comme plus tard il devait le venir remplacer au Gymnase de Paris.

Il demeura neuf années en Russie. Pris de nostalgie, il revint en France, quittant définitivement la capitale de toutes les Russies.

Entré au Gymnase, en 1853, il y créa *Le Gendre de Monsieur Poirier, Le Demi-monde;* en 1862, il alla à la Gaîté créer *La Fille du Paysan;* puis successivement à la Porte-Saint-Martin, à l'Odéon, où, si admirablement, il joua en 1864 *Le Marquis de Villemer.*

En cette même année 1864, nous le voyons encore à la Porte-Saint-Martin; en 1866, à la Gaîté, puis à l'Odéon, où il joue *La Contagion, La Conjuration d'Amboise;* en 1868, nous le retrouvons au Vaudeville, dans *L'Abîme,* et en 1869, à la Porte-Saint-Martin, où il est plus que jamais superbe dans sa belle création, *Carlo,* de *Patrie.*

Berton, par engagement, se réservait le droit de conserver ses moustaches ; ce qui lui donnait, à travers son extrême distinction, l'allure d'un militaire vêtu en bourgeois. Plusieurs tentatives furent faites pour le faire rentrer à la Comédie-Française. Se souvenant de la façon dont il y avait été accueilli par deux fois, il refusa les offres officieuses, se contentant de répondre : « Ces gens-là ont trop de talent pour moi. »

En 1873, il fut très malheureusement atteint d'aliénation mentale et s'éteignit tristement à Passy, le 18 janvier 1874.

LESUEUR

(1820 — 1876)

Qui croirait jamais que *Lesueur* s'est appelé : *Francisque de Saint-Marcel ?* Non pas qu'il eût le droit de porter ce nom, canonisé en la personne d'un vertueux évêque de Paris l'ancien ; mais il se l'était approprié pour ne pas s'appeler simplement *François-Louis Lesueur*, lors de son début au théâtre Saint-Marcel, à l'âge de vingt ans, après avoir exercé jusque-là le métier de la papeterie, dans la rue Saint-Denis, où son père, ancien militaire en retraite, l'avait fait entrer à l'âge de treize ans.

Lesueur est un enfant de Paris, né le 12 novembre 1820.

Du théâtre Saint-Marcel, le nouveau comédien prit sa volée vers le théâtre du Panthéon, où il continua de se dénommer Francisque de Saint-Marcel !!! pour traverser enfin les ponts et se faire engager à la Gaîté, où il commença à être remarqué sous son nom de Lesueur, dans *Martin et Bamboche* et *Guillaume le débardeur*.

On montait alors au Cirque une grande féerie, *La Poule aux œufs d'or*. Il manquait un acteur pour jouer le rôle de *Babolein :* notre jeune comédien, plein d'audace, de témérité et de talent en herbe, se présenta et fut agréé.

Montigny, directeur du Gymnase, le vit jouer par hasard, le devina et l'engagea, se promettant de tirer parti de cette verve outrancière, de cet organe comique et cahotant, de cette originalité native, de ce feu sacré, dont faisait déjà preuve notre jeune Lesueur, sur ces théâtres de troisième ordre et dans ces pièces grossièrement comiques, mais populaires.

Montigny, à son Gymnase qui rivalisait alors avec la Comédie-Française, lui fit jouer un *Idiot*, dans une pièce de circonstance : *Le Socialiste en province*. La pièce ne réussit pas ; mais l'acteur s'y montra original au possible. Ceci se passait en 1848.

En 1852, Lesueur épousa la sœur de Rose Chéri, qui jouait dans ce même théâtre du Gymnase sous son nom d'Anna Chéri, et devint de ce fait le beau-frère de son Directeur.

De ce moment, les rôles abondèrent, moindres d'abord, mais toujours très en évidence, tels que celui du *Père Violette*, le vieil usurier de *Mercadet*.

Où Lesueur commença à donner toute la mesure de son originalité et de son immense talent, ce fut dans *La Partie de Piquet*, pièce dans laquelle il joua un rôle de vieux gentilhomme, maniaque, pointilleux, querelleur et susceptible au premier chef. Dans ce rôle, il demeure inoubliable. Vint ensuite le fameux maréchal des logis

Kirchet du *Fils de Famille.* Ce n'était plus Lesueur, c'était un vieux brisquart descendu sur la scène du Gymnase. Son cheval avait l'air de l'attendre dans la coulisse. Il sentait la basane et le fumier.

Le rôle de *Taupin*, dans *Diane de Lys*, le fit sculpteur méconnu, découragé, et philosophe derrière une barbe hirsute, « engueulant » la société ingrate qui refusait de le connaître et de le reconnaître.

En opposition flagrante avec ces trois compositions des plus remarquables, Lesueur composa, dans *Le Chapeau d'un horloger*, la figure jeune et ahurie d'un domestique, cousin germain des *Jocrisse* et des *Janot.*

Puis, vint enfin cette admirable pièce : *Le Gendre de M. Poirier*, où ce très grand comédien créa de façon supérieure le rôle du bourgeois de 1848, *Mossieu Poirier !*

Provost, qui reprit ce rôle à la Comédie-Française, tout en y étant fort bien, restait trop le grand manufacturier du second Empire, et n'était pas assez le bonhomme de la rue des Bourdonnais, que devait être *Mossieu Poirier.*

Got, qui le joua ensuite, le faisait atrabilaire, presque méchant, tandis que Lesueur avait su rester la ganache suprême dans ses finesses, naïf dans ses argumentations très raisonnées et toujours comique, demeurant avant tout « le père Poirier ».

Nul n'égala Lesueur dans la personnification de ce type disparu, de la bourgeoisie de Louis-Philippe, qui n'était pas encore la bourgeoisie orgueilleuse de Napoléon III et bien moins la révolutionnaire et politique bourgeoisie de notre République.

Où Lesueur rompit avec les ganaches, les niais et les terribles, comme dans *Le Pressoir*, c'est quand il joua le *Don Quichotte* de Victorien Sardou. De Potier il devint Frédérick-Lemaître, par l'ampleur et la grandiloquence de l'allure et du geste. En cet incomparable comédien, on vit vivre, pour la première fois au théâtre, le héros de Cervantes.

Après de nombreuses et brillantes créations au théâtre de son beau-frère Montigny, telles que le hargneux *Grinchu* des *Bons villageois*, le gâteux *Veaucourtois* des *Vieux garçons*, et nombre d'autres, en 1868, Lesueur alla au Châtelet jouer *Les Voyages de Gulliver* et *La Poudre de Perlinpimpin;* puis il passa aux Variétés, y créa *Le Tour du cadran*, pour revenir au berceau de ses grands et premiers succès, le Gymnase, où il fit encore de merveilleuses apparitions.

Le talent de Lesueur était un amalgame de grotesque et de sublime, superbe dans le grotesque, admirable dans le sublime.

Il mourut le 5 mai 1876, d'une phtisie galopante, n'ayant jamais nui à personne, qu'à lui-même.

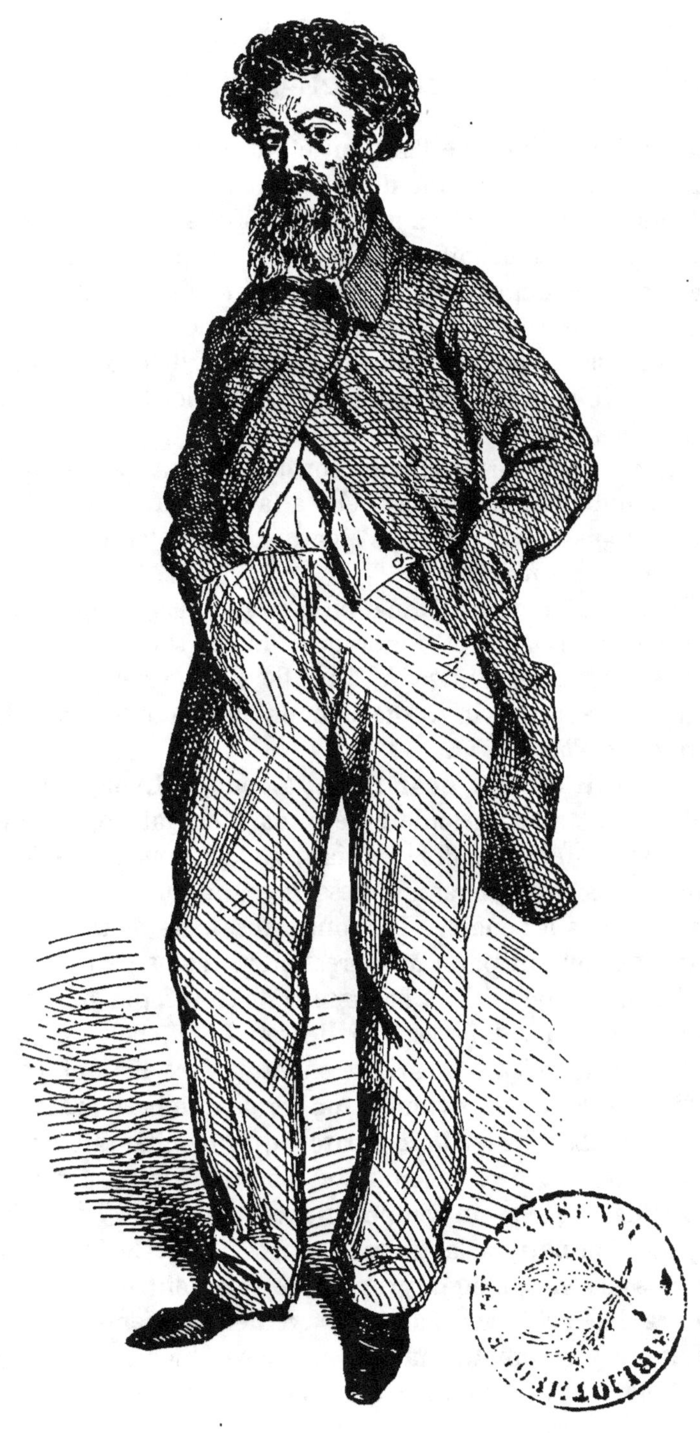

LESUEUR.
Rôle de Taupin dans *Diane de Lys*.

RACHEL

(1821 — 1858)

C'est l'évocation de l'antiquité qui surgit tout à coup des ombres du passé, en la personne de cette pauvre petite chanteuse de carrefours qui, « sans art, sans apprêt — Jules Janin l'a écrit, — tomba tout d'un coup au milieu de la vieille tragédie, souffla vigoureusement sur ces augustes cendres et en fit jaillir la flamme. »

Rachel, disgraciée de la nature, était petite, presque laide, sans poitrine, sans hanches, vulgaire, même triviale. Mais, sans le savoir, sans le vouloir, elle avait le geste noble, le souffle inspirateur, l'envolée sublime.

Et le prince des critiques continue : « A peine sur le théâtre, elle grandit de dix coudées ; elle a la taille du héros d'Homère, sa tête se hausse, sa poitrine s'étend, son œil s'anime, son pied tient à la terre en souverain. »

Depuis la mort de Talma, on n'avait plus entendu dire les vers comme les disait « cette morveuse de dix-sept ans ».

Elle naquit en Suisse, à Munf, le 28 février 1821, de parents français exerçant la profession de marchands ambulants. Elle s'appelait *Élisa Félix.*

Elle avait dix ans quand, tout à coup, à Lyon, son père tomba malade. C'était la grande misère. Sa sœur aînée, Sophie, qui fut plus tard *Sarah,* lui dit : « Il faut gagner pour payer le médecin et acheter les médicaments nécessaires à la guérison du père. Allons chanter dans les cours. » Et, courageuses, les deux enfants allèrent chanter et purent parer aux pressants besoins de la pauvre famille.

Choron, le merveilleux professeur de chant, par hasard traversait Lyon. Il entend, dans la cour de son hôtel, la remarquable voix de la petite Élisa, — car elle chantait fort bien et juste, malgré le dire de certains critiques, qui se sont mis à prétendre qu'elle déclamait *La Marseillaise,* parce qu'elle chantait faux. Il faut bien avoir l'air de s'y connaître. Choron, dis-je, devine, en cette enfant de dix ans, un tempérament d'artiste, la suit, pénètre chez le père, compatit à la détresse de ces infortunés et, finalement, après les avoir soulagés, propose de faire entrer Élisa au Conservatoire de Paris ; ce qu'accepte avec empressement le père Félix.

Remise de son mal, la famille gagne péniblement Paris, où Choron fait tellement et tellement travailler la pauvre petite, qu'elle perd

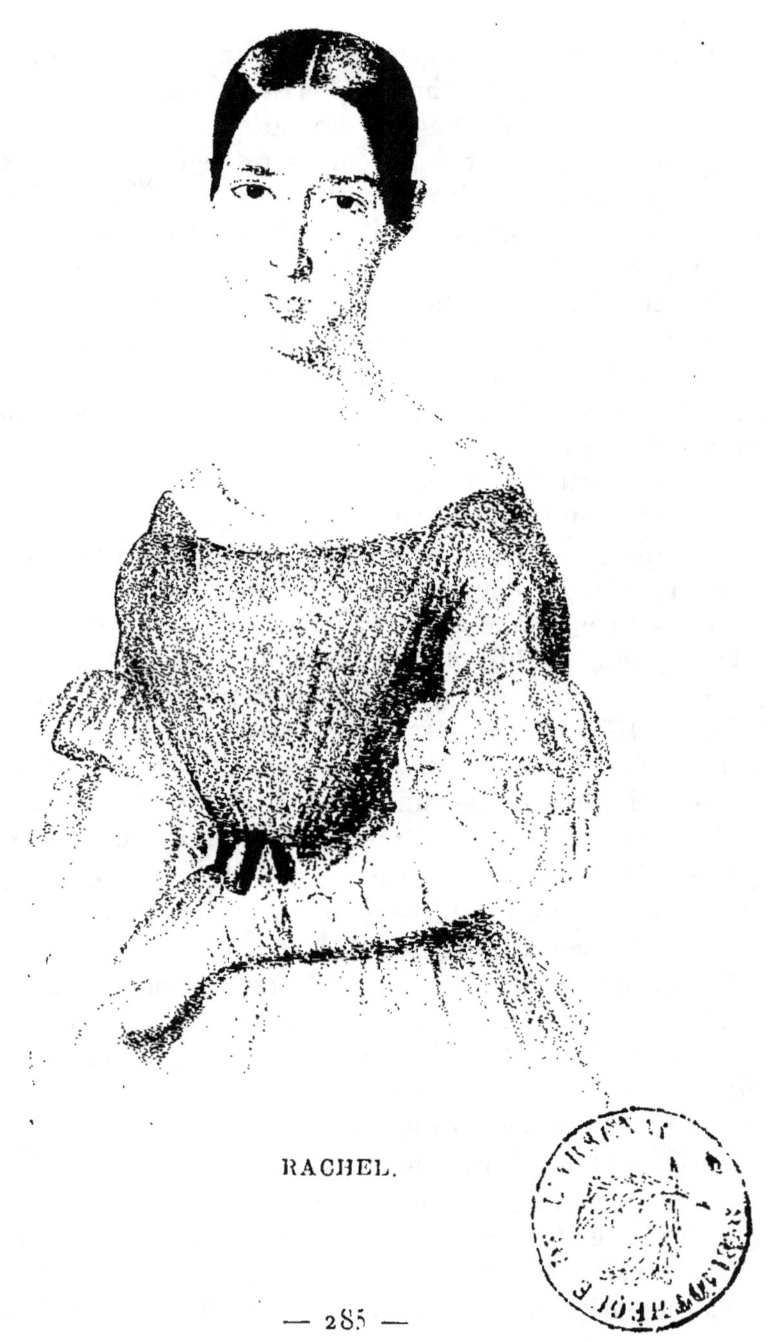

RACHEL.

sa voix de chanteuse, en conservant cependant assez pour jouer la comédie.

Il y avait alors, à Paris, un vieil acteur, du nom de Saint-Aulaire, qui s'était fait directeur du Théâtre Molière, sur lequel il donnait à des jeunes gens se destinant à l'art dramatique, des leçons de comédie et de tragédie. Choron recommanda la petite Élisa au vieux Saint-Aulaire qui, après audition, comprit le trésor qui lui tombait entre les mains et se chargea de l'éducation dramatique de la jeune fille. Elle avait alors treize ans. Il commença par changer le nom d'Élisa en celui de Rachel, plus biblique, et plus approprié par conséquent au genre tragique qu'il comptait développer en elle.

De 1834 à 1836, Rachel joua sur ce petit Théâtre Molière des rôles de soubrettes, de caractères, de jeunes premières et de « premiers rôles » tragiques.

Elle fut admise au Conservatoire en 1836, classe de Michelot, avec la pension de 1,200 francs.

Le rapport de Chérubini, directeur de l'établissement, porte cette note au concours de fin d'année : « Elle a contre elle la voix et la taille » — la voix était dure et voilée, — « mais elle a infiniment d'intelligence. » Celui de M. d'Henneville, membre du jury d'appréciation : « Pauvre physique, mais déjà beaucoup de talent. » Celui de Michelot : « Des qualités remarquables, et déjà, depuis deux mois, des progrès marqués. » Celui de Samson : « Absence de qualités physiques, mais une admirable organisation théâtrale. » Enfin, celui de Provost : « Progrès sensibles. A conserver. »

C'est alors que Samson s'empara d'elle et la dirigea par de raisonnées et puissantes études vers le sommet puissant auquel elle devait atteindre. Elle avait quinze ans.

On lui offrit 3.000 francs au théâtre du Gymnase. Son père, le sieur Félix, n'hésita pas, la fit rompre avec le Conservatoire et débuter sur ce théâtre dans *La Vendéenne*, qui fut loin d'être un succès. Mais Samson ne perdait pas de vue son élève, il la fit entrer au Théâtre-Français, où elle débuta le 12 juin 1838, dans *Horace*, par le rôle de *Camille*. Elle étonna plutôt ses camarades que le public.

Puis ce furent *Émilie* dans *Cinna*, *Hermione* dans *Andromaque*, *Ériphile* dans *Iphigénie*, *Aménaïde* dans *Tancrède*, *Monime* dans *Mithridate*, *Roxane* dans *Bajazet*, qui la portèrent au premier rang.

Sa réputation se fit d'abord dans l'intérieur du théâtre, avant

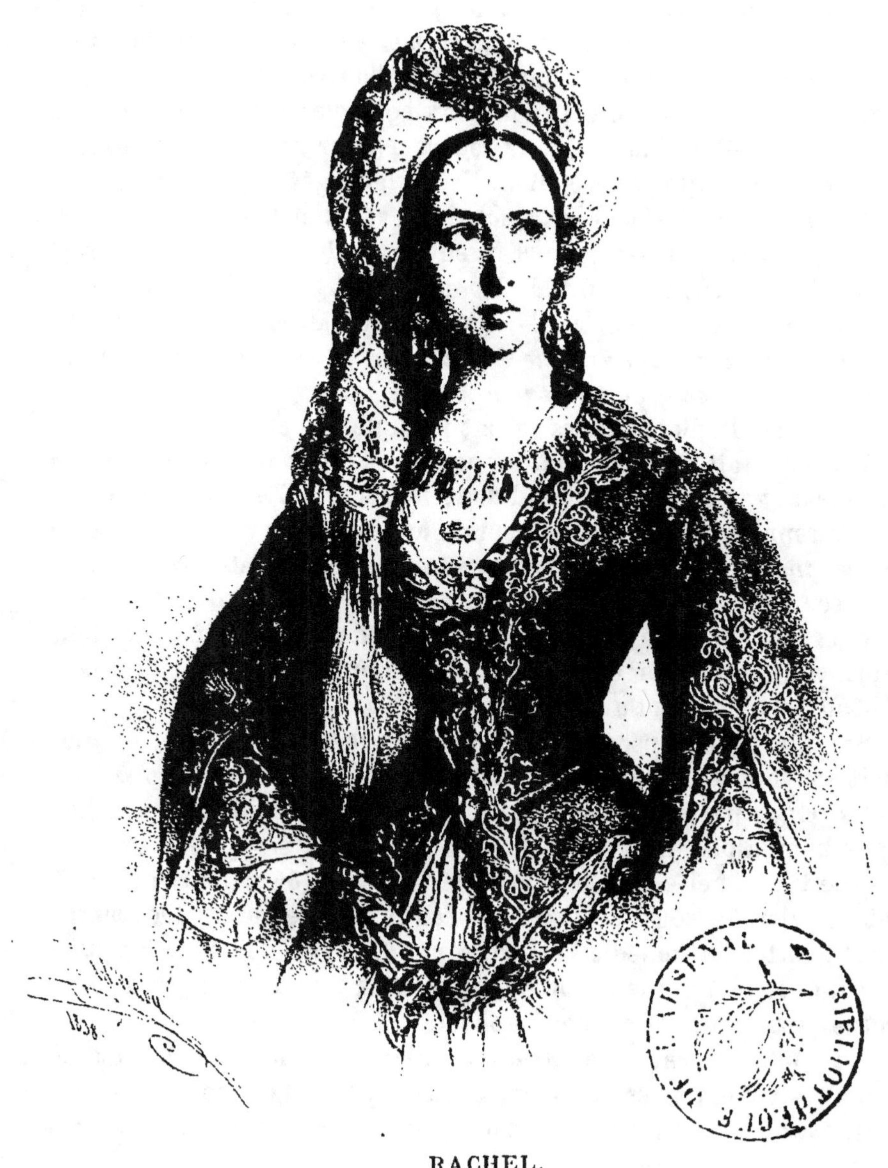

RACHEL.

Rôle de Roxane dans *Bajazet*.

de gagner le parterre. N'oublions pas que l'enfant — elle avait alors dix-sept ans — était petite, grêle, peu jolie, possédait une figure osseuse avec des pommettes saillantes, un cou maigre et noir, un front proéminent, des yeux concaves d'où partaient des éclairs. On oublia bientôt de la regarder pour l'entendre. C'était le drame antique qui se révélait !... c'était la tragédie qui ressuscitait !

Elle ne joua *Pauline de Polyeucte* qu'en 1840, et *Phèdre* qu'en 1843.

Jusqu'en 1855, ses créations furent la *Judith* de Mme Émile de Girardin ; *Catherine II* de M. Romand ; *Virginie, Le Vieux de la montagne* — deux reprises —; *Cléopâtre* de Mme de Girardin ; *Le Moineau de Lesbie, Adrienne Lecouvreur, Horace et Lydie, Lady Tartufe, Rosemonde* et *La Czarine*.

Ces deux dernières pièces furent presque des chutes.

Rachel était ce que l'on appelle, en argot de théâtre, « une traqueuse ». Le mot se répand dans la Société. Le soir d'une première représentation, elle demeurait hésitante, nerveuse, incertaine de ses moyens, de sa mémoire, manquant ses effets parce qu'a-peurée.

En 1848, elle chanta, ou plutôt elle dit *La Marseillaise !* Et tout Paris vint frissonner aux accents de l'hymne de Rouget de l'Isle, déclamé par la grande tragédienne.

Samson avait conservé un grand empire sur son élève, et gui-dait souvent les décisions qu'elle prenait, ainsi que l'étude de ses rôles. On a prétendu que c'était Samson qui avait créé Rachel. Il ne la créa pas, il l'évoqua.

Elle fut appelée au Sociétariat le 1er avril 1842 ; mais en 1849, elle se déroba sous prétexte de santé chancelante. Elle rentra cependant à la Comédie-Française en 1851, et y demeura jusqu'en 1855, époque à laquelle elle partit pour sa grande tournée d'Amérique, dirigée par son frère Raphaël.

En 1856, elle revint en France, atteinte par la terrible maladie qui devait l'emporter, deux ans après, à peine âgée de trente-sept ans, ayant connu toutes les gloires, mais aussi toutes les misères et toutes les douleurs.

Rachel laissa une grande fortune. Elle fut bienfaisante. C'était un grand cœur, qui saignait aux larmes des autres, et savait les sécher avec d'exquises délicatesses. Avec elle, l'art et les pauvres perdirent beaucoup.

PAULIN MÉNIER

(1822—1898)

Le 7 février 1822, naissait à Nice, de parents français, un enfant du nom de *Jean-René Leconte*. Le père de ce petit Niçois d'occasion avait joué la comédie, ou plutôt le drame, sur les théâtres de la Porte-Saint-Martin et de l'Ambigu, sous le nom de *Ménier;* sa mère, actrice de talent, avait su se faire apprécier en Russie et dans les grandes villes de la province.

De ces deux acteurs, médiocres en somme, devait naître un troisième, illustrant le nom des Ménier beaucoup plus que n'étaient parvenus à le faire les deux auteurs de ce nouveau venu.

Le jeune René Leconte, qui s'était empressé de repousser son nom patronymique pour adopter le pseudonymat de son père, étudia d'abord la peinture. Mais le démon du théâtre lui tenaillait le cœur et le cerveau ; ce qui fit que le jeune homme, nous pouvons presque dire l'enfant, débuta au théâtre de M. Comte, à Paris, sous le nom de *Paulin,* qui était la masculinité du nom de sa mère, Pauline Leconte.

Paulin Ménier, jeune et très illusionné, prétendait jouer les amoureux. Il se voyait *Roméo,* montant au balcon de *Juliette.* Aussi, fut-ce comme « jeune premier » qu'il s'en alla débuter à l'Ambigu, dans une pièce de Charles Desnoyers : *Salvator Rosa.* Mais son physique ne répondait nullement aux exigences de cet emploi. Un « jeune premier » doit être sinon beau, tout au moins distingué, d'agréables manières ; et Paulin Ménier était malheureusement le contraire de tout cela.

Aussi, fit-il pauvre figure dans les rôles du vibrant et bel acteur Albert, qu'il reprit, et dans ceux qu'il créa.

Il ne parvint à s'affirmer que dans un *Aide de camp,* des *Chevaux du Carrousel,* débraillé, couvert de poussière, venant demander au Doge de Venise la reddition de sa ville et l'abdication de ses pouvoirs, au nom de la République française.

Ce rôle qui ne comporte que quelques lignes, très en situation, il est vrai, fut, pour le jeune Paulin Ménier, l'occasion d'un triomphe. C'est à dater de ce jour que le jeune homme renonça à dire sérieusement : « Je vous aime, aimez-moi ! » aux héroïnes de mélodrames.

Cependant le temps s'écoulait et les rôles ne venaient pas. Paulin Ménier avait trente-trois ans ; il désespérait, lorsque Alexandre Dumas, cet inlassable trouveur, lui fit distribuer, à l'Ambigu, le

rôle de *Grimaud* dans *Les Mousquetaires*. Ce personnage presque
muet fit néanmoins remarquer le comédien, par la façon dont il le
grima, dont il le composa. Quelque temps après, il joua, dans *La
Closerie des genêts*, le rôle d'*Ali*. Cette opposition, dans les carac-

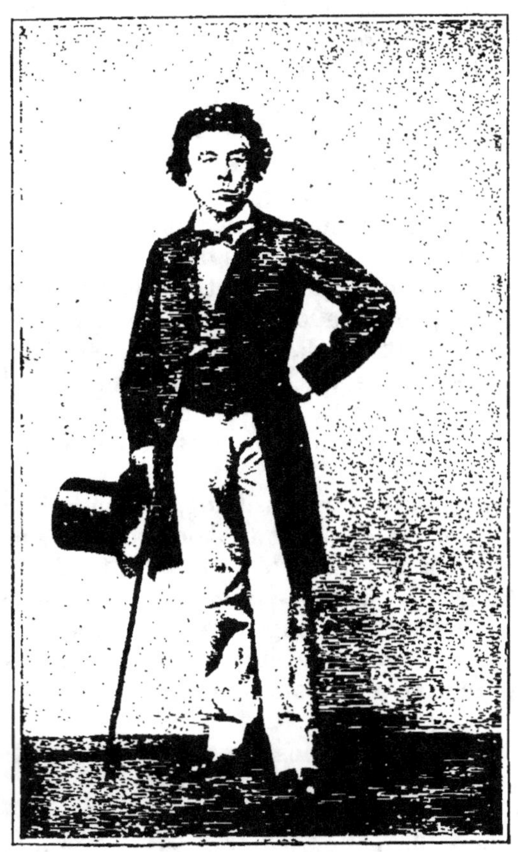

PAULIN MÉNIER.

tères de ces deux personnages, dont l'un était taciturne, morose,
presque un vieillard, et l'autre jeune, gai, alerte, ouvrit complètement les yeux sur la valeur de cet acteur, qui se transformait
avec tant d'originalité.

Ce fut alors que Dennery lui donna à créer dans *Les Paysans*
un type de vieux paysan sournois, grinchu, madré, dont il fit

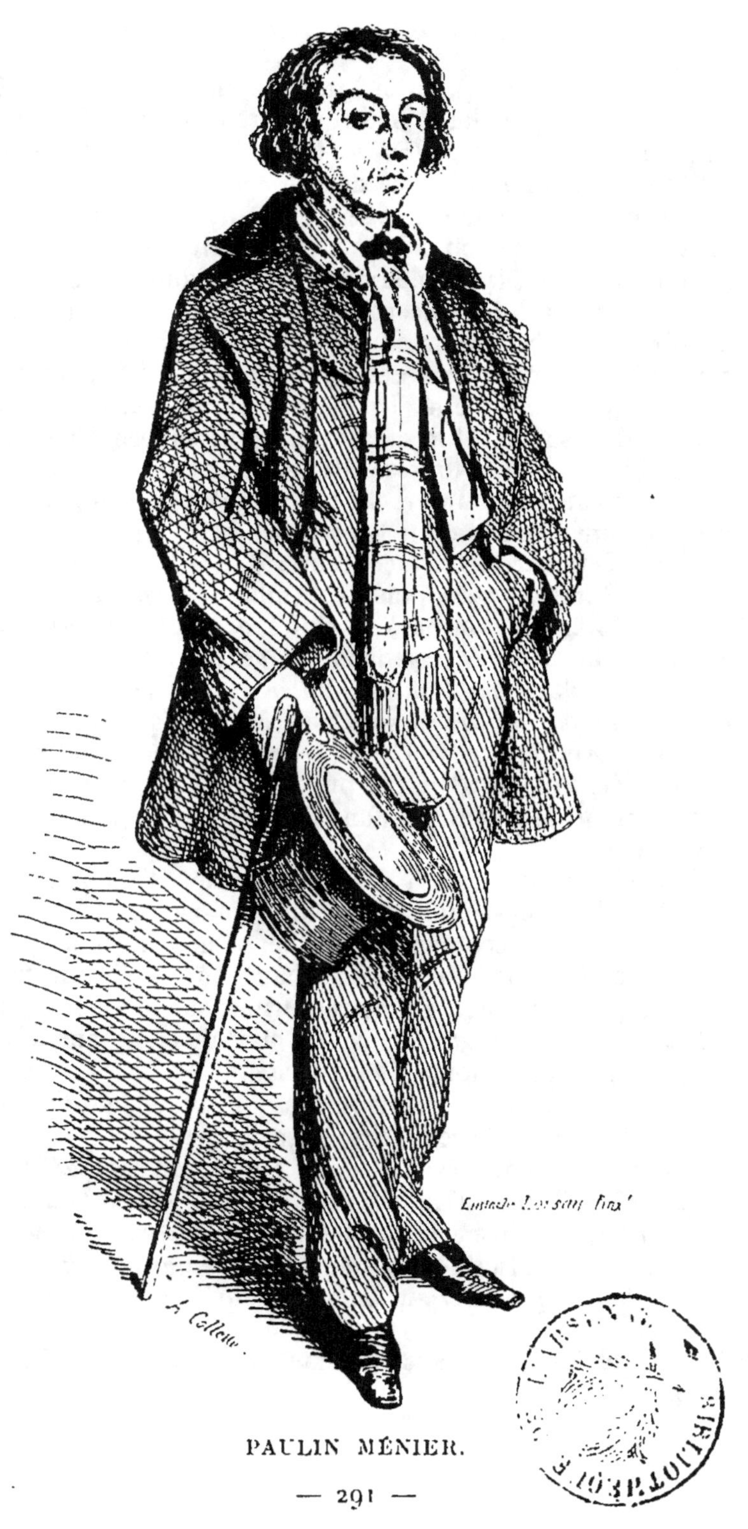

PAULIN MÉNIER.

une figure de tout premier plan, bien qu'elle ne fût que de troisième. Il fut engagé à la Gaîté, aux appointements de 250 francs par mois, pour créer dans un *Molière*, de George Sand, pièce très remarquable et très oubliée, le rôle de *Duparc*.

Mais, avant de jouer ce personnage, qu'il rendit en comédien de bonne comédie, il nous faut citer le rôle qui ouvrit à Paulin Ménier l'ère des triomphes, ce rôle fabuleux de *Chopart*, dans *Le Courrier de Lyon*, qu'il composa lui-même, comme Frédérick-Lemaître avait composé *Robert Macaire*, trente-cinq ans auparavant.

Chopart restera comme l'un des types les plus saisissants du théâtre. Ce maquignon, enroué, trognonné, cynique, sanguinaire, puant l'alcool et la sueur, fut la création la plus superbe de Paulin Ménier; à ce point, que dans toutes celles, si brillantes, qui suivirent celle-là, on reconnaissait toujours un peu le groin de Chopart. Du reste, on ne manqua jamais de le lui reprocher.

Il créa encore de remarquable façon, en 1854, à la Gaîté, le *Sergent Duriveau*, dans *Les Cosaques*; puis, à l'Ambigu, *Roquelaure* et *La Case de l'oncle Tom*. Il retourna à la Gaîté et y fit alors ses plus belles créations, le bossu *Darcy* dans *L'Aveugle*, le *Petit clerc de notaire*, *Francinet* dans *La Fausse adultère*, le *Vieux paysan* du *Médecin des Enfants*, *Les Crochets du père Martin* (1860).

Il retourna à l'Ambigu en 1862, et représenta magnifiquement *Champloux* de *La Fille du Paysan*; puis, en 1864, il s'en fut à la Porte-Saint-Martin se montrer dans le rôle de *Van Prott* des *Drames du cabaret*.

Paulin Ménier posait alors, à la ville, pour le débraillé le plus complet : cheveux longs, mal entretenus; une sorte de carrick, pisseux, décoloré, qu'accompagnait un cache-nez de laine peut-être orange, peut-être gris; un chapeau haute-forme devenu rouge à force de ne plus être noir. On se retournait sur le vieux boulevard du Temple, pour le regarder; ce qui flattait énormément son amour-propre, enfantin, à force d'être exagéré.

Plus tard, il devint aussi correct qu'il avait été négligé. On peut dire que sa vieillesse fut la revanche de sa jeunesse.

Il créa encore à la Gaîté *Forlick*, dans *Les Enfants de la Louve*; à l'Ambigu, *Martel*, dans *Canaille et Cie*; à la Renaissance, *La Famille Trouillat*, une opérette; à la Gaîté, le *Sergent Radoub*, de *Quatre-vingt-treize*; à la Porte-Saint-Martin, *Carvajan*, de *La Grande Marnière*, et alla reprendre, au Châtelet, *Rodin*, dans *Le Juif-Errant*.

Il est mort le 30 avril **1898**, cachant avec soin son âge de soixante-seize ans.

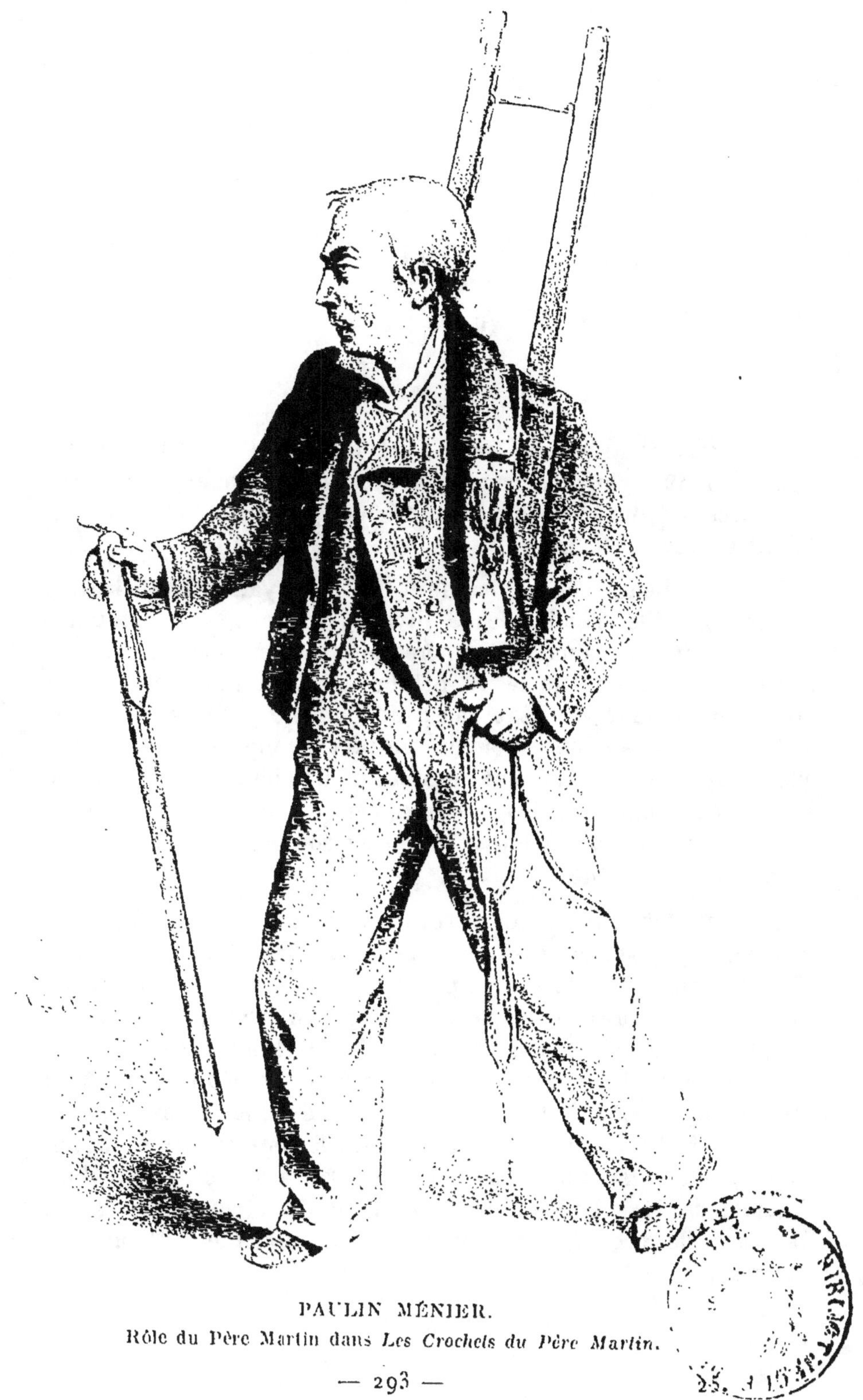

PAULIN MÉNIER.

Rôle du Père Martin dans *Les Crochets du Père Martin*.

GOT

(1822—1901)

La Comédie-Française avait prévu, dès l'an 1822, qu'en l'année 1859 il lui faudrait un artiste exceptionnel, pour créer une pièce, intitulée *Le Duc Job*, que lui apporterait un auteur de talent nommé Léon Laya.

En conséquence, son très habile et très prévoyant administrateur adressa à Mlle Thalie, jeune divinité païenne, la commande spéciale d'une naissance particulière, pour rôle extraordinaire, et la bonne Muse fit naître le 1er octobre 1822, à Lignerolles, dans l'Orne, un enfant du sexe masculin, qu'elle intitula *François-Jules-Edmond Got ;* lui accordant un père et une mère, auxquels elle fit comprendre qu'à leur nouveau-né il fallait une instruction solide ; ce qu'ouissant, les excellentes gens envoyèrent leur fils au collège Charlemagne de Paris, conquérir son grade de lauréat au grand Concours général.

Edmond Got, armé du bon brevet, fut admis d'emblée à gagner 900 francs par an, dans les bureaux de la Préfecture de la Seine. Mais la bonne Thalie, qui ne perdait pas de vue son doux filleul, se tint à peu près ce langage : « Nous sommes en 1841 ; il est temps que ce jeune homme entre dans la classe de Prévost, au Conservatoire ! Il gagnera son second prix de comédie en 1842, et son premier en 1843. Puis, il fera un an, dans le 4e régiment de chasseurs à cheval, pour satisfaire à la loi de conscription militaire, et reviendra débuter à la Comédie-Française, en 1844, dans l'emploi des Mascarille et des Scapin, hardis et effrontés valets, de ma belle protégée, la gente, fine et spirituelle Demoiselle Comédie. »

Les prophéties édictées par la toute gracieuse Muse s'accomplirent de point en point ; aussi le 30 juin 1850, pour le récompenser de sa verve et de son talent acquis par le travail, Edmond Got fut-il appelé à s'emparer du beau titre de Sociétaire.

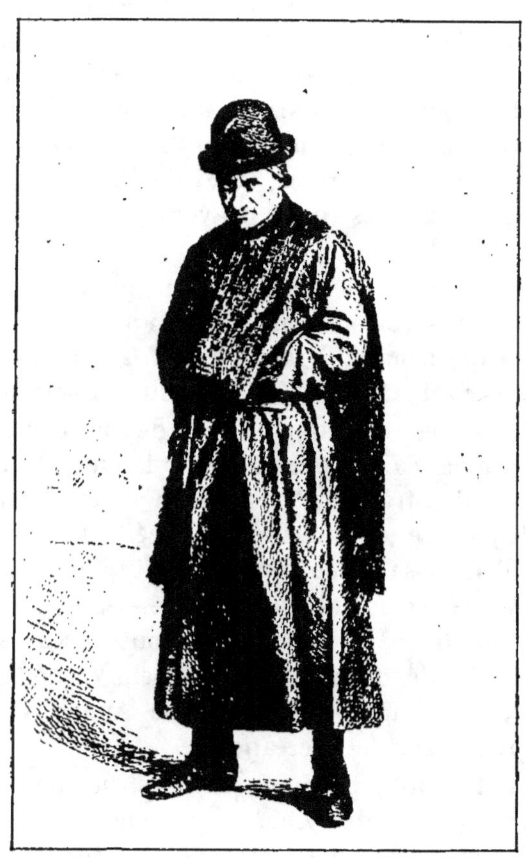

GOT.

Dans *La Vraie farce de Maître Pathelin.*

Le jeune élu s'était vaillamment fait remarquer dans tout l'ancien répertoire, et avait créé avec beaucoup de distinction, en 1847, le rôle d'un *Maquignon*, dans *Notre fille est princesse ;* Calliclès, dans *Thersite ;* l'*Abbé*, dans *Il ne faut jurer de rien ;* le

Capitaine Baudrille, dans *Le Cœur et la Dot; Tibia*, dans *Les Caprices de Marianne; Francisque*, dans *Les Jeunes gens*, et *Spiégel*, dans *La Pierre de touche.*

Cependant, la date du 4 novembre 1859 approchait, et c'était l'époque précisée par la noble Comédie-Française pour la fameuse création du *Duc Job*, en vue de laquelle Edmond Got avait été mis au monde. *Jean de Rieux* — le duc Job — s'identifia tellement avec son créateur que l'on en arriva à se demander si mutuellement l'un n'avait pas été fait pour l'autre. Mais ce fut réellement Got qui fit *Le Duc Job;* la pièce, étant de valeur médiocre, n'obtint son fort grand succès qu'à travers Got, l'unique, le seul *Jean de Rieux.*

Je me rappelle qu'à ce moment, on parla beaucoup d'un déjeuner, servi et absorbé en scène, dans lequel Got et Provost, ce dernier jouant superbement le vieux *Marquis de Rieux,* mangeaient « de la salade véritable ! » on alla les voir manger de la salade !

Survint alors la très remarquable pièce de son talentueux ami de collège, Émile Augier : *Les Effrontés,* dans laquelle Edmond Got se tailla un très grand et très mérité succès, en jouant d'originale façon le rôle de *Giboyer.* Ce qui inspira à l'excellent auteur l'idée de continuer, en l'élargissant, ce personnage typique, si bien frappé au coin de la vérité, en lui donnant un fils. De bohème qu'il était d'abord, Giboyer devint le père, avec toutes ses tendresses et ses plus admirables dévouements. Cette belle comédie sociale fut jouée en 1862, à la grande gloire d'Émile Augier, le concepteur, et de Got, l'applicateur de la création.

Naquirent, à la suite, une série de rôles, qui portèrent Got au premier rang, sans que l'idée vînt à quiconque de l'en faire déchoir. Ce furent son *Gentillâtre*, de *La Maison de Pénarvan; Troppa*, de *Souvent homme varie; Raymond*, dans *Le Dernier quartier; Maître Guérin;* en 1865, *Pierre*, d'*Henriette Maréchal;* en 1866, *Mauvergnat*, de *Jean Baudry;* en 1867, *Michel*, de *Paul Forestier.*

Par une dérogation spéciale, il obtint en 1866 d'aller créer à l'Odéon le rôle d'*André Lazare* dans *La Contagion*, de son cher Émile Augier; et pendant l'été il promena la pièce à travers la province. C'est lui — on le peut dire — l'instigateur des Tournées — devenues plus ou moins artistiques, — cette mort du théâtre en province.

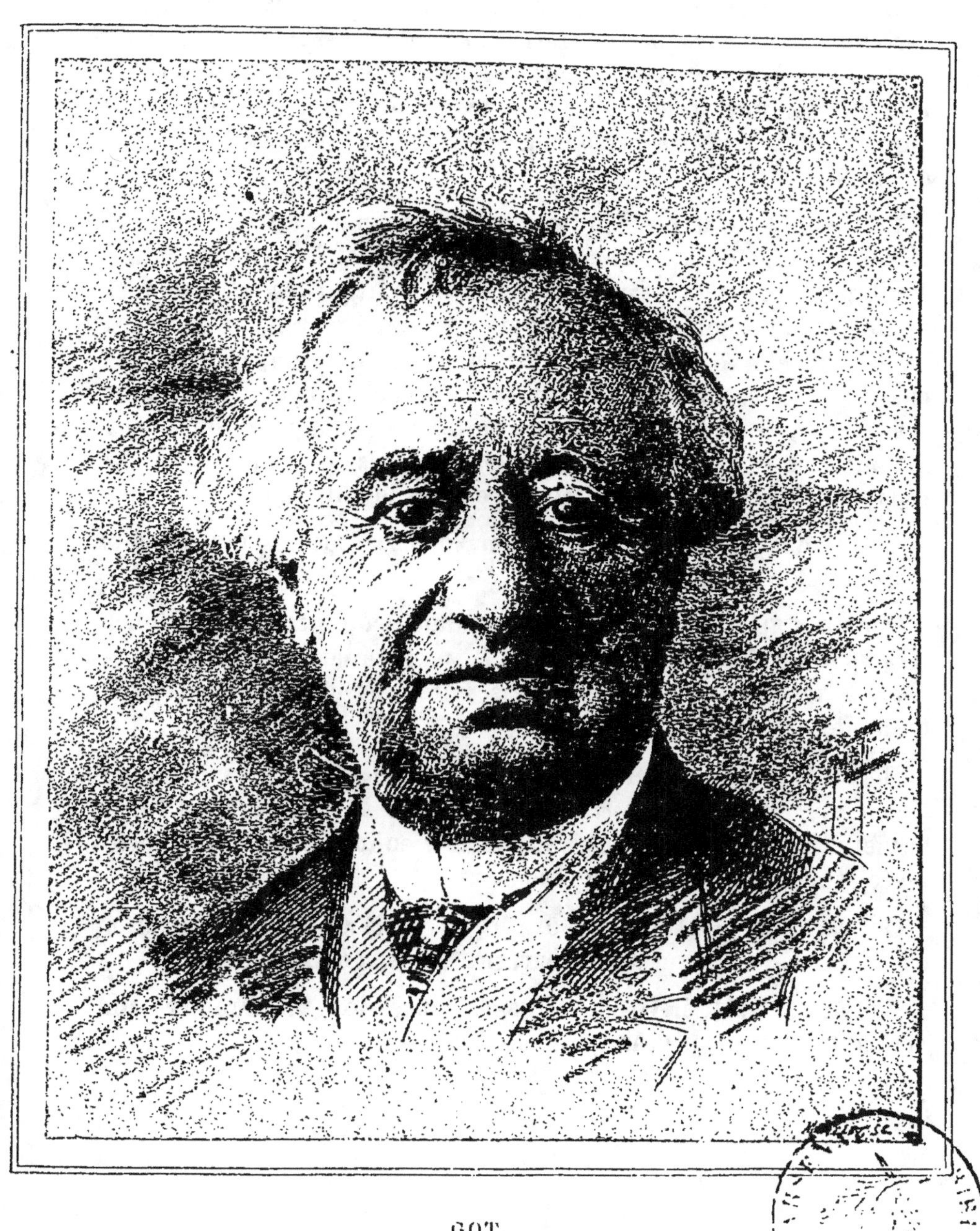

GOT.

Où Got fut le moins heureux, c'est dans la reprise qu'il fit de certains rôles : *Rodolphe,* de *L'Honneur et l'argent; Mercadet; Le Père Poirier.* Il apportait, dans ces deux derniers rôles surtout, une âpreté, une sécheresse, un manque de bonhomie qui dénaturaient la vérité des personnages tels qu'ils avaient été conçus et créés.

Ce fut lui qui, le premier, mit à la boutonnière du *Père Poirier* le ruban rouge de la Légion d'honneur, oubliant que sous Louis-Philippe — et le rôle est de ce règne — on avait pu décorer quelques grands manufacturiers, mais jamais un simple marchand de draps de la rue des Bourdonnais. On peut croire que, s'il eût été chevalier de la Noble Légion, dans sa scène d'emportement avec son gendre, le père Poirier n'eût certes pas manqué de lui dire : « Vous êtes duc, mais, moi, Monsieur, je suis chevalier, et j'ai eu plus de mal à gagner mon titre que vous le vôtre ! »

Ce fut une erreur de Got; erreur que ses successeurs se sont empressés de partager.

Il ne fut pas heureux non plus dans sa tentative de jouer *Arnolphe* de *L'École des Femmes.* Il y manquait de cœur, cherchait à apitoyer et n'apitoyait pas. Il tentait de faire pleurer, là où Molière avait voulu faire rire.

En 1873, il créa de remarquable façon *Jonquières,* dans *Jean de Thomeray;* en 1876, le *Docteur Rémonin,* de *L'Étrangère;* en 1876, le vieux *David Sichel,* de *L'Ami Fritz;* et enfin *Denise.* Dans cette pièce remarquable, il fut supérieur.

Got est mort le 21 mars 1901, doyen de la Comédie-Française, chevalier de la Légion d'honneur, professeur au Conservatoire.

C'était un esprit élevé et droit, sans concession, un caractère, un véritable artiste, un grand honnête homme.

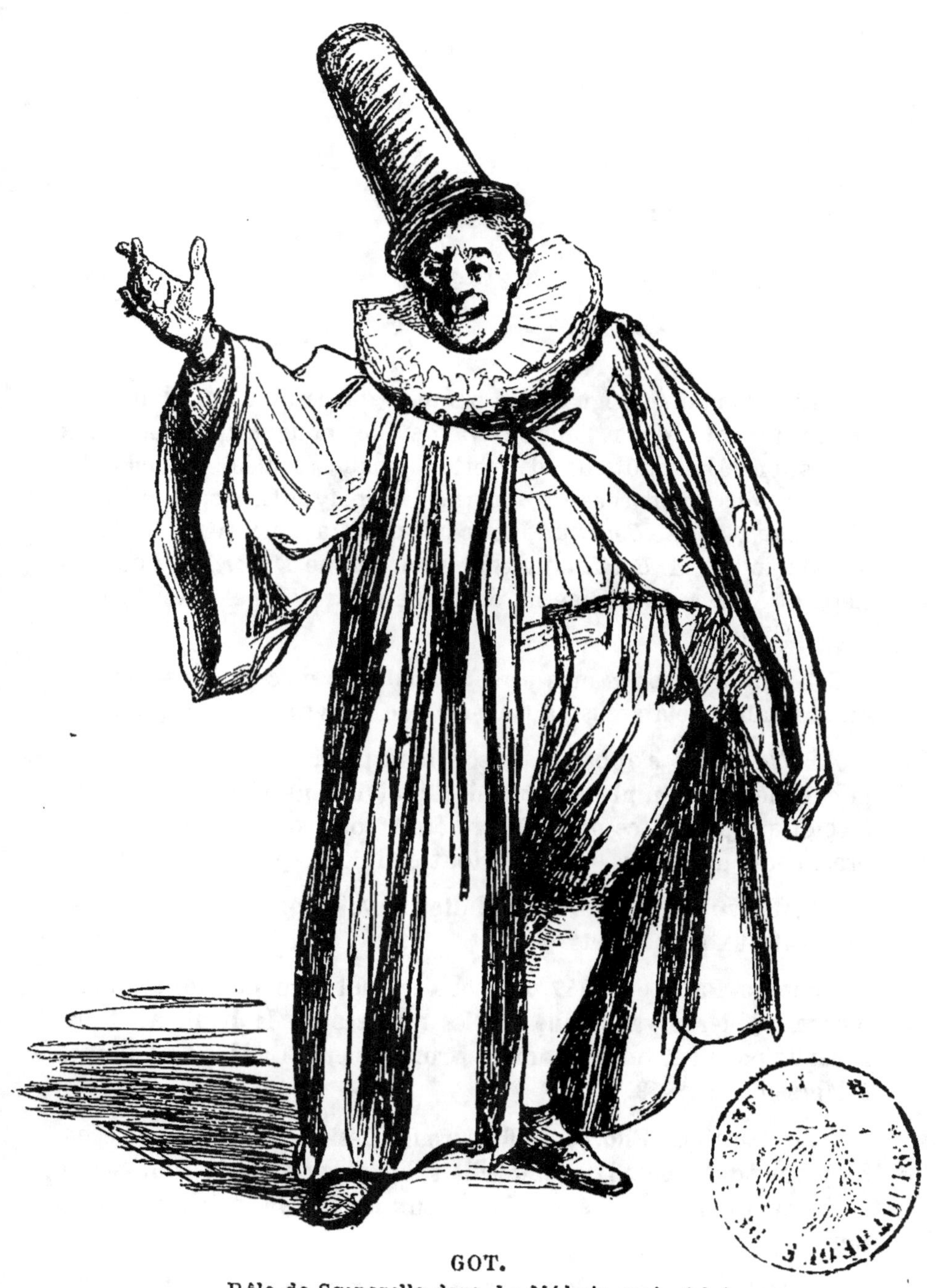

GOT.
Rôle de Sganarelle dans *Le Médecin malgré lui*.

DÉSIRÉ

(1823 — 1873)

Il est des noms désignant les hommes qui les portent, comme il en fut inventé dans l'ancien vaudeville pour s'appliquer aux professions. Les auteurs de cette époque reculée, au delà des fortifications modernes de la rue Hippolyte-Lebas, appelaient M. *Soulier*, ou M. *Botte*, un fabricant de chaussures; M. *Mitron*, un boulanger; M. *Boudin*, un charcutier; Mme *Ducordon*, une portière, et Molière lui-même ne dédaignait pas d'appeler son apothicaire M. *Purgon*.

Cela amusait nos grands-pères; et, comme en ce monde tout est renouvelable, cela amusera peut-être de nouveau nos petits-fils.

Amable Désiré s'appelait de son nom paternel *Courtecuisse*. Et jamais désignation plus exacte de l'individu ne s'appliqua mieux à celui qui portait ce nom. Désiré était court de jambes, court de bras, court de cuisses, court de tout enfin, excepté d'esprit.

Lille l'a vu naître en 1823. Adulte, il avait appris le basson, instrument aux sons courts.

Il vint à Paris en 1847, et, sous le seul nom de Désiré, commença à jouer le vaudeville sur les théâtres de la banlieue. Puis, il partit pour l'étranger, parut à Bruxelles et à La Haye, et débuta à Marseille en 1853.

Dans l'antique Phocée, il fit fureur. Désiré osait tout en scène, se permettait tout. Les Marseillais lui pardonnaient tout, parce qu'il les étonnait avec ses audaces, eux habitués à ne s'étonner de rien.

Un soir, dans *La Vénitienne*, un très beau vieux drame d'Anicet Bourgeois, Désiré jouait un homme du peuple auquel, sur

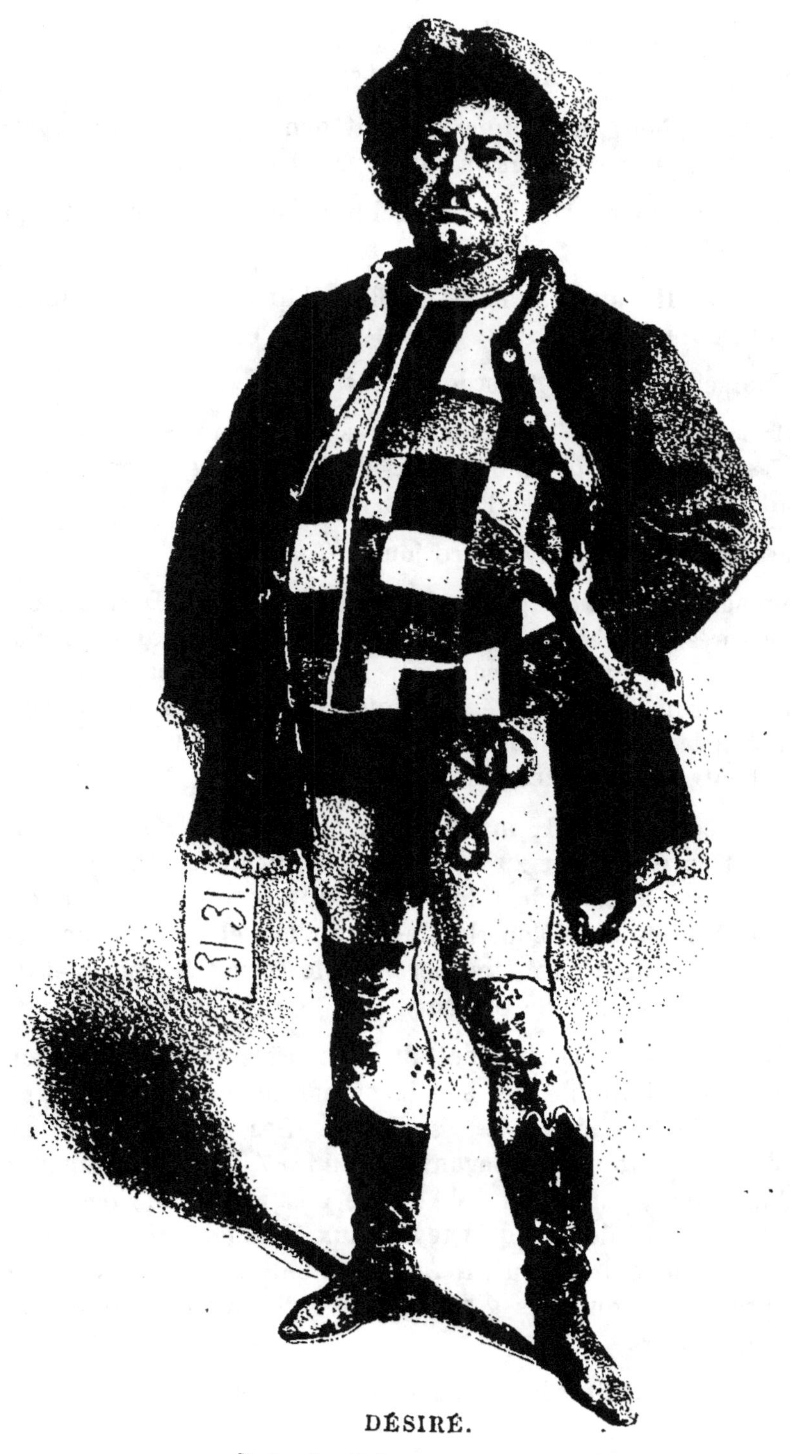

DÉSIRÉ.

Dans *La Princesse de Trébizonde.*

26

la place Saint-Marc, la *Vénitienne* vient demander s'il connaît le *Bravo* de Venise et l'endroit où elle pourrait le rencontrer.

« Tenez, lui répond Désiré, c'est celui qui est là et qui fait pipi contre la colonne. »

On le siffla. Il s'avança vers le public et dit : « Ça m'a échappé ; je vous jure que je n'en aurai plus envie. »

Les Marseillais rirent et pardonnèrent.

En 1856, Offenbach, traversant Marseille, alla au Gymnase voir jouer *Les Deux aveugles*, qu'il venait de faire représenter à Paris sur son théâtre des Bouffes-Parisiens.

Désiré jouait *Patachon ;* Sicard jouait *Giraffier*.

Offenbach, très amusé par le jeu si burlesque de Désiré, l'alla trouver après le spectacle et lui dit : « Dans votre gosier je n'ai pas reconnu ma musique ; mais votre jeu m'a beaucoup fait rire. J'ai plus besoin d'acteurs excentriques que de chanteurs véritables, pour le genre de musique que je conçois ; voulez-vous venir à mon théâtre des Bouffes, à Paris ? »

Désiré accepta ; et le 16 mai 1857, il débuta dans *Vent-du-Soir*, une excentricité folle. Le 29 novembre suivant, il jouait, dans *Les Petits Prodiges*, un superbe solo de basson, aux côtés de Léonce, qui râclait un solo de violoncelle, de Tayau, lequel avait été professeur de violon, de Guyot, très fort sur le cornet à piston, et de Mlle Maréchal, très habile pianiste.

En octobre 1858, Désiré mettait le comble à sa réputation d'excentrique inimitable, par son incomparable création de *Papa Piter*, dans l'immortel *Orphée aux Enfers*. Ses créations successives le grandirent encore davantage. En 1867, il parut un instant au Palais-Royal ; puis passa à l'Athénée, créa le rôle de *Tien-Tien*, dans *Fleur-de-Thé* de Lecoq, et revint aux Bouffes, jusqu'en 1873, époque à laquelle il mourut, à Asnières, entouré de ses amis et très regretté par tous les gens d'esprit qu'il avait toujours très fortement amusés.

Ainsi tristement finit le joyeux Désiré Courtecuisse.

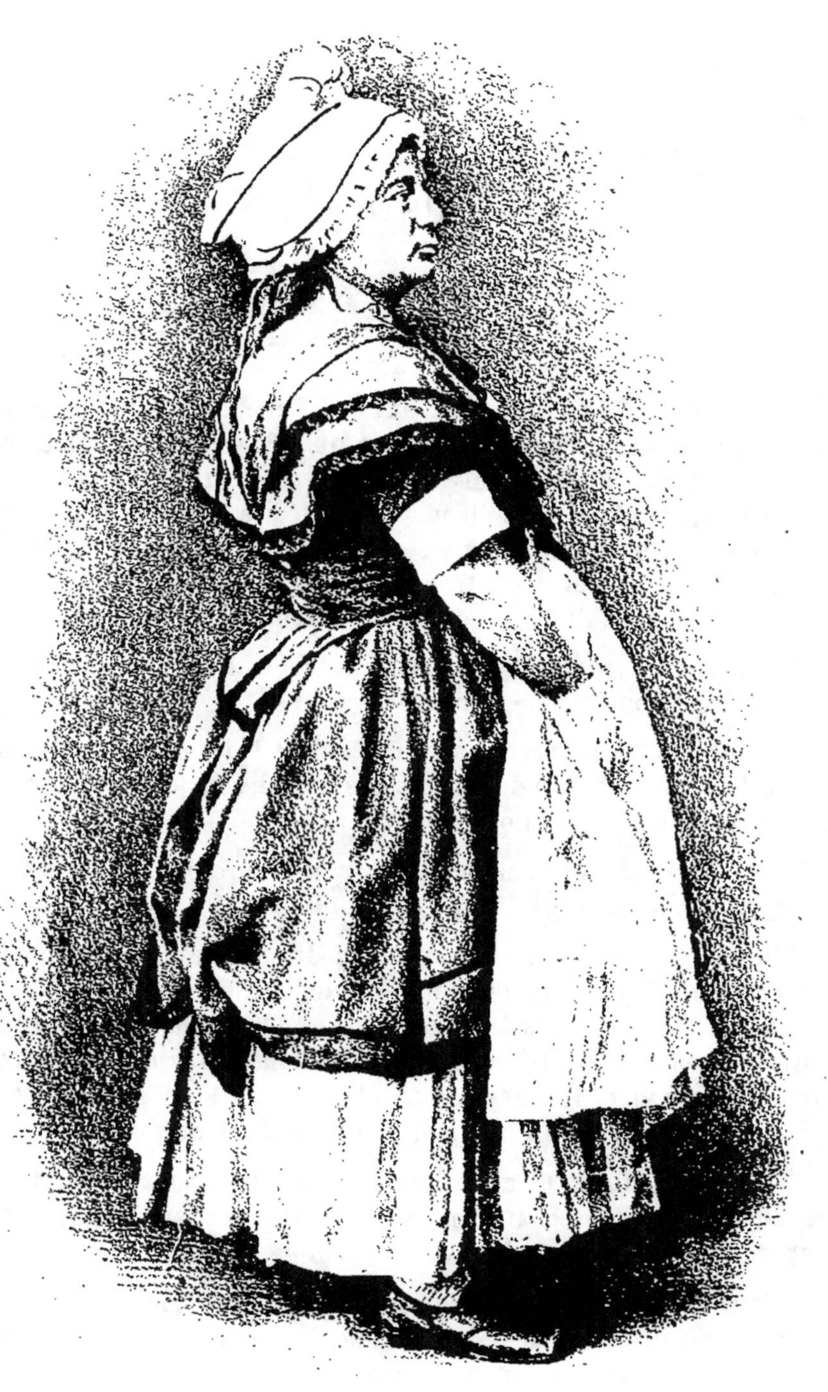

DÉSIRÉ.
Dans *Jean qui pleure et Jean qui rit.*

EUGÉNIE DOCHÉ

(1823 — 1900)

Le charme qu'elle répandait autour d'elle avec son délicieux sourire, ses beaux cheveux cendrés qui filtraient du soleil, ses dents en perles nacrées dans l'écrin de ses lèvres roses toujours souriantes, les blancheurs éblouissantes de ses joues, le firmament bleu que laissaient entrevoir ses paupières languissantes, sa taille d'Anglaise élancée et majestueuse, son art exquis de porter la toilette, en avaient fait la comédienne remarquée de son époque.

Sa création exceptionnellement superbe de *La Dame aux Camélias* en fit la comédienne remarquable.

Théophile Gautier écrivit sur elle : « Mme Doche méritait d'avoir son piédestal dans l'un de nos musées, car elle fut ondoyée dans le baptistère de la perfection humaine. »

Quel fortuné modeleur eût été assez heureux, pour prendre l'empreinte de ce corps divin.

Elle était née *Eugénie de Plunkett*, mi-Irlandaise et mi-Flamande, Française et Parisienne d'instinct, Bruxelloise de naissance. Venue de bonne heure à Paris, elle commença, à l'âge de quinze ans, sa carrière théâtrale, sur le théâtre du Vaudeville de la rue de Chartres, que dirigeait alors Étienne Arago, et y débuta sous le nom d'*Eugénie Fleury*, aux côtés d'Arnal, dans *Renaudin de Caen*.

C'est à ce théâtre aristocratique qu'elle épousa, en 1839, M. Doche, excellent chef d'orchestre et compositeur élégant, fort apprécié parmi les musiciens de son époque.

Elle chantait le couplet avec beaucoup de goût. Elle possédait le secret des mines éveillées, des bouderies mutines, des câlineries savantes, des enveloppements sensuels.

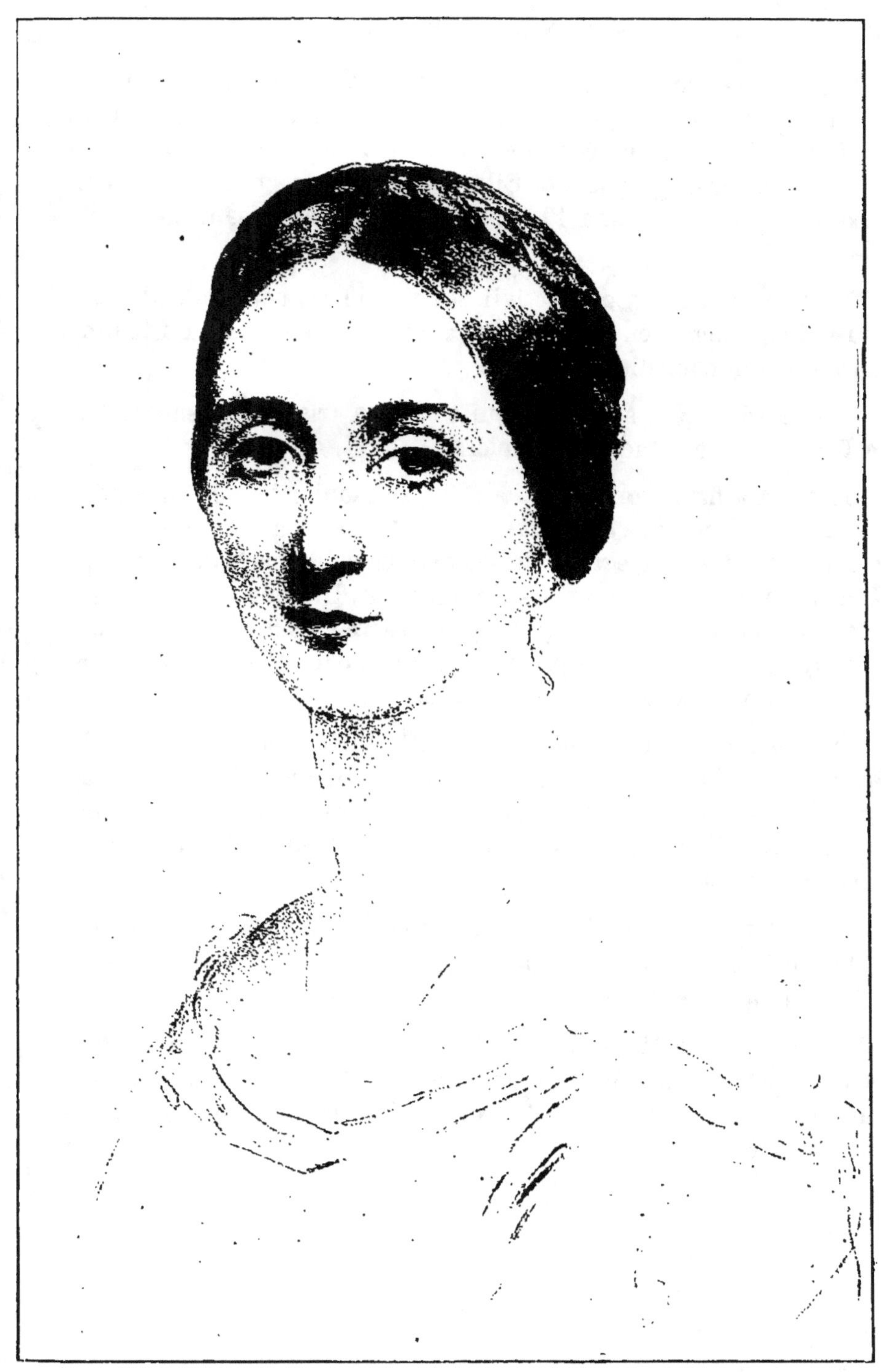

EUGÉNIE DOCHE.

Eugénie Doche se vit, aussitôt qu'elle parut, entourée des hommages assidus et peu respectueux de ce que le Paris d'alors avait classé dans sa catégorie des « Lions ». Elle devint la Lionne de la ménagerie parisienne. Elle eut une cour, des adorateurs, auxquels elle abandonna l'honneur de son complaisant chef d'orchestre de mari.

Dans les journaux, on décrivit ses mobiliers, son train de chevaux, d'équipages, en un mot l'excentricité de son luxe. La femme tua en elle la comédienne.

Elle se sépara de son mari, qui s'en alla tristement succomber en Russie à une attaque de choléra.

Mais son affirmation talentueuse ne se manifesta véritablement qu'en 1852, lorsqu'elle créa *Marguerite Gautier*. Dans cet admirable rôle, tout la servit, l'élégance de ses manières, la liberté de sa vie, la réputation de son luxe, sa beauté naturelle. Du jour au lendemain, Eugénie Doche, d'actrice agréable fut sacrée grande comédienne. Elle fit encore de remarquables créations à ce théâtre; mais elle fut portée par *La Dame aux Camélias*.

Plus tard, elle parut à la Porte-Saint-Martin, dans *Scozzone* de *Benvenuto Cellini;* à l'Odéon, dans *Les Parasites*. Beaucoup plus tard, l'âge étant naturellement venu, elle créa le rôle de la *Comtesse de Lignières*, dans *Les Deux Orphelines*, sur le Théâtre de la Porte-Saint-Martin.

Elle avait reçu une éducation des plus distinguées, était excellente musicienne, et savait apprécier les œuvres d'esprit et ceux qui les composaient.

Elle mourut, le 12 juillet 1900, toujours aimée de ceux-là qui jusqu'au dernier moment l'entourèrent de leur sollicitude et de leur respectueux amour. Elle avait soixante-dix-sept ans, étant née en 1823.

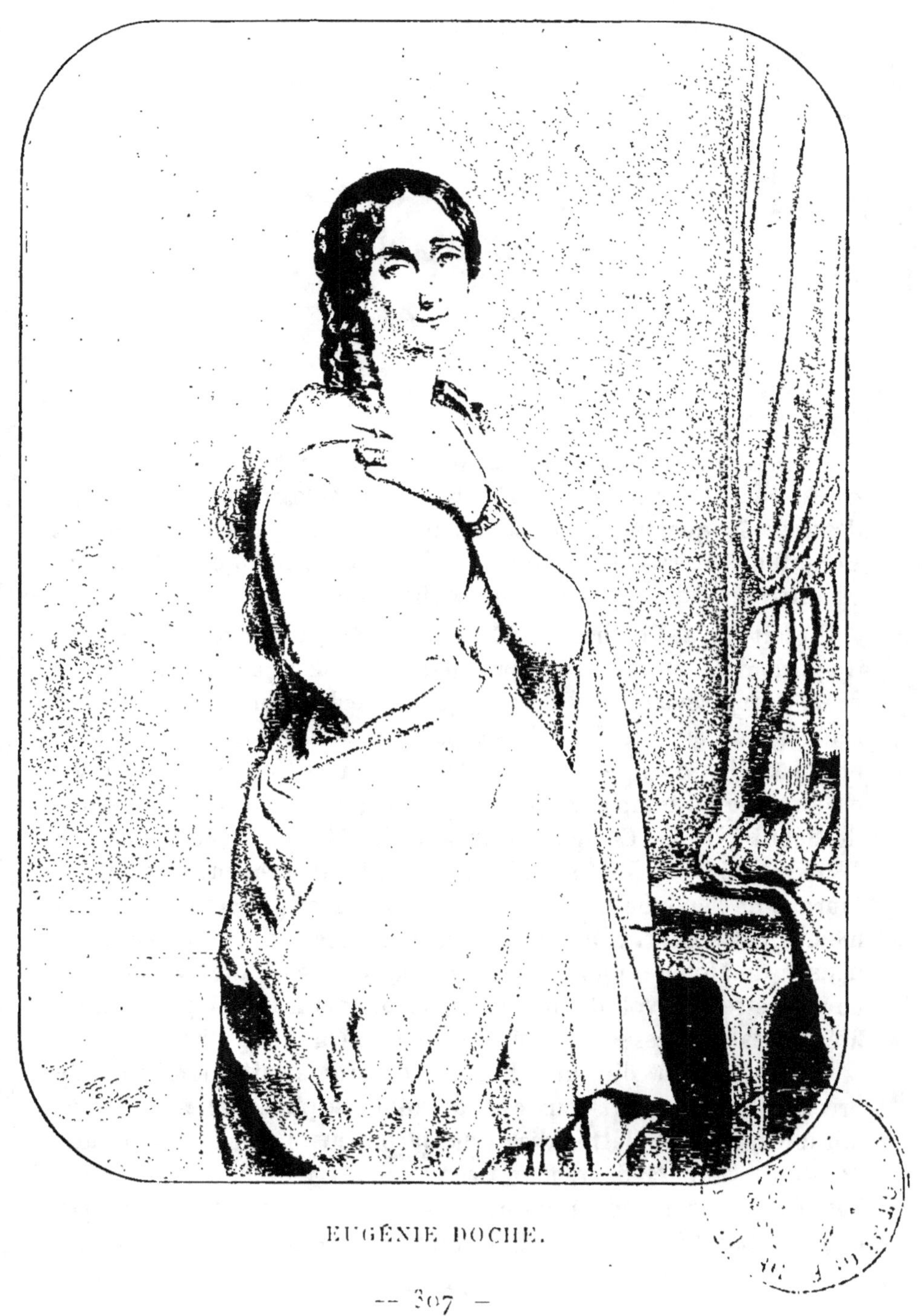

EUGÉNIE DOCHE.

FECHTER

(1823 — 1879)

Charles-Albert Fechter, le créateur d'*Armand Duval* de la *Dame aux Camélias,* fut un des plus brillants, parmi les « jeunes premiers » de cette époque théâtrale où régnaient, dans ce même emploi, les Lafontaine, Bressant, Berton père, Laferrière, Delaunay, Brindeau et autres grands beaux amoureux dramatiques.

Il était né à Londres, le 23 octobre 1823, de parents français ; il apprit donc en même temps à parler les deux langues. Ses parents étant revenus à Paris, le jeune Fechter fut destiné à être sculpteur. C'était le désir de ses parents. Mais les pères proposent, et la vocation dispose. Charles-Albert entra au Conservatoire et fit, en fort peu de temps, assez de progrès pour qu'il lui fût permis de débuter à la Comédie-Française, le 14 mai 1845, dans *Un Ménage Parisien.* S'y fit-il très remarquer ? assurément non. Aucun journal de l'époque ne parle de ce début, fort peu annoncé et demeuré fort obscur. Il demeura cependant une année entière dans la maison de Molière, jouant des bouts de rôles, à ce théâtre, dont ce devrait être le devoir de pressentir, de deviner le talent, par les qualités et les promesses d'avenir que peut offrir un débutant.

Est-ce donc à dire que Fechter ne promettait alors rien de précis ? Il avait vingt-deux ans, un adorable physique, portait admirablement la toilette, disait de façon juste, sans monotonie, possédait de la chaleur, jouait convaincu. La preuve en est, que l'année suivante, las de végéter dans ses « pannes », il quitta la noble Comédie et s'en fut débuter au Théâtre Royal de Berlin, où, du premier coup, il fut adopté par le public très difficile et très connaisseur de ce théâtre de premier ordre.

Ce fut là qu'il connut Mlle Eléonore Rabut, artiste de talent, qui plus tard, à leur retour à Paris, en 1847, devint madame Fechter. Elle quitta, jeune, le théâtre.

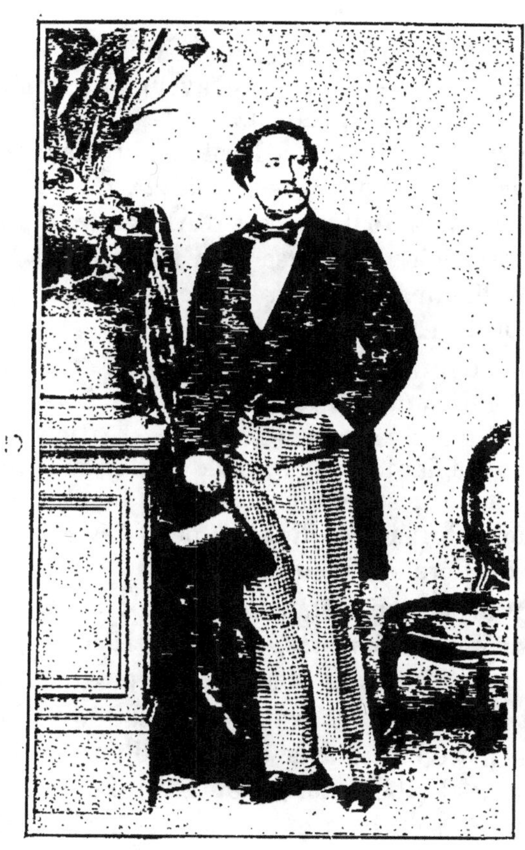

FECHTER.

A Paris, le comédien chercha un théâtre qui le comprît, et joua successivement au Vaudeville, à l'Ambigu, aux Variétés même où il créa, en 1849, *Oscar XXVIII*, dans *La Révolte de Crétinbach*, une pièce d'actualité, qui fut une chute.

Alexandre Dumas engagea alors Fechter à son beau Théâtre-Historique et le fit débuter par le rôle de *Yacoub* dans *Charles VII chez ses grands vassaux*. Il y fut superbe; et créa ensuite sur cette grande scène *Catilina* et *Les Mystères de Londres*.

On commençait, dans le public, à apprécier ce grand beau garçon, au talent aimable et plein de distinction, à l'aspect séduisant.

La direction de l'Ambigu l'engagea et le fit créer de superbes rôles dans *Le Pardon Duval* qui mit en aveuglante lumière ceux de *Bretagne*, *Louis XVI et Marie-Antoinette*, *Les Quatre fils Aymon*, *Phœbus*, de *Notre-Dame de Paris*. M. Hostein, directeur en nom du Théâtre-Historique, le reprit pour créer *Pauline*, ou *La Chasse aux tigres*, et *Les Frères corses*, toutes pièces d'Alexandre Dumas.

En 1850, Marc Fournier l'engagea à la Porte-Saint-Martin, et lui fit jouer très brillamment *Claudie* de George Sand, *Le Diable*, de Lambert Thiboust et Granger.

En 1852, le théâtre du Vaudeville le reconquit, et le fit débuter dans *Le Coucher d'une étoile*, *On demande un Gouverneur*, *Hortense de Cernay*. Enfin, lui arriva cette admirable création d'*Armand Duval* qui mit en aveuglante lumière ceux qui la jouaient, et consacra Dumas fils, digne descendant de son très illustre père. Puis, vint le rôle non moins brillant de *Raphaël* dans *Les Filles de Marbre*, de Théodore Barrière et Thiboust.

Ces *Filles de Marbre*, qui n'étaient qu'une réponse aux hardiesses de *La Dame aux Camélias*, classèrent Fechter, Félix et Mlle Fargueil au rang des étoiles théâtrales de première grandeur.

Leur succès fut peut-être plus grand que celui de *La Dame aux Camélias;* mais la pièce bâtie, avec des mots d'un esprit très moderne — le moderne de l'époque — et essentiellement « Parisien » ne tarda pas à s'effriter; et quand nos actuels relisent ou voient jouer aujourd'hui ce colossal succès d'antan, ils s'en demandent la raison, sans pouvoir se l'expliquer.

Fechter fut en 1856 engagé à la Porte-Saint-Martin, et y joua de merveilleuse façon *Sang-mêlé*, *Le Fils de la Nuit*, et *Espérance* de *La Belle Gabrielle*.

En 1857, il entra à l'Odéon, comme directeur associé. C'est là que, jouant *Tartufe*, il voulut en moderniser la mise en scène; ce dont on le blâma fortement. Il y joua encore dans *Le Rocher de Sisyphe* et dans *La Jeunesse*.

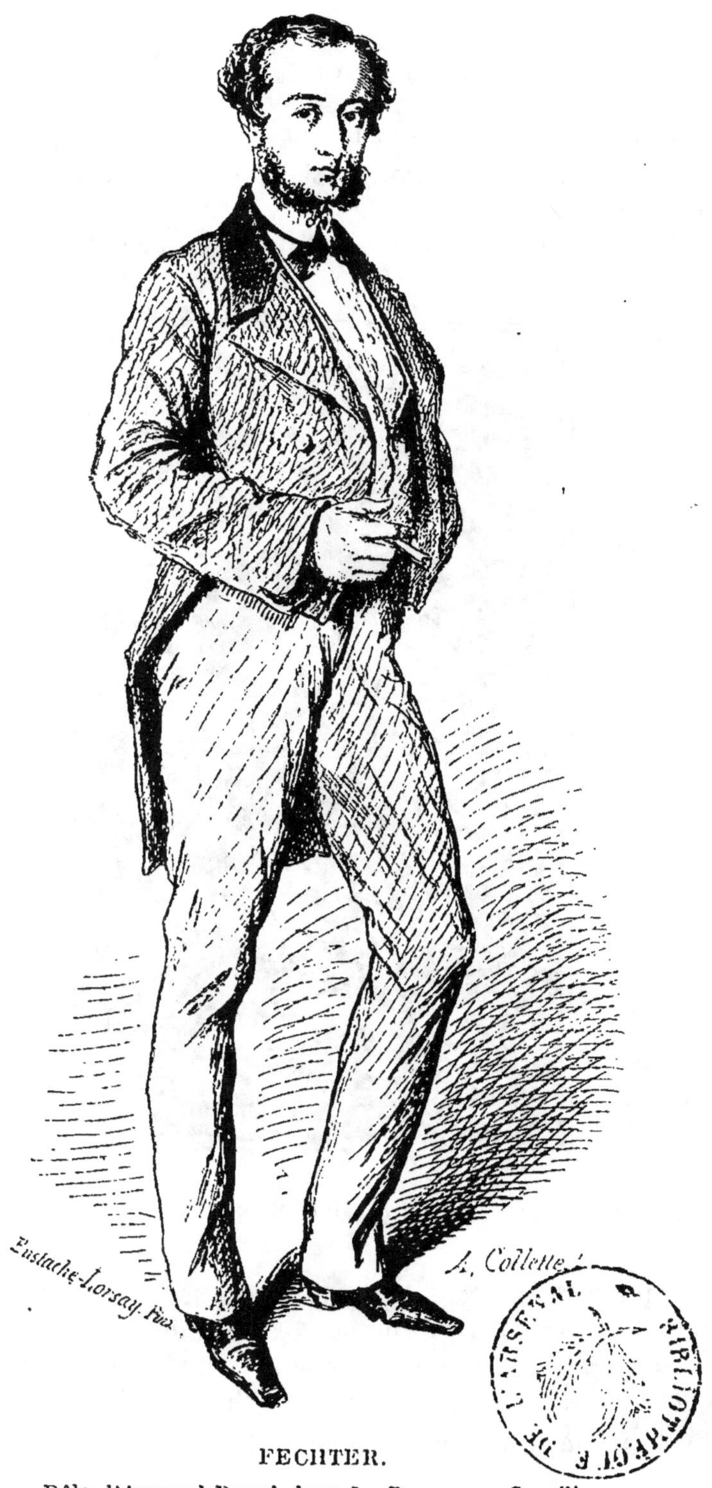

FECHTER.

Rôle d'Armand Duval dans *La Dame aux Camélias.*

Il partit pour Londres, prit la direction du Lyceum, — on était en 1868, — et s'y ruina. Alors, il s'en alla jouer en Amérique, tout le répertoire de Shakespeare.

Le talent de Fechter était de naturel, de bon goût, de distinc-

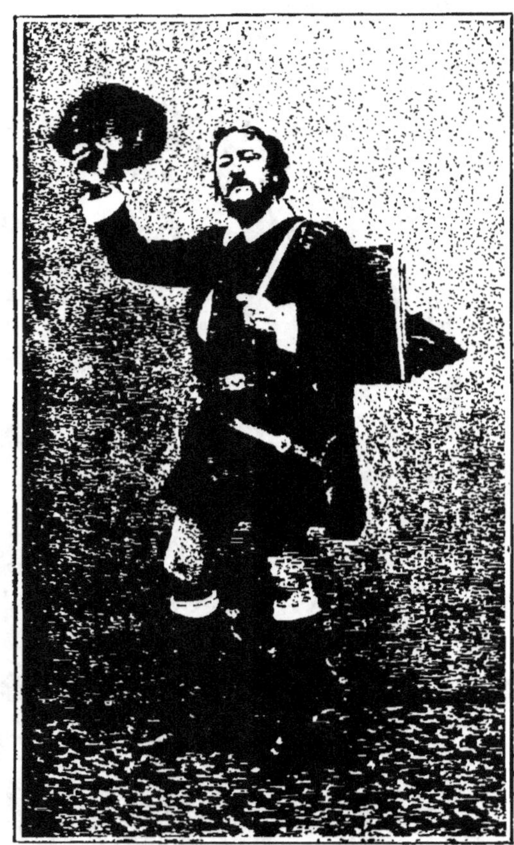

FECHTER.

tion exquise, de passion, d'emportements superbes, mais toujours raisonnés. Il avait l'accent un peu traînard du Parisien; mais cela s'oubliait dès la seconde phrase que l'on entendait et l'on demeurait sous l'irrésistible charme de ce brillant comédien.

Il est mort à New-York, le 5 août 1879.

ROSE CHÉRI

(1824 — 1861)

La famille des *Chéri*, de son nom véritable *Cizos*, était une vieille famille de théâtre, courant la province comme troupe ambulante.

La charmante actrice qui illustra le nom, et dont nous traçons ici la brève biographie, naquit à Étampes, le 27 octobre 1824. A six ans, à Bourges, on lui fit jouer son premier rôle d'enfant; à huit ans, à Bayonne, on intercalait pour elle, dans *La Muette de Portici*, un boléro, dans lequel la petite danseuse obtenait un légitime succès. A dix ans, à Nevers, elle jouait avec sa sœur Anna, âgée de neuf ans, *Le Mariage enfantin*.

Le père Cizos sollicita et obtint alors un privilège, pour exploiter lui-même le talent naissant de ses deux filles et de son fils *Victor*, lequel devint plus tard et fut pendant trente ans chef d'orchestre du Gymnase, où régnait sa sœur Rose, par l'aimable talent et par son titre d'épouse du directeur.

Enfin, distinguée à Périgueux, par Loïsa Puget et le fameux préfet Romieu, l'ancien mystificateur alors corrigé ou presque, *Rose* vint débuter à Paris, au théâtre du Gymnase, dirigé par Poirson, le 30 mars 1842, par *Estelle*, ou *Le Père et la Fille*, pièce dans laquelle elle produisit un effet « médiocre »; mais qui lui valut, cependant, son premier engagement à ce théâtre, aux appointements de soixante-quinze francs par mois.

Le 5 juillet de la même année, elle remplaça Mlle Nathalie, au pied levé, dans *Une jeunesse orageuse;* et le régisseur Monval, en faisant l'annonce de la substitution d'artiste, la nomma pour la première fois *Rose Chéri*, nom jusqu'alors très inconnu du public, devant lequel elle s'était présentée sous celui de *Marie Cizos*.

Ce nom de *Rose Chéri* parut délicieux aux spectateurs, qui accueillirent très favorablement la nouvelle débutante.

En septembre, Th. Gautier écrivait : « Cette jolie débutante réussit beaucoup parce qu'elle est simplement une jeune fille toute naturelle, et n'a pas l'air d'une actrice. C'est le plus rare des talents. »

De cette époque à 1860, elle fit, au théâtre du Gymnase, les plus brillantes et les plus remarquables créations, passant des rôles les plus ingénus aux plus dramatiques, créant tout le beau répertoire d'Alexandre Dumas fils, *Diane de Lys*, *Le Demi-Monde*, *La Question d'argent*, *Le Fils naturel*, *Le Père prodigue*, commençant la réputation de Victorien Sardou avec *Les Pattes de mouches*, consacrant la puissance d'observation dramatique d'Émile Augier, dans l'immortel *Gendre de M. Poirier*.

Le 12 mai 1847, sans perdre le joli nom sous lequel elle avait établi sa réputation si méritée, elle avait épousé Auguste Lemoine, dit Montigny, son directeur. Esprit distingué, jamais elle ne se mêla d'administration, n'imposa à son mari aucune de ses volontés ou de ses désirs, se montra toujours la camarade exquise, juste et bonne, de ceux et celles qui l'entouraient.

En 1861, soignant son fils aîné atteint d'une angine, elle contracta les germes de l'horrible maladie. Le cher enfant fut sauvé, mais la pauvre grande artiste, victime de son dévouement maternel, s'éteignait, le 22 septembre, pleurée et regrettée par tous.

Rose Chéri fut une grande comédienne, dans toute l'acception du mot.

Quand elle jouait, en même temps que sa sœur, au théâtre de Périgueux, Romieu, le légendaire Préfet, disait : « Je vais voir jouer ce soir ma petite paire de Cizos. »

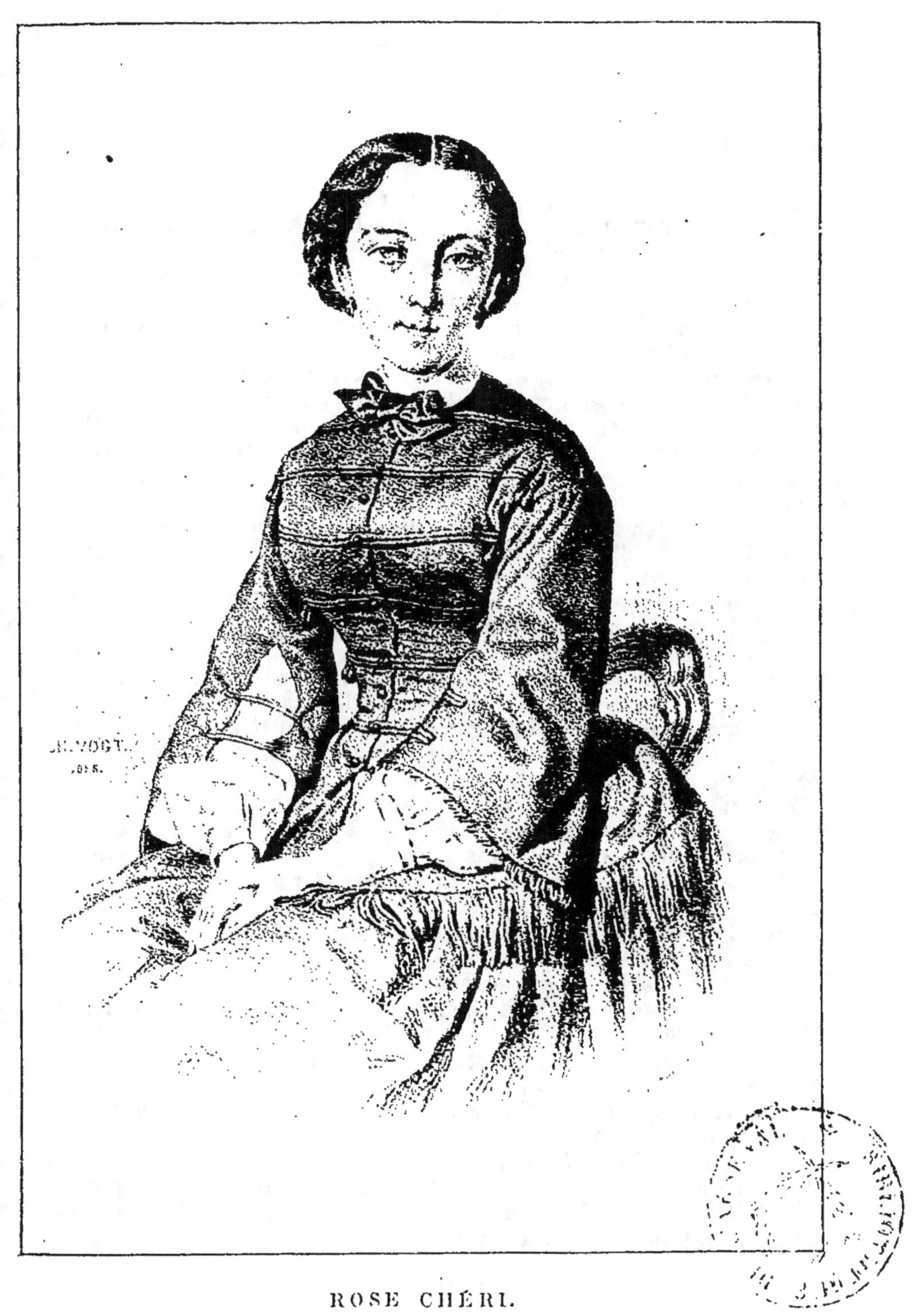

ROSE CHÉRI.

— 315 —

AUGUSTINE BROHAN

(1824 — 1893)

Elles furent trois Brohan, qui illustrèrent ce nom ; la mère, *Suzanne* et ses deux filles, *Augustine*, dont nous avons à nous occuper ici, et sa cadette, *Madeleine*.

La première du nom, Madame Mère, *Suzanne*, était la verve et la gaîté personnifiées ; la seconde, *Augustine*, sut être l'esprit et la profondeur dans le talent ; la dernière, *Madeleine*, devint la beauté, la grâce et le charme.

Augustine-Joséphine-Félicité Brohan vit le jour, pour la première fois, le 2 décembre 1824. Par ordre supérieur, elle entra au Conservatoire, dans la classe de Samson, dès l'âge de dix ans. Elle avait voulu tout d'abord être religieuse, et quand, en 1840, elle remporta son premier prix, le premier usage qu'en fit Augustine fut de s'aller enfermer dans un couvent de la rue du Bac.

Réclamée par sa mère, malgré une résistance obstinée de la jeune lauréate, elle débuta, le 19 mai 1841, à la Comédie-Française, par *Dorine* de *Tartufe*. Une *Dorine* de dix-sept ans, nourrice d'*Orgon !* Son succès fut très accentué et, deux ans après, le Comité la proclamait Sociétaire.

Eugène Laugier a écrit sur elle : « Rire aimable, doux, argentin, rire communicatif, qui vous entraîne, c'est la comédie en personne, spirituelle, avenante et pleine d'attraits. Regard vif et mutin, geste rapide, elle est agaçante, provocante et délurée. »

Elle savait rire, comme sa mère. On cite encore le délicieux rire des Brohan.

Fille d'esprit et de talent, Augustine ne se contenta pas de ses succès de comédienne, elle écrivit quelques proverbes élégants, plus prétentieux qu'amusants : *Compter sans son hôte, Quitte ou double, Les Métamorphoses de l'amour, Il faut toujours en venir là, Qui femme a guerre a.*

Sous le pseudonyme de *Suzanne*, elle fit paraître des chroniques dans le *Figaro* de Villemessant.

Elle fut professeur au Conservatoire.

Devenue presque aveugle, elle prit sa retraite de la Comédie, le 1er janvier 1868.

Son triomphe fut incontestablement *Suzanne*, du *Mariage de Figaro*.

Elle avait épousé M. Edmond-David de Ghaest, et mourut à Paris, le 15 février 1893.

Son esprit mordant, mais trop acidulé par l'afféterie et la recherche de l'effet, lui avait fait beaucoup d'ennemis ; son grand talent et sa fin malheureuse la firent beaucoup pardonner. On finit par la plaindre sans l'aimer.

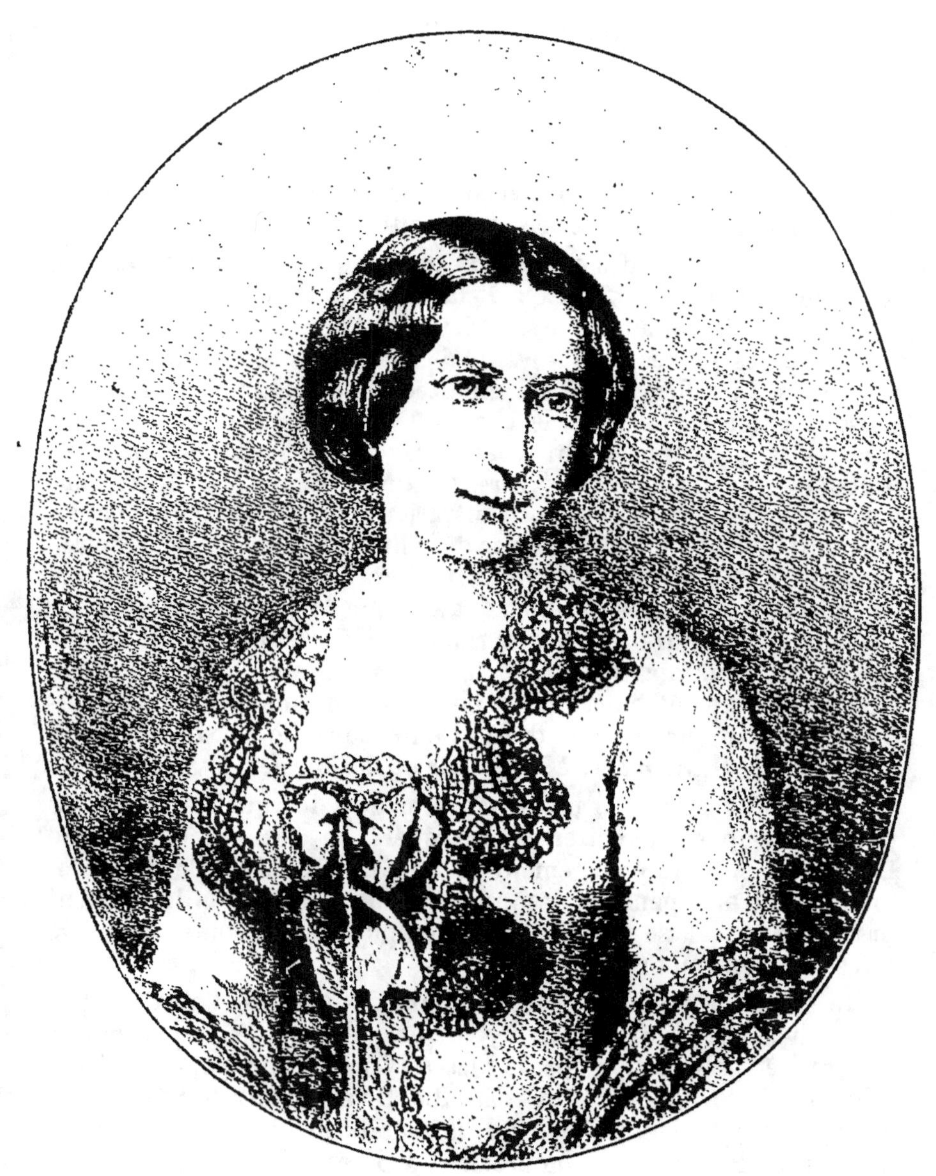

AUGUSTINE BROHAN.

ADOLPHE DUPUIS

(1824 — 1891)

Fils d'une sociétaire de la Comédie-Française, Mlle Rose Dupuis, *Adolphe Dupuis* est né à Paris le 15 août 1824.

Comme la plupart des comédiens ou comédiennes, Rose Dupuis ne voulut pas que son fils exerçât la même profession qu'elle; elle avait connu les déboires, les difficultés d'arrivisme, de cet art, qui cache ses épines sous de trop belles roses; elle le fit entrer, à la sortie du collège, chez un architecte, puis chez un banquier; mais, question d'atavisme, le garçon Dupuis ne rêvait que jouer la comédie, paraître sur un théâtre, revêtir de brillants costumes et ceindre une formidable rapière. Ce que voyant, Mlle Rose Dupuis eut le bon sens de ne plus contrarier des idées aussi arrêtées et consentit à ce que le futur Olivier de Jalin entrât au Conservatoire, dans la classe de Samson. Il avait alors dix-huit ans. Fut-il un parfait élève ? Samson lui-même, alors que le jeune homme était parvenu à atteindre le premier rang, a déclaré que non. Il ne demeura que deux ans dans cette école d'art dramatique; et, grâce à de puissantes influences mises en jeu par sa mère, parvint à débuter, en 1845, sur la scène de la grande Comédie, par *Les Femmes savantes*, *Le Jeune mari*, *Le Menteur* et *Le Barbier de Séville*.

Dans tous ces rôles, il ne sut montrer que des qualités détruites par beaucoup d'inexpérience. Désespéré de cet échec, Adolphe Dupuis accepta un engagement au Théâtre Royal de Berlin, y demeura trois ans, pendant lesquels il soigna sa diction légèrement bredouilleuse, et se fortifia dans l'emploi des « jeunes premiers rôles » et des amoureux.

De retour à Paris, en 1849, il tenta de nouveau l'assaut de la scène du Théâtre-Français, n'y fut pas plus heureux que lors de sa première apparition, passa successivement par les Variétés, le Théâtre-Historique, et vint enfin aboutir au théâtre du Gymnase, où Montigny le devina, le forma, le grandit et l'imposa, lui faisant jouer tous les emplois, amoureux et « pères nobles », comiques et « premiers rôles ».

C'est ainsi qu'il le fit remarquer dans *Michonin*, de *Mercadet;* *Gonzalès*, du *Chapeau d'un horloger; Maximilien*, de *Diane de Lys*, en 1853 ; le *duc de Montmeyran*, du *Gendre de M. Poirier; Christian*, du *Camp des Bourgeoises; Noël Plantier*, du *Pressoir;*

Blanchet de *L'École des agneaux; Pascariol,* des *Vacances de Pandolphe;* le *Prince d'Hénin,* dans *Je dîne chez ma mère;* les *Cœurs d'or; Philiberte;* le *Mariage de Victorine,* et autres moindres pièces, pour arriver, en 1855, à cette remarquable création d'*Olivier de Jalin,* dans le chef-d'œuvre d'Alexandre Dumas fils, *Le Demi-monde.*

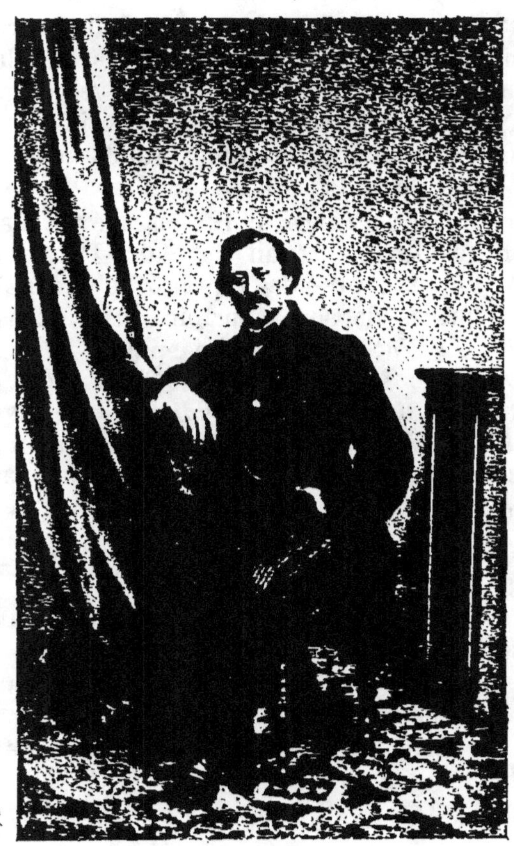

ADOLPHE DUPUIS.

Puis vinrent *Un beau mariage,* d'Émile Augier et Foussier, en 1857; cette même année le montra dans le rôle de *Charzay,* de *La Question d'argent;* en 1858, ce furent *L'Avocat du Diable,* et *L'Autographe;* en 1859, *Cendrillon* et *Le Père prodigue.*

Montigny, qui fut le grand inventeur de la mise en scène moderne, n'avait jamais été qu'un très médiocre comédien. Il sut être un émérite professeur. Ce fut lui, absolument lui, qui fit Adolphe Dupuis, comme il avait fait Geoffroy, Lesueur, Landrol et Rose Chéri.

En 1860, Dupuis voulut être augmenté. Montigny ne put jamais se résoudre à dépasser le chiffre fixé dans son budget ; il laissa partir l'ingrat plutôt que de lui accorder un franc de plus, en lui disant : « Monsieur Dupuis, vous me quittez, vous êtes fini ».

Le mot ne devait pas se réaliser ; car Adolphe, après un court passage au Vaudeville, qui sembla vouloir justifier la méchante prédiction de son modeleur, partit en Russie, avec un engagement de 40.000 francs par an, et pendant seize ans obtint, sur le théâtre Michel, de Saint-Pétersbourg, les plus grands succès. Il devint même lecteur et professeur des enfants du Tzar.

En 1878, de retour en France, il fut engagé au Vaudeville et montra que son fructueux travail de Saint-Pétersbourg avait mûri et posé son talent. Après des reprises de *Montjoie*, du *Père prodigue*, et autres pièces de son répertoire russe, il créa magnifiquement, en 1880, *Le Nabab* de Daudet ; puis *Un voyage d'agrément* ; en 1881, *Odette* de Sardou ; en 1883, *Clara Soleil*, et *Le Nom*, d'Émile Bergerat ; en 1886, *Le Conseil judiciaire*, de Bisson et Moineaux ; en 1887, *Le Père*, de M. de Glouvet ; puis *Numa Roumestan* de Daudet. Dans tous ces rôles, il sut se montrer de premier ordre.

Adolphe Dupuis eut une faiblesse. Il voulut jouer *Tartufe*, et parut dans ce rôle colossal sur la scène de l'Odéon. Ce fut un effondrement.

Ennuyé, découragé, affaibli, il se retira à Nemours avec Cholet, Geffroy et Bressant. Là, il fut atteint de la manie de la persécution ; et après des mois de prostration, pénibles pour ceux qui l'entouraient, il mourut le 24 octobre 1891, laissant la réputation d'un honnête et excellent homme, ayant su se faire de nombreux amis, sans se créer un seul ennemi.

Quelle ineffable rareté !...

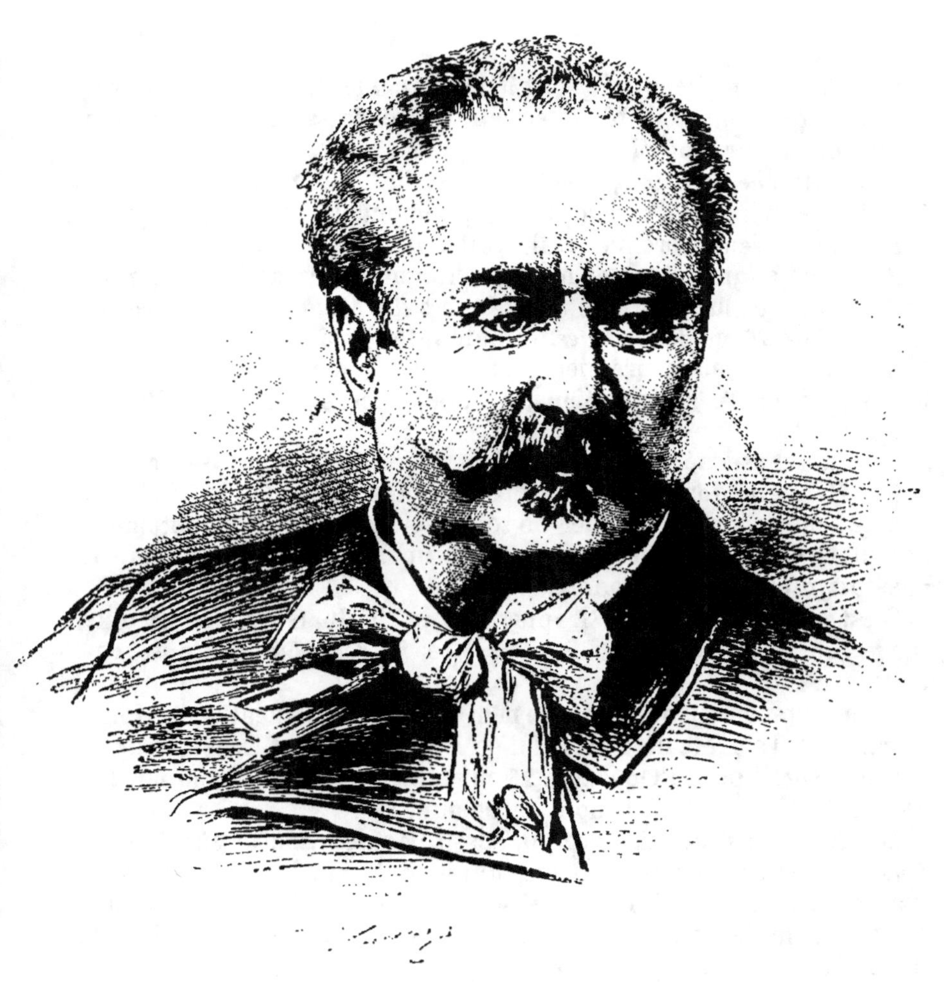

ADOLPHE DUPUIS.

DELAUNAY

(1826-1903)

Il est des comédiens qui sont irremplaçables, parce qu'uniques; de même que jamais ils n'avaient eu de prédécesseurs comparables à eux, dans leur emploi.

Louis-Arsène Delaunay a été de ceux-là. Pour remplir ces rôles si difficiles, si ingrats, si complexes, si personnels, et par conséquent si rares, du « jeune premier », il avait tout.

Personne avant lui, — et nous ne craignons pas de le prédire, — personne après lui, n'a joué et ne jouera *Le Menteur, L'Étourdi* et *Horace* de *L'École des femmes*, comme il les jouait.

Il était né « jeune premier », et ne put jamais être autre que jeune premier. A soixante ans, il l'était encore, comme il l'avait été à vingt.

Delaunay est né le 21 mars 1826. Il mourut le 22 septembre 1903. Il avait donc soixante-dix-sept ans, quand l'imbécile et aveugle mort vint le toucher de son aile malfaisante et bêtement destructive, au milieu des siens, l'aimant, l'adorant comme il méritait d'être aimé et adoré.

C'est en 1844 qu'il alla frapper à la porte du Gymnase, et que, sur le conseil du régisseur Monval, il se fit recevoir au Conservatoire.

A ce Gymnase, il joua sous le nom d'*Ernest;* au théâtre de Montmartre, où il s'exerçait, sous celui de *Dannay*. De cet Ernest et de ce Dannay sortit pour l'Odéon, le 26 novembre 1845, un incomparable *Damis* de *Tartufe,* sous le nom de Delaunay.

La Comédie-Française braqua aussitôt sa lorgnette sur le *rara avis in terris,* lui fit de modestes offres, qu'il eut le grand bon sens d'accepter, rejetant les propositions brillantes de son directeur, Lockroy, qui le voulait à toutes forces conserver à son Odéon, et de la Russie qui lui présentait un pont d'or à traverser avec un plat d'argent.

Aussi, le 25 mars 1842, débutait-il à la noble Maison par le rôle de *Valère* dans *L'École des maris.*

Le 29 juin 1850, il ressuscitait le *Fortunio* du *Chandelier,* défunt en 1848 au Théâtre-Historique, et lui assurait, sinon l'éternité, du moins la superbe immortalité.

Fait pensionnaire, ce fut alors pour le jeune et brillant jeune premier une succession de créations et de reprises dans lesquelles il se rendit inimitable.

Faut-il citer *La Joie fait peur, Les Jeunes gens, La Fiamina, Les Effrontés, On ne badine pas avec l'amour, Le Fils de Giboyer, Maître Guérin, Henriette Maréchal, Le Lion amoureux, Fantasio,* et tant

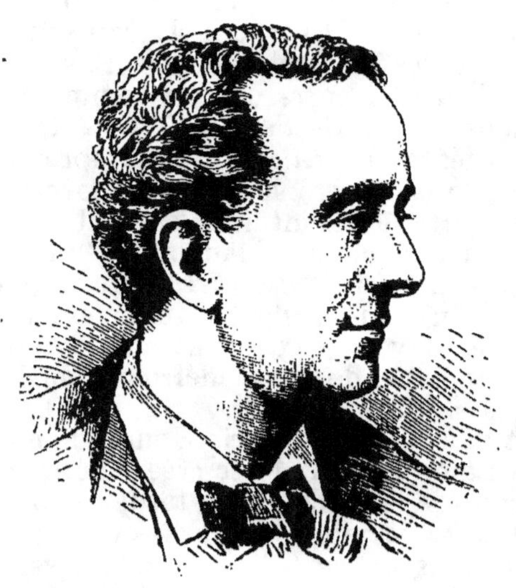

DELAUNAY.

d'autres? Sans compter le haut répertoire de Molière, de Beaumarchais, de Regnard et de Victor Hugo.

Nommé chevalier de la Légion d'honneur, comme « Sociétaire de la Comédie-Française », — il fut le premier comédien inscrit sous cette seule étiquette, — il quitta le théâtre le 1er avril 1886, après trente-huit années de magnifiques et exceptionnels services, se confinant alors en son titre de professeur au Conservatoire.

Il s'était retiré à Versailles, dans sa jolie maison de la rue des Missionnaires, dont il avait fait un petit musée d'art et de souvenirs. Quand il mourut, ce fut un long crêpe qui s'étendit sur le théâtre en entier.

On eût pu inscrire sur sa tombe : « Ci-gît un très grand honnête homme, un impeccable artiste, irremplaçable dans son monde. »

LAFONTAINE

(1826 — 1898)

Le nombre de comédiens, qui ont fait leurs premières études dans le but de la prêtrise, est considérable. *Louis-Marie-Henri Thomas,* dit Lafontaine, est de ceux-là. Mais, tout en traduisant saint Augustin, il traduisait aussi Térence ; et l'auteur de *La Cité de Dieu* laissait beaucoup moins de traces dans son esprit que l'auteur du *Bourreau de soi-même.* Si bien qu'un jour, le jeune Henri Thomas jeta le froc, qu'il ne portait pas encore, aux orties qui n'existaient pas sur sa route, quitta Bordeaux où il était né, le 29 novembre 1826, et s'embarqua comme pilotin sur un trois-mâts en partance pour l'île Bourbon. Il avait quinze ans. Dégoûté bientôt de la mer et des jeûnes de toutes sortes qu'elle commande, de retour à Bordeaux, il entra comme commis dans la soierie.

A seize ans, sous le nom de Charles Roeck, il joua le rôle de *Buridan,* au petit théâtre de *Gilottin.* C'est après cet essai réussi, qu'il partit pour Paris, bourré des vers de Corneille, de Racine et de Molière, qu'il avait étudiés même et surtout en mer.

Mais, pour jouer la comédie, il faut manger ; et manger est difficile quand on ne possède aucune ressource ; qu'on est brouillé avec les parents qui vous restent ; qu'on est fier et qu'on ne veut pas s'humilier devant eux, en avouant qu'on a eu tort de lâcher la soutane pour endosser la défroque de Mascarille ou la livrée de *Ruy Blas.*

Alors, que fait dans ce grand Paris Henri Thomas, qui ne s'appelle pas encore Lafontaine ?... Il se crée répétiteur de latin, dans une petite pension, de laquelle on ne tarde pas à le renvoyer pour inexactitude. Et le voilà qui se remet à « crever la faim ». Il faut manger ! Il entre dans un café et demande à servir les consommateurs ; on lui confie un tablier, une serviette et il sert des chopes — les bocks n'étaient pas encore connus en France. — Cela dura trois jours. Il renverse tout un plateau de chopes sur la tête d'un consommateur, et le voilà de nouveau sur le pavé !

Il faut manger !... Il passe devant une maison en construction et demande à des maçons de les servir. Sa voix est tellement émue en exposant sa misère que les maçons attendris l'embauchent. Il gâche du mortier. Mais il le gâche assez mal, pour que l'entrepreneur survenant le renvoie de son chantier, au bout de deux jours.

Il faut manger !... Il gagne les boulevards extérieurs, entre dans un restaurant, chante, en se serrant le ventre et presque pleurant. Il tend la main et ramasse quelques sous. Le lendemain, il recommence. Un sergent de ville survient, lui demande son autorisation, il n'en a pas. Il lui est interdit de chanter.

Il faut manger !... Un régiment de hussards passe, il le suit au hasard. Le régiment campe au Champ de Mars. Il s'offre pour étriller les chevaux, pendant que les hussards se reposeront. Il gagne ainsi sept francs. Un capitaine ému lui a donné cent sous.

Il faut manger !... Il achète des bonnets de coton, du fil et des aiguilles, et il va vendre tout cela dans la banlieue de Paris. Au

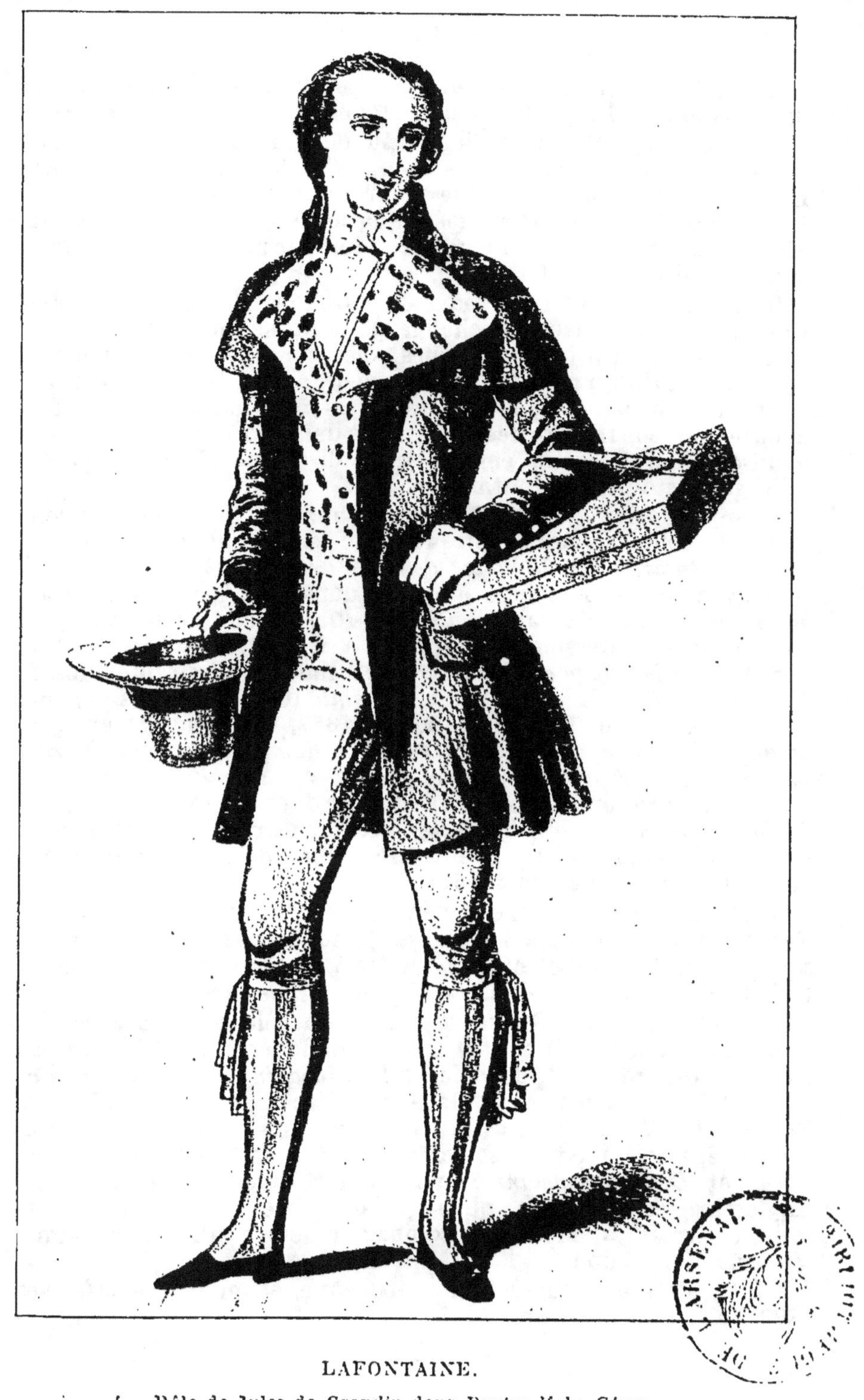

LAFONTAINE.

Rôle de Jules de Grandin dans *Brutus lâche César.*

Raincy, le curé chez lequel il vient offrir sa marchandise, le fait dîner avec lui. Il repart! Il gagne Meaux, La Ferté-sous-Jouare.

Il faut manger !... ce qu'il n'a pu faire depuis deux jours, ses bonnets étant vendus et sans aucun bénéfice. Il tend la main !... Le voyant défaillant, presque mourant, des âmes charitables lui font une petite quête. Il ramasse quarante-deux sous. Il en donne vingt et un à un vieillard aveugle, conduit par une petite fille de cinq ans, qui lui demande l'aumône.

Il retourne en son beau pays de Gironde. Il récite ses vers à Libourne. A Bordeaux, il change de nom, se fait appeler *Lafontaine* et parvient à jouer quelques rôles sur le petit théâtre de la Bastide. Muni d'un peu d'argent, il revient à Paris, encore à pied, — il aime marcher, — et va frapper chez les frères Seveste, qui le font débuter sur leur théâtre des Batignolles dans *L'Éclat de rire*. Il passe à la Porte-Saint-Martin, engagé par le directeur, M. Tilly, qui fait faillite. Il retourne à Montmartre.

Enfin, Montigny l'engage à son Gymnase. C'est ici que commence la belle carrière artistique de ce remarquable comédien. Le rôle de *Jules*, dans *Brutus lâche César*, le met en lumière. Il joue avec de grands succès *François* dans *La Femme qui trompe son mari; Raymond*, dans *Philiberte; Pierre* dans *Le Pressoir*, où, suivant une expression de l'époque, « il met Bressant dans sa poche »; *Le Mariage de Victorine*. Il se montre admirable dans *Le Colonel*, du *Fils de Famille*, et le *Comte* de *Diane de Lys;* puis vient *Flaminio*, de Georges Sand. En 1857, il est engagé au Vaudeville, où il crée, de superbe façon, *Le Roman d'un jeune homme pauvre, La Pénélope Normande, Dalila, La Seconde Jeunesse*. En 1860, il retourne au Gymnase et se montre dans *Les Pattes de mouche, Le Gentilhomme pauvre, La Perle noire, Les Ganaches, Le Démon du jeu*. Il épouse alors sa très talentueuse camarade, Mlle Victoria, une adorable ingénue de son théâtre.

Il est imposé « par ordre impérial », pour débuter à la Comédie-Française. Messieurs les Sociétaires lui font grise mine. Ses débuts sont peu brillants. Cependant, en 1865, il crée de façon magistrale le rôle d'*Alvarez*, dans *Le Supplice d'une femme*.

En 1872, il va à l'Odéon reprendre le rôle de *Ruy Blas*. En 1873, il passe à la Gaîté, et y crée magnifiquement *Le Gascon*. En 1875, il retourne à l'Odéon jouer le *Mazarin* de *La Jeunesse de Louis XIV*. Il revient à la Gaîté, paraître dans la belle pièce de Sardou, *La Haine;* retourne à l'Odéon, représenter *Joseph Balsamo;* repasse au Gymnase, créer de forte manière *La Comtesse Sarah* et *L'Abbé Constantin;* puis, après diverses excursions en Angleterre, en Belgique, quitte définitivement le théâtre et se retire à Versailles, en la fidèle compagnie de son admirable femme, Victoria Lafontaine.

Il fut le dernier grand acteur **romantique**, et mourut le 23 février 1898.

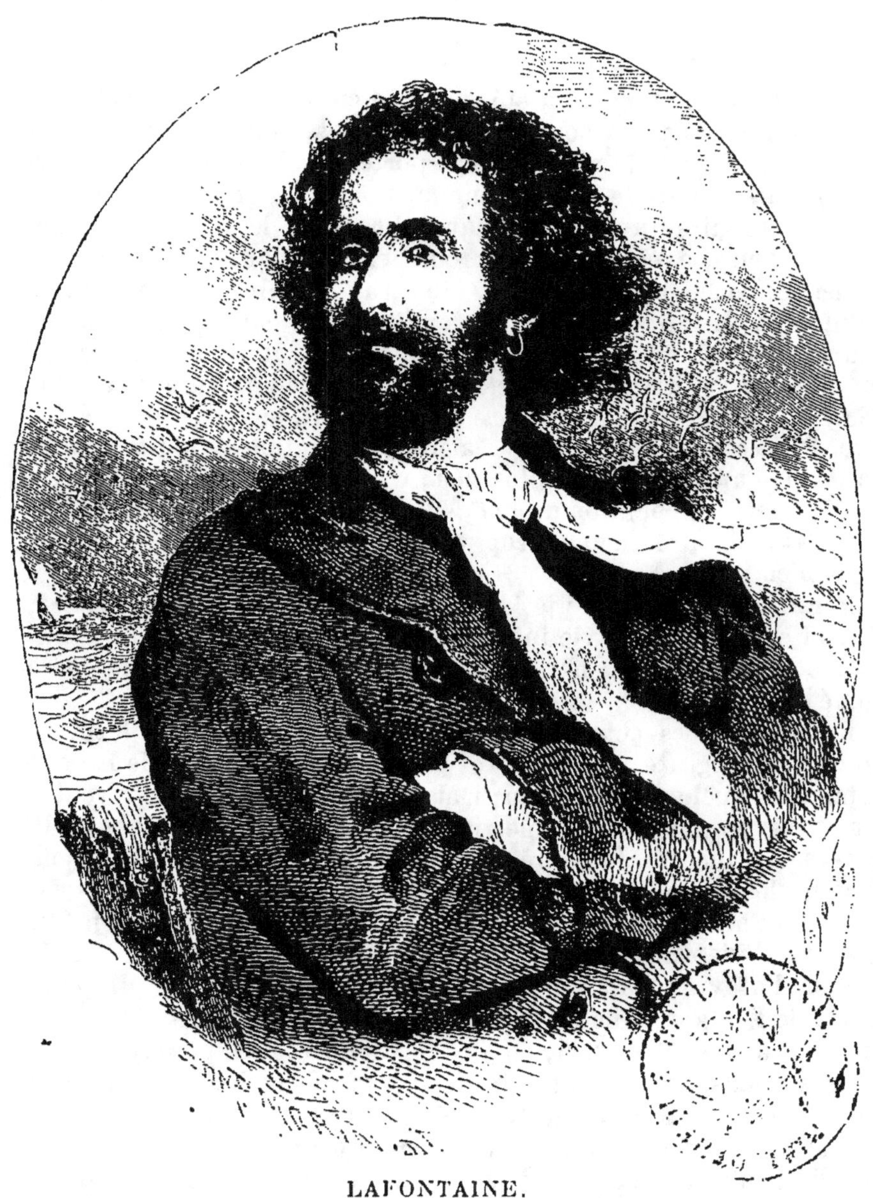

LAFONTAINE.

Rôle du Capitaine d'Apreville dans *La Pénélope Normande*.

PARADE

(18_6 — 1885)

Parade, Jean-Auguste, a été le comédien naturel, par excellence.
Jamais il ne songea à boursoufler une phrase, à amplifier la valeur
d'un mot, pour le faire davantage porter sur le public, ce qui est
d'ordinaire le fait de tout acteur médiocre. La crainte de ne pas
voir se produire un effet, sur lequel il compte, le lui fait souligner
outre mesure; avec cet amour-propre exagéré, qui est malheureusement le péché, peu mignon, du plus grand nombre des Comédiens,
celui qui a su faire naître un applaudissement par le rire ou la terreur en enflant sa diction ou donnant l'exagération au trait lancé,
en arrive à se persuader qu'il a plus d'esprit que l'auteur; et que
seul, il est parvenu à produire cette sensation de terreur ou de
rire. Dans son accès de vanitite aiguë, la situation produite, le mot
écrit par l'auteur ne sont plus rien ; c'est lui qui est Tout.
 D'où cette appellation de « *M'as-tu-vu* », si spirituellement appli-
quée, et malheureusement trop justifiée par ceux-là qui la méritent
trop bien.
Parade, par la simplicité de son jeu, de sa diction, j'ajouterai
de son esprit et de sa vie intime, fut le contraire d'un *M'as-tu-vu.*
Il était né à Lyon, le 6 août 1826, d'un père et d'une mère
comédiens.
En général, les acteurs n'aiment pas voir leurs enfants suivre
la carrière ingrate, — je l'ai déjà écrit, — dans laquelle ils ont
combattu, quelquefois vaincu; mais qui se termine trop souvent à
leur désavantage, dans l'amertume des regrets et les larmes de la
misère. Au théâtre, la gloire éphémère n'est qu'un masque de joie
derrière lequel se cachent des pleurs.
Aussi, Parade père s'empressa-t-il de faire apprendre à son fils,
Auguste, l'état très artistique de dessinateur en châles.
Mais l'atavisme est là. Rien ne parvient à le détruire. Il guide
la vie de l'enfant dans la vie du père. Auguste Parade, à l'âge de
dix-neuf ans, se fit acteur, comme l'avaient été ses parents.
Ce fut chez ces éternels frères Seveste, sur les théâtres des
Batignolles et de Montmartre, qu'il débuta. Il passa ensuite au
Cirque-Olympique où régnait le légendaire directeur Billon, celui
qui disait à son chef machiniste : « Cette année, pour la fête de
l'Empereur, je ne veux pas qu'un *nif* à la porte de mon théâtre,
je veux quatre *nif* ». La coutume alors était de placer, les jours
d'illuminations pòpulaires, à la porte des monuments publics, des
ifs surchargés de lampions.

Parade joua, au théâtre du Cirque-Olympique, lequel plus tard, devint Impérial, le rôle de *Babylas*, dans *Les Pilules du Diable*; puis, à la Porte-Saint-Martin, dans *Le Palais de Cristal*, une revue féerique, qui n'eut qu'un fort médiocre succès.

En 1852, il fut engagé au Palais-Royal, pour remplacer Alcide Tousez, lequel venait de mourir, et débuta dans un vaudeville en

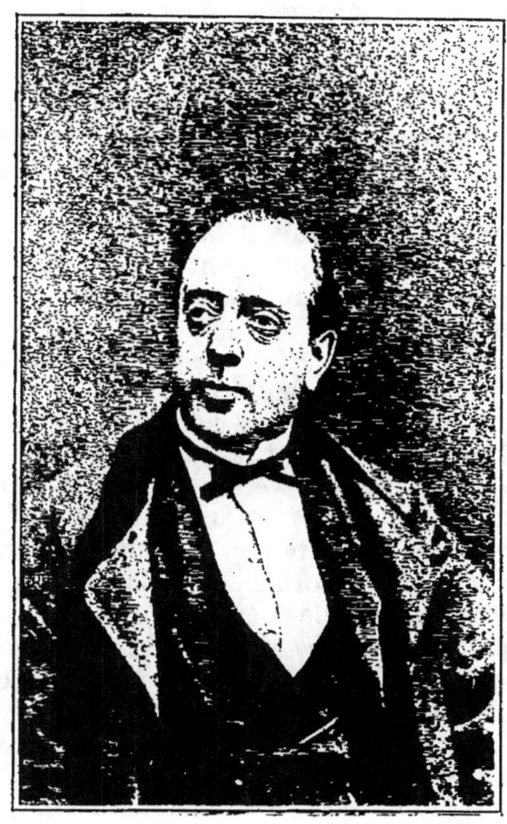

PARADE.

un acte, *Henriette et Charlot*, par un rôle de Jocrisse qu'avait créé Gil Pérès. Il réussit peu, étant donné que Hyacinthe occupait déjà cet emploi des niais et des simples.

Parade retourna pendant quelque temps à son cher théâtre de Montmartre; puis, fut engagé au Vaudeville qu'il ne devait plus quitter pendant quarante et un ans.

Le premier rôle, qui le fit remarquer, fut le *Calino* de Théodore Barrière. Ce personnage était le petit-fils des Jocrisse d'antan. Parade y réussit grandement.

Puis, vinrent d'admirables créations, telles que celles de *Dufouré* dans *Les Faux Bonshommes;* du *Corsaire* dans *Le Roman d'un Jeune homme pauvre;* de *Caussade* dans *Nos Intimes;* de *Désambois* dans *Les Vivacités du capitaine Tic;* de *Sertorius* dans *Dalila;* de *Pommerol* dans *Les Femmes terribles;* de *Bélin* dans *Miss Multon;* de *Sam* dans *L'Abîme;* de *Benoiton* dans *La Famille Benoiton.*

Quand, en 1868, le Vaudeville se transporta au coin de la Chaussée-d'Antin, Parade l'y suivit et y créa encore de nombreux rôles, parmi lesquels *Silvestre* des *Trois chapeaux; Samuel* de *L'Oncle Sam; Gatinel* du *Procès Vauradieux; Baubuisson* des *Dominos Roses; Van der Kraft*, de *Dora*, etc., etc..., sans omettre *le vieux Berger* de l'admirable *Arlésienne.*

Parade n'avait encore que trente ans, qu'il jouait déjà des rôles de vieillards; il continua à ne jouer que des vieux durant toute sa carrière.

Sa vie, d'une régularité parfaite, se passait entre sa petite maison de la rue des Dames, aux Batignolles, où il demeurait, soigné par sa sœur, son cher théâtre du Vaudeville et le café de Mulhouse, situé où se trouve maintenant le Musée Grévin.

Là, chaque jour, il arrivait vers 5 heures, clopinant, pour cause de goutte, fumait force cigares, et jusqu'à 7 heures faisait l'enragée partie de « dominos à quatre » en la compagnie, inséparable alors, d'Arthur Pougin, de Gaboriau, d'Alexis Bouvier, de Louis Péricaud, de Cornaglia, d'Émile Hémery, de Jules Noriac, de Carrier-Belleuse le père, de Georges Maillard et *tutti quanti.*

Le domino à quatre était la plus grande surexcitation de nerfs de Parade. Il se passionnait, lui, si calme, si tranquille, et fulminait contre un coup joué distraitement, comme cela arrivait souvent à Noriac.

Un soir d'avril de 1885, Parade ne parut pas à la vertigineuse partie. Ses amis coururent chez lui. Il était au lit. Le 5 mai, il mourait. La goutte lui était remontée au cœur. Ainsi finit ce grand, bon et honnête comédien.

BRASSEUR

(1829—1890)

Il se nommait *Jules-Victor-Alexandre Dumont*. Il était né en 1829. Il avait fait de bonnes études à l'Institution Jauffret, à Charlemagne, et, muni de ce bagage de grec et de latin, il devint commis gantier.

Poussé par l'irrésistible goût du théâtre, il débuta à Belleville en 1847. Il ne tarda pas à franchir la barrière qui le séparait du grand boulevard et passa aux Délassements-Comiques pour entrer ensuite aux Folies-Dramatiques.

Enfin, le 19 août 1852, il débutait triomphalement au Palais-Royal, par le rôle de *Mâchavoine* dans *Le Misanthrope et l'Auvergnat*.

Voici comment il avait été engagé au Théâtre de M. Dormeuil.

Levassor, le très original comique du temple de la drôlerie, ne gagnait que 12.000 francs par an. Il était à fin d'engagement. Se rendant compte de son influence sur le public, par conséquent sur les recettes, il voulut avoir autant que son camarade Ravel, le seul, en ce théâtre, qui gagnât 18.000 francs.

M. Dormeuil refusa net cette énorme augmentation. Levassor partit donner des représentations en province.

Ce que voyant, M. Dormeuil n'hésita pas à engager Brasseur, qui venait de remporter un gros succès aux Folies-Dramatiques, avec un vaudeville intitulé : *Dans une baignoire*.

Brasseur, dans cette pièce, jouait merveilleusement un Auvergnat, et M. Dormeuil venait précisément de recevoir de Labiche l'adorable vaudeville *Le Misanthrope et l'Auvergnat*, pour lequel il lui fallait un comique excentrique sachant composer un rôle et imiter l'accent d'un brave enfant de Saint-Flour.

Brasseur fut choisi pour remplacer Levassor ; et, le lendemain de la première représentation, les journaux retentirent des éloges adressés au débutant.

Levassor, à ce moment en représentation à Lyon, lut les journaux constatant le grand succès de Brasseur, pressentit un rival redoutable et écrivit aussitôt à M. Dormeuil : « J'accepte vos propositions de rengagement pour cinq ans, à 12.000 francs, comme précédemment. »

Levassor rentra au Palais-Royal et le pauvre Brasseur, sacrifié, resta longtemps, très longtemps, à voir jouer des rôles qu'il eût pu admirablement jouer, se résignant à faire des imitations dans les revues, à chanter des chansonnettes dans les entr'actes, jusqu'à ce que Levassor abandonnât complètement ce théâtre.

Enfin, le 2 février 1861, *Groseillon*, de *La Mariée du Mardi-Gras*, plaçait Brasseur au premier rang des grands amuseurs de Paris et *Le Brésilien*, *Colladan* de *La Cagnotte*, *Landremol* de *La Consigne est de ronfler*, les trois rôles de *La Vie parisienne*, *Le Plus heureux des trois*, *Tricoche et Cacolet*, *Le Panache*, *La Boîte à Bibi*, mirent successivement le comble à sa réputation.

Après vingt-cinq années de Palais-Royal, Brasseur quitta ce théâtre et alla fonder le Théâtre des Nouveautés, boulevard des Italiens, qu'il ouvrit le 12 juin 1878, par *Coco*, pièce dans laquelle il joua le rôle de *Floridor*.

Il fit de ce théâtre un des premiers, dans le genre du vaudeville et de l'opérette, et après avoir contribué, pendant douze années, aux grands succès qu'il sut y apporter comme directeur et comme acteur, il mourut le 6 octobre 1890, laissant, pour perpétuer le nom, son fils Albert, le délicieux comédien de notre Théâtre actuel des Variétés.

Albert Brasseur reste comme la plus délicieuse création de son père.

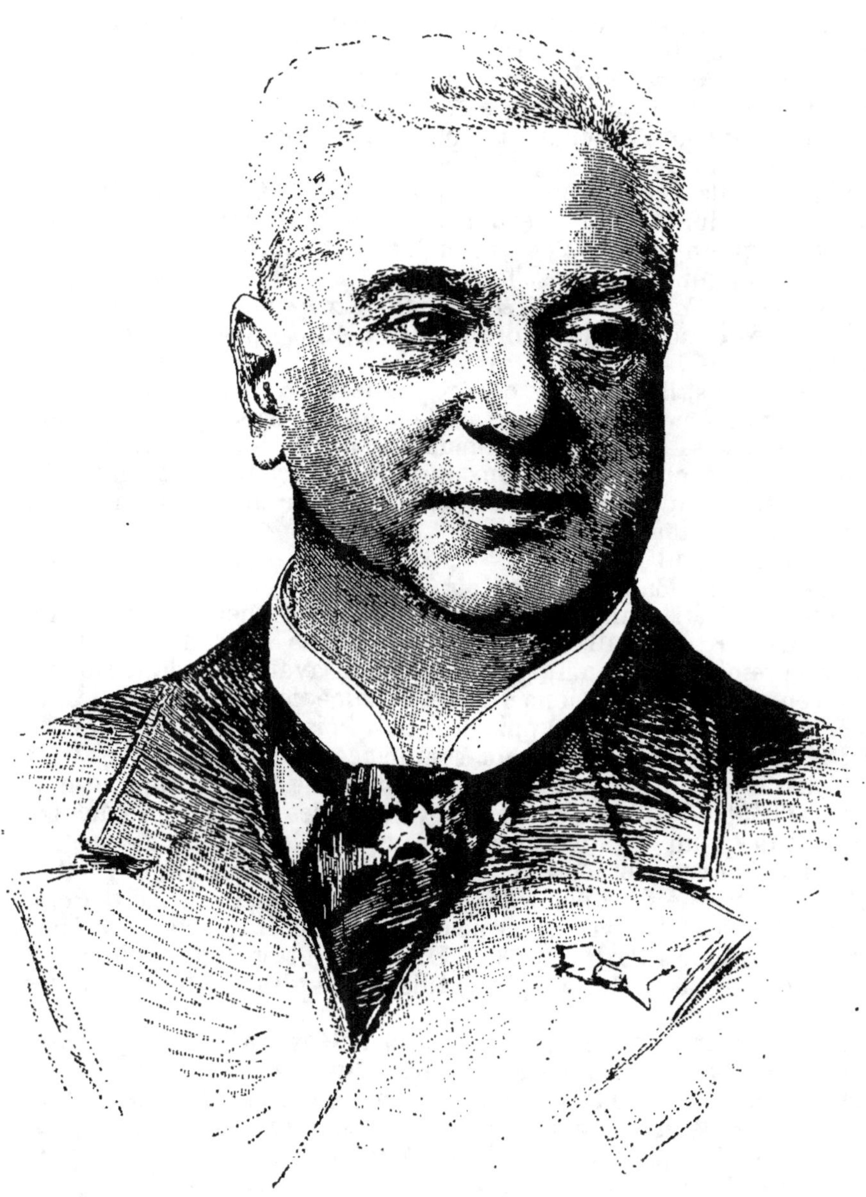

BRASSEUR.

DUMAINE

(1831—1893)

Fils d'un fermier de Lieusaint (Seine-et-Marne) où se passa le drame terrible du « Courrier de Lyon », *Louis-François Dumaine* passa ses premières années à conduire la charrue, au milieu des boutons d'or, des coquelicots et des bluets, cette parure des l.l.s. Il lisait beaucoup, le jeune agriculteur : il dévorait les beaux romans d'Alexandre Dumas, d'Eugène Sue, et se formait l'esprit par les grands vers de Victor Hugo, de Lamartine et d'Alfred de Musset, les éducateurs de cette noble époque romantique.

Si bien qu'un jour, il s'en vint à Paris, et tomba chez sa sœur, Mlle Person, qui venait de se faire connaître au Théâtre-Historique, par le rôle de *Catherine de Médicis* dans *La Reine Margot,* et dont l'intime protection d'Alexandre Dumas n'était un secret pour personne.

Par ses soins, il entra au collège Chaptal; y fit des études incomplètes, cependant assez avancées; et un beau jour le jeune homme dit à sa sœur : « Cincinnatus a quitté les honneurs pour retourner à sa charrue; je veux faire le contraire de ce Romain fameux, et abandonner la charrue, pour aller aux honneurs. Je veux être dictateur, roi, empereur!... »

Sa sœur le crut fou.

Il termina : « Enfin, je veux être acteur. »

Dumaine était grand, beau, de force herculéenne, possédait une fort jolie écriture; Mlle Person le présenta à Alexandre Dumas, qui, du premier coup, en fit son secrétaire. Il avait alors dix-neuf ans — né en août 1831 — et joua d'abord la comédie, ou plutôt le drame en compagnie d'amateurs; puis débuta à Poissy, dans *Henri IV* de *la Reine Margot.* Il avait voulu commencer par un Roi !

Alexandre Dumas le protégeant, Dumaine put se faire admettre au Théâtre-Français. Il espérait y jouer des « jeunes premiers », il n'y joua qu'un « jeune dernier » dans *Le Moineau de Lesbie.*

Il alla trouver Edmond Seveste, ce Vincent de Paul des petits acteurs, lequel le fit jouer *Albinus* dans *Le Sonneur de Saint-Paul,* à Montmartre. Il partit alors pour Le Havre et du Havre à Marseille. De retour à Paris, en 1852, Dumaine fut engagé par le directeur Hostein, à la Gaîté, qui l'utilisa dans des doublures et des reprises.

En cette même année, Mistress Beecher-Stowe, ayant fait paraître son roman *La Case de l'oncle Tom,* qui obtint un énorme succès de lecture, tous les dramaturges se jetèrent à l'envi sur cette œuvre généreuse et se mirent à tailler dans ses chapitres des pièces, pour tous les théâtres. Le Gymnase joua : *Élisa,* ou *un Chapitre de l'oncle Tom;* la Gaîté : *L'Oncle Tom;* les Folies-Dramatiques : *La Cage de l'oncle Toc;* l'Ambigu : *La Case de l'oncle Tom.*

Ce fut ce dernier drame, du grand confectionneur Dennery — le nom n'était pas encore illustré d'une apostrophe — qui réunit tous les suffrages.

— 334 —

M. Desnoyers, directeur de ce théâtre, avait besoin pour représenter, dans cette *Case,* le rôle du mulâtre *Georges,* d'un jeune homme beau, grand, ayant de la chaleur. Dumaine réunissait toutes ces qualités, il fut engagé et triompha. On le trouva superbe : il l'était en effet.

Dumaine resta à ce théâtre de l'Ambigu cinq années, pendant lesquelles il créa : *Le Château des Tilleuls, La Prière des Naufragés, César Borgia, Le Pendu, Les Amours maudits, Jocelyn le garde-côte, Les Orphelines de la Charité, La Tour de Londres, Le Paradis perdu, Le Fléau des mers,* etc., etc,

Il reprit : *Abélino* dans *L'Homme à trois visages; Gaspardo le Pêcheur; Kean,* et autres rôles célèbres.

En 1858, Marc Fournier, directeur de la Porte-Saint-Martin, l'engagea, et lui fit créer *Les Mères repenties,* de Mallefille, et le *Faust,* de Dennery. Jamais plus beau *Faust* ne parut sur un théâtre.

L'année suivante, 1859, il alla à la Gaîté jouer *Cartouche ;* c'est dans cette pièce, qu'à la force des poignets, il s'évadait, à l'aide d'une corde lisse lancée du plafond de sa prison. C'était un véritable tour de force, car il ne fallait pas moins grimper la hauteur de neuf mètres, pour arriver au pont de cintre.

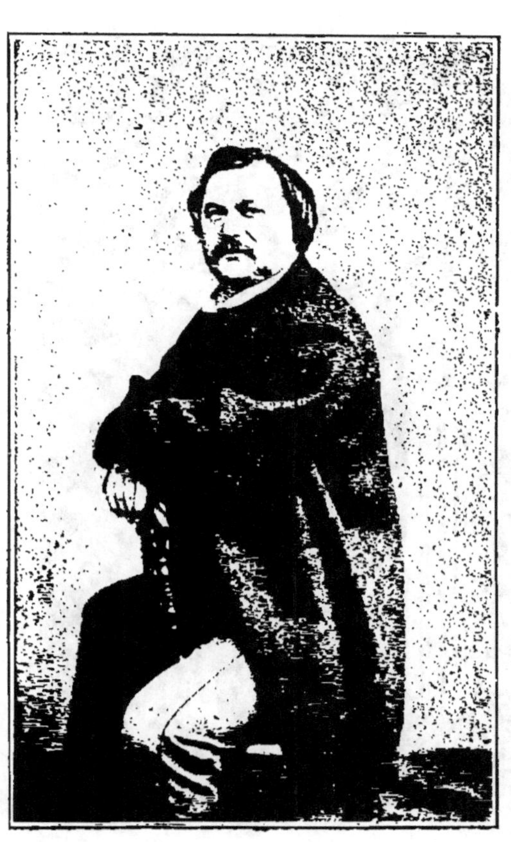

DUMAINE.

On le rappelait après cet acte de l'évasion ; il revenait par le même chemin, saluer le public. L'enthousiasme, alors, prenait des proportions colossales.

Il joua encore *Les Aventuriers, La Petite Pologne, Christophe Colomb, Micael l'Esclave* et *Les Pirates de la Savane.*

En 1862, il retourna à la Porte-Saint-Martin y jouer *Antony* et *La*

Tour de Nesle. En 1864, il joua *Tartufe* de façon fort remarquable ; à ce point que Delaunay disait plus tard : « Si la Comédie-Française engageait un artiste pour ne jouer qu'un rôle, elle n'hésiterait pas à engager Dumaine pour jouer *Tartufe*. »

Il passa à la Gaîté et créa *Pontis*, dans *La Maison du Baigneur* et *Salvator*, dans *Les Mohicans de Paris*.

Malheureusement, en 1865, il eut la fâcheuse idée de prendre la direction de ce théâtre et y fit de mauvaises affaires. Ici se place l'un des actes les plus méritoires de la vie de ce comédien. Le reste de sa carrière fut consacré à acquitter intégralement ses dettes ; et pas un de ses créanciers ne put lui reprocher d'avoir perdu un sou. Quel exemple peu suivi !

C'est sous sa direction qu'il joua *Les Treize, Bas-de-laine* et *Jean la Poste*.

L'embonpoint le saisit tout à coup et à quarante ans, il devint énorme. Cela ne l'empêcha pas de créer encore à la Porte-Saint-Martin, de très remarquable façon, *le comte de Rysor* dans *Patrie;* puis à l'Ambigu *Le Dompteur, La Charmeuse;* pendant le siège de Paris, *Les Paysans lorrains* et *Le Forgeron de Châteaudun;* après la guerre, ce fut *Coq-Hardi, Les Exilés, Les Misérables* et nombre d'autres rôles, dans lesquels il se montra toujours comédien de grande puissance et de noble composition. Il lutta jusqu'à la fin.

Dumaine mourut dans la pauvreté, le 13 janvier 1893, laissant la réputation méritée d'un être bon jusqu'à la faiblesse, d'un honnête homme, et d'un vaillant et grand artiste.

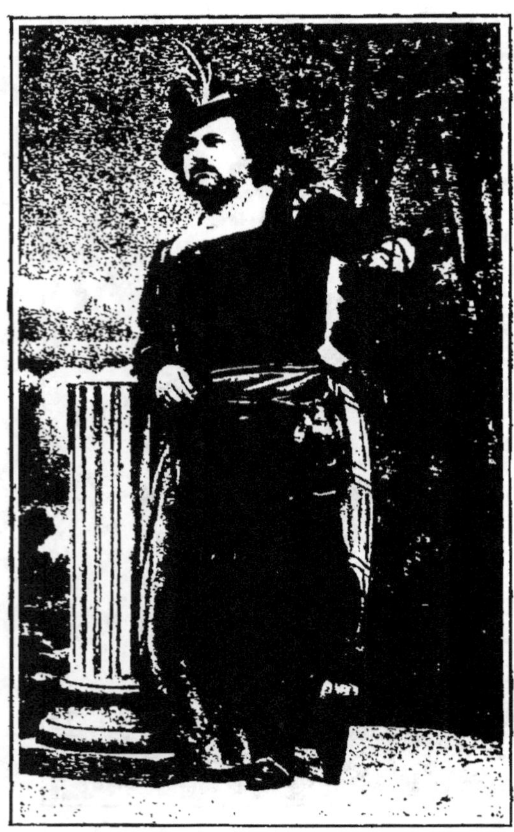

DUMAINE.

Dans *Le Fils de la Nuit*.

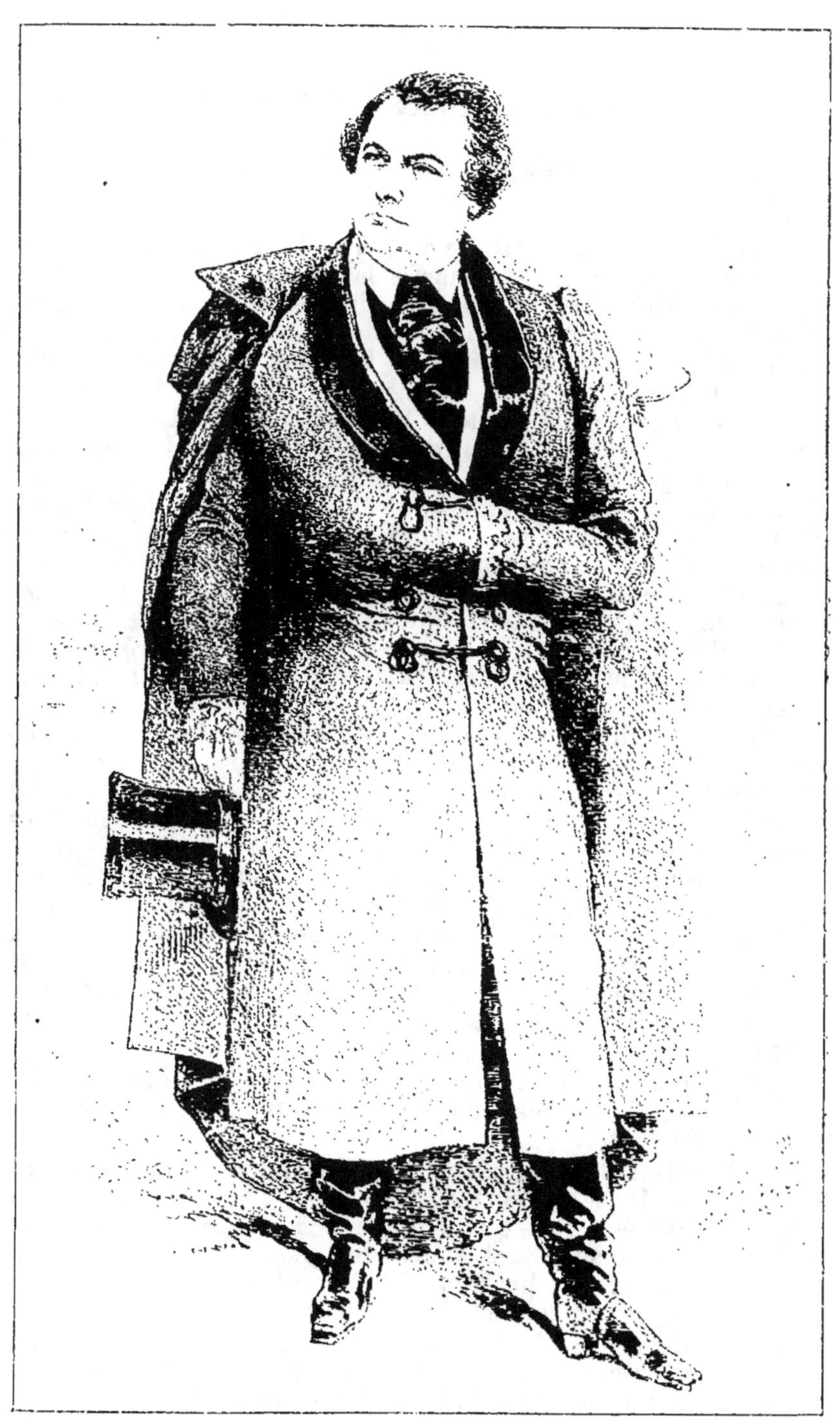

DUMAINE.

Dans Les Trois

— 349 —

MADAME MIOLAN-CARVALHO

(1831 — 1895)

Elle fut la plus riche héritière de toutes les grandes cantatrices, qui parurent jusques et y compris la date de son apparition. Jamais on n'entendit style plus pur, diction plus correcte, sûreté de vocalises, véritable cascade de notes argentines, voix plus étendue, grâce au travail tenace et à la volonté ferme de cette admirable artiste.

Caroline-Marie-Frélia Miolan, est née à Marseille le 31 décembre 1831. Ce qui lui faisait dire : « Si j'étais née un jour plus tard, j'aurais un an de moins. »

Venue à Paris, elle prit d'abord des leçons du grand professeur Delsarte, et entra au Conservatoire, en 1843, dans la classe dé Duprez; lequel, reconnaissant en son élève une volonté et une intelligence au-dessus de celles auxquelles il était accoutumé d'avoir affaire, s'appliqua surtout à faire sortir des sons qui semblaient vouloir s'obstiner à demeurer en dedans, concentrés, sourds, et à en augmenter le volume, tant cette voix semblait faible, courte et ténue.

Mlle Miolan, — que nous continuons à appeler ainsi, parce qu'à l'époque traitée en ce moment par nous, elle n'est pas encore Mme Carvalho, — remporta son premier prix de chant, et fut engagée à l'Opéra-Comique, où elle débuta le 29 avril 1850, dans *L'Ambassadrice,* d'Auber. Ce rôle d'*Henriette* lui valut un très grand succès. Elle reprit ensuite, dans *Le Caïd,* le rôle si gracieusement créé par Mme Ugalde. Cette reprise ne fut pas complètement à son avantage, car la comparaison que l'on établit entre les deux artistes, fut en faveur de la créatrice, laquelle, plus comédienne que la jeune Miolan, — elle avait dix-neuf ans, — produisait certains effets scéniques que seule l'expérience peut permettre de produire.

Adolphe Adam écrivit alors pour elle *Giralda.* Et, dans ce rôle capital, tout de premier plan, elle sut se faire ravissante, et orienter la pièce vers le succès.

Mais, où le talent de la grande artiste apparut dans toute sa puissance, dans toute sa valeur, dans toute son autorité, ce fut l'année suivante — 1851 — quand elle créa *Les Noces de Jeannette.* Après cet immense succès, si mérité, les jalousies sourdes se calmèrent, les hostilités vindicatives s'arrêtèrent, et Mlle Miolan put, tout à l'aise, régner en souveraine de l'art du chant.

En 1853, elle devint la femme d'un obscur camarade de son théâtre, M. Carvalho, de son nom véritable Carvaille, lequel, par la suite, devint l'un des plus habiles directeurs de Paris.

M. Carvalho, très bon musicien, très doué pour l'administration,

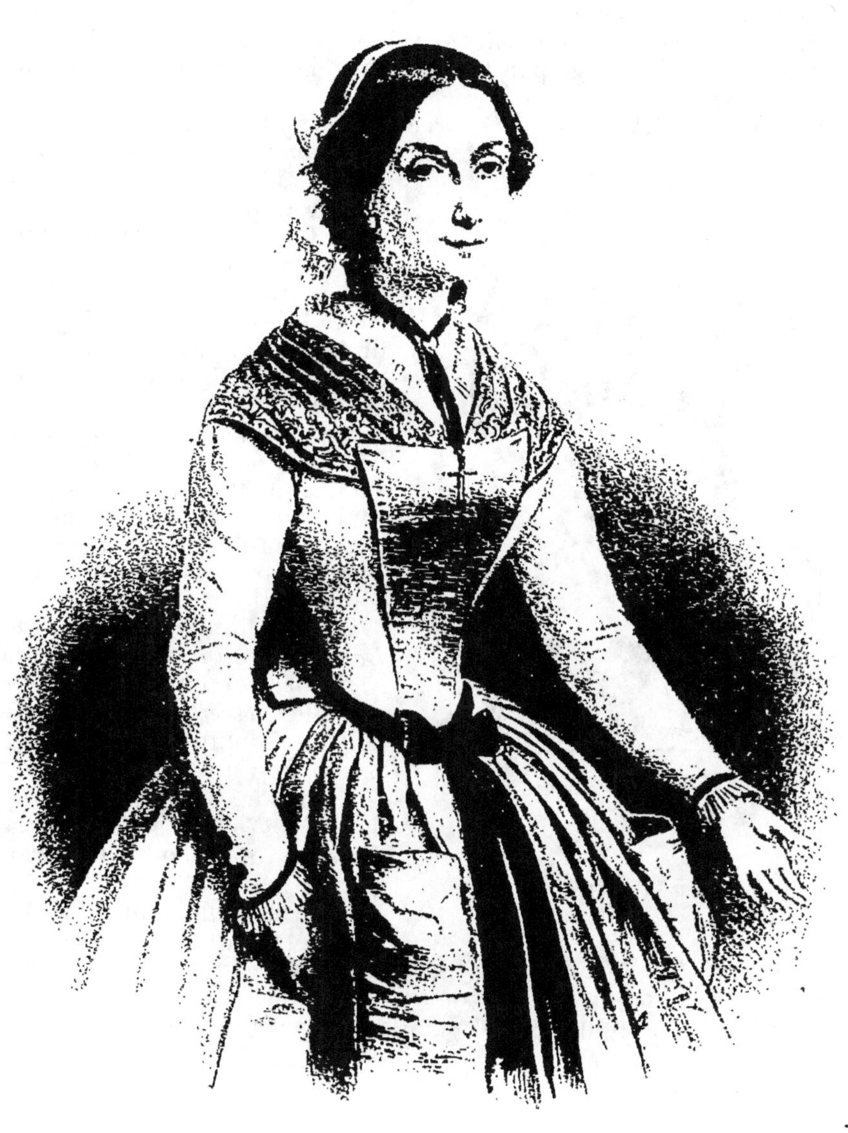

MADEMOISELLE FÉLIX MIOLAN.

Rôle de Jeannette dans *Les Noces de Jeannette*.

fit rompre l'engagement de sa femme à l'Opéra-Comique et s'empara de la direction du Théâtre-Lyrique du boulevard du Temple, fort péniblement dirigé par un certain Pellegrin, ancien directeur de Toulouse.

Là, Mme *Miolan-Carvalho* créa avec d'immenses succès *La Fanchonnette; La Reine Topaze*, de Victor Massé; *Margot*, de Clapisson.

M. Carvalho, je l'ai dit, était un excellent musicien. Il fit reprendre à sa femme le *Chérubin*, des *Noces de Figaro*, de Mozart; la *Zerbine*, de *Don Juan*, du même grand compositeur allemand.

Il sut découvrir, deviner Charles Gounod et fit jouer son *Faust*, qui avait été refusé partout. Mme *Carvalho* s'incarna dans le rôle de *Marguerite*. Le retentissement de *Faust* fut colossal. Il dure encore.

Puis vinrent *Philémon et Baucis; Pamina*, dans *La Flûte enchantée;* et enfin, cette admirable *Mireille*, qui reste à l'Opéra-Comique ce que *Faust* est devenu à l'Opéra.

Enfin, le rôle de *Juliette*, dans *Roméo et Juliette*, fut la dernière apothéose de cette géniale artiste.

En 1885, elle abandonnait complètement le théâtre; et, le 10 juillet 1895, l'incomparable cantatrice s'éteignit paisiblement, au Puys, près Dieppe, à l'âge de soixante-quatre ans.

Le mot génie, appliqué à Mme Miolan-Carvalho, ne rencontrera nul contradicteur.

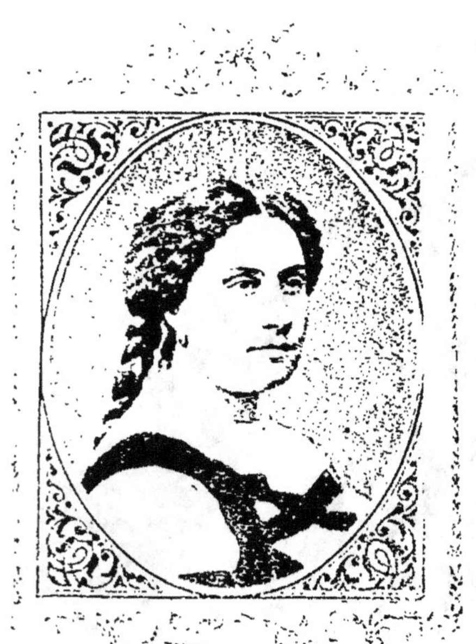

MADAME CARVALHO.

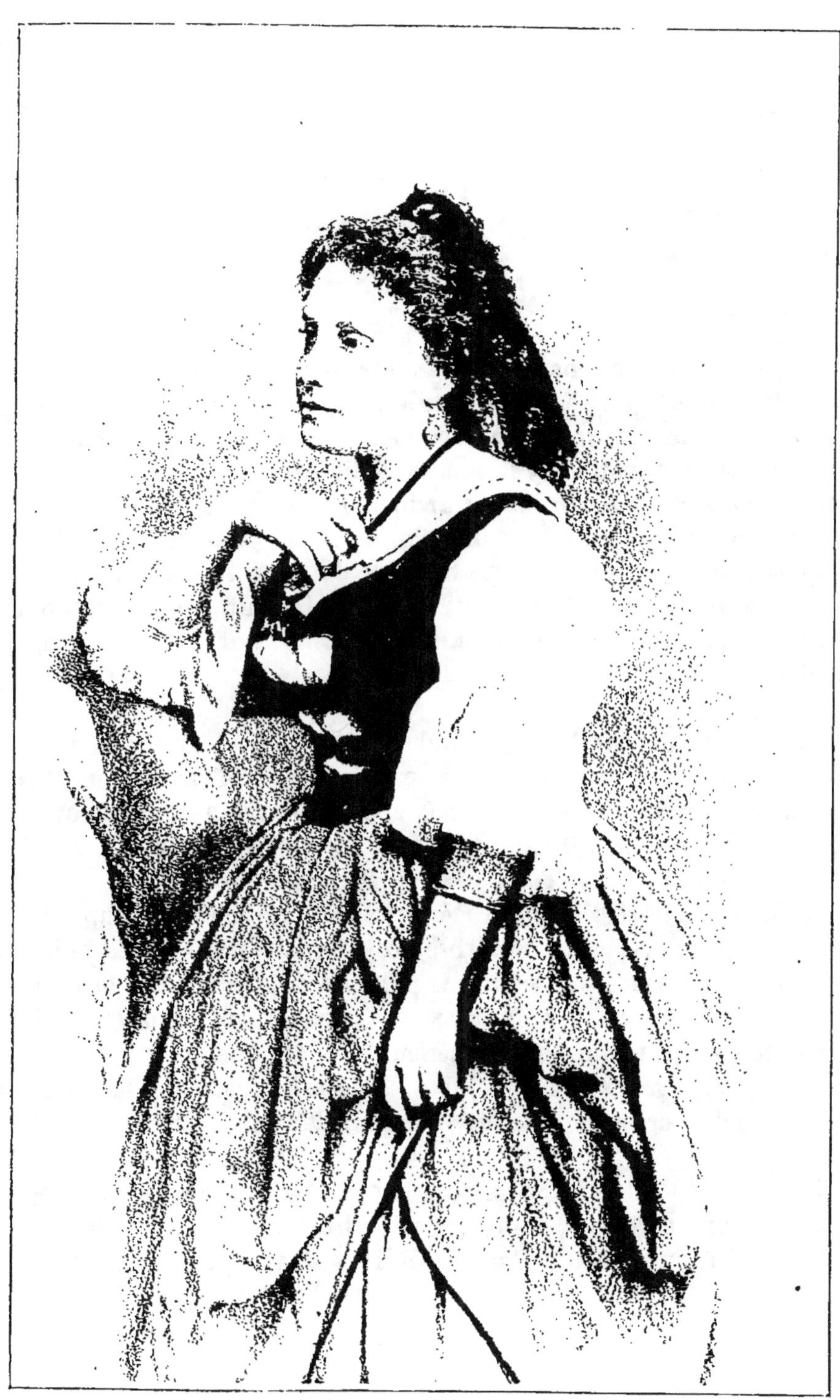

MADAME CARVALHO.

MADAME AGAR

(1832 — 1891)

Celle que nous avons connue grande, forte et belle comédienne, sous le nom d'*Agar*, est née à Sedan le 18 septembre 1832. Fille de Pierre Charvin, maréchal des logis au 8e chasseurs à cheval, lequel, sur les registres de la mairie, la fit inscrire sous les noms de *Marie-Léonide Charvin*, elle grandit dans la cavalerie.

Le nom d'*Agar* lui fut donné à Paris par son professeur, Ricourt, lequel lui dit : « Quand on a l'honneur de jouer la tragédie, on ne peut s'appeler, prosaïquement, Charvin. Il faut, à une véritable tragédienne, un nom biblique, comme celui de Rachel. Tu t'appelleras *Agar!*... »

Et Agar fut.

Elle avait débuté le 18 décembre 1859 à l'école lyrique de la rue de Latour-d'Auvergne, par le rôle de *la Maritana* de *Don César de Bazan*. Le 6 mars 1860, elle reparut dans *Phèdre*, et se fit remarquer d'un brillant auditoire. Ricourt l'embrassa tendrement, en lui disant : « Tu es digne d'être mon élève ».

Voici le portrait d'*Agar*, tracé par Sarcey : « Elle était superbe, avec ce beau visage de marbre, cette épaisse chevelure noire, lourdement massée sur le cou, la poitrine déjà opulente, la taille majestueuse, et cette voix grave à laquelle son timbre voilé donnait je ne sais quoi de mystérieux. C'était quelqu'un ! »

En 1862, *Agar* entra à l'Odéon. Elle alla ensuite à la Porte-Saint-Martin créer le rôle de *Windha*, dans *Les Étrangleurs de l'Inde*.

En mai 1863, après plusieurs tentatives infructueuses, trop redoutée par certaines grandes Sociétaires, elle fut enfin admise comme pensionnaire à la Comédie-Française, presque par ordre de l'Empereur.

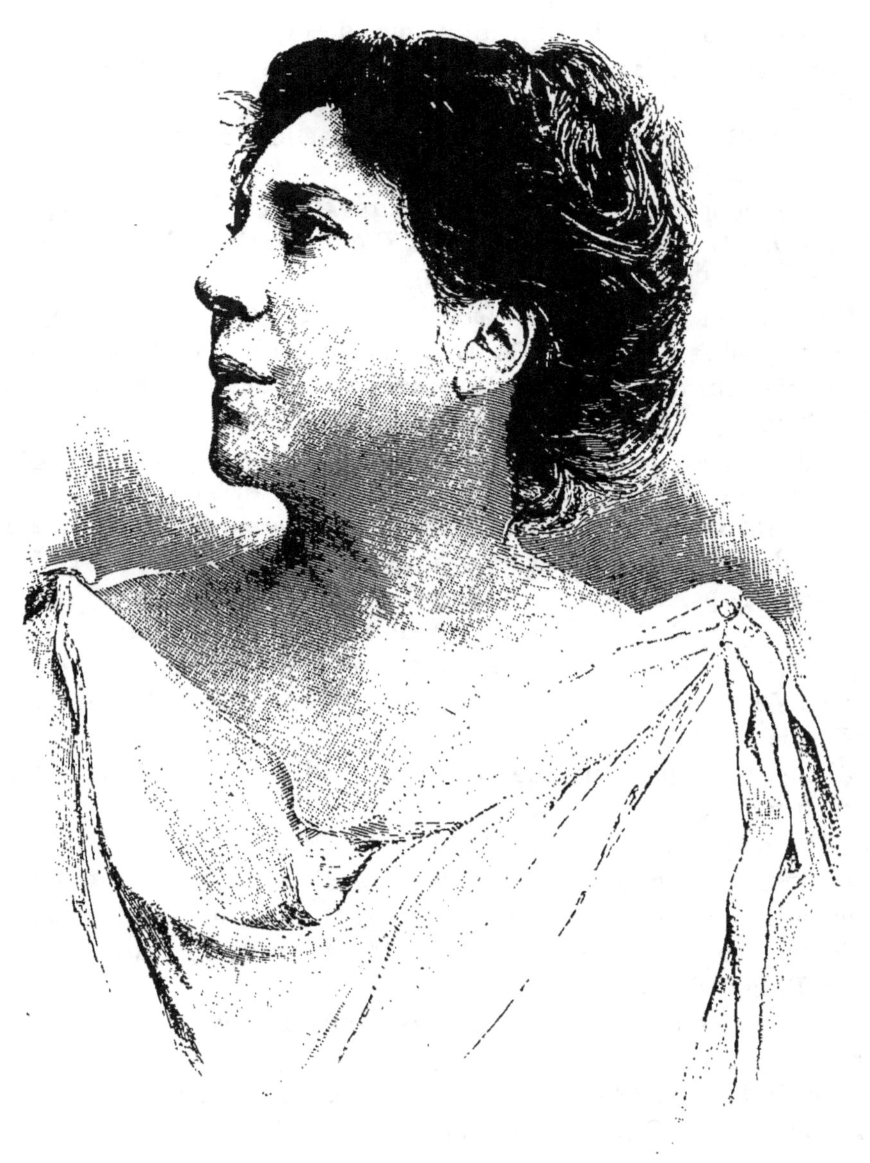

MADAME AGAR.

Là, elle fut en butte à de terribles et impardonnables jalousies. On lui créa tant de difficultés que, découragée, elle s'en fut à l'Ambigu, remplacer Mme Marie Laurent dans *La Sorcière* ou *Les États de Blois*.

En 1864, elle passe à la Porte-Saint-Martin, où elle joue *Faustine,* de Louis Bouilhet.

Elle va ensuite à la Gaîté, reprendre *Marguerite de Bourgogne*, dans *La Tour de Nesle, Ghébel,* du *Fils de la Nuit.* En 1866, elle retourne à l'Odéon, jouer *La Conjuration d'Amboise;* en 1867, *Le Roi Lear,* et *Jeanne de Lignières,* en 1868. Enfin, en 1869, François Coppée lui fait créer *Sylvia,* de son *Passant,* rôle dans lequel l'avis unanime fut qu'elle se montra admirable de diction, de poésie et de forme.

C'est à la suite de cette brillante et retentissante création, que la Comédie-Française la rappela à elle, pour la seconde fois.

En 1878, elle créa à ce théâtre *Mme Bernard,* dans la pièce d'Émile Augier : *Les Fourchambault;* cette dernière tentative fut couronnée par un fort beau succès.

Jamais, cependant, elle ne parvint à être élue Sociétaire.

Écœurée, elle partit de nouveau, pour retourner à l'Ambigu, jouer *Les Mères Ennemies,* le beau drame de Catulle Mendès, et *La Glu,* de Jean Richepin.

Elle revint une troisième fois à la Comédie-Française, mais pour en sortir une fois de plus.

Son talent était de force et de charme. M. Henry Lyonnet, dans son très excellent *Dictionnaire des Comédiens français,* écrit : « La maladie, la fatigue, le découragement guettaient la pauvre artiste, vieillie et brisée, qui vint échouer à Montmartre, aux Gobelins et aux Batignolles ».

Un soir, en déclamant *Le Cimetière d'Eylau,* elle fut frappée de paralysie.

Et, le 14 août 1891, elle mourait à Mustapha, près d'Alger, en murmurant : « C'était bien la peine de vivre ! »

JOSÉ DUPUIS

(1833—1900)

Ce fut un grand comédien, que ce long dadais, naïf et distrait.
Un très grand comédien même. On a dit qu'il ne travaillait pas, qu'il
devait tout à la nature. On s'est trompé. Il travaillait, beaucoup,
sans cesse, partout, chez lui, dans la rue, préparant en pensées les
effets qu'il se commandait de produire sur le public du soir, et qu'il
produisait infailliblement, par l'étude d'un « temps » à prendre, ou
d'une inflexion à produire. On appelle au théâtre, « prendre un
temps » de ménager un instant de silence, habilement calculé, qui
doit amener, au moment voulu, le rire ou la terreur du public.
Chez *Joseph Lambert, Dupuis*, dit *José*, c'était le rire, le rire inex-
tinguible.

Il est né à Liège le 18 mars 1833, d'un professeur de dessin qui
lui fit apprendre la musique. Il avait une jolie voix, ce qui lui
permit de chanter des chansonnettes sur des théâtres de société,
et même sur le vrai théâtre de Liège, où le directeur, l'ayant trouvé
amusant, l'engagea à de modestes appointements.

En 1854, il vint débuter à Paris, sur le théâtre du Luxembourg
— ancien Bobino —, situé au coin de la rue de Fleurus et de la rue
Madame. Son premier rôle fut un conscrit français, dans une pièce
d'actualité, qui avait pour titre : *Les Russes*. Cette pièce avait été
conçue par ses auteurs, dans l'espoir de rivaliser avec l'énorme
succès d'une pièce similaire, qui se jouait alors sur le boulevard du
Temple, au théâtre de la Gaîté : *Les Cosaques*, d'Arnault, un
acteur, et Judicis. On était en pleine guerre d'Orient.

Dès ce début, José Dupuis se classa parmi les bons amuseurs
parisiens. En 1855, c'est-à-dire l'année suivante, il fut engagé au
petit théâtre des Folies-Nouvelles, qui ne s'appelait pas encore le
théâtre Déjazet, mais qui n'allait pas tarder à prendre ce nom. Il
se fit remarquer alors comme comique chanteur, dans *Le Page de*

madame Malbrough, *L'île de Calypso* et *Le Jugement de Páris*. Les Folies-Nouvelles étant devenues le théâtre Déjazet, il joua aux côtés de la célèbre Comédienne, patronne de l'endroit, *Les Premières armes de Figaro* et *M. Garat*.

La petite réputation de José Dupuis devenait grande. Son naturel, son comique sans exagération, sa façon drolatique de chanter, sa jolie voix, firent qu'il fut engagé aux Variétés et qu'en 1861, il débuta sur cette nouvelle scène par un *Mari dans du coton*, de Lambert Thiboust, rôle dans lequel, aux côtés d'Alphonsine, il se tailla un énorme succès.

Mais l'Opérette le guettait ; Offenbach, qui en était roi, apporta aux Variétés son chef-d'œuvre en ce genre : *La Belle Hélène !...* Dupuis et Mlle Schneider furent les triomphateurs de la première représentation. La voix de José Dupuis, claire, métallique, se faisait roucoulante, fantaisiste, criarde, amoureuse, charmeuse et charmante, selon les exigences de la situation.

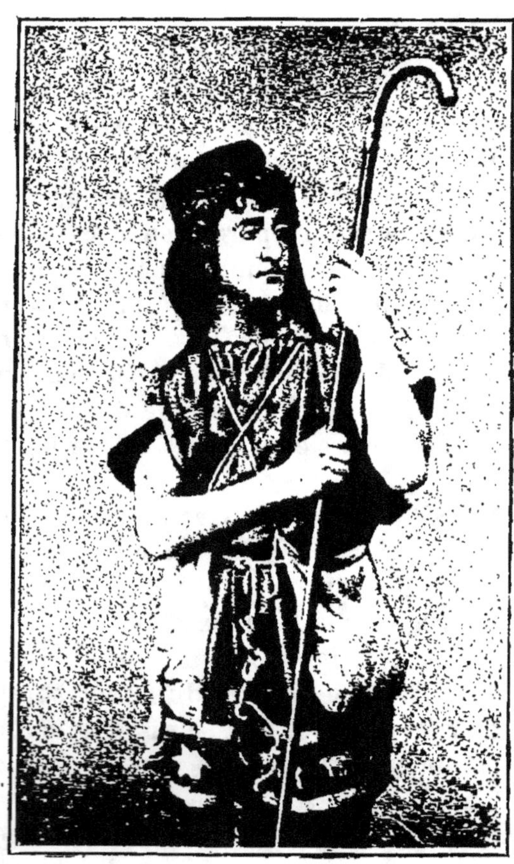

JOSÉ DUPUIS.
Dans *La Belle Hélène*.

Il sut être dans son jeu, spirituel et bête, excentrique et naturel. Ce rôle de Pâris, le classa « grand pître », on n'osa pas dire « grand comédien ».

Puis vinrent les inoubliables créations de *Barbe bleue* ; *La Grande*

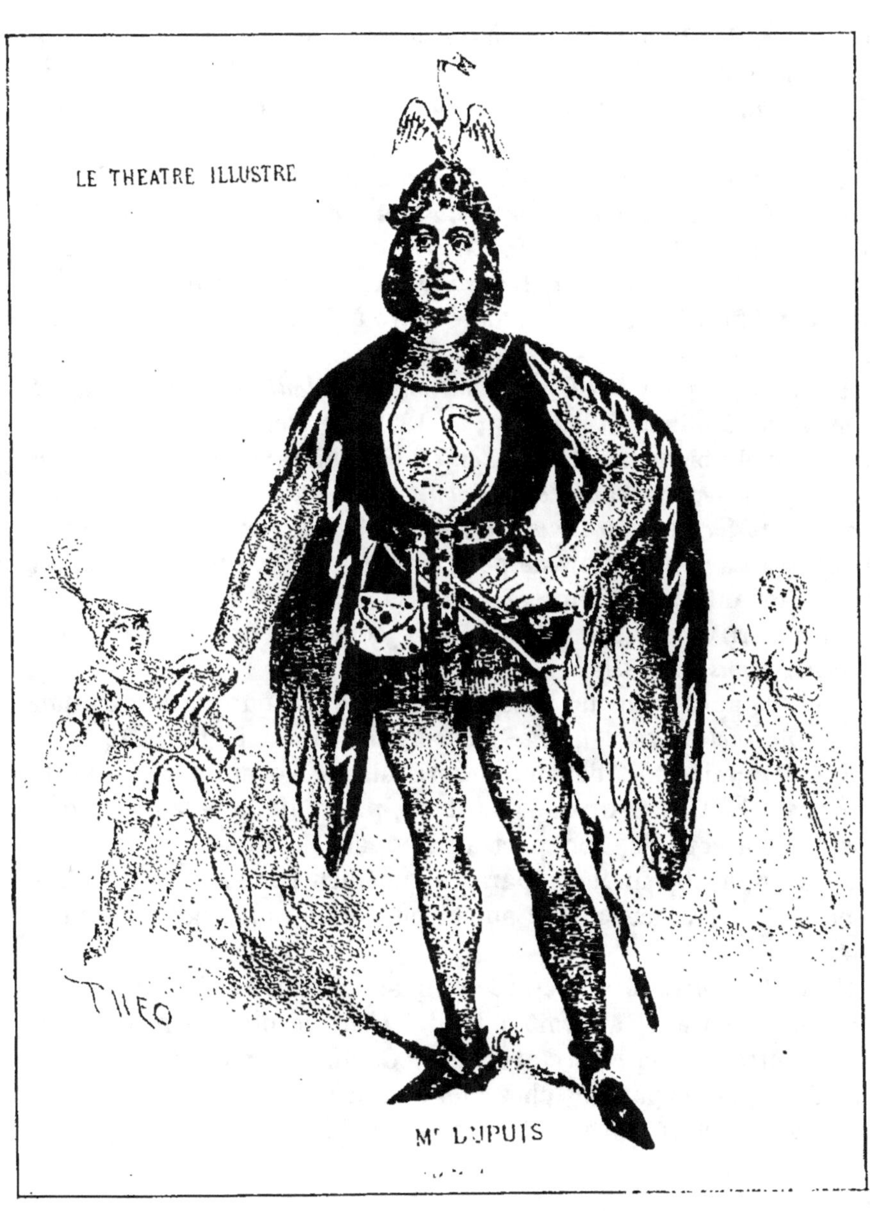

JOSÉ DUPUIS.
Dans *Le Beau Dunois.*

Duchesse, La Périchole, des merveilles d'esprit et d'adorable fantaisie. Meilhac et Halévy semblaient inventer de la musique pour Offenbach, lequel inspirait la verve et les vers des deux spirituels librettistes.

Puis, ce furent *Les Brigands, Le Beau Dunois, Le Trône d'Écosse, Le Docteur Ox, Les Braconniers, La Veuve du Malabar,* et des comédies telles que *Les Prés Saint-Gervais, Les Sonnettes, Les Merveilleuses, La Petite Marquise, Le Jeu de l'Amour et du Houzard,* toutes pièces qui firent que l'on osa alors écrire à l'adresse de José Dupuis, cette épithète de « grand fantaisiste ».

En 1875, il joua *Les Trente millions de Gladiator, Le Passage de Vénus,* de Meilhac et Halévy ; en 1876, *Le Roi dort,* une des rares erreurs de Labiche ; en 1877, *Les Charbonniers;* puis *La Cigale;* en 1878, *Niniche;* en 1880, *Les Cosaques;* en 1882, *La Femme à Papa, La Petite Mère* et *La Roussotte;* en 1883, *Lili,* pièce dans laquelle il représenta de façon on ne peut plus artistique, un simple soldat, un lieutenant et un vieux général.

Alors, arrivèrent des rôles de pure comédie, *Le grand Casimir Décoré, Monsieur Betsy,* etc.

En 1896, après un court passage au Vaudeville où il se montra dans *Feu Toupinel* et *La Famille Pont-Biquet,* il quitta le théâtre.

José Dupuis était devenu propriétaire à Nogent-sur-Marne. Le 6 mai 1900, il mourut dans sa belle propriété, laissant ce qu'il possédait à son fils, son portrait frappant.

José Dupuis fut un incomparable comédien, comique, d'un naturel achevé et convaincu, même au milieu de ses plus graves excentricités.

Il avait l'infirmité du retard ; et quand, à une répétition affichée pour une heure, il arrivait à trois, et même plus, il restait tout ébahi d'être tant en retard et disait : « Comment on en est déjà là ?... Je suis pourtant parti de chez moi à midi un quart. »

C'était l'inconscience du temps personnifiée.

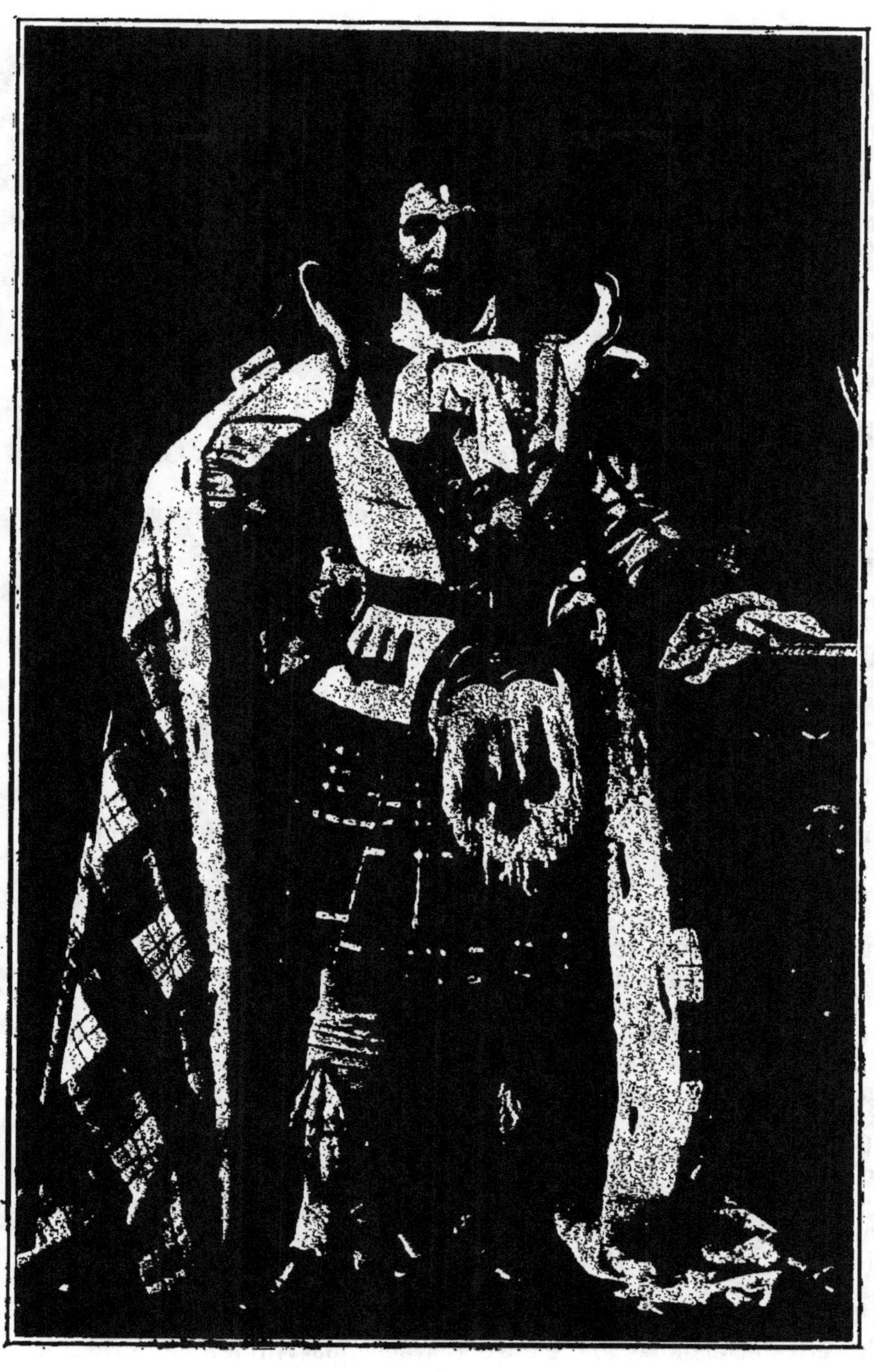

JOSÉ DUPUIS.
Dans *Le Trône d'Écosse.*

MADEMOISELLE FAVART

(1833- 1908)

Napoléon III disait, un soir qu'il se rendait à la Comédie-Française :

— Je vais entendre gazouiller mes oiseaux de la grande volière.

— Pourquoi, Sire, appelez-vous ainsi le Théâtre-Français? lui demanda le général Fleury.

— Mais, parce que, à l'abri de tout souci, je m'y délecte en y entendant chanter juste mes délicieuses fauvettes et mes admirables pinsons.

Avec *Pierrette-Ignace Pingaud*, dite *Marie Favart*, disparut la dernière des fauvettes impériales.

Les autres charmantes gazouilleuses de l'époque avaient nom : Augustine Brohan, Arnould-Plessy, Emma Fleury, Émilie Dubois, Fix, Judith, Nathalie, etc.

Tandis que les pinsons impériaux chantaient sans cesse, de Samson à Régnier, Bressant, Delaunay, Brindeau, Got, Coquelin, Geffroy, Provost, Maubant, etc.

C'était la troupe d'or, en même temps qu'elle savait être la troupe d'argent.

Marie Favart devint la plus noble et la plus belle des fauvettes de la volière impériale.

Elle naquit le 16 février 1833. Le nom de Favart lui avait été donné par son tuteur, ancien consul, qui avait adopté l'enfant orpheline, l'avait fait élever et l'avait fait entrer au Conservatoire, d'où elle sortit avec un premier accessit de tragédie et un deuxième prix de comédie, en 1847 — elle avait donc quinze ans. — Elle débuta à la Comédie-Française l'année suivante, le 19 mai, dans *Valérie*.

Elle créa ensuite *Aldenise* dans *Le vrai Club des Femmes; Césario* dans *André del Sarto*, et *Saphira* dans *Daniel*, tragédie. Puis elle reprit les rôles d'*Édouard* dans *Les Enfants d'Édouard*, et de *Chérubin* dans *Le Mariage de Figaro*. Elle demeura trois années dans la grande maison. Lasse de voir passer devant elle de véritables et sensationnelles créations, elle partit de la Comédie-Française et s'en fut débuter aux Variétés, le 15 novembre 1851, dans *Mignon*, une pièce en deux actes, mêlée de chant, par M. Gaston de Montheau, airs nouveaux de M. Nargeot. La pièce n'eut aucun succès et elle reprit aussitôt le rôle de *Mimi* dans *La Vie de Bohême*, que venait d'abandonner la créatrice, Mlle Thuillier. Elle fut déclarée fort inférieure à sa devancière.

Samson, le grand comédien, qui avait pressenti un tempérament de véritable artiste en la jeune découragée, parvint à la faire revenir

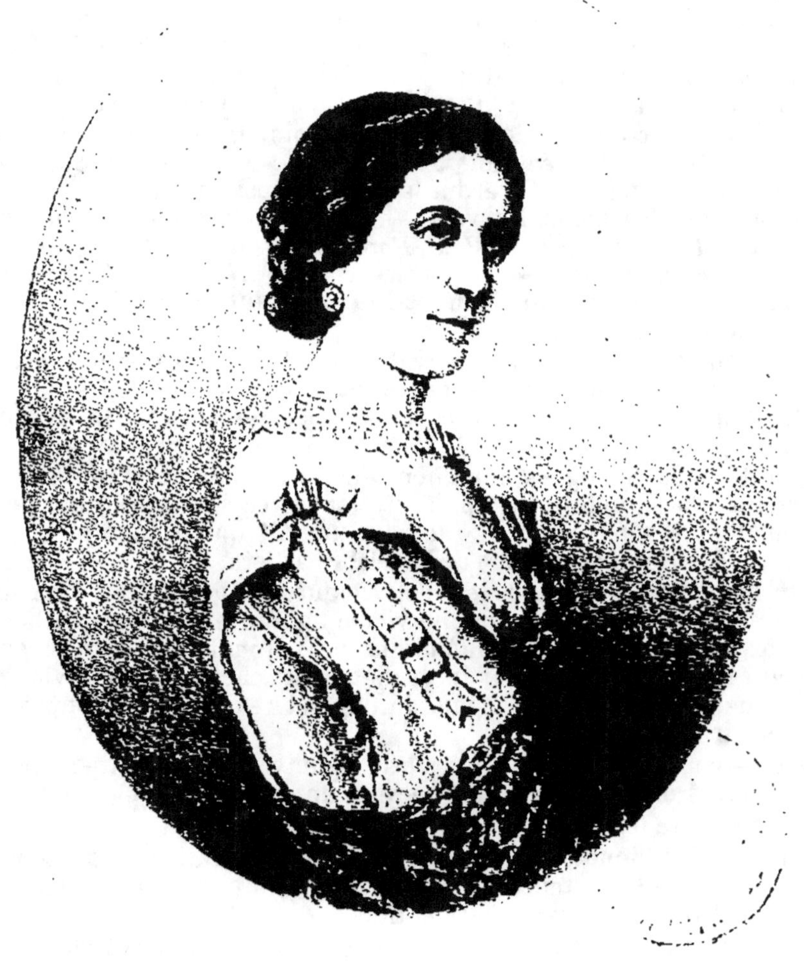

MADEMOISELLE FAVART

à la Comédie, où elle créa le rôle de *Miss Sunders*, dans *Sullivan;* puis *Le Songe d'une Nuit d'Hiver*, d'Édouard Plouvier.

Elle fut nommée Sociétaire le 1er juillet 1854.

C'est de ce moment que datent ses grands pas vers le suprême talent et les apothéoses d'avenir.

Dans le répertoire classique elle sut toujours se montrer d'une pureté et d'une innocence rares, en même temps que d'une « élégance antique, innée en elle » : ceci a été écrit. Dans le rôle de *Héro* de *Héro et Léandre*, un critique autorisé écrivit : « Il n'y a pas eu depuis Rachel un succès de tragédienne aussi franc et aussi mérité. »

Dans le répertoire moderne, elle fut incomparable : *Fernande* du *Fils de Giboyer; Andréa* dans *Jean Baudry; Mathilde* du *Supplice d'une femme;* Émile de Girardin la peignit ainsi dans ce rôle : « Elle a été à la fois Rachel et Dorval. » — Puis *doña Sol* dans la brillante reprise d'*Hernani; Léa* de *Paul Forestier; Julie; Esther* des *Faux Ménages; Marion Delorme*, la portèrent à l'apogée de sa réputation. Sa dernière création à la Comédie-Française fut le rôle de *la Marquise*, dans *Jean Dacier.*

Contrainte, par certaines nécessités, d'entrer en possession de ses fonds sociaux, Marie Favart se retira, comme sociétaire, le 1er janvier 1880. Cependant elle demeure comme pensionnaire à la grande Comédie jusqu'au 16 janvier 1881.

L'auteur de ces lignes eut l'honneur de la connaître en 1869, à Marseille, où elle était en représentation, avec son admirable protagoniste, Delaunay; il faut raconter un fait qui prouve la bonté d'âme et le véritable courage de la célèbre artiste.

On signalait, comme tous les ans, quelques cas de choléra. Un soir, on vint dire au Gymnase, qu'une vieille figurante, nommée Gilbert, je crois, atteinte du mal endémique, ne pouvait se rendre à son devoir. Marie Favart courut immédiatement chez la pauvre vieille, la soigna, la changea elle-même de linge et revint en laissant cent francs sur sa cheminée.

Et, — comme parmi les choses les plus navrantes, la gaîté ne perd jamais ses droits, — Favart dit en revenant :

« La pauvre femme a déjà la figure toute noire! »

Or, ce noir répondu sur la face de la malade n'était que la décomposition d'une belle teinture, qu'elle se mettait sur les cheveux et qui s'était répandue sur sa tête entière.

Marie Favart est morte affligée et pauvre, le 11 octobre 1908.

Son talent, de haute et puissante envolée, symbolisait d'admirable façon cet emploi si difficile du « jeune premier rôle ». Seule, depuis, à la Comédie-Française, l'adorable Mlle Bartet l'a égalée; seule, dans le passé, l'incomparable Desclée l'a dépassée.

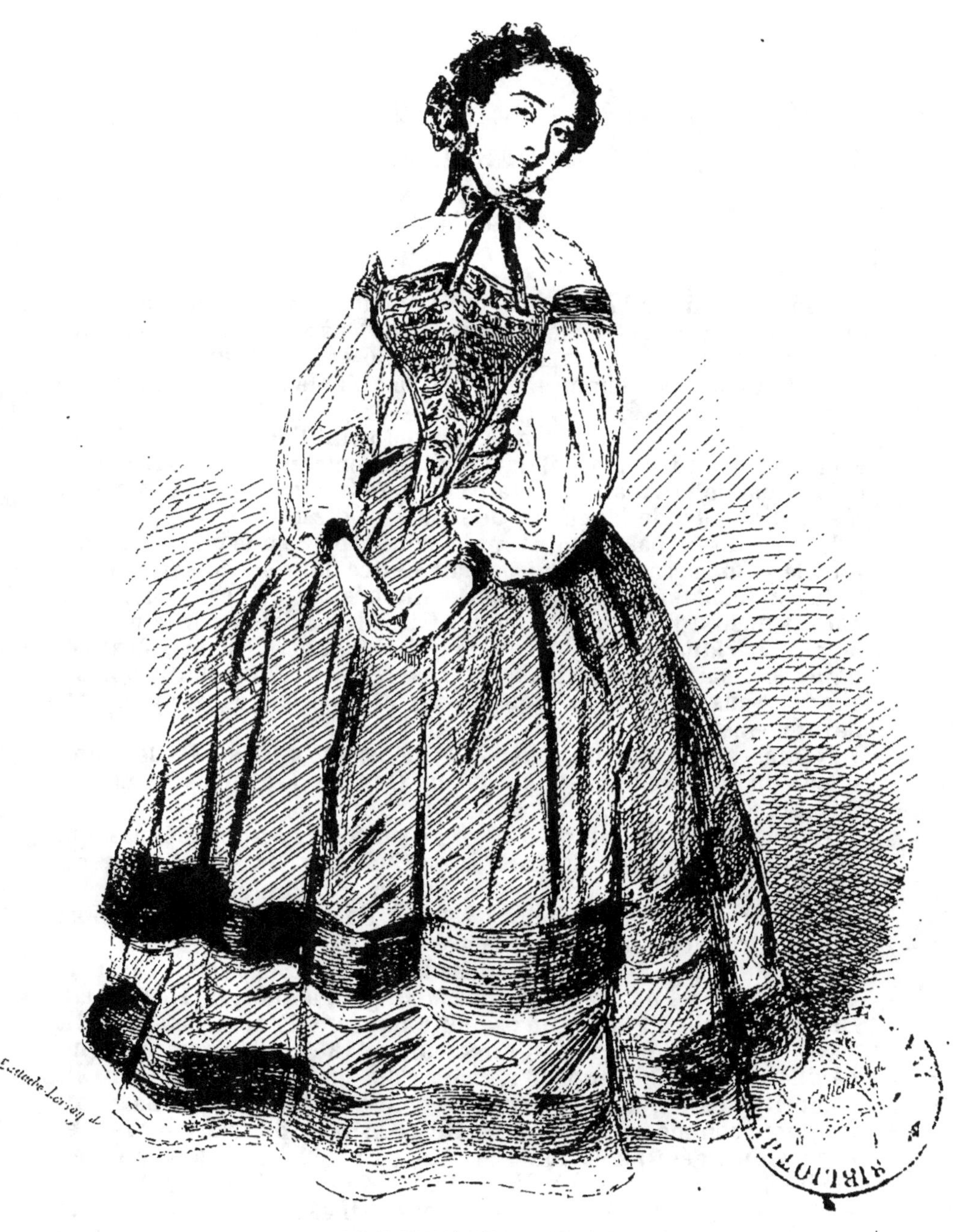

MADEMOISELLE FAVART.

Dans *Romulus*.

DESCLÉE

(1836 — 1869)

Voilà bien, sinon la plus grande, du moins l'une des plus grandes
et des plus parfaites comédiennes du xixe siècle et des précédents.

Jules Janin a écrit sur *Desclée :* « Elle est tout simplement la
plus étonnante des femmes, et si peu semblable aux « joueuses » de
comédie ».

Jules Janin disait vrai. Aimée Desclée avait l'air d'une fine bourgeoise et savait, quand il le fallait, devenir une Duchesse. Elle
n'était pas jolie ; mais elle était charmante, avec de grands yeux,
pleins d'amour, de langueur, de malice et d'esprit.

Elle ne disait pas comme tout le monde, parce que plus juste que
tout le monde ; sa voix, qui prenait source dans ses fosses nasales,
la faisait constamment paraître enrhumée du cerveau ; mais elle
parlait mieux que tout le monde ! Car elle parlait avec le naturel
le plus parfait qui fût. Et cette voix singulière, douce, flexible,
impressionnait, émouvait, faisait passer du rire aux larmes, sans
efforts, sans affectation, sans contractions voulues, simplement,
naturellement.

Ne pas avoir l'air de jouer la comédie et la jouer, est le grand
talent du comédien. C'était celui de Desclée. L'exquise recherche
du naturel, dans et par la simplicité.

Elle apparut au temps des grandes et belles comédiennes qui
avaient nom Fargueil, Favart, Rose Chéri, Doche, Marie Laurent,
et pourtant elle fut la seule, plus que toutes, l'unique Desclée.

Elle est née le 16 novembre 1836, à Paris. Elle reçut une fort
belle instruction, même supérieure.

Elle entra au Conservatoire dans la classe de Beauvalet. En 1855,
elle fut engagée au Gymnase, par Montigny, le mari de Rose Chéri.
Sentant qu'elle ne sortirait pas du rang, écrasée sans cesse qu'elle
serait par la femme de son directeur, en 1857, elle passa au Vaudeville, où Anaïs Fargueil régnait alors en toute puissance. Elle
comprit encore que cette reine, hautaine et jalouse, lui barrerait
la route, comme, au Gymnase, Rose Chéri la lui avait barrée ; et
elle s'enfuit désespérée aux Variétés, en 1859, jouer, dans un vaudeville féerique, un rôle indigne d'elle. Mais il fallait vivre !

Dégoûtée, abreuvée, elle abandonna le théâtre et voulut se faire
religieuse, lorsqu'en 1866, elle accepta d'aller en Italie, dans la
troupe française, dirigée par Eugène Meynadier, où triomphait
alors Honorine, qui fut par la suite l'incomparable *Métella* de *La
Vie Parisienne.*

Là, on apprécia Desclée à sa belle valeur. On reconnut enfin son superbe talent. En 1867, elle est engagée aux Galeries-Saint-Hubert, à Bruxelles, par le directeur Delvil. Alexandre Dumas fils lui voit jouer *Diane de Lys*, et la fait immédiatement réengager au Gymnase par le même Montigny, sous la direction duquel elle reparaît

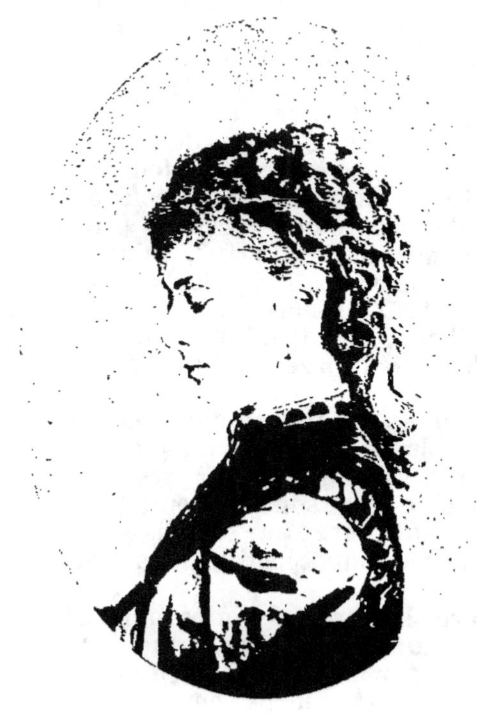

DESCLÉE.

transformée, admirable, aux yeux des Parisiens, dans ce rôle de *Diane de Lys*, si brillamment créé par la pauvre Rose Chéri, morte. Efface-t-elle le souvenir de sa devancière? Non! Mais c'est une autre *Diane!* Et Dumas fils lui écrit : « Je vous porte dans mon cœur ».

En novembre 1869, elle joue *Froufrou* et s'y montre supérieure. Ce véritable début frappe comme un coup de foudre. Elle joue ensuite avec le même talent triomphal *La Visite de Noces, La Princesse Georges, La Femme de Claude;* et elle meurt le 8 mai 1874, à la suite d'une terrible opération.

Le prêtre qui reçut sa dernière pensée dit en la quittant : « C'est une belle âme! »

Nous disons, nous : « Ce fut une incomparable actrice! ».

DAUBRAY

(1837 — 1892)

Michel-René Thibaut prit le nom de *Daubray*, quand il se mit au théâtre, pour ne pas contrarier ses parents, très estimables commerçants de Nantes, où le *Michel-René* dont nous nous occupons, naquit le 7 mai 1837.

A dix-neuf ans, en 1856, il se présenta au Conservatoire, et fut impitoyablement refusé. Il est à remarquer que si de fort médiocres comédiens sortent très laurés de cet établissement, de plus nombreux qui en ont été repoussés, sont devenus des artistes de premier ordre.

Daubray est de ce nombre, car ce fut un comédien très fin, très distingué, très amusant, dans le sens de la bonne forme.

Il avait commencé par jouer les amoureux aux théâtres Molière, la Tour-d'Auvergne, Saint-Marcel, tous disparus aujourd'hui.

Devenu gras, de maigre qu'il était, il prit l'emploi comique, étant reconnu inadmissible, au théâtre, qu'un être gras puisse être jamais poétique et amoureux. Il fut donc, comme gras, engagé aux Folies-Marigny, en 1862. Il alla ensuite passer deux années sous la direction de M. Chotel, aux théâtres de Montmartre et des Batignolles. Puis au Théâtre Déjazet, où il se mit alors véritablement en évidence.

Alphonse Lemonnier, qui fut son directeur, a écrit sur Daubray : « C'était bien le plus mauvais pensionnaire qui se puisse voir. Excellent garçon, très aimable avec ses camarades, petits ou grands, insupportable avec son directeur, bien que gardant toujours le plus charmant sourire sur son visage réjoui. Jamais satisfait de ses rôles, inexact aux répétitions, se révoltant souvent sans raisons. »

Quand, plus tard, Daubray devint propriétaire à La Varenne, son caractère « révolutionnaire » s'accentua. Un jour, il reçut de sa mairie un papier de par lequel il était tenu d'acquitter une somme de 4 francs, ou de se porter en personne à tel point indiqué de la route de La Pie, pour y accomplir l'impôt de prestation en nature. Daubray, indigné, dit à son camarade Scipion : « Ne payons pas nos 4 francs. Donnons l'exemple de la révolte, contre cet impôt inique ; et allons sur la route de La Pie protester, par notre présence, contre le Gouvernement et sa loi corvéable. » Scipion accepta, et chacun se rendit sur le point désigné de la route. C'était en plein été. Il faisait une chaleur accablante. L'agent-voyer, chargé de distribuer les travaux, les accueillit avec une bienveillante ironie ; seulement, il envoya Scipion, armé d'une binette, arracher l'herbe sur la route de Joinville, et conserva Daubray sur celle de La Pie ; où, l'armant d'une masse, il lui donna un mètre carré de cailloux à casser.

Au bout d'une demi-heure, les deux protestataires suant, geignant, maugréant, étaient de retour à la mairie, enchantés de payer les 4 francs qui leur étaient réclamés, pour ne pas aller rendre praticables les routes départementales de leur pays.

Daubray passa de Déjazet à l'Athénée, de l'Athénée à la Renaissance, de la Renaissance aux Bouffes, pour arriver enfin, en 1879,

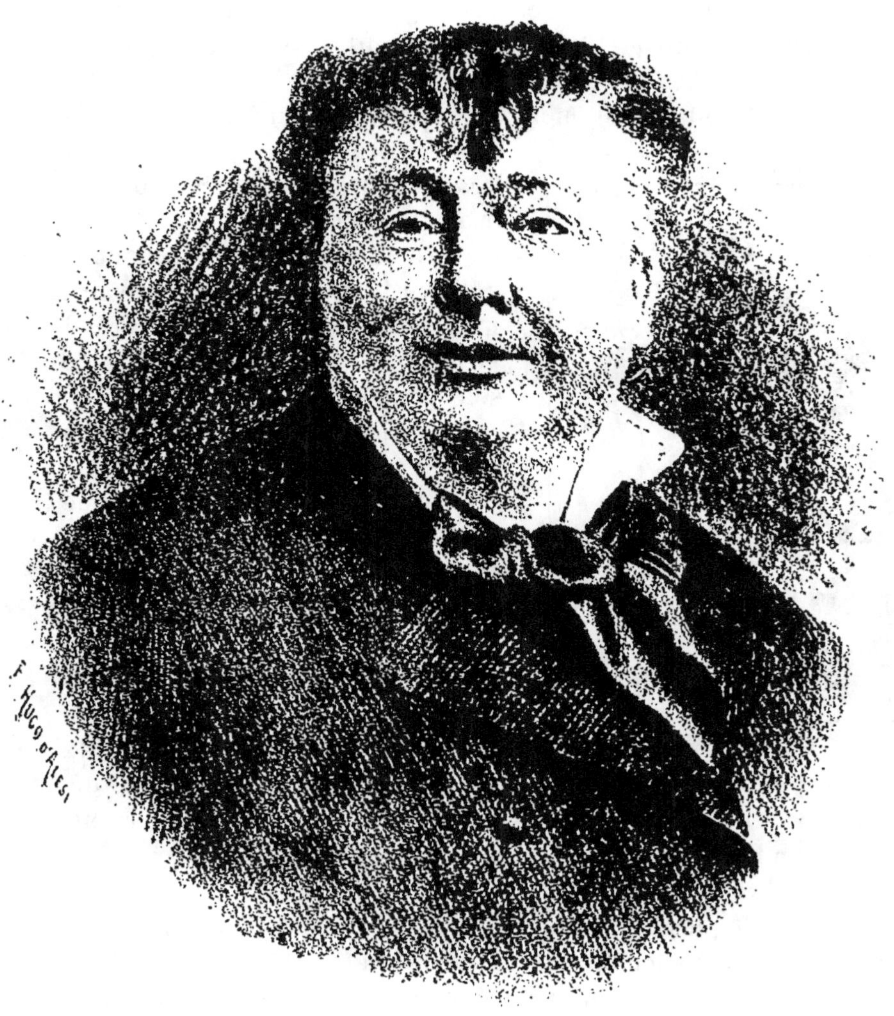

DAUBRAY.

au Palais-Royal, où, pendant douze ans, il fit les créations les plus
remarquables.

Il mourut le 10 septembre 1892, regretté comme un artiste original, un ami loyal, un cœur généreux qu'il était et fut toute sa vie.

CONSTANT COQUELIN

(1841-1909)

Celui qui a écrit la première ligne de ce livre n'a pu en lire la dernière. Il est mort, foudroyé, en pleine gloire, comme il avait vécu. Il est mort le 27 janvier 1909, à soixante-huit ans et quatre jours, à 8 heures 20 minutes du matin, dans les bras de ses deux fidèles Chabert et Gillet. Il est mort en combattant ; un hémistiche de *Chantecler* aux lèvres, de ce *Chantecler* auquel, depuis cinq années, il avait suspendu sa vie.

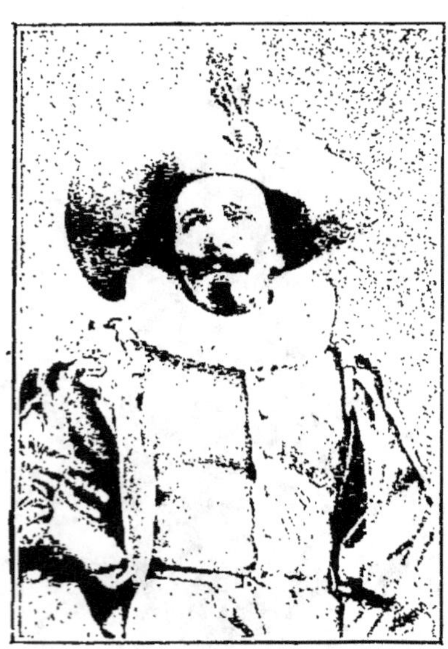

COQUELIN dans *Cyrano*.

« Ce n'est qu'un acteur de moins », a dit un triste et méchant écrivain ; mais cet acteur était le plus grand et le plus complet des acteurs de son époque.

Coquelin fut un incomparable *Figaro*, un inimitable *Mascarille*, un sublime *Cyrano*, un épique *Gringoire !* Ces rôles seront inévitablement repris après lui ; mais aucun des grands acteurs qui les reprendront n'y apportera cette force de conception, cette envolée de superbe, cette âpre conviction, cette sublime maëstria, cette voix unique que la nature lui avait départie, ce débordement de lyrisme, cette verve inlassable et intarissable qu'il apportait dans toutes ses compositions « actoriennes ».

Talma fut le plus grand tragédien de son temps : Coquelin restera le plus grand comédien du sien. Le Théâtre était sa vie. Il accueillait amicalement les petits, dans l'espoir d'y voir apparaître un grand.

Il aimait le beau. Il fonçait tête baissée dans l'irréel, avec l'espoir de le rendre réalisable. Et souvent il y réussissait, accoutumé à la victoire, qui ne l'étonnait plus, tant il était habitué à vaincre.

Voilà le comédien.

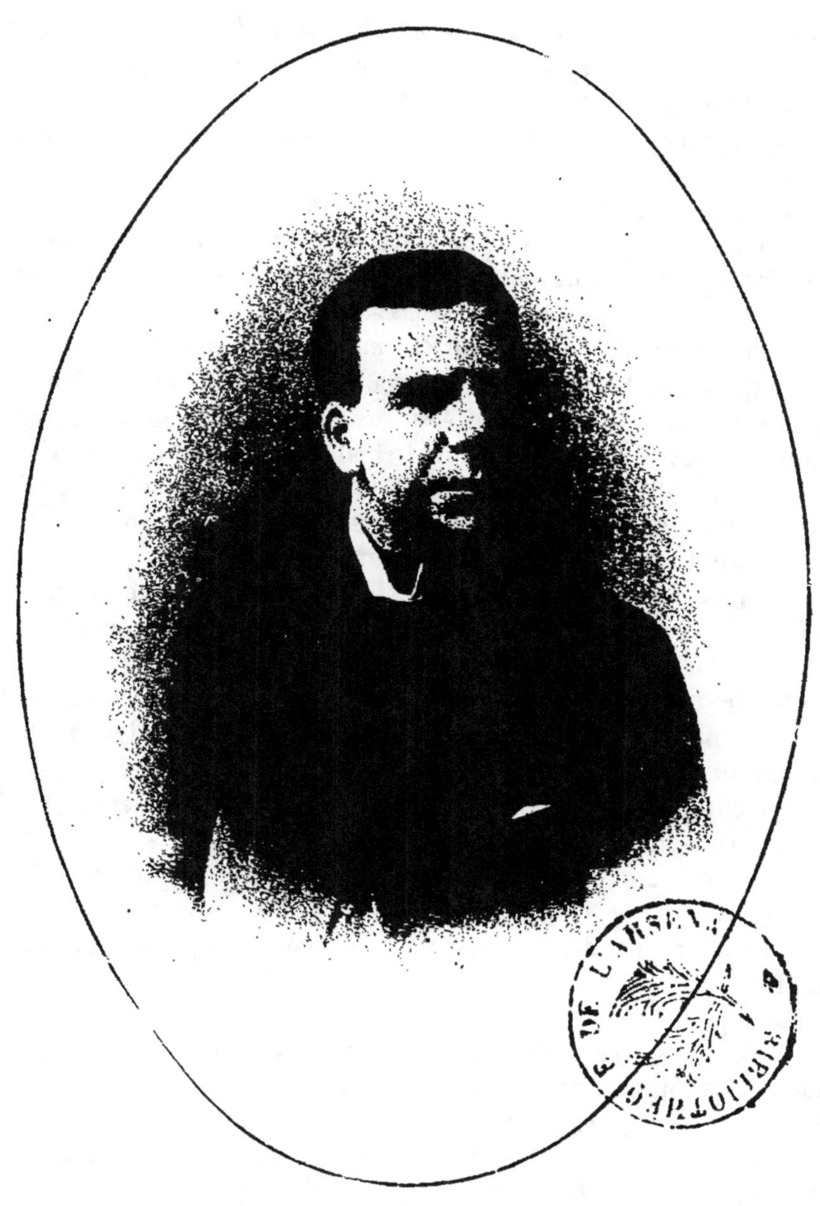

CONSTANT COQUELIN
à trente ans.

Quand il conçut la noble, la belle idée de fonder sa maison de retraite, pour abriter la vieillesse et la misère des comédiens pauvres, il se heurta à un hérissement de points d'interrogation :

— Où prendrez-vous les trois millions nécessaires à l'accomplissement de cette œuvre colossale?

— Je les trouverai, répondit-il, simplement.

— Pendant le temps que vous mettrez à les trouver, vous serez nécessairement contraint de négliger les intérêts de l'Association des Artistes, dont vous avez accepté la présidence.

— Non!... les deux affaires marcheront de pair, répondit-il.

Six mois après, il arrivait au Comité de cette Société et lui disait : « Voilà deux millions, avec les intérêts desquels vous ne laisserez plus attendre jusqu'à 60 ans les pauvres cigales qui, ayant chanté tout l'été, se trouvent, quand vient l'hiver de la vie, dépourvues du plus petit morceau de mousse ou de vermisseau. » Et les pensions de femmes furent créées à la limite de 55 ans.

Un an plus tard, les fondations de la grande maison de retraite sortaient de terre, et la première pierre était posée par le grand orateur Waldeck-Rousseau.

Voilà l'homme privé.

Il fut l'ami de Gambetta. La calomnie se plaît à raconter que le grand tribun, devenu Président de la Chambre des Députés, aurait prié Coquelin de suspendre, en public, leur amical tutoiement.

Ce fut précisément le contraire qui eut lieu.

Coquelin dit un jour à Gambetta : « Maintenant que te voilà second roi de France, je cesserai de te tutoyer devant le monde.

— Alors, lui répondit Gambetta, tu veux me faire passer pour un imbécile?

— Comment?

— Dame! mes pires ennemis ne manqueront pas de hurler : « Quel animal orgueilleux que ce Gambetta!... il a défendu à Coquelin de le tutoyer publiquement. »

C'est Coquelin qui m'a conté le fait; et Ranc, qui assistait à l'entretien, me l'a certifié. Or, Ranc n'a jamais menti.

Mais Bazile avait à se venger de Figaro; il sut retourner les paroles.

Quand, en 1860, Coquelin était élève du Conservatoire, il allait avec d'autres élèves, ses camarades, donner, le dimanche, des représentations à Étampes, à Saint-Germain et autres environs de Paris.

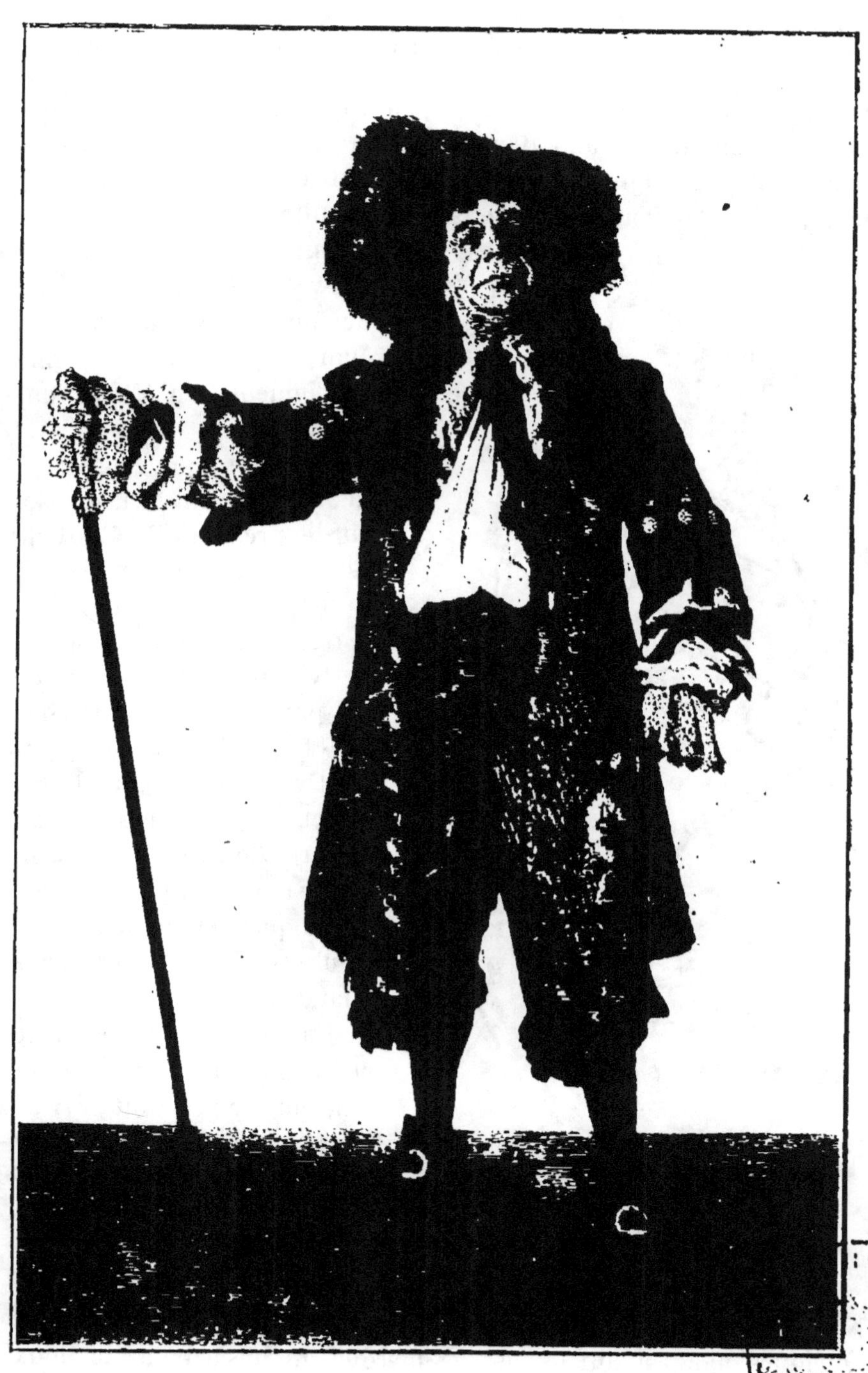

COQUELIN.
Dans *Le Bourgeois Gentilhomme.*

Coquelin corsait le spectacle en chantant des chansonnettes. Or, qui l'accompagnait, au piano, dans ces tentatives lyriques?... Massenet!

N'est-il pas original, le rapprochement de ces deux noms, si menus alors, devenus si grands par la suite?

En 1867, l'auteur de cette pauvre note biographique déjeunait chez Théodore de Banville, en la compagnie de Coquelin et d'Albert Glatigny.

Coquelin, qui répétait à la Comédie-Française, partit le premier. Et Banville nous dit, tout en feuilletant la brochure de son *Gringoire* : « Les ressources de cette admirable voix et de ce prestigieux talent sont telles que je lui dirais : Il faut vous faire applaudir là ! — et Banville piquait au hasard, de la pointe de son couteau à papier, un endroit quelconque de la brochure, — qu'il s'y ferait applaudir. »

J'avais noté l'endroit. Le lendemain, je le dis à Coquelin, qui me répondit : « Il ne faut pas faire mentir le grand poète ; là prochaine fois que l'on affichera *Gringoire*, amenez-le, sans en avoir l'air, assister à la représentation. »

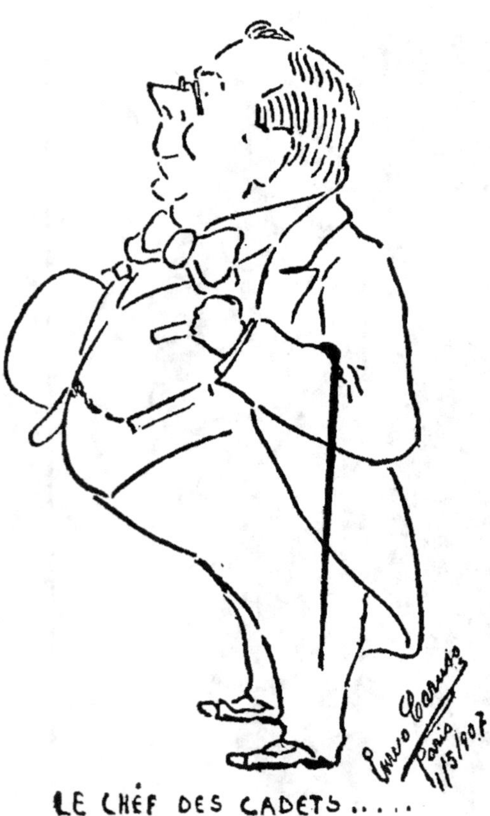

Charge de Coquelin
par le ténor Caruso.

Trois jours après, *Gringoire* rayonnait sur l'affiche de la Comédie-Française. J'y entraînai Banville. Coquelin nous avait aperçus. Quelques lignes avant le passage marqué au hasard par le doux poète des *Odes funambulesques*, — passage qui ne prêtait rien moins qu'à l'applaudissement, — le déjà très grand comédien se mit à

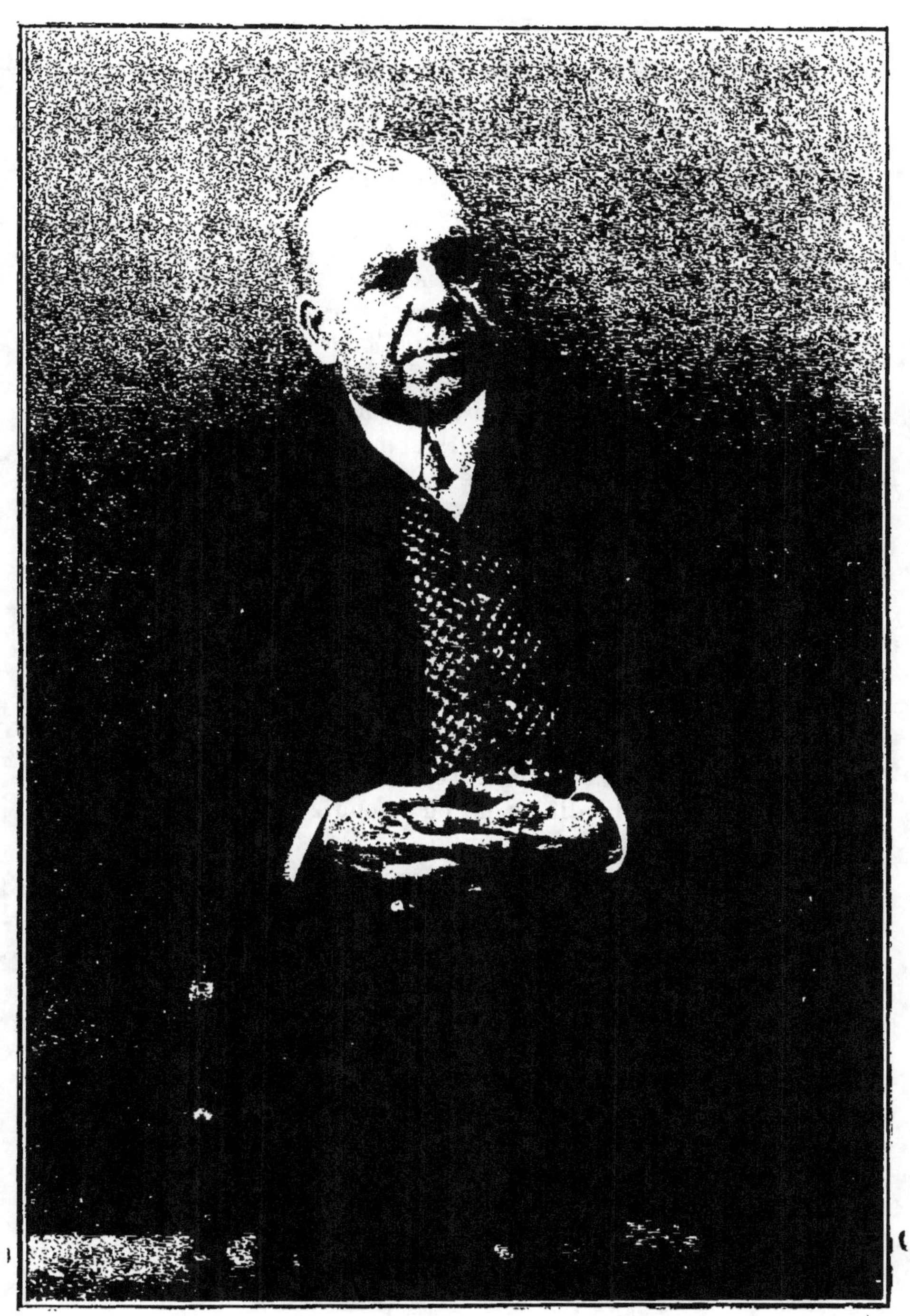

CONSTANT COQUELIN.

donner de la voix, la grossissant, l'enflant, la claironnant, jusqu'à ce que, par une savante opposition, la faisant se radoucir tout à coup, il termina sa phrase, la main droite levée vers le ciel, l'œil brillant et illuminé, comme dans une extase d'exaltation prophétique; et la salle éclata en bravos prolongés.

Banville était dans la stupéfaction.

Alors, Coquelin, abandonnant sa pose extatique, s'avança sur le bord de la rampe, et nous dit, sans que personne autre que nous pût l'entendre : « Hein?...ça t'la coupe, Théodore! »

Coquelin, cet incomparable comédien, cet esprit supérieur, ce cœur ouvert à tous, cet admirable philanthrope, s'est éteint dans un rayon de gloire, flamboyant. Il est mort debout, déclamant *Chantecler*, sublime de joie, illuminé d'enthousiasme, dans cette maison de bienfaisance qu'il a fondée, au milieu de ses vieux enfants, conduit dans l'humble cimetière du village par 5.000 personnes, les plus illustres dans les arts et dans les lettres du tout grand Paris qui pense; apothéosé par des larmes touchantes et sincères, dans un beau soleil, emprunté à Mai par Janvier, vengé de la sotte indifférence des nullités, triomphant de la haine et de la calomnie des méchants.

Quand, partant de la maison de retraite, le corps du grand comédien s'en fut vers la petite église, un coq des environs chanta, et, dans ce cocorico plaintif, on eût pu entendre : « Pleurons, mes frères, le Coq des Coqs est mort! »

Mort! Allons donc!... il est bien vivant pour ceux qui l'aimaient et qui le pleurent.

Et ceux-là sont phalange.

Il est bien vivant pour ceux qui lui doivent de la reconnaissance.

Il est bien vivant pour les gens de cœur et d'esprit sain.

Pas plus ne s'effacera le souvenir du comédien irremplaçable, que celui de l'homme qu'il fut!

Il manquera à la terre, comme déjà il manque aux hommes.

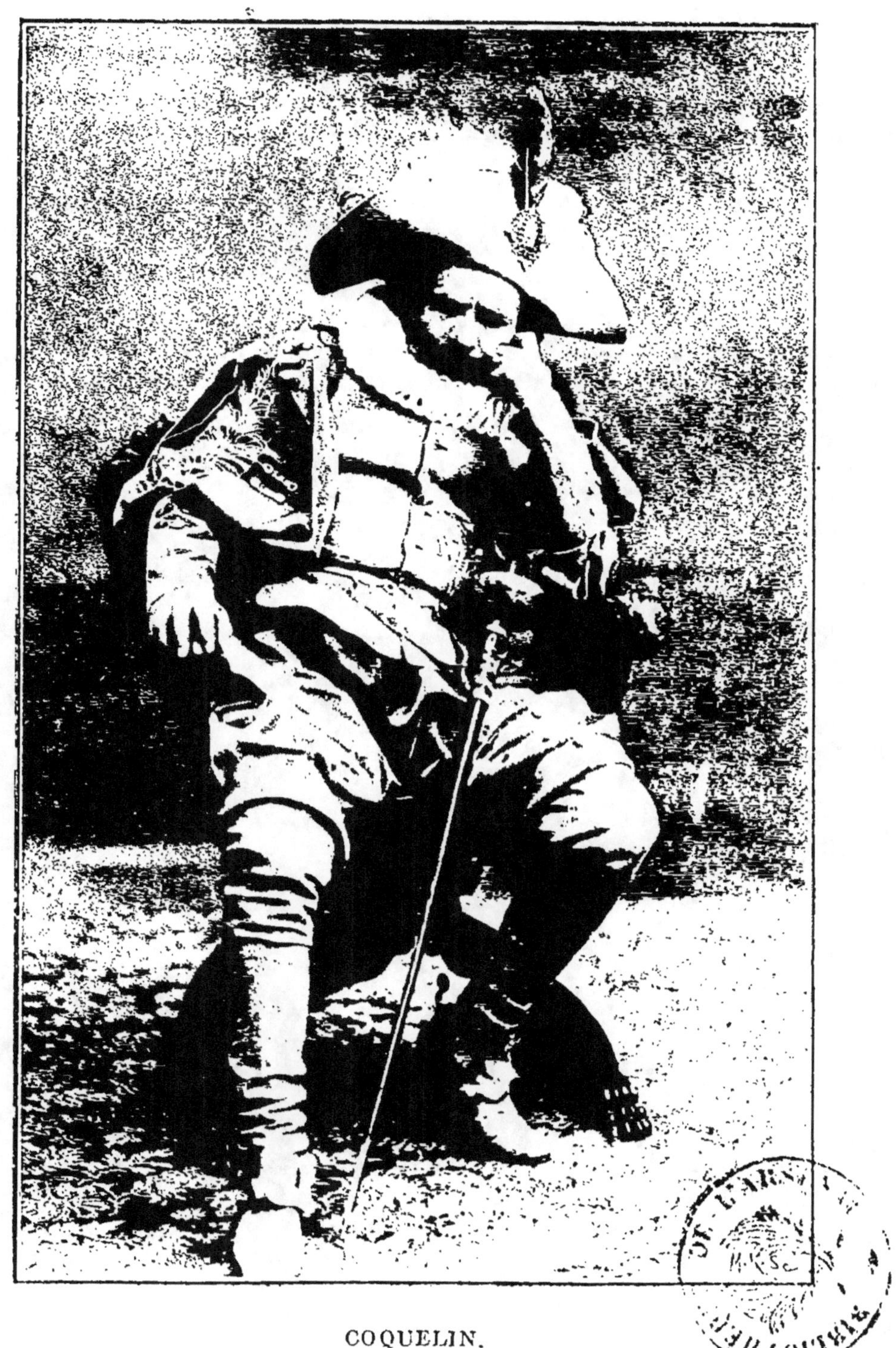

COQUELIN.
Dans *Cyrano de Bergerac.*

TABLE

B — 2157. — Lib.-Imp. réunies, 7, rue Saint-Benoît, Paris.

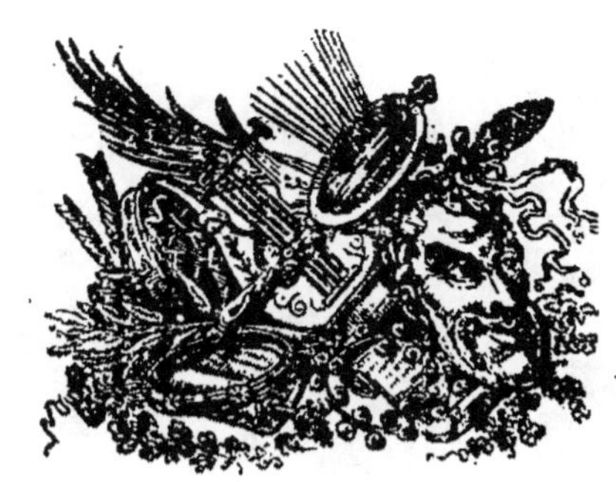